Rolf Selbmann
DICHTERDENKMÄLER IN DEUTSCHLAND

Rolf Selbmann

DICHTERDENKMÄLER IN DEUTSCHLAND

Literaturgeschichte in Erz und Stein

Mit 196 Abbildungen

J. B. Metzlersche Verlagsbuchhandlung
Stuttgart

CIP-Titelaufnahme der Deutschen Bibliothek

Selbmann, Rolf:
Dichterdenkmäler in Deutschland: Literaturgeschichte in
Erz u. Stein / Rolf Selbmann. – Stuttgart: Metzler, 1988
  ISBN 3-476-00640-9

Bildquellen

Berlinische Galerie, Berlin   149
dpa Deutsche Presse Agentur, Stuttgart   199
Freies Deutsches Hochstift, Frankfurter Goethe-Museum,
Frankfurt/Main / Ursula Edelmann   74
Heinrich-Heine-Institut, Düsseldorf   197
Schiller-Nationalmuseum, Deutsches Literaturarchiv,
Marbach   67
Stadt Darmstadt   198
Alle übrigen Abbildungen: Archiv des Autors

ISBN 3-476-00640-9

Dieses Werk einschließlich aller seiner Teile ist urheberrechtlich geschützt. Jede Verwertung außerhalb der engen Grenzen des Urheberrechtsgesetzes ist ohne Zustimmung des Verlages unzulässig und strafbar. Das gilt insbesondere für Vervielfältigungen, Übersetzungen, Mikroverfilmungen und die Einspeicherung und Verarbeitung in elektronischen Systemen.

© 1988 J. B. Metzlersche Verlagsbuchhandlung
und Carl Ernst Poeschel Verlag GmbH in Stuttgart
Schutzumschlag: Willy Löffelhardt
Satz: Karlheinz Stahringer, Ebsdorfergund
Druck: betz-druck, Darmstadt
Printed in Germany

Inhalt

Einleitung Seite 1

Vom Denkmal im allgemeinen,
 vom Dichterdenkmal im besonderen 1

Denkmal und Landschaft
(1770–1790) Seite 6

Die Anfänge des Dichterdenkmals 6
Dichterdenkmal und Gartenkunst 12
Dichter als Männer von Verdienst 22

Geistesgröße in großer Zeit
(1790–1830) Seite 30

Der Kult des Genius und die bürgerliche
 Öffentlichkeit 30
Der kolossale Klassiker und die Allegorie 34
Goethe und das Denkmal 42
Deutsches Pantheon und restaurative
 Literaturgeschichte 48

Klassiker und liberale Nation
(1830–1848) Seite 60

Die Historisierung des Dichterdenkmals 60
Standbild oder Büste? 64
Die Klassiker der Nation 67

Versteinerte Literaturgeschichte
(1848–1870) Seite 82

Die Literaturgeschichte des Bildungsbürgertums 82
Schiller ohne Ende 91
Von Goethe zu Platen 96

»Denkmalswuth«
 und gesteigerte Bedeutung
 (1870–1890) Seite 104

Die Inflation an Dichterdenkmälern 104
Die Klassiker der Reichshauptstadt 117
Poetische Provinz im Kaiserreich 123
Wiener Dichterdenkmäler 129

Denkmalkritik und kritisches Denkmal
(1890–1914) Seite 140

»Wie wir unsere Dichter ehren sollten« 140
Kritische Formen gegen den Denkmalüberdruß 150
Die anderen Dichter 166

Das Ende des Dichterdenkmals Seite 179

Auf dem Weg zum unbemerkten Denkmal 179
Dichterdenkmäler der Gegenwart 185

Anmerkungen Seite 200

Literaturverzeichnis Seite 210

Register Seite 214

Standorte 214
Schriftsteller und ihre Denkmäler 217

Einleitung

Am Anfang war das Denkmal.
ALBERT HOFMANN

Das Auffallendste an Denkmälern ist,
daß man sie nicht bemerkt.
ROBERT MUSIL

Vom Denkmal im allgemeinen, vom Dichterdenkmal im besonderen

Denkmäler stehen am Anfang der Kulturgeschichte der Menschheit. Spätestens seit der Entstehung von Hochkulturen treten die Monumentalbauten des Zweistromlandes, die Pyramiden der Ägypter oder die Steinsetzungen der Kelten in unser Blickfeld, Bauten also, die nicht nur einem Zweck dienen sollen, sondern auch um ihrer selbst willen als Erinnerungszeichen aufgestellt sind. Seit alters her scheint dieses Bedürfnis nach Erinnerung aus dem Bewußtsein der eigenen Vergänglichkeit der Antrieb zu sein, der die Menschen veranlaßt, sich der Zukunft mitzuteilen und ein zeitüberdauerndes Denkmal der eigenen Existenz zu hinterlassen. Schon in der Bibel finden sich Beispiele für diese augenfällige menschliche Sehnsucht nach Denkmälern. Das 2. Gebot »Du sollst dir kein Bildnis machen« kann man ja durchaus als Verbot einer Denkmalsetzung auffassen. Und was ist der Turmbau zu Babel anderes als die Errichtung eines Denkmals, wenn seine Erbauer ausrufen: »Wohlan, laßt uns eine Stadt und einen Turm bauen, dessen Spitze bis an den Himmel reiche, daß wir uns einen Namen machen« (1. Mose 11)?

Martin Luther, der diese Bibelstelle so übersetzt hat, verdanken wir übrigens die Einführung des Begriffs »Denkmal« in den deutschen Sprachgebrauch. Luther benutzt den Begriff zur Verdeutschung des griechischen *mnemosynon* und des lateinischen *monumentum* im Sinne von »Gedächtnisstütze«. Von da an bezeichnet der Begriff Denkmal, synonym gebraucht mit Monument, jeden Gegenstand, der ein allgemeineres Interesse auf sich zieht. Bis zur Mitte des 19. Jahrhunderts hatte sich dieser Begriff zu einer wenig randscharfen und sehr weiten Denkform verselbständigt.

In diesem umfassenden Sinn wurde der Denkmalbegriff zusätzlich noch metaphorisch verwendet und damit vollends verschwommen – man kannte Denkmäler des vaterländischen Altertums oder deutsche Rechtsdenkmäler. Als Gustav Droysen 1858 in seinem *Grundriß der Historik* schriftliche Geschichtsquellen, bauliche Überreste und bewußt für die Nachwelt errichtete Monumente als Denkmäler zusammenfaßte, schien der Begriff ganz den historischen Wissenschaften und deren Bedürfnis nach Katalogisierung, Inventarisierung und Sammlung übereignet. Dabei hatte schon die Erstausgabe von Meyers *Conversationslexikon für die gebildeten Stände* 1846 eine differenzierende Definition angeboten. Danach meint ein weiter Denkmalbegriff »sämtliche Ueberreste der geistigen Schöpfungen eines Volkes«, während man als Denkmäler »im engeren Sinne« nur solche »der Kunst und Mechanik« bezeichne; Denkmäler »im engsten Sinne« nenne man »die zum Andenken an eine wichtige Begebenheit oder eine Person errichteten äußeren Zeichen«, die »an die Verherrlichten erinnern und ihnen ihre Größe vor Augen stellen sollen«. Solche »Erinnerungs- und Ehrendenkmäler«, wie letztere auch genannt werden, bezeichnen also das bewußt für die Nachwelt gesetzte Individualdenkmal, um das es für uns geht.

Eine heutige Bestimmung dessen, was man unter einem Denkmal verstehen soll, muß sich daher nach dem Zweck richten, dem eine solche Definition dienen soll. Das Denkmalschutzgesetz von 1973 verwendet z.B. einen sehr umfassenden Denkmalbegriff, der übrigens stark an Droysen erinnert, so daß als einziger konkreter Anhaltspunkt die Historizität der Objekte übrig bleibt:

Denkmäler sind von Menschen geschaffene Sachen oder Teile davon aus vergangener Zeit, deren Erhaltung wegen ihrer geschichtlichen, künstlerischen, städtebaulichen, wissenschaftlichen oder volkskundlichen Bedeutung im Interesse der Allgemeinheit liegt.

Eine solche juristische Leerformel erbringt wenig. Für unsere Zwecke macht es deshalb Sinn, die vielfältigen Erscheinungsformen der Denkmäler zu abstrahieren und zu einem Strukturtypus zusammenzuziehen. In der Regel bildet ein Sockel oder eine ähnliche Bau-

Denk mal! 1

form mit derselben Funktion die Basis für die Heraushebung des Darzustellenden aus der alltäglichen Umgebung. Zum anderen besteht jedes Denkmal aus einem Material, das den Wirkungen der Zeit einen möglichst großen Widerstand entgegensetzt und jeder anderen Nutzung entzogen ist. Denkmäler aus Verbrauchsmaterial erfüllen diese Forderung nach Dauerhaftigkeit nicht: eine Geburtstagstorte beispielsweise käme also nur in einem metaphorischen Sinn als Denkmal in Betracht. Entscheidend ist ferner der mehr oder minder ausdrücklich geäußerte Wunsch eines Denkmalsetzers, ein Denkmal aufzustellen. In diesem Willen zur eigenständigen, auf Dauerhaftigkeit angelegten Erinnerung von Geschichte steckt der Kern jeder Denkmalserrichtung. Dieser Wille enthält den Anspruch, Erinnerung noch über den eigenen Tod hinaus zu beeinflussen – die Elementarform des Denkmals ist der Grabstein. Eine definitorisch präzise Bestimmung des Denkmals muß sich daher vom bloßen Grabmal abgrenzen, zugleich aber berücksichtigen, daß die bildnerischen Ausdrucksformen von Denkmal und Grabmal in Wechselwirkung stehen. Zwar übernimmt auch das Grabmal Denkmalfunktion, da es die Erinnerung an einen Verstorbenen wachhalten oder wachrufen will. Als Grabmal ist es jedoch seinem Wesen nach an die Begräbnisstätte gebunden, während das Denkmal geradezu dadurch definiert werden kann, daß es Erinnerung standortunabhängig konserviert. Dieses sowohl topographisch freie als auch von seinen unmittelbaren Todesbezügen befreite Denkmal trotzt durch seine Dauerhaftigkeit der Zeit, es setzt durch seine Auffälligkeit einen Widerstand gegen das Übersehenwerden.

Ist die Erweckung einer auf Dauerhaftigkeit berechneten Aufmerksamkeit tatsächlich die entscheidende Funktion des Denkmals, so stellt sich die Frage nach der Art der Öffentlichkeit, in der Denkmäler entstehen, auf die sie sich beziehen und die sie selber herstellen. Dies scheint in der Tat die Kernfrage zu sein, die sich der Historiker stellen muß, wenn er mehr möchte als eine beliebige Revue von Erscheinungsformen des Denkmals durch die Jahrhunderte. So war seit Beginn der Neuzeit das Fürstendenkmal die geläufige Form der Personendarstellung. Es erfüllte eine herrschaftliche Funktion durch die Aufstellung auf öffentlichen Plätzen, auf denen sich die absolute Macht des Herrschers sinnfällig und allgegenwärtig präsentieren konnte. Eben weil eine Trennung von öffentlich-staatlicher und privat-persönlicher Sphäre in vorbürgerlichen Zeiten nicht existierte, verkörperte die im Denkmal ausgestellte Person des Fürsten zugleich die Werte des Staates. Das Herrscherabbild war zugleich Herrschaftszeichen und Staatsdenkmal. Seit dem Beginn des bürgerlichen Zeitalters genügte die bloße Anwesenheit des steinernen Monarchen nicht mehr zur Herrschaftssicherung. Dem aufgeklärten Denken war ein Monument nur dann noch als Huldigung für den Fürsten akzeptabel, wenn es nicht der Person des Fürsten, sondern den fürstlichen Verdiensten um den Staat galt. Verdienste um den Staat konnten andererseits nicht nur Fürsten oder Feldherren erwerben. Das Personendenkmal, in dem nun die Verdienste um den Staat geehrt werden sollten, hatte deshalb eine doppelte Stoßrichtung. Fürsten, denen ein öffentliches Denkmal gesetzt werden sollte, mußten nun ihre Verdienste nachweisen; umgekehrt wurden jetzt auch verdiente Männer aus dem Volk denkmalswürdig. In beiden Fällen war der Maßstab der Denkmalswürdigkeit eine neue Vorstellung von Öffentlichkeit, die sich seit der Mitte des 18. Jahrhunderts als bürgerliche Lebensform und Denkkategorie herausgebildet hatte. Durch diese »Moralisierung« und »Patriotisierung« der Denkmalsidee[1], derzufolge zunehmend Personenstandbilder für nichtfürstliche »große Männer« aufgestellt wurden, erhielt das barocke Herrscherdenkmal öffentliche Konkurrenz. Das monarchische Denkmalsmonopol war durchbrochen. Die Fürsten reservierten für sich das Privileg des Reiterstandbilds, das bis in die Gegenwart zäh verteidigt und nur ganz selten durchbrochen wurde.

Auf welche Traditionen konnte sich die bürgerliche Denkmalsidee des 18. und 19. Jahrhunderts berufen, an welche Vorbilder konnte sie anknüpfen? Öffentlich aufgestellte nichtfürstliche Personenstandbilder waren als Form der Huldigung an berühmte Staatsmänner und große Geister aus der griechischen und römischen Antike bekannt. In Italien war dieser Brauch, den *uomini famosi* öffentliche Denkmäler zu widmen, bewahrt und in der Renaissance neu belebt worden. Die Florentinischen Stadtpaläste des 15. Jahrhun-

*Die Entstehung des Denkmals
im 18. und 19. Jahrhundert*

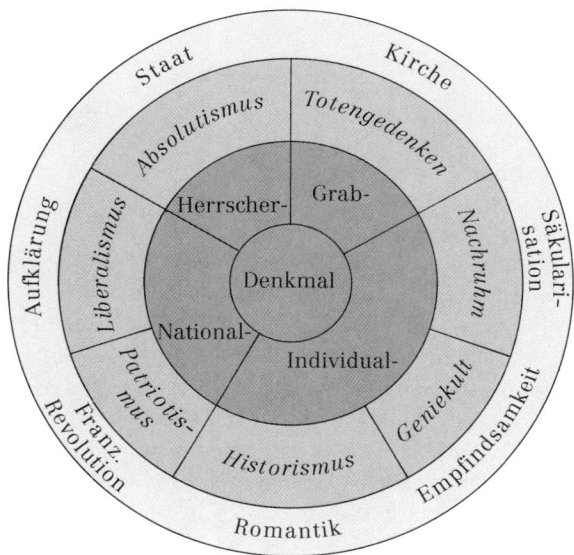

derts sollen ganze Bildnisserien für antike Schriftsteller wie Ovid, Livius oder Vergil enthalten haben. Die antike Tradition, die *virtus* großer Männer zu ehren, konnte bruchlos für die Selbstdarstellung der oberitalienischen Städte übernommen werden. Denkmäler für Vergil in Mantua, für Petrarca in Arezzo oder für Dante in Florenz feierten große Männer, die auch Dichter waren. Noch 1775 stellte man in Padua im *Prato della Valle* Statuen für Dichter, u. a. für Petrarca auf. Nördlich der Alpen wurde die antike Tradition der Dichterhuldigung indes in bezeichnender Abwandlung aufgegriffen, nämlich als Dichterkrönung zum *poeta laureatus*[2]. Die Grundlage solcher Ehrungen für verdiente Persönlichkeiten, berühmte Künstler oder andere Geistesgrößen beruht auf antiken Vorstellungen vom Nachruhm, die dem christlichen Jenseitsglauben widersprechen. Dies mag eine Erklärung dafür sein, daß Dichterehrungen in solchen Formen während des christlichen Mittelalters nicht fortgeführt wurden. Erst mit der Säkularisation des Todes und dem Verlust des unbezweifelten Jenseitsvertrauens konnte es wieder als sinnvoll erscheinen, noch im Diesseits die Erinnerung nachfolgender Generationen vorzuprägen. Damit fassen wir zugleich den bewußtseinsgeschichtlichen Ort, an dem sich die öffentliche Denkmalaufstellung vom privaten Grabmal ablöst und als Kunstform verselbständigt.
Beide Prozesse zusammen, die Entstehung einer repräsentativen, jedoch nicht mehr ausschließlich monarchisch beherrschten Öffentlichkeit und das Aufkommen rationalistischer Zweifel an kirchlichen Jenseitsversprechungen, bilden die Voraussetzung für die Genese des nichtfürstlichen Personendenkmals der Neuzeit. Es ist daher kein Zufall, daß die ersten öffentlichen Denkmäler, die weder Fürsten noch Feldherren gewidmet sind, an Orten aufgestellt wurden, an denen aufgeklärte Religionskritik und frühbürgerlich-humanistisches Denken am ausgeprägtesten waren: 1621 wurde in Rotterdam ein Denkmal für den Humanisten Erasmus von Rotterdam (von Hendrik de Keyser), 1722 in Haarlem ein Standbild des Buchdruckers Gerrit von Heerstal aufgestellt. Beide Denkmäler formulierten in ihren Figuren den Widerstand der neuen bürgerlichen Wertordnung gegen den fürstlichen Absolutismus. Beide Denkmäler blieben aber auch für viele Jahrzehnte ohne Nachfolge; erst recht unter den politischen und gesellschaftlichen Bedingungen Deutschlands konnten sie keine Entsprechung haben. Unter den Denkmälern, die den großen Männern des Volkes gewidmet wurden, nahmen bald die Denkmäler für Dichter und Schriftsteller nicht nur ihrer Zahl wegen eine Sonderstellung ein. Seit der Aufklärung galten literarische Leistungen als besonderes gesellschaftliches und patriotisches Verdienst, so daß der Schriftsteller eher als andere zum Vorkämpfer für den Aufstieg des Bürgertums im 18. Jahrhundert werden konnte. Noch im Sprachbild des »Dichterfürsten«, zu dem der eigene Anspruch und die gesellschaftlichen Erwartungen den Schriftsteller innerhalb eines Jahrhunderts erhoben, durchschlagen feudale Denkformen die bürgerlichen Ästhetikvorstellungen. Das 19. Jahrhundert wird den Dichterfürsten schließlich auf seine Weise auf den Sockel stellen[3]. Auch darin mag eine Begründung dafür liegen, daß sich heutige republikanische oder demokratische Gesellschaften mit Denkmalsetzungen schwer tun.
Bei der Untersuchung solcher Dichterdenkmäler nimmt die folgende Darstellung in mehrfacher Hinsicht definitorische Abgrenzungen vor. Sie sind pragmatisch begründet und wurden schon angedeutet:
1. Die Abgrenzung des Denkmals vom Grabmal ist, wie sich gezeigt hat, relativ trennscharf[4]. Als Denkmäler werden nur solche Objekte erfaßt, die nicht die Begräbnisstätte des Dichters bezeichnen. Grabmäler werden nur ausnahmsweise herangezogen, wenn ihnen besondere interpretatorische Bedeutung zukommt, wenn später errichtete Denkmäler auf sie Bezug nehmen oder wenn

Grabmal und Denkmal in ikonographischen Zusammenhängen stehen.
2. Bildlose Gedenksteine, etwa mit Namen oder Lebensdaten des Dichters, werden nur dann herangezogen, wenn sie zur Geschichte des Dichterdenkmals einen Beitrag leisten. Ansonsten ist mit »Dichterdenkmal« immer ein »anthropomorphes Denkmal« gemeint[5], das den Dichter oder Spezifika seiner Dichtung in irgendeiner Form abbildet.
3. Dichterdenkmäler werden des weiteren nur dann betrachtet, wenn eine öffentliche oder halb-öffentliche Aufstellung gegeben ist oder wenigstens intendiert war. Wegen dieses zentralen Öffentlichkeitscharakters des Denkmals bleiben z. B. Dichterbüsten in Privaträumen oder manche zum Teil recht kruden Formen der persönlichen Dichterverherrlichung außer Betracht. Vollständigkeit in der Erfassung aller einschlägigen Denkmäler kann sowieso nicht angestrebt sein[6]; jedoch ist die Fülle des Materials durchaus gewollt, da nur so eine Darstellung geboten werden kann, deren Aussagen monographische Repräsentativität beanspruchen dürfen.
4. Der Begriff des Dichterdenkmals verlangt, weil es keinen besseren gibt, einen weiten Literaturbegriff, so daß keine künstliche Scheidung zwischen »Dichter« und »Schriftsteller« vorgenommen werden soll. Um ein möglichst breites Spektrum an Denkmalsformen einzubeziehen, sind gelegentlich auch eindeutig nicht-poetische Schriftsteller aufgenommen (z. B. Leibniz, Möser). Eine literarische Wertung soll bewußt vermieden werden; triviale oder nur regional bekannte Schriftsteller werden daher nicht ausgegrenzt, sondern ausdrücklich herangezogen, da an ihren Denkmälern bestimmte Sonderformen der Rezeption oftmals sehr viel plastischer illustriert werden können als an der sog. »hohen« Dichtung.

Aus diesen definitorischen Abgrenzungen ergibt sich, daß das Dichterdenkmal keine eigene Denkmalgattung bildet, die von Musiker-, Maler- oder Erfinderdenkmälern fundamental unterschieden wäre. Die Beschränkung auf literarische Vorwürfe für Denkmäler ist jedoch nicht nur aus Gründen des Umfangs sinnvoll, sondern auch methodisch durch die Fragestellung gerechtfertigt, anhand der Dichterdenkmäler auch das Literaturverständnis der jeweiligen Epoche zu erfassen und die literaturgeschichtliche Kanonbildung nachvollziehbar zu machen. Erstrebt sind auch Antworten auf Fragen wie: Welcher Dichter bekommt ein Denkmal? Welcher nicht? Von wem werden Dichterdenkmäler errichtet? Zu welchem Zeitpunkt? An welchen Orten? In welcher Weise wird ein Dichter im Denkmal dargestellt? – diese Antworten zusammengenommen ergeben eine eindrucksvolle Geschichte der Literatur aus der Sicht derer, deren Vorstellungen sich in Dichterdenkmälern kristallisiert haben.

Der Beitrag der Denkmalforschung zu diesem Versuch ist uferlos und spärlich zugleich. Er ist uferlos, wenn man etwa versuchen wollte, die zahllosen Denkmalsbeschreibungen und Stimmungsberichte zu den Enthüllungsfeiern zu erfassen. Das 19. Jahrhundert hat an seinem Ende, auf dem Höhepunkt der Denkmalswut, eine Vielzahl von Kompendien und Prachtausgaben hervorgebracht, die selbst wieder zu Denkmälern des Denkmalkults geworden sind[7]. Spärlich anzutreffen sind jedoch Untersuchungen, die diesem Material mehr als anekdotische oder affirmative Nachdichtungen abzuringen versuchen. Zu Beginn dieses Jahrhunderts hat Albert Hofmann den großangelegten, jedoch nicht mehr zum Abschluß gekommenen Versuch unternommen, eine systematische Einordnung der Denkmalkunst in die allgemeine Baugeschichte vorzulegen[8]. Bis in die Gegenwart gehen Handbuchzusammenfassungen und Taschenbuchnachahmungen der Denkmalsbildbände[9] nicht über diesen Stand hinaus.

Nach den ersten Ansätzen Franz Schnabels[10] hat die kritische Denkmalforschung mit dem grundlegenden Aufsatz *Nationalidee und Nationaldenkmal in Deutschland im 19. Jahrhundert* von Thomas Nipperdey begonnen[11]. Nipperdey untersucht die Denkmäler und Denkmalsbewegungen des 19. Jahrhunderts mit dem Ziel, einen »Beitrag zur Sozialgeschichte der nationalen Idee« anhand einer »neuen Quellengruppe« zu liefern[12]. Überzeugend entwickelt Nipperdey eine Typologie des Nationaldenkmals: das national-monarchische oder national-dynastische Denkmal, die Denkmalskirche, das Denkmal der Bildungs- und Kulturnation, das nationaldemokratische Denkmal, das

Denkmal der nationalen Konzentration. Dichterdenkmäler gehören nach Nipperdeys Typologie zum »historisch kulturellen Nationaldenkmal«[13]. Sie werden gemäß der Intention des Aufsatzes indes nur dann herangezogen, wenn sie mit dem Anspruch eines Nationaldenkmals errichtet wurden, wie dies beim Walhalla-Projekt König Ludwigs I. von Bayern oder bei den Schillerdenkmälern nach der Jahrhundertmitte der Fall war. So zeigt sich an Nipperdeys Ergebniszusammenfassung denn auch, daß Nationaldenkmal und Dichterdenkmal über weite Strecken ganz unterschiedliche Entwicklungen durchlaufen, mithin also nur bedingt auf einen Nenner zu bringen sind. Wenn Nipperdey z.B. eine Tendenz des Nationaldenkmals zur mythischen Erhöhung und zur Stadtferne feststellt, so erweist sich, daß diese Tendenz für die Geschichte des Dichterdenkmals eher untypisch ist[14].

Die nächste Etappe der neueren Denkmalforschung wurde mit einem umfangreichen Sammelband eröffnet, den Hans-Ernst Mittig und Volker Plagemann 1972 herausgegeben haben[15]. In der Folge entstanden gründliche Studien zu einzelnen Denkmälern, Denkmalskünstlern und Epochen[16]. Die längst fällige Theorie des Denkmals nachzuliefern gelang Hartmut Boockmann 1977 nur zum Teil, da er das Denkmal des 19. Jahrhunderts einseitig als »Utopie« betrachtete, in der das bürgerliche Jahrhundert sich – letztlich vergebens – um ein Medium monarchischer Herrschaftsdarstellung bemüht habe[17]. Im gleichen Jahr hat Günter Hess einen umfänglichen Aufsatz veröffentlicht, in dem er die »Panorama-Perspektive« als Beschreibungs- und Denkkategorie untersucht und dabei zu zentralen Einsichten zur Optik des Denkmals vorstößt[18].

In jüngster Zeit hat Helmut Scharf eine *Kleine Kunstgeschichte des deutschen Denkmals* vorgelegt[19], die freilich keine Geschichte darstellt, sondern nur ein kommentiertes Inventarverzeichnis von Objekten, denen der Verfasser Denkmalscharakter zumißt. Es fragt sich, ob ein so weiter Denkmalbegriff praktikabel sein kann. Überdies durchmischt das Buch Epochen-, Form-, Gattungs- und politische Gliederungsprinzipien, ohne daß eine einheitliche Linie sichtbar würde. Für die nähere Zukunft darf, wenn eine Prognose erlaubt ist, ein gesteigertes Interesse an Denkmälern erwartet werden. Dies betrifft nicht nur die heutige Denkmalpflege, bei der das Dichterdenkmal ein stiefmütterliches Dasein fristet[20]. Auch die jüngsten Spekulationen des Buchmarkts auf den schaurigmorbiden schönen Schein vergessener Grabsteine und Friedhöfe haben das Denkmal nicht verschont und zum warenästhetisch präsentierten Objekt gemacht[21].

Für eine ernsthafte Untersuchung hat Paul Raabe in zwei Aufsätzen die Leitlinien einer Geschichte des Dichterdenkmals vorgezeichnet[22]. Vielfältiges Material liefert eine Arbeit über die Denkmäler Goethes und Schillers, analysiert diese allerdings unter rein stilgeschichtlicher Perspektive[23]. Daneben findet man in spezialisierten Studien, oft mit regionalgeschichtlichem Schwerpunkt, wichtige Grundlagen für eine Geschichte des Dichterdenkmals[24].

Denkmal und Landschaft
(1770–1790)

Was wäre leichter, als alle Spaziergänge
durch Denkmäler nicht blos zu verschönern,
sondern zu Schulen der Tugend, und der großen
patriotischen Gesinnungen zu machen?
JOHANN GEORG SULZER

Die Anfänge des Dichterdenkmals

Die Geschichte des neueren Dichterdenkmals beginnt in England. Dort wurde schon 1556 in bezeichnender Fortführung der Tradition des altrömischen Pantheongedankens im südlichen Querhaus der Westminster Abtei ein Kenotaph für den 1400 verstorbenen Dichter Geoffrey Chaucer aufgestellt. Im Laufe des 17. Jahrhunderts folgten weitere Gedenksteine für Dichter und Gelehrte, Musiker und Schauspieler, so daß dieser Teil des Kirchenraums allmählich zu einem britischen Pantheon wurde. Joseph Addison, der bekannte Aufklärer und Herausgeber moralischer Wochenschriften, prägte dafür die Bezeichnung *poet's corner*. Diese allmählich gewachsene Vorform der Ruhmeshalle, wie sie später in veränderter Weise auf dem Kontinent übernommen wurde, blieb freilich noch immer in den Kirchenraum eingebunden und deshalb dem Totengedenken und der Grabmaltradition verhaftet. Als 1740 dort aber ein Denkmal für William Shakespeare (von Peter Sheemaker) errichtet wurde, spielten zwar die in den Sockel eingemeißelten Verse aus *Der Sturm* auf die Vergänglichkeit und damit auf die Begräbnissituation an; die ganzfigurige Darstellung des Dichters mit Büchern und Rolle sowie die Figuren aus den Werken zu ihren Füßen betonten die Zeitlosigkeit des Dichterwirkens und lösten das Denkmal vom Grabmalgedanken ab[1].

Eine andere Entwicklungslinie des Dichterdenkmals, die ebenfalls in England beginnt, nimmt ihren Ausgangspunkt im Landschafts- und Gartenkult des 18. Jahrhunderts. Der Englische Garten, der von hier aus seinen Siegeszug durch ganz Europa begann, verstand sich als Ausdruck eines aufgeklärten, empfindsamen und von starren Regeln befreiten Landschafts- und Lebensgenusses. Die arkadische Landschaftsmalerei eines Claude Lorrain oder Nicolas Poussin, selbst aus literarischen Reminiszenzen (Vergil) übertragen, hatte seit langem idyllische und pastorale Vorstellungen idealer italienischer Landschaften vermittelt. Diese malerischen Bildeindrücke wurden nun in die noch nach den Regeln des französischen Barocks konzipierten Parks übertragen. Auch diese neuen Landschaftsgärten waren künstlich angelegt, sollten jedoch die Illusion erwecken, sie seien durch die Zufälligkeiten der Natur entstanden. Nicht nur Bäume und Sträucher, Wiesen, Teiche und Wege wurden auf diese Weise natürlich arrangiert; kleine Bauten an Ruhe- und Aussichtspunkten sollten die Landschaft beleben und mit Sinnigkeiten erfüllen, sie also gesellig und gesellschaftlich nutzbar machen. So stattete Sir Richard Temple, Viscount Cobham, seinen Park in Stowe (Buckinghamshire) mit zahlreichen solcher Bauten zum Musterbeispiel eines englischen Landschaftsgartens aus. 1739 wurde z. B. ein *Temple of Friendship* errichtet, in dem Büsten von Freunden des Lords aufgestellt waren, so daß diese selbst bei Abwesenheit wenigstens im Abbild zugegen waren. Als Versammlungsort, als der das Gebäude genutzt wurde, sollten die Denkmäler nicht wie in Westminster die Erinnerung an Verstorbene wachrufen, sondern die Anwesenheit von Lebenden vergegenwärtigen. Darüber hinaus verbanden sich mit dieser Monumentalisierung des Freundschaftskults auch ganz konkrete politische Vorstellungen. Als Zentrum der Whig-Opposition – Lord Cobham war 1733 aus dem Militärdienst entlassen worden – sollten Park und Bauten den Geist des Liberalismus im Sinne der Glorreichen Revolution von 1688 hochhalten[2]. Diese enge Verschränkung zwischen liberalen Politikvorstellungen und dem schwärmerischen Freundschaftskult fand ihre Steigerung in der Verehrung natürlicher, d. h. aufgeklärter und nicht-rhetorischer Literatur. Dies ist deutlich abzulesen an dem 1735 von William Kent und Michael Rysbraeck in Stowe errichteten *Temple of British Worthies*. In ihm wurden 16 Büsten aufgestellt, u. a. für Elisabeth I., Francis Bacon, William Shakespeare, Wilhelm II., John Locke, Isaac Newton, John Milton, Alexander Pope und Walter Raleigh. Die Liste der Büsten erweiterte den Kreis der Denkmalswürdigen beträchtlich: es handelte sich um Berühmtheiten, die nicht mehr als Zeitgenossen gelten konnten. Gemeint

Der Temple of British Worthies von William Kent (1735) im Park von Stowe

waren vielmehr die großen Geister der Nation, die als Vorbilder dienen sollten. Zu ihnen zählten diejenigen Philosophen und Dichter, die als Überwinder der einengenden Regelpoetik galten, deren Texte natürliche Lebensformen propagierten oder die als Vorkämpfer aufgeklärten Denkens vereinnahmt werden konnten. Besondere Verehrung genossen naturgemäß diejenigen Dichter, die als literarische Wegbereiter des neuen Landschaftskults galten. In Stowe nahm denn auch die Huldigung an die Schäferpoesie den breitesten Raum ein, wie die Aufstellung eines *Fane of Pastoral Poetry* zeigte. Auch das Denkmal für den 1729 gestorbenen Komödiendichter William Congreve, dem später Gedenksteine für Alexander Pope, William Shenstone und James Thomson folgten, galt dieser literarischen Richtung. Der Sockel des Urnendenkmals für Shenstone erwähnt ausdrücklich dessen »amiable Simplicity of Pastoral Poetry«[3].

Auf dem europäischen Kontinent wurde mit dem Konzept des Englischen Gartens auch die Idee des landschaftsbezogenen Dichterdenkmals übernommen. In Ermenonville bei Paris entstand auf einer pappelumstandenen Insel 1779 das Grabmal für den Schriftsteller und Philosophen Jean-Jacques Rousseau, der dort seine letzten Tage verbracht hatte. Im Unterschied zur Voltairebüste, die 1778 in der Comédie Française in Gegenwart des Dichters gekrönt worden war, und im Unterschied zu Voltaires Sitzstatue von Houdon für die Academie Française[4], stellt das Rousseau-Denkmal in Ermenonville noch kein ›freies‹ Denkmal dar. Es verbindet vielmehr Grabmal und Freundschaftsdenkmal, um in beiden dem Genius des Dichters, der als Vater des neuen Naturgefühls angesehen wurde, seine Reverenz zu erweisen. Schon nach wenigen Jahren war der Park von Ermenonville zum empfindsamen und touristischen Ausflugsziel geworden; vor allem die In-

Aufklärung und Landschaftskult

Rousseau-Insel im Schloßpark von Wörlitz, 1784
als Nachahmung der Rousseau-Insel in Ermenonville
vom Fürsten von Anhalt-Dessau errichtet
Zeichnung von Georg Melchior Kraus

sellage, die eine Art Bootswallfahrt nötig machte, erwies sich als besonderer Reiz:

Der Gedanke, Rousseaus Grabe ganz allein diese kleine schöne Insel zu wiedmen, es dadurch dem Muthwillen und Insulten seiner Feinde zu entziehen, und in der Imagination seiner Freunde durch die Ueberfahrt dahin eine Art von süßer Illusion einer Wanderung in Elysium zu bewürken, ist so schön, daß er allgemeinen Beifall gefunden hat.[5]

Das Rousseau-Denkmal entwickelte sich darüber hinaus zur Keimzelle einer ganzen Serie von Denkmälern. In Ermenonville entstanden nach und nach weitere Gedenksteine, so z. B. »eine Pyramide, die zu Ehren der Sänger des ländlichen Glücks, des Virgil, Geßner, Thomson ec. errichtet ist«[6]. Außerdem wurde ein *Temple de la Philosophie* erbaut, der dem Philosophen und Essayisten Michel de Montaigne gewidmet war und in dem Inschriften für Isaac Newton, René Descartes, Voltaire, William Penn, Montesquieu und Rousseau angebracht waren. Anders als in Stowe, dessen Vorbild gleichwohl das Grundmuster abgab, galt die Huldigung hier weniger den literarischen als den philosophischen und politischen Vertretern der Aufklärung.[7]

Dieser aus England übernommene und in Frankreich in seiner Aussage leicht abgewandelte Denkmalskult fand in Deutschland zahllose Nachahmungen[8]. So legte Fürst Leopold Friedrich Franz von Anhalt-Dessau 1784 im Park von Wörlitz eine solche Rousseau-Insel an. Die vom Fürsten selbst verfaßte Inschrift des Urnendenkmals hält in Ikonographie und Text die Erinnerung an den Tod Rousseaus wach, steht also noch ganz in der Tradition des Grabdenkmals:

Dem Andenken J. J. Rousseaus, Bürgers zu Genf, der die Witzlinge zum gesunden Verstande, die Wollüstlinge zum wahren Genusse, die irrende Kunst zur Einfalt der Natur, die Zweifler zum Trost der Offenbarung mit männlicher Beredsamkeit zurückwies. Er starb den 11. Juli 1778.

Während die Inschrift Rousseau als den rückwärtsgewandten Bewahrer traditioneller Werte beschwört, haben die Besucher das Denkmal eher als Ehrung für einen bürgerlichen Dichter verstanden, wie eine zeitgenössische Beschreibung kundtut:

Auf der entgegenstehenden Seite sieht man in flachem Schnitzwerke Rousseaus Brustbild, und auf den beiden anderen Seiten hier eine Leier und dort einen Eichenkranz, wovon jene auf Rousseaus Dichtertalent, dieser daher auf dessen Bürgertugend deuten.[9]

Dieser Widerspruch zwischen der Intention der fürstlichen Denkmalsetzung und der ganz anders zu deutenden Bildaussage des Denkmals selbst ist jedoch nicht zum Tragen gekommen, da das Rousseau-Denkmal weniger durch seinen realen Nachbau als vielmehr durch eine ungleich eindrucksvollere Bildvermittlung verbreitet wurde. In seiner seit 1779 erscheinenden fünfbändigen *Theorie der Gartenkunst* erhob Christian Cajus Lorenz Hirschfeld das Rousseau-Denkmal zum Musterfall für zukünftig zu errichtende »Trauermonumente«[10]. Hirschfeld fügte der Abbildung des Denkmals gleich die Stimmungsschilderung hinzu, die seiner Meinung nach für den rechten Genuß des Denkmals unbedingt erforderlich war:

Nun schlummert er hier die lange Nacht, das Gesicht gegen den Ausgang der Sonne gerichtet, auf einer kleinen mit Pappeln bepflanzten Insel, die man seitdem *Elysium* nennt. Das Wasser, das sie umgibt, fließt ohne Geräusch, und die Lüfte scheinen sich zu fürchten, die Stille der Scene durch die geringste Bewegung zu unterbrechen. Der kleine See ist mit Hügeln umschlossen, die ihn von der übrigen Welt absondern, und die ganze Gegend zu einem geheimnißvollen Heiligthum machen, das nichts Finsters oder Trauriges hat, aber zu einer sanften Melancholie hinreißt. Sie sind mit Wäldern bedeckt, und endigen sich am Ufer des Wassers mit einsamen Gängen, worin es nicht an empfindsamen Freunden fehlt, die nach dem *Elysium* hinsehen, und zuweilen hinüberfahren. In der Mitte steht über den heiligen Reliquien das Monument in der Höhe von sechs Schuhen, von sehr einfacher, aber schöner Verzierung. Die hohen Pappeln, die von einem Boden emporsteigen, der mit Rasen bedeckt und einigen Rosen geschmückt ist, bilden einen ehrwürdigen Schatten, der sich durch seinen Widerschein in dem ruhigen Wasser verlängert. Und der Gedanke: hier ruhet *Rousseau*! enthält alles, was die rührende Feyerlichkeit dieses Auftritts vollenden kann.[11]

Die mitgelieferte Inszenierung einer Stimmungslandschaft, bei der Witterung und Beleuchtung eine entscheidende Rolle spielen, erstrebt die »sanfte Melancholie«, eine zwischen Trauer und »Feyerlichkeit« angesiedelte Zwischenlage der Empfindungshaftigkeit. Gemeinsam mit der Sakralisierung des Dichterdenkmals zum »Heiligthum« werden die politisch-philosophischen Implikationen des englischen Landschaftsdenkmals von den gesteigerten Gefühlswerten aufgesogen. Diese deutsche Übernahme des Denkmalkults, die man auch als sentimentale Aufweichung oder als Privatisierung des Denkmals bezeichnen könnte, verband sich zudem mit einer älteren Form der Dichterhuldigung. Die Dichterkrönung zum *poeta laureatus* lieferte im Heiligen Römischen Reich Deutscher Nation schon seit langem den institutionellen Rahmen, die überlieferten Denkmalsformen auf die Dichterehrungen anzuwenden. So wurde Sigismund von Birken, Leiter des Pegnesischen Blumenordens und 1654 vom Kaiser Ferdinand III. sogar in den Adelsstand erhoben, von Jacob Sandrart als lorbeerbekränzte Denkmalsbüste abgebildet; zu seinen Füßen liegen die Sinnbilder des Ordens (Panflöte), der Poesie (geflügelte Schalmei, Leier) und des Schäferlebens (Blumenkranz, Stab, Wandertasche). Seit dem Beginn des 18. Jahrhunderts bedienten sich die Titelkupfer und Frontispize vorwiegend von Gedichtsammlungen gerne solcher Denkmalsformen und -motive, um ihre poetischen Inhalte adäquat zu präsentieren. Dies geschah wie bei Daniel Stoppens Gedichtausgabe durch die Versammlung vertrauter Allegorien des Poetischen (Merkur, Pan, Amor) zu Füßen eines Denkmalsockels, der von der umkränzten Dichterapotheose gekrönt wird. In einem anderen Beispiel gruppieren sich die Sinnbilder der ländlichen Poesie (Ackerbau, Viehzucht, Imkerei, Jagd, Fischfang) um einen Denkmalsockel, auf dem Vergil zwar nicht abgebildet, jedoch als vorbildlich zitiert und zwischen Amor und Satyr angesiedelt wird. Für die Künstlerdenkmäler

*Sigmund von Birken (1626–1681) als poeta laureatus
Kupferstich von Jakob Sandrart,
der den Dichter als Büste auf den Sockel stellt
und mit den Attributen der Schäferdichtung ausstattet*

Frankreichs sind diese Übereinstimmungen der Frontispiz-Bildformen mit den Bauformen der später errichteten Denkmäler herausgearbeitet worden; man hat festgestellt, daß sich im Graphischen bereits diejenigen Formen der Künstlerverehrung »in typologischer Verfestigung« zeigen, die dann im 19. Jahrhundert als plastische Denkmäler aufgestellt werden[12]. Im Falle des 1768 ermordeten Johann J. Winckelmann konnte der Kupferstich zur posthumen Ausgabe seines Hauptwerks sogar das Totengedenken, den Geniekult und das Künstlerportrait in eins fassen: Das Medaillon Winckelmanns ist denkmalgleich girlandenverziert und lorbeergekrönt zwischen den bekannten Attributen der Kunst und Wissenschaft aufgestellt.

Martin Opitz, der 1625 vom Kaiser zum *poeta laureatus* gekrönt worden war und sich in der Fruchtbringenden Gesellschaft voll Stolz *Der Gekrönte* nennen ließ[13], erschien auf dem Titelkupfer zur Ausgabe seiner *Teutschen Gedichte* von 1746 nicht nur wie selbstverständlich als lorbeergekrönter deutscher Ovid vor den Augen seiner Leser. Opitz bildete auch den Anlaß und Gegenstand einer Gedenkrede des Leipziger Rhetorikprofessors und Literaturkritikers Johann Christoph Gottsched. In dieser *Lob- und Gedächtnisrede*

auf Martin Opitz forderte Gottsched 1739 die Aufstellung von Denkmälern für große Geister wie Opitz:

Wenn es heute zu Tage gewöhnlich wäre, die Verdienste großer Männer, die ihrem Vaterlande wichtige Vorteile verschafft, ihren Mitbürgern viel Ehre gemacht, sich selbst aber durch Verstand und Mut über viele Tausend emporgeschwungen haben, durch ansehnliche Denkmäler und sonderbare Ehrenzeichen dem Andenken der Nachwelt zu empfehlen: So würde ich jetzo diesen öffentlichen Rednerstuhl nicht betreten haben.[14]

Die öffentliche Rede kann kein Ersatz für ein öffentliches Denkmal sein; auch die allegorische Ausschmückung dieser Rede in der Ausgabe von 1749 darf nur als Notbehelf gelten, allerdings mit dem Anspruch, die Sinndeutung eines späteren Denkmals (das Opitz nie erhalten wird) schon vorwegzunehmen. Drei Genien sitzen auf Wolken und hantieren mit den Attributen der Poesie (Leier, Flöte), der Gelehrsamkeit (Buch) und des Ruhms (Lorbeerkranz, Trompete). Ein Spiegel, um den sich die drei Genien gruppieren, gibt das Porträt des Gefeierten wieder. Wie der Barockdichter Opitz nur im allegorischen Spiegel des aufgeklärten Nachrufs sein Denkmal hat, so spiegelt sich Gottscheds Forderung nach deutschen Denkmälern an der englischen Realität:

Man gehe endlich nach Engelland, wo die Abtei zu Westmünster nicht nur die Gräber der Könige und Helden, sondern auch ihrer Weltweisen und Dichter, eines Newtons, Addisons und Steelens, in prächtigen Ehrenmälern und Denkschriften bewahret. Und alsdann sage man mir, warum nicht Leipzig seinem Stifter, Johann von Münsterberg, Augsburg seinem Celtes, das Frankenland einem Ulrich von Hutten, Wittenberg seinem Melanchthon, Nürnberg seinem Pirckheimer, Thorn seinem Kopernikus, Königsberg seinem Sabinus, Magdeburg seinem Guericke, Danzig seinem Hevelius, die Lausitz ihrem Tschirnhaus, Berlin einem Leibniz und Halle einem Thomasius, vieler andern voritzo zu geschweigen, eine gleiche Ehre widerfahren lassen?[15]

Gottscheds Auswahl der Denkmalwürdigen legt das Schwergewicht auf die Verfechter eines bürgerlich-aufgeklärten Widerstands gegen die staatliche Obrigkeit, gegen die katholische Amtskirche oder gegen überholte Denkgewohnheiten. Dieses Denkmalspro-

Virgil-Denkmal in bokulischer Landschaft als Titelkupfer einer beliebten Gedichtausgabe von 1766

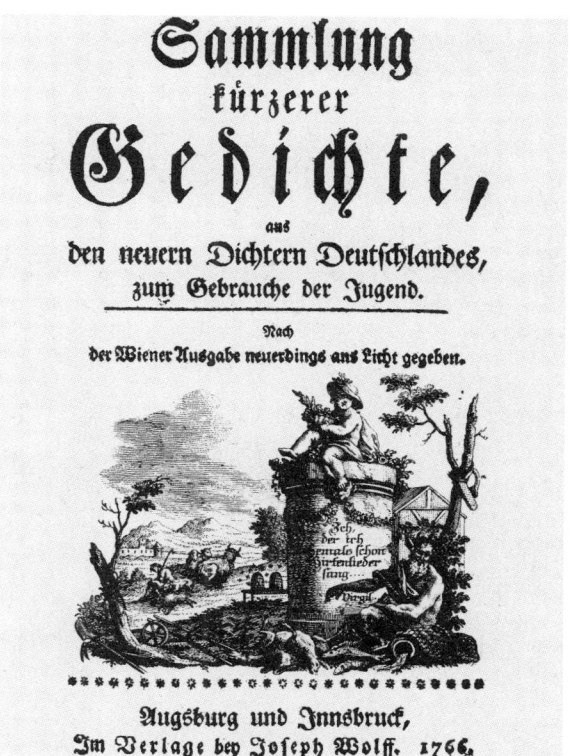

gramm, das auch lokalpatriotische Eigenheiten als nationale Verdienste ausgibt, geht ausnahmslos von den Städten als den Zentren bürgerlicher Kulturleistungen aus. Der Redner zitiert zwar England als Vorbild, dort aber nur das nationalkulturelle Pantheon in Westminster; die neuen, gleichzeitig mit seiner Rede entstandenen Landschaftsdenkmäler in den Parks des englischen Adels nimmt Gottsched überhaupt nicht zur Kenntnis!

Diese auffällige Beschränkung auf eine stadtbürgerliche Öffentlichkeit, aus der Denkmalsetzungen hervorgehen sollen, ist auch der Ausgangspunkt in Johann Georg Sulzers *Allgemeiner Theorie der Schönen Künste* von 1771/74, ein Werk, das den Anspruch erhebt, den Erkenntnisstand der gültigen bürgerlichen Ästhetik zusammenzufassen. Unter dem Stichwort »Denkmal« definiert Sulzer:

Ein an öffentlichen Plätzen stehendes Werk der Kunst, das als ein Zeichen das Andenken merkwürdiger Personen oder Sachen, beständig unterhalten und auf die Nachwelt fortpflanzen soll. Jedes Denkmal soll das Auge derer, die es sehen, auf sich ziehen und in den Gemüthern empfindungsvolle Vorstellungen von den Personen oder Sachen, zu deren Andenken es gesetzt ist, erweken.[16]

Interessant ist dabei weniger, daß Sulzer nicht zwischen Personen- und Ereignisdenkmälern unterscheidet und auch die Trennung in Herrscher- und Zivilistendenkmäler nicht mitmacht, daß er sodann seine Abhandlung nach Bauformen (»Grabmäler«, »Statuen verdienstvoller Personen«, »Tropheen«, »Triumpfbogen«, »Ehrenpforten«) gliedert. Bemerkenswerter erscheint der unbezweifelbare Öffentlichkeitscharakter des Denkmals. Neben der Hauptfunktion jedes Denkmals, nämlich Aufmerksamkeit zu erregen und auf Dauer zu bewahren, verlangt Sulzer von den Denkmälern die Erweckung von Gedanken und Empfindungen. Dieser doppelten Aufgabe entsprechend sieht er das Denkmal auch in doppelter Perspektive:

Man hat bey jedem Denkmal auf zwey Dinge zu sehen: auf den Körper desselben, der eine freystehende Masse ist, die durch eine gute Form einer eigenen Art das Auge auf sich zieht; und denn auf den Geist oder die Seele desselben, wodurch eigentlich der Haupteindruk, auf den das Denkmal abzielt, soll bewürkt werden.

Dabei hat sich das Denkmal fraglos den gesellschaftlichen Normierungen vorbürgerlicher Lebensformen, den Regeln des »Schiklichen und Wolanständigen« unterzuordnen, wie Sulzer an einem Beispiel zeigt:

damit man nicht in das Unschikliche verfalle, durch ein Werk, das das große Ansehen eines Triumpfbogens hat, das Andenken einer Privattugend, oder durch das bescheidene Ansehen einer ganz schlechten Wand, eine glänzende, den ganzen Staat in die Höhe schwingende Begebenheit, auf die Nachwelt zu bringen.

Diese Zweiteilung in ein der staatlichen Repräsentation dienendes öffentliches Denkmal und ein auf private Erinnerung berechnetes Bürgerdenkmal bestimmt sowohl die jeweils genau festgelegte Formensprache als auch die Standortwahl. Ein »schiklicher Platz« für ein Denkmal muß daher so beschaffen sein, daß die scharfe Trennlinie zwischen dem staatlichen Öffentlichkeitsbereich und der Privatsphäre nicht verwischt wird. Weil freilich auch das Privatdenkmal »das Auge des Vorübergehenden« auf sich ziehen kann, entsteht die Schwierigkeit, die Aussage des

Denkmals so zu gestalten, daß der soziale Status des Geehrten jederzeit sichtbar wird. Denn diese Aussage macht die eigentliche »Seele des Denkmals« aus:

Diese besteht entweder blos in Aufschriften, von denen an einem andern Ort gesprochen worden, oder in bildlichen Vorstellungen, (sie seyen gemahlt oder gebildet,) die entweder historisch, oder allegorisch seyn können. Man wird allemal, wie schon irgendwo angemerkt worden, von solchen Werken fodern, daß sie mehr sagen, als eine Schrift sagen könnte, weil sonst die bloße Schrift vorzuziehen wäre.

Beide Möglichkeiten der Darstellung, die allegorische wie die historische, sollen keine bloße Verzierung sein, sondern die Denkmalsaussage vertiefen. Indem Denkmäler »mehr sagen« als bloße Texte, gehören sie für Sulzer zu den Kunstwerken, mit deren Hilfe man am ehesten die »Erwekung tugendhafter Empfindung« und eine »Rührung der Gemüther« erreiche. Diese kollektive Seelenregung hätte aber nur unter politisch und gesellschaftlich grundlegend veränderten Bedingungen Sinn und Wirkung; dem entsprachen die deutschen Verhältnisse in der zweiten Hälfte des 18. Jahrhunderts keinesfalls. Sulzer beschreibt daher eine Utopie, das Wunschbild einer mit Denkmälern bestückten Öffentlichkeit, in der bürgerliche Wertvorstellungen dauernd hervorgekitzelt und dem müßigen Bürger auf seinen Spaziergängen als »Schulen der Tugend, und der großen patriotischen Gesinnungen« vor die Nase gesetzt werden:

Man stelle sich eine Stadt vor, deren öffentliche Plätze, deren Spaziergänge in den nächsten Gegenden um die Stadt herum, mit solchen Denkmälern besetzt wären, auf denen das Andenken jedes verdienstvollen Bürgers des Staats, für die Nachwelt aufbehalten würde: so wird man leicht begreifen, war für großen Nutzen solche Denkmäler haben könnten.

Solche Aussagen sprechen vom Denkmal als einer Metapher für politische Hoffnungen. Die Öffentlichkeit der Denkmalsetzung meint die Öffentlichkeit des gesellschaftlichen Lebens, die in jedermann zu erwekkenden Empfindungen meinen die moralische und damit auch die rechtliche Gleichheit der Bürger. Das Denkmal steht dann nämlich jedem Staatsbürger zu; vom Fürstendenkmal wird schon nicht mehr gesprochen. Das vom Bürger für Bürger aufgestellte Denkmal dient endlich als pädagogisches Medium, die Wertvorstellungen einer neuen Epoche durchzusetzen und hochzuhalten.

Das »Denckmal der Neuberin«, ein Gedenkstein für die mit Gottscheds Bühnenreform verbundene Theaterprinzipalin Friederike Karoline Neuber, erfüllt und illustriert alle diese Forderungen Sulzers. Das Denkmal, nach Sulzer eine »freystehende Masse«, erinnert durch die »bloße Schrift« nach der Straßenseite an die Person der Neuberin; ihre Verdienste werden »allegorisch« durch die Sinnbilder der Schauspielkunst (Maske vor gekreuzten Dolchen) auf den Seiten des Denkmalkörpers angedeutet. Die Aufstellung in einer arkadischen Hügellandschaft zwischen befahrenem Fluß und belebter Landstraße stellt die erwünschte Lebenswelt her. Angesagt ist der Beginn eines Spaziergangs im Übergang aus der Stadt in die »nächsten Gegenden« nicht ohne die Spuren der ländlichen Idyle: der zur Arbeit ausziehende Bauer zitiert schäferhafte Erinnerungen, die Baumkulisse verleitet zu empfindsamem Naturgenuß. Der Spaziergänger, an der Grenze von Stadt und Umland, zwischen Müßiggang und Arbeitsalltag promenierend, mag hier seinen Empfindungen nachhängen und sich als poetisch erhobenes und zu Idealem befreites Individuum fühlen. Der Wirklichkeit entspricht diese Szene freilich nicht. Es erstaunt daher nicht, daß dieses Denkmal, in Laubegast bei Dresden errichtet und 1777 als Kupferstich veröffentlicht, so gut wie unbekannt geblieben ist.

Dichterdenkmal und Gartenkunst

Mit seiner fünfbändigen *Theorie der Gartenkunst* hatte der Ästhetikprofessor Christian Cajus Lorenz Hirschfeld zwischen 1779 und 1785 in Abbildungen und Beschreibungen für eine weite Verbreitung der neuen Vorstellungen vom Landschaftspark gesorgt. Den Begriff der »Gartenkunst« mußte Hirschfeld gegen alle Formen »botanischer und ökonomischer

*Denkmal für die Theaterleiterin
und Dramatikerin Friederike Karoline Neuber,
genannt die Neuberin (1697–1760)
Ihr bei Dresden errichtetes Denkmal
(Kupferstich aus dem Gothaischen Theaterkalender
auf 1777)*

Gärtnerei« verteidigen[17]; gemeint war die Landschaftsarchitektur als eine Kunstform und zwar als die natürlichste aller schönen Künste, da sie »gleichsam mehr in die Natur selbst eingeflochten«[18] sei, also dem Bedürfnis der Zeit nach natürlichem Kunstgenuß Rechnung trage. Aus solchen Voraussetzungen entwickelt Hirschfeld ein Musterbuch landschaftsarchitektonischer Gestaltungsmöglichkeiten, wobei Denkmäler eine entscheidende Rolle spielen. Durch die thematische Beschränkung auf den Landschaftsgarten holt Hirschfeld freilich die Denkmäler in den Privatbereich der Schloßparks zurück. Dennoch entsprechen die erhofften Wirkungen dieser Denkmäler denjenigen, die nach Sulzer in der Öffentlichkeit städtischer Plätze aufgestellt werden sollten. Wie stark sich Hirschfeld auf Sulzers Wirkungsästhetik berufen möchte, belegt eines der ersten abgebildeten und beschriebenen Denkmäler, das Sulzer gewidmet ist:

Auch ein bloßes Trauerdenkmal kann oft ein Mittel sehr interessanter Erinnerungen seyn. Welcher weise Freund des einsamen Spaziergangs muß nicht lebhaft gerührt werden, wenn er in einem waldigten Revier auf ein Monument stößt, das dem Andenken eines Mannes, den er schätzen kann, geheiligt ist! Er wird überrascht, tritt näher, und erkennt ihn, dessen Verdienst hier gehuldigt wird. Er sieht das äußere Denkmal, das der Seele die Wiedererkennung erleichtert, sich zwischen schattenreichen Bäumen bescheiden verbergen: ein Bild des Mannes, der alles in sich war, und sich in sich selbst zu verhüllen suchen konnte. Ein dichter Vorhang von Waldung begränzt umher das eingeschlossene Revier. In der Mitte ruhet ein stilles Gewässer, woraus mit leisem Gemurmel ein kleiner Bach abfällt, und am Fluß des Monuments wegschleicht. Der Mond steigt über die Gebüsche mit seinem feyerlichen Licht herauf, und scheint am Himmel zu verweilen, um diese heilige Gegend zu beschauen. Sein blasses Antlitz glänzt im Wasser wider; zwischen den Bäumen und Gebüschen schleicht sein Silberschein, und verbreitet über das Ganze eine liebliche Beleuchtung. Selbst das Monument scheint sich seiner sanften Erheiterung zu freuen; das Bild der Unsterblichkeit, der Schmetterling, wird sichtbar, und der Gedanke des Todes gemildert. Kein Laut wird gehört; ringsumher tiefe Stille und Feyer. Von dem Eindruck dieser Scene beherrscht, in seine Betrachtungen und seine Wehmuth versenkt, lehnt sich der empfindende Beobachter an eine gegenüberstehende Eiche, sieht hin, wo das Mondlicht den Namen seines Sulzer erhellet, sieht wieder weg, und eine Träne fällt.[19]

Das »Trauerdenkmal« enthält nur noch in der Stelenform ein Zitat des Grabmals; der Bezug zum Sterbeort ist, etwa im Unterschied zu Rousseaus Grabmal, weggefallen. Stattdessen wird aus dem ikonographischen Signal des Denkmals, ein »Bild der Unsterblichkeit« zu vermitteln, der »Gedanke des Todes« in eine sanfte »Wehmuth« übergeführt, die sogar Züge der »Erheiterung« hat. Diese Stimmungsentwicklung wird genau beschrieben, nicht das eigentliche Denkmal! Der intime Charakter der »Scene« dieser Landschaftsbühne (»Ein dichter Vorhang von Waldung«) lebt von einem plötzlich sich öffnenden Stimmungsraum, der zwar

vom Bildtopos des *locus amoenus* ausgeht, diesen jedoch in eine romantisch-feierliche Mondnacht verwandelt. Der »empfindende Beobachter« wird dabei einer ausgeklügelten Lichtregie ausgesetzt, so daß der ins Bild gebrachte Spaziergänger jede künftige Zwiesprache mit dem Denkmal schon vorprogrammiert hat.

Wie bedeutungslos die Bauform des Denkmals für die Wirkungsweise der Szenerie ist, zeigt der Vergleich mit einem anderen Denkmalsvorschlag Hirschfelds aus seinem *Gartenkalender* von 1782. Ein Denkmal in sehr ähnlicher Pyramidenform erhält durch die offene Landschaft »vor einem dichten Gebüsch« und neben einer Brücke, »die über einen Bach führt, und worauf zwo Personen gehen«, statt des Trauercharakters eher den Eindruck einer heiter-idyllischen und geselligen Lustbarkeit. Umgekehrt kann die Würdeform des Rundtempels, »in einem dunklen Waldrevier« inszeniert, »von den sich umherdrängenden Bäumen überschattet« und »der Einsamkeit« geweiht, statt Weihe und Würde Besinnlichkeit und innere Sammlung vermitteln. Der Spaziergänger liefert das erwünschte Verhalten gleich mit: »Ein weiser Freund der Einsamkeit wandelt daneben, mit einem Buch in der Hand.«[20]

Alle drei Beispiele zeigen, daß der Denkmalbegriff Hirschfelds nicht wie derjenige Sulzers einer Propagierung bürgerlicher Verdienste in der Öffentlichkeit dienen soll. Hirschfelds Anspruch ist viel bescheidener:

Monumente oder Denkmäler sind sehr wirksame Mittel, das Andenken einer Person oder einer Begebenheit für die Nachkommenschaft zu erhalten.[21]

So ist es mehr als bezeichnend, daß Hirschfeld das Sulzer-Denkmal in eine Nachtszene einbettet und der Lichtmetaphorik der Aufklärung eine Stimmungslandschaft gegenüberstellt, die der quasi-religiösen Zwiesprache, nicht der öffentlichen Zurschaustellung dienlich ist. Die Denkmäler für Regenten, Staatsmänner und Helden verlangen natürlich auch für Hirschfeld nach einer öffentlichen Aufstellung; sie bleiben aber außerhalb seiner Betrachtung. Stattdessen konzentriert sich sein Interesse ganz auf die Denkmäler in Privatgärten:

In Gärten aber schicken sich mehr Denkmäler, die der Privatmann stiften kann, Denkmäler, nicht sowohl für die glänzenden, als vielmehr für die angenehmen Gattungen des Verdienstes, und zwar solche, die mit gartenmäßigen Vorstellungen eine gewisse Verbindung haben, oder sich auf Naturscenen und ihre Veredelung beziehen. Man kann hier die Monumente Philosophen, Dichtern, Künstlern, nützlichen Bürgern oder Freunden, lebenden sowohl als verstorbenen widmen. Sie können nicht weniger Denkmä-

Entwurf zu einem Denkmal
für Johann Georg Sulzer (1720–1779)
aus Hirschfelds »Theorie der Gartenkunst« (1780)

Entwurf zu einem Denkmal für den Schweizer Arzt,
Naturforscher und Dichter Albrecht von Haller
(1708–1777) dessen berühmtes Lehrgedicht »Die Alpen«
von 1729 den offensichtlichen Bezugspunkt bildet

ler des Vergnügens, als der Trauer seyn. Sie erfordern allemal eine ihrem Charakter angemessene Scene. Ein Monument, irgend einer frohen Begebenheit, irgend einer Empfindung oder Wiedererinnerung von der angenehmen Art geweihet, reize von einem Hügel das Auge; ein Denkmal des Schmerzes oder der Melancholie verberge sich bescheiden in der öden Vertiefung oder zwischen Umhüllungen dunkler Gebüsche, oder unter einer Felswand. ...
Die Wirkungen der Monumente können sehr abwechselnd seyn, nach der Verschiedenheit der Personen oder Sachen, deren Andenken sie erneuern. Sie erwecken interessante Erinnerungen oder Empfindungen der Verehrung, der Freundschaft und der Liebe; Bewegungen eines sanften Vergnügens, oder einer süßen Schwermuth. Man verweilt, wenn die Schönheiten der Natur unser Auge gesättigt haben, gerne bei Monumenten, wo das Herz Nahrung findet.[22]

Die private Stiftung und Aufstellung solcher Denkmäler soll ihrer privaten Wirkung entsprechen. Kunst und Kultur geraten in die Nähe von »gartenmäßigen Vorstellungen«! Die dergestalt in die Privatsphäre abgedrängten Denkmäler stehen noch dazu hinter dem Erlebnisraum des Landschaftsgartens zurück. Erst »wenn die Schönheiten der Natur unser Auge gesättigt haben«, konkurrieren die Denkmäler mit der aufkommenden Langeweile der Parkspaziergänger.
Es ist deshalb verständlich, daß Hirschfeld auf eine Differenzierung der Bauformen nur sehr geringen Wert legt. Er beschränkt sich daher auf die überlieferten Stereotype der Grabmalkunst, von denen Urne und Grabstein schon »durch sich verständlich« sind, eine Säule aber »eines kleinen aufklärenden Zusatzes« bedarf[23]. Auch die Dichterdenkmäler, die Hirschfeld als »edle Monumente« klassifiziert, zehren von der konventionellen Formensprache des Grabmals, auch wenn Hirschfeld seine Vorschläge als vorbildlich verstanden wissen möchte. Durch seinen Standpunkt ragt dabei das Denkmal für den 1777 verstorbenen Schweizer Dichter Albrecht von Haller hervor:

der uns zuerst die großen Schauspiele der Natur schilderte, die sein Vaterland enthält, verdient schon als Dichter eines der ersten Monumente in Scenen, die dem erhabenen Charakter seiner malerischen Poesie zustimmen.[24]

Das projektierte Denkmal, »das auf einem hohen Felsen steht, in einer Schweizer Landschaft, mit Viehweiden und Dörfern, und den Alpen in der Ferne«, zitiert nicht bloß die Schweizer Herkunft Hallers, sondern vor allem sein aufsehenerregendes Gedicht *Die Alpen* von 1729, das eine neue Natursicht der Epoche einläutete. Diese literarische Pionierat des Naturdichters Haller versucht der Denkmalsentwurf ins Bild zu setzen. Auf die heroische Natursicht, wie sie die aufkommende Landschaftsmalerei eines Joseph Anton Koch pflegen sollte, ist durch die Rustikaquader des Sockelbaus und den wie ein zusätzlicher Sockel wirkenden Felsuntergrund angespielt; das Malerische in Hallers Dichtung sollen vermutlich die charakteristisch verwachsenen Bäume und die wilde Gebirgsgegend andeuten. Das Denkmal selbst ist wenig originell; es verbindet Säulenstumpf, Urne und bekränztes Porträtmedaillon – Formen, wie sie an den folgenden Denkmälern in nur geringfügiger Variation auftauchen werden. Der Standpunkt des Betrachters indes, der eine Sicht von unten verlangt, unterscheidet das Haller-Denkmal von allen anderen Vorschlägen Hirschfelds. Durch diese Perspektive wird nämlich das Denkmal zur Hoheitsform erhöht, als sei es ein Berggipfel. Diese Bildähnlichkeit mit dem heroischen Landschaftsgemälde macht das Dichterdenkmal endgültig zur Würdeform der Dichterverehrung.
Demgegenüber gilt das Denkmal für den Anakreontiker Friedrich von Hagedorn einem Dichter,

»edle Monumente« 15

der uns so oft zu den Freuden des Landlebens lockte, und dessen Lied rein und heiter dahin floß, wie der Quell, der sich unter seinem Denkmal hervorgießt, das in einem luftigen Wäldchen auf einer Wiese ruht.[25]

Der nach der rhetorischen Tönelehre niedere, weniger heroische Ton dieser Lyrik entspricht der winddurchwehten Hainlandschaft, dem sprudelnden Wasser und der Efeuumrankung. Im Zeichen dieser Idylle von Heiterkeit und Lebensfreude ist die Erinnerung an einen Verstorbenen fast ganz verdrängt: die Urne wirkt – noch stärker als am Haller-Denkmal – wie eine zapfenförmige Bekrönung eines Brunnenbaus, dessen klassizistische Formensprache man als gegenbarocke Kundgabe lesen kann.

Dieses Hagedorn-Denkmal, das Hirschfeld im III. Band seiner *Theorie der Gartenkunst* 1780 veröffentlichte, kann insofern besonderes Interesse beanspruchen, als 1781 der großfürstliche Etatrat Richardi in Horn vor Hamburg tatsächlich ein Hagedorndenkmal – neben Denkmälern für den Maler Denner, den Architekten Sonnin und den Komponisten Telemann – »zur Ehre der Dichtkunst« errichten ließ. Für dieses Dichterdenkmal bildete nicht nur Hirschfelds Kupferstich vom Vorjahr die offensichtliche Vorlage; Hirschfeld übernahm dieses Denkmal im Gegenzug in seinen *Gartenkalender* von 1783:

Es stelt eine Säule mit einer Urne dar. Auf der einen Seite der Säule sieht man das medaillenförmige Bildnis des Dichters, mit einem Lorbeerkranze um das Haupt, und rings umher mit einer Guirlande verziert; unter dem Bildnis befindet sich am Fußgestell auf einer von Epheu umschlungenen Tafel mit goldenen Buchstaben der Name: von Hagedorn. Auf der anderen Seite hängt an der Säule die Leyer des Apoll, zur Trauer gesenkt. Die Säule nebst der Urne auf dem Fußgestell hat eine Höhe von 9 und ein halb Fuß, und ruhet auf einem mäßigen mit Blumen gestickten Grashügel, den Begräbnishügeln der alten Deutschen ähnlich. Die Säule hat im Durchschnitt 2 Fuß 4 Zoll. Sie ist mit Festons von Lorbeern geschmückt[26]

Der Vergleich beider Stiche zeigt, daß außer der Wolkenformation und der Hainlandschaft – der Einordnung des Dichters als Anakreontiker entsprechend – nur die Dreigliedrigkeit des Denkmalaufbaus erhalten geblieben ist. Der Brunnenunterbau aus Hirschfelds Entwurf ist in der Wirklichkeit durch einen Blumen- und Grashügel ersetzt worden, der das vaterländische Element besonders betonen soll. Schon die Denkmalsgruppe für alle vier Künste hatte ja die Ehrung des patriotischen Verdiensts als gemeinsamen Nenner ausdrücklich hervorgehoben:

glaubte mit Recht seine Achtung gegen Hamburg nicht edler erweisen zu können, als wenn er den Männern vom ersten Rang, deren Verdienste um die schönen Künste sich

Entwurf zu einem Denkmal für den Anakreontiker
Friedrich von Hagedorn (1708–1754)
Tatsächlich errichtetes Hagedorn-Denkmal,
Horn vor Hamburg, 1781

Entwurf zu einem Denkmal
für Christian Ludwig von Hagedorn,
den Bruder des Dichters Friedrich von Hagedorn

hier zur Unsterblichkeit erhoben, Denkmäler errichtete, die dem Fremden nicht weniger, als dem Patrioten gefallen müßten. Denn der Ruhm dieser Männer, der zunächst über Hamburg strahlt, leuchtet nicht minder auch in der Ferne. Vornehmlich aber ist es das Auge des patriotischen Mitbürgers, dem diese Monumente winken, denen eine Thräne des Danks rinnen zu lassen, an die er hier erinnert wird.[27]

Während Hirschfelds Entwurf die Eigenart des Dichters allein durch den Namenszug festlegen wollte, präsentiert das tatsächlich errichtete Denkmal den lorbeergekrönten Dichter im Medaillon und mit einer Harfe als Attribut.
Diese Variationen der Hirschfeld-Vorlage in Richtung auf eine möglichst eindeutige Dichtercharakteristik dürfen aber nicht darüber hinwegtäuschen, daß die dreigliedrige Grundstruktur des Denkmals mit Sockel, Säule mit Medaillon und Urne in ihrem Aussageinhalt immer noch sehr offen bleibt. Ein Vorschlag Hirschfelds von 1782 für ein Freundschaftsdenkmal wandelt dieses Grundmuster kaum ab:

Ein Denkmaal der Freundschaft in der Oefnung eines schattigen Gebüsches, die eine heitere Aussicht in freyere Gefilde, wie einen Blick in die bessere Welt, verstattet; zwey Spazirende nähern sich dem Denkmal, indem sie sich ernsthaft über seine Bestimmung zu unterhalten scheinen.[28]

Ähnliches gilt für den Entwurf zu einem Denkmal für den Bruder des Dichters, Christian Ludwig von Hagedorn. Die aufgezeigte Grundstruktur des Denkmals ist auch hier deutlich auszumachen. Nur die – wohl das Anakreontische ausdrückende – Hainlandschaft ist zugunsten einer im Stimmungswert weniger heiteren Baumbeschattung in der Nähe einer größeren Stadt (Hamburg?) zurückgenommen. Des weiteren sind die Attribute des Dichters getilgt und das Totengedenken nicht nur durch die Urne, sondern auch durch den Sarkophag besonders betont. Das Medaillon, durch den Genius in den Mittelpunkt gerückt, verbindet auch hier das Bild des Geehrten mit dem Gedenken an einen Verstorbenen.
Das Motiv des Todes, das fast ganz in den Denkmalsformen enthalten ist, bildet dagegen den ausdrücklichen Sinnmittelpunkt im Entwurf zu einem Denkmal für Christian Ewald von Kleist, der 1759 als preußischer Offizier im Siebenjährigen Krieg gefallen war. Das Denkmal soll einen Dichter ehren, »der uns die Schönheit der Natur besang, für einen Mann, der als Menschenfreund lebte, und als Held für das Vaterland fiel«. Der »Sänger des Frühlings«, der Verfasser dieses so wirkungsreichen Lehrgedichts von 1749, wird indes auf die mittlerweile schon abgegriffenen Zeichen der Poesie reduziert; viel bedeutsamer sind die Hinweise auf die Trauer über den Tod Kleists:

Trauernd legt sich hier Herkules auf seine Urne, um welche diese Worte stehen:
Ihr Winde, wehet sanft! die heilge Asche ruht.
(Worte des Dichters)
Ein kleiner Liebesgot bekränzt seine Leier. Das Denkmal steht unter düster herabhängenden Bäumen, an einem etwas erhabenen Orte, wovon man die weite Landschaft übersieht.[29]

Die trauernden Bäume, die überdimensionale Herkulesfigur, die Todes-Fackel und der Kriegshelm verstärken den Eindruck eines Heldendenkmals. Erst wenn der Betrachter sein biographisches Vorwissen einbringt, kann er Kleists Schlachtentod im vaterländischen Krieg als patriotisches Opfer eines Dichters würdigen. Das kurz zuvor, nämlich 1779 tatsächlich errichtete Denkmal für Kleist in Frankfurt/Oder betont diese patriotische Seite der Dichtererinnerung sehr viel weniger stark (vgl. Abb. S. 26).

Entwurf zu einem Denkmal für den Offizier und Lyriker Ewald Christian von Kleist (1715–1759) Motive des Patriotismus und des Todes dominieren das Denkmal

Entwurf zu einem Denkmal für den Schweizer Maler und Idyllendichter Salomon Geßner (1730–1788) Beispiel eines Dichterdenkmals für einen noch Lebenden

Das von Hirschfeld für den Schweizer Idyllendichter Salomon Geßner vorgeschlagene Denkmal fällt insofern aus dem Rahmen, als es einem noch Lebenden gilt:

Doch dürfen wir mit Monumenten für unsere verdienten Männer nicht immer erst warten, bis wir sie beweinen; wir können sie ihnen, wenn ihr Ruhm entschieden ist, schon bey ihrem Leben widmen. Denkmäler für das noch lebende Verdienst haben außerdem noch eine Heiterkeit, die den Trauermonumenten abgeht, und sind dadurch den Bewegungen eines anmuthigen Gartens vorzüglich angemessen. Keine Idee kann wohl natürlicher sein, als dem größten Idyllendichter der neuern Zeit, der uns mit so vieler Einfalt und Naivität die Unschuld und die süßen Freuden des arkadischen Weltalters empfinden lehrte, der die kunstlosen Reize der Natur nicht blos in seinen Gedichten, sondern auch durch seine Radiernadel vor uns hinzuzaubern wußte, unserm Geßner, ein Monument zu weihen.[30]

Der gesicherte Ruhm, das bleibende Verdienst ist also das Kriterium der Denkmalswürdigkeit, nicht der Tod des Dichters. Am ehesten läßt sich ein Vergleich mit dem Hagedorn-Denkmal anstellen, so daß den Rokokodichtungen beider die heitere Stimmungswirkung ihrer beiden Denkmäler entspräche. Das Geßner-Denkmal enthält jedoch noch eine zusätzliche Aussage:

Das Denkmal ist in einer Felsenhöhle an einem Bache errichtet. Einige wenige Bäume stehen davor, Epheu schlingt sich um sie herum, und an den Felsen wächst die Weinrebe empor. Die Hirtenmuse an einem Altar, auf welchem eine Flöte und eine Radiernadel mit Blumen umwunden liegt, lehrt einen Genius die Empfindungen der reinen Liebe, indem sie auf die vor ihm sitzenden Tauben zeigt; ein Satyr und ein junger Faun hören aufmerksam zu.[31]

Die dionysischen Elemente (Hirte, Satyr, Faun, Weinrebe) verschieben die abgeklärte Heiterkeit in ein heidnisches Arkadien voll lebensfroher Ausgelassenheit. Dazu trägt sicherlich auch der ›heidnische‹ Altar anstelle der Urne bei, wodurch nicht nur alle Anspie-

»dem größten Idyllendichter der neuern Zeit«

lungen auf Traurigkeit, sondern auch alle erhabenen Momente ausgeklammert sind. Die gesamte Figurenszenerie hinterläßt zudem weniger den Eindruck eines Denkmals als den eines lebenden Bildes!

Die Gemeinsamkeiten aller Dichterdenkmäler Hirschfelds sind leicht zu überblicken. Zum einen gelten die Denkmalsentwürfe ausschließlich Dichtern des eigenen Jahrhunderts; Vertreter der damals neuen Naturdichtung werden bevorzugt bedacht. Dieser übergreifende Zusammenhang einer gemeinsamen Schreibart, sei diese nun heroisch oder idyllisch, dominiert. Von daher ist es relativ gleichgültig, ob der durch das Denkmal Geehrte noch lebt oder nicht; die Landschaftszuordnung des Denkmals, nicht das Totengedenken steht an ersten Stelle. Auffällig ist zweitens das spärliche, der Grabmalkunst entlehnte Formenrepertoire der Denkmäler. Diese erlangen ihre Eigenart nicht durch differenzierende Bauformen, sondern durch die Zuordnung von Aufstellungsort, Landschaftsgestaltung, Pflanzenbewuchs und Betrachterperspektive. Die unterschiedlichen Aussagen der einzelnen Denkmäler entstehen durch ihre Beschreibung, nicht durch ihre Formensprache. Aber selbst da ergibt sich wegen der stereotypen Denkmalsformen eine immer gleiche Wirkungsmechanik mit jeweils nur unterschiedlichen Graden an Erinnerung, Trauer oder Heiterkeit. Der gesamte Landschaftspark bietet dem Besucher ein so unerschöpfliches Reservoir individueller Empfindungen an, wie dieser bereit ist, in die Betrachtung des Denkmals einzubringen.

Nach den Anweisungen in Hirschfelds Gartentheorie oder nach eigenen Reiseerfahrungen zu den modernen englischen Vorbildern wurden in der zweiten Hälfte des 18. Jahrhunderts zahlreiche Parkanlagen im englischen Stil umgestaltet oder neu geschaffen. Mit der Neuanlage solcher Landschaftsgärten übernahm man auch die Mode der baulichen und bildnerischen Auflockerung der Parks durch Dichterdenkmäler. Reisende wie Friedrich Nicolai 1786 wußten aus dem Park des Lustschlößchens Montplaisir des Markgrafen Friedrich Heinrich von Brandenburg-Schwerdt von (vermutlich bildlosen) Denkmälern auf Gellert, Lessing, Hagedorn und Haller zu berichten.[32] Im Labyrinth des Parks zu Wörlitz waren, so notiert J.F. Abegg 1798 in sein Reisetagebuch, Dichterbüsten von Martin Gottlieb Klauer aufgestellt, und zwar für Lavater mit der Aufschrift »Oh, daß meine Seele der deinen gleich wäre!« und für Gellert mit der Aufschrift »Heil dir, du hast das Leben, die Seele mir gerettet«. Im Englischen Garten in München stand ein einfaches Urnendenkmal für Salomon Geßner, das wie eine Illustration zu Hirschfeld wirkt und nur noch im Tuschbild überliefert ist.

Im Park des Schlosses Hohenheim bei Stuttgart, der seit 1775 im Entstehen begriffen war, wurden Denkmäler für die Dichter Haller, Gellert, Klopstock und Geßner errichtet[33]. Diesen Denkmälern, die zum Teil aus Gips hergestellt waren und heute nicht mehr vorhanden sind, kommt deshalb besondere Bedeutung zu, weil ihre Entwurfsgeschichte bekannt ist[34]. Johann Jakob Atzel, Zögling der Hohen Karlsschule des Herzogs Karl Eugen, hat mit einigen Mitschülern, darunter Friedrich Schiller, diese Denkmäler entworfen und 1782 in einem *Schreiben über einen Versuch in Grabmälern nebst Proben* veröffentlicht. Unter den Denkmälern für »Teutsche«, »die durch Verdienst, durch Unglück und durch Größe, merkwürdig und interessant sind«, tauchen neben Karl dem Großen, Herzog Ernst von Gotha, Franz von Sickingen, Luther, Melanchthon, Leibniz, Thomasius, Spener und Kepler auch Klopstock und Haller auf[35]. Über das Haller-Denkmal heißt es:

Ueber dem Sarge zerreißt die Philosophie den Schleyer, der über die Natur herabhieng. Seine Werke, mit Lorbeer in den Schlangenstab und eine Leyer gebunden, liegen auf dem Sarge umher. Auf der entgegen gesetzten Seite weint Hygiäa über sein Medaillon hin. –
Die Inschrift heißt:
CORPORI LEGES
ANIMO OFFICIA
ASSIGNAVIT.
Der Platz ist auf einem Hügel ausser dem Kirchhof.[36]

Man bemerkt, wie im Unterschied zu Hirschfelds Denkmalentwurf nicht die private, d.h. die literarische Bedeutung Hallers, sondern seine nationalen Leistungen als Arzt durch Inschrift, Attribut und die griechische Göttin der Gesundheit besonders betont werden. Auch das Denkmal für Klopstock meint das Poetische nur ganz am Rande:

Goethe-Büste von Alexander Trippel, modelliert 1787, als Stellvertretung des Dichters auf dem Titelblatt des 8. Bandes seiner Schriften Zeichnung von Angelika Kauffmann, Rom 1788

An einer hohen einfachen Pyramide, worauf seine Urne steht, über welcher ein Adler ruhet, der zum Himmel sieht, hängt die Religion eine Harfe auf. Vor der Religion liegt knieend mit zerbrochenen Ketten Abbadonna, der mit der rechten Hand das Kreuz faßt, mit der linken auf das Medaillon hin zeigt. Am Fuß der Pyramide stehet die Inschrift:
GRATIAM
CECINIT
TERRIS ET INFERIS.
Der Platz ist seinem Wunsche nach in einem feierlichen Eichenhaine.[37]

Im Mittelpunkt stehen demnach Klopstocks religiöse Verdienste. Selbst Klopstocks Dichtungen werden nur als religiöse Poesie gewürdigt: vermutlich ist an sein Versepos *Der Messias* gedacht. Im Vergleich mit Atzels Haller-Denkmal fällt auf, daß das Klopstock-Denkmal mit Bildmotiven ausgestattet ist, die verstärkt Würde suggerieren sollen (Leier-Harfe, Sarg-Urne, Schleier-Ketten, Schlange-Adler). Die Sprengung der Ketten als Befreiung des Christentums vom Alten zum Neuen Testament entspricht der natur-philosophischen Enthüllung am Haller-Denkmal. Dessen freie Aufstellung wird vom Klopstock-Denkmal gesteigert, weil der projektierte Standort »in einem feierlichen Eichenhaine«

die vaterländischen und erhabenen Aspekte von Klopstocks Lyrik zusätzlich herausstellt.

Im Park des Schlosses Tiefurt bei Weimar entstanden auf Initiative der Herzoginmutter seit 1782 Denkmäler für jenen Kreis von Schriftstellern, die als Vorreiter der neuen Naturanschauung angesehen wurden. Dazu kamen noch Altäre, Vasen und Urnen für Persönlichkeiten, die gleichsam wie Familienangehörige zum Weimarer Hof gehörten. Neben einer Grotte, die als »Vergils Grab« bezeichnet wurde, stand dort der 1784 von Adam Friedrich Oeser geschaffene Gedenkstein für die bekannte Schauspielerin Corona Schröter mit Huldigungsversen Goethes, außerdem eine Wielandbüste von Johann Gottfried Schadow (1782) an Wielands angeblichem Lieblingsplatz, wozu 1800 ein Sockel mit einer Inschrift von Goethe ergänzt wurde[38]. Schließlich stiftete die Herzogin Anna Amalia 1804 einen Tuffsteinblock mit Namenstafel und einem Schmetterling als dem Sinnbild des unsterblichen Genius für Herder[39]. Selten wurden freilich Büsten von solch bildnerischer Qualität aufgestellt wie diejenige Goethes von Klauer (1778), die sich heute im Goethezimmer des Schlosses befindet und den jugendlichen Dichter in klassischer Gestalt und Gewandung darstellt.

Die noch bekanntere Goethebüste Alexander Trippels von 1787 hat Goethe sogar für das Titelblatt des 8. Bandes seiner 1790 herausgegebenen Schriften verwendet. Angelika Kauffmann hat in Italien diese Form der Goetheverehrung ins Bild gesetzt. Während Amor mit der komischen Muse zu Füßen des Denkmalpostaments scherzt, sucht die tragische Muse den Blickkontakt mit der Goethebüste Trippels. Goethe hat diese Huldigung selbstbewußt und ironisch zugleich in seine Selbstdarstellung einbezogen: ruhmesgewiß stellt sich der Denkmalswürdige selbst auf den Sockel. Das bedeutendste Beispiel einer nach englischem Vorbild gestalteten Gartenanlage in Deutschland war sicherlich das Seifersdorfer Tal bei Dresden, das Hans Moritz Graf zu Brühl auf Anregung seiner Gemahlin Christine zwischen 1781 und 1791 zu einem programmatisch geplanten offenen Landschaftspark ausgestalten ließ. Die Anlage des Parks zeigt das Bestreben, die bloße Landschaft mit Gedächtnisstätten zu durchsetzen, um auf diese Weise einen Erlebnisraum für

Goethe-Büste von Martin Gottlieb Klauer, 1778, aufgestellt im Park des Schloßes Tiefurt

den geselligen Umgang im Freundeskreis oder die intime Zwiesprache mit literarisch-sentimentalen Erinnerungen zu schaffen. Der Spaziergänger konnte dort Denkmäler für Figuren aus der Literatur und für Dichter finden, so z.B. »Petrarcas Hütte«, einen »Tempel der Musen mit Wielands Büste« oder ein Denkmal für den englischen Dichter Edward Young[40]. Sogar für den Gartentheoretiker Hirschfeld, auf den man sich offensichtlich berufen wollte, war eine Urne aufgestellt[41]. Daß Goethe die gepflegte Sentimentalität des »Seifersdorfer Unwesens« bereits 1795 als »abgeschmackt« bezeichnete[42], erklärt sich wohl weniger aus seinem Neid, daß dort für Wieland, nicht aber für ihn ein Denkmal gesetzt worden war. Gegen Ende des Jahrhunderts waren Goethe die zur Penetranz vervielfältigten Gefühlslenkungen solcher Anlagen längst lächerlich geworden. Als der Kronprinz und spätere König Ludwig I. von Bayern 1807 den Park von Wörlitz besuchte, konnte und wollte er genau diesen Steuerungsmechanismus für Gefühlsregungen nicht mehr verstehen, wie sein Epigramm *Die Inschriften im Park zu Wörlitz* zeigte:

Da, mein Wand'rer, empfinde du *dieses*, und dorten du *jenes*;
Wie der Soldat, so wird hier das Gefühl commandirt.[43].

Die mit allen Mitteln angestrebte Erregung sentimentaler Wallungen wird jetzt nur noch als Gängelung des eigenen, selbstbestimmten Gefühls erlebt. Die Romantik, als deren Reflex man diese Äußerung verstehen darf, konnte mit dem unernsten, gesellig-gesellschaftlichen Gefühlskult der Epoche der Empfindsamkeit wenig anfangen.

Bei einer solchen begehbaren sentimentalen Literaturgeschichte, als die man die Anlage des Seifersdorfer Tals bezeichnen kann, fällt das zahlenmäßige Übergewicht derjenigen Denkmäler und Gartenbauten auf, die literarische Werke, Figuren oder Motive aus bekannten Dichtungen verehren. Erst in zweiter Linie wird den Autoren gehuldigt. Im Park, den man wie eine Bibliothek der sentimentalen Literatur durchwandern kann, bildet die Person des Dichters, wenn sie überhaupt dargestellt wird, nur den Auslöser für Landschaftserlebnisse. Dem Herder-Denkmal im Seifersdorfer Tal dient die Büste des Dichters

*Denkmal für Johann Gottfried Herder (1744–1803)
im Seifersdorfer Tal
Zeitgenössischer Kupferstich, 1792*

gleichsam zur Bekrönung eines hohen Sockels, dessen alleinige Funktion es ist, die (von Herder selbst verfaßte) Inschrift zu tragen, die poetisch bekräftigt, was die landschaftlichen Gegebenheiten schon vorgebildet haben:

> Des Menschen Leben beschränkt ein enger Raum,
> Ein engerer beschränkt seinen Sinn,
> Sein Herz der engste,
> Um sich her zu sehen,
> Zu ordnen was man kann, unschuldig zu
> Genießen, was uns die Vorsicht gönnt,
> Und dankbar froh hinweg zu gehen:
> Das ist des Menschen Lebensgeschichte,
> Nicht Idee, es ist Gefühl.[44]

Am Beispiel des Seifersdorfer Tals kann man die Vorliebe der Zeit für Denkmalsserien und für eine frühe Form des Denkmalkults beobachten. Alle diese Dichterdenkmäler in den Landschaftsgärten zeichnen sich durch gemeinsame Verständigungsmuster aus. Auftraggeber, Dargestellte und Benutzer der Denkmäler bilden einen eng begrenzten Personenkreis, der seinen Kult auch unter gesellschaftlicher Perspektive in einem geschlossenen Zirkel betreibt. So findet die Dichterverehrung im Landschaftspark einen nicht-öffentlichen, besser einen nicht-staatlichen Raum für das private Empfinden, auch dann, wenn es sich um gesellige Gefühlserlebnisse und nicht um die persönliche Einsamkeit handelt. Dies gilt selbst dann, wenn wie im Fall der genannten Schloßanlagen die Denkmalsetzer zum Hochadel gehören und damit öffentliche Personen sind. In diesem Beziehungsgeflecht sozialer Privilegien bilden die Denkmäler für Dichter oder ihre literarischen Gestalten keine eigenständige Kunstform, sondern sind Teil des Freundschaftskults der Empfindsamkeit. Dichterdenkmäler ordnen sich den Erinnerungsstätten verehrter Freunde und Familienmitglieder unter; der Dichter gilt nicht als hehrer Klassiker, sondern gehört zum Lebenskreis des Parkbesitzers. Bei dieser feudalen Form der Literaturaneignung steht die Person des Dichters noch nicht im Zentrum der Verehrung; diese gilt vielmehr seinen Werken und Figuren. Der Dichter kommt, da man in ihm alle seine Werke zugleich abbilden kann, eher beiläufig auf den Sockel.

Dichter als Männer von Verdienst

Das älteste frei aufgestellte Dichterdenkmal in Deutschland ist das seit 1769 geplante und 1774 ausgeführte Urnendenkmal für Christian Fürchtegott Gellert. Obwohl seit Gellerts Tod 1769 schon ein Grabmal in der Leipziger Johanniskirche vorhanden war, schufen die Bildhauer Samuel und Hess ein eigenes Denkmal nach dem Entwurf von Adam Friedrich Oeser, dem Zeichenlehrer Goethes. Aufgestellt wurde es im Garten von Gellerts Verleger Johann Wendler in Leipzig. Denkwürdig ist der halböffentliche Charakter der Aufstellung in einem Privatgarten, der eine persönliche Erinnerung anzudeuten scheint, andererseits mit der Aufstellung in der Literaturhauptstadt Deutschlands durch den Verleger als öffentliche Ehrung gelten kann. Die zeitgenössische Abbildung und Beschreibung bei Hirschfeld gibt ein anschauliches Bild des Denkmals für einen Mann,

Denkmal für den populären Fabelerzähler
und Dichter Christian Fürchtegott Gellert (1715–1769)
im Garten seines Verlegers in Leipzig,
seit 1769 geplant, 1774 aufgestellt

dessen Asche die ganze Nation verehrt. Gellert gab zuerst der deutschen Poesie Leichtigkeit, Feinheit, Gefälligkeit, verbunden mit Einfalt und Unschuld, das was man Grazie nennt. Man kann ihn daher mit Recht als den Vater der deutschen Grazien ansehen; aber er starb ihnen ab, da sie noch Kinder waren, und hinterließ ihre völlige Ausbildung andern Händen. Diese Idee, die ein so wahres und gemäßigtes Lob auf Gellert und dessen wesentlichen Hauptzug aus seinem schriftstellerischen Charakter enthält, leitete den Künstler. Er versammlet um die Urne des Dichters die drey Grazien; aber sie sind noch Kinder, kleine holdselige Kinder, die auf die Zukunft, wenn sie ihre Reize erst ganz entwickelt haben, die liebenswürdigsten Geschöpfe versprechen. Sie betrauren ihren Vater und ehren sein Andenken. Zwo der kleinen Göttinnen haben sich wehmütig über seine offene Urne hingeworfen, die auf einer unvollendeten Säule steht. Unter ihnen beugt sich die dritte, am Fuße der Urne knieend, zu seinem medaillonförmigen Bildnisse nieder, das, im Lorbeerlaube angeknüpft, an der Säule herabhängt, und giebt ihm durch ihr Attribut, die Rose, die letzte Zierde. Der Ausdruck des Schmerzes ist der Würde solcher Kinder gemäß, die über gemeine Kinder erhaben sind. Kein wilder Ausbruch der Thränen entstellt ihr Antlitz, und ihre Traurigkeit scheint ihre Reizungen zu erheben.[45]

Die für beinahe alle Dichterdenkmäler des 18. Jahrhunderts gattungsbestimmende Urne greift auch hier die Tradition des Grabmals auf und ruft die Erinnerung an den unerwarteten Tod des Dichters wach. Ikonographisch ist die Vorstellung von Trauer durch die Gestik und Mimik der Figuren besonders dominant. Im Mittelpunkt steht, dadurch Hirschfelds Haller-Denkmal vergleichbar, das Abbild des Dichters im »medaillonförmigen Bildnisse«, das vom Poetenruhm (Lorbeer) und vom Sinnbild der Graziosität (Rose) eingerahmt wird. Aussagekräftiger ist jedoch Hirschfelds Beschreibung, die in den drei Begriffen »Nation«, »Grazie« und »Vater« den spezifischen Bedeutungsgehalt des Gellert-Denkmals zusammenfaßt. Gellert wird zuerst als Vorreiter einer deutschen Nationalliteratur gewürdigt, die sich durch seine stilistischen Leistungen an Leichtigkeit und Volkstümlichkeit mit der französischen durchaus messen kann. Dieses Stilideal der »Grazie«, als deren Wegbereiter Gellert gilt, spiegelt sich nicht nur in der klassischen Säulenform. Gegen seine sonstige Gewohnheit, jedes Dichterdenkmal vorzüglich durch die umgebende Landschaft wirken zu lassen, verzichtet Hirschfeld bei seiner Beschreibung diesmal auf eine solche Ausgestaltung. Die Abbildung stellt das Denkmal in eine Allee von Bäumen, deren Verlauf eher vom französischen Regelmaß als von englischer Natürlichkeit geprägt wird. Zuletzt ist es die Bedeutung Gellerts als Vater, die in Denkmalsbeschreibung und -ikonographie besonders hervorgehoben wird. In dieser Rolle des Dichters sind seine Fabeln als moralisches Haus- und Erziehungsbuch des Bürgertums, sein patriarchalisches Denken und seine literaturgeschichtliche Pionierfunktion in ein sprechendes Bild gebracht. Als Vater der literarischen Grazie in den Kinderschuhen tritt Gellert als der Vorkämpfer einer im Entstehen begriffenen deutschen Nationalliteratur auf, deren unvollendeten Abbruch niemand mehr betrauern muß als der Verleger, der seinen erfolgreichsten Autor verloren hat.

Diese Dreieinigkeit aus Patriotismus, Grazie und Patriarchentum, mit der das Gellert-Denkmal beansprucht, seinen Dichter umfassend zu charakterisieren, stellt schon die Reaktion auf Versuche dar, die Erinnerung an Gellert nach seinem Tod im Sinne eines orthodox christlichen Erbauungsschriftstellers zu

Gellerts Denkmal.
Von Gustav Adolph von Amman.
Augsburg, bei Elias Tobias Lotter 1770,
Frontispiz

konservieren. 1770 hatte Gustav Adolph von Amman in Augsburg eine Sammlung von Würdigungen und Nachrufen auf den Dichter unter dem Titel *Gellerts Denkmaal* veröffentlicht. Das Frontispiz dieser Ausgabe bildete Gellert als Büste und in höfischer Tracht als moralisierenden Interpreten christlicher Lehrmeinungen ab. Wenn die Sockelverse mit ihrem Hinweis auf eine bildnerische Selbsterläuterung des Stichs Sinn haben sollen, so kann dies nur bedeuten, daß der Denkmalsentwurf emblematisch zu lesen ist. Da rahmen Kreuz und Bibel, Heiligenschein und Schlange einen Gellert ein, dem göttliche Erleuchtung, im Hintergrund durch die Wolken brechend, zuteil geworden ist. Die in Arrangement, Stil und Aussage an barocke Kirchenmalereien erinnernde Abbildung stellt in mannigfaltigen Bezügen die Kontrastfolie für das Leipziger Gellert-Denkmal dar. Wenn dort drei Kindergrazien für Trauer und Ruhm sorgten, so treten hier drei erwachsene, eher verzückt als trauernd blickende Gestalten auf. Der Ausschmückung mit Lorbeerkranz und Rose dort entspricht hier der aufgesetzte Heiligenschein, mithin die Stiftung eines sichtbaren Beweises himmlischer Gnade anstelle weltlichen Nachruhms. Den beiden trauernden Grazien in Hirschfelds Denkmal entsprechen hier die beiden weiblichen Gestalten mit Kreuz und Bibel bzw. der Schlange im Hintergrund. Die Abwehr von Anfechtungen und die dominant ins Bild gebrachte Kirchentreue definieren keine Trauer mehr, sondern die Verzückung über Gellert als einem Quasi-Heiligen, dessen beide Vornamen, im Zentrum des Stichs plaziert, allein schon als Programm herhalten können. Vom Dichter Gellert ist weder hier noch am Leipziger Denkmal die Rede. Die einzige ›literarische‹ Anspielung findet man in der neben dem Kreuz in den Vordergrund gehaltenen Bibel – ein Hinweis auf die Erbaulichkeit und Bibelkonformität Gellertscher Texte?

Wie eine Synthese beider Denkmalsentwürfe, jedoch im Anspruch reduziert und gleichzeitig weitergeführt, wirkt ein Stich von Bause, der in seinem Mittelpunkt das Porträt Gellerts nach einem noch zu Lebzeiten angefertigten Bildnis von Anton Graff aufgreift. Trotz dieser v. a. angestrebten Porträtierung enthält der Stich dennoch genügend Anspielungen auf die beiden Denkmalsentwürfe. Körperhaltung, Perücke und Hoftracht Gellerts entsprechen dem einen, das Motiv der Lorbeerbekränzung durch den nackten Putto dem anderen Denkmal. Bause hat die Dreizahl der umgebenden Gestalten auf eine reduziert, diese denjenigen des Leipziger Denkmals angeglichen, aber zugleich auch sentimentalisiert (Flügel). Die doppelte Geste des Kindleins dient nicht nur einer Verstärkung der Raumillusion des Bildes (Schattenwurf!), sondern verteilt auch die Aufmerksamkeit des Betrachters gleichmäßig. Nicht nur an Gellerts tatsächliches Aussehen soll nämlich erinnert werden, sondern im Hinzeigen auch auf seine literarischen Leistungen, wie sie in den Attributen zum Ausdruck kommen. In der mit Sonnenstrahlen verzierten Leier mag man ein Motivzitat des Strahlenkranzes aus dem christlichen Gellert-Denkmal erkennen. Alle drei poetischen Attribute verweisen jedenfalls sehr präzis auf die von Gellert besonders gepflegten Gattungen: Die Leier auf die *Geistlichen Oden und Lieder*, die Bücher auf die *Fabeln und Erzählungen*, vielleicht auch auf seine im 18. Jahrhundert so berühmte Briefschreibelehre, die Masken

*Gellert-Porträt
Stich von Bause nach einem Gemälde
von Anton Graff*

auf seine bürgerlichen Lustspiele. Den Lorbeer, so demonstriert der Genius, hat Gellert von seinen Zeitgenossen in allen drei Bereichen erhalten.

Die bei weitem stärkste Wirkung ist selbstverständlich vom ersten tatsächlich aufgestellten deutschen Dichterdenkmal ausgegangen. Diese Wirkung kann schwerlich überschätzt werden. Zahlreiche Repliken des Gellert-Monuments sind als Zimmerdenkmäler nachgewiesen[46], die von der Popularität sowohl Gellerts als auch dieser Form der Dichterhuldigung zeugten. Goethe hat eine Nachbildung des Denkmals 1777 der denkmalbegeisterten Herzoginmutter Anna Amalia zum Geburtstag geschickt, zusammen mit einem Gedicht über *Gellerts Monument von Oeser:*

> Als Gellert, der geliebte, schied,
> Manch gutes Herz im stillen weinte,
> Auch manches matte, schiefe Lied
> Sich mit dem reinen Schmerz vereinte
> Und jeder Stümper bei dem Grab
> Ein Blümchen an die Ehrenkrone,
> Ein Scherflein zu des Edlen Lohne
> Mit vielzufriedner Miene gab:
> Stand Oeser seitswärts von den Leuten
> Und fühlte den Geschiednen, sann
> Ein bleibend Bild, ein lieblich Deuten
> Auf den verschwundnen werten Mann;
> Und sammelte mit Geistesflug
> Im Marmor alles Lobes Stammeln,
> Wie wir in einen engen Krug
> Die Asche des Geliebten sammeln.[47]

Gellert interessiert Goethe nur als Vorlage für Oesers wohlgelungenen Denkmalsentwurf. Ironisch abgewehrt wird dagegen der »Stümper« und dessen selbstzufriedenes und selbstbezügliches »Scherflein« als Beitrag zur Dichterehrung. Diese Dilettanten des Denkmalkults, und Goethe kann sich da selbst nicht ausnehmen (»wir«), wenn man an seinen mit Schiller verfaßten Aufsatz *Über den Dilettantismus* von 1799 denkt, behindern eher das gelungene Dichterdenkmal, das ein »bleibend Bild« des Geehrten der Nachwelt überliefert.

Das Denkmal, das 1779 für Ewald von Kleist auf dem ehemaligen Gertraudenfriedhof in Frankfurt an der Oder aufgestellt (und 1826 erneuert) wurde, weicht in mancher Hinsicht vom Entwurf Hirschfelds für denselben Dichter (vgl. Abb. S. 18) ab. Die Denkmalsetzung genau 20 Jahre nach dem Tod am Begräbnisort durch die Freimaurergruppe »Zum aufrichtigen Herzen« und die Denkmalsform, ein Obelisk auf dreieckiger Grundfläche von Johann Melchior Kambly mit dem Marmormedaillon Kleists von Schadow, brechen mit dem üblichen Urnendenkmal in bezeichnender Weise:

> Ein dreieckige Pyramide, vierzehn Fuß hoch, darauf eine Kugel steht, von welcher ein Schmetterling auffliegt. Auf der einen Seite der Pyramide steht das Brustbild des Dichters von weißem Marmor mit einem Kranz von Eichenlaube, daneben einige Armaturen, auf der andern Seite Leier und Schallmei mit Epheu umwunden, und auf der dritten einige freimäurische Sinnbilder in einem Kranze von Akazienzweigen. Auf der einen Seite sieht man eine lateinische, auf der zweiten eine französische, auf der dritten eine deutsche Inschrift.[48]

Ganz offensichtlich ist es die Erinnerung an den Dichter Kleist nur zum einen, die die Setzung bewirkt hat. Dem poetischen Aspekt seines Lebens ist zwar die

Denkmal für Ewald von Kleist in Frankfurt a. d. Oder 1779 errichtet von der Freimaurerloge »Zum aufrichtigen Herzen«

Denkmal für Gotthold Ephraim Lessing (1729–1781) in Lüneburg, gestiftet vom Freiherrn von Grote, ausgeführt von Johann David Langemarck, im Todesjahr 1781

Lessing-Denkmal in Wolfenbüttel von Friedrich Wilhelm Eugen Döll, 1795

Schauseite mit dem Medaillon, aber eben nur ein Drittel der Pyramide gewidmet. Genauso umfänglich sind die Bildformen der Freimaurerei bedacht – Dreizahl, Kugel, Obelisk und andere »freimäurische Sinnbilder«. Die patriotischen Verdienste Kleists als preußischer Kriegsheld, die in Hirschfelds Entwurf so herausgestrichen wurden, nehmen die dritte Seite ein. Die französische Inschrift ist dabei den poetischen Leistungen Kleists und der Vorderseite zugeordnet, während die freimaurerische Erinnerung der Frankfurter Logenbrüder in Latein abgefaßt und der Stadt zugewandt ist. Die deutsche Inschrift kommt auf die dritte Seite mit den Versen:

> Für Friedrich kämpfend sank er nieder,
> So wünschte es sein Heldengeist,
> Unsterblich groß durch seine Lieder,
> Der Menschenfreund, der Weise – Kleist.[49]

Auch die beiden anderen Inschriften hatten die Verdienste Kleists in derselben Reihenfolge genannt und damit den Lyriker zwischen den Vaterlandsdienst und der Freimaurerei angesiedelt.

> O Kleist, dein Denkmal dieser Stein? –
> Du wirst des Steines Denkmal sein.

Gotthold Ephraim Lessing, der in seiner *Grabschrift auf Kleist* solchermaßen seine Zweifel an Denkmalsetzungen zum Zwecke der Dichterverehrung geäußert hatte[50], erhielt schon in seinem Todesjahr 1781 ein Denkmal. Der Freiherr von Grote stellte es, in der Ausführung von Johann David Langemarck, in seinem Park in Brese bei Lüneburg auf:

Das Denkmal, von Sandstein gefertigt, besteht in einer Urne auf einem viereckigten Fußgestell, auf dessen Vorderseite man lieset: Dem unsterblichen Gotthold Ephraim Lessing. Und auf der entgegen stehenden Seite: gewidmet von Otto August, Freyherrn Grote, 1781. Auf der rechten Seite des Fußgestells steht eine Eule, Minervens Vogel, und auf der linken sieht man Maske und Dolch, die Attribute der komischen und tragischen Muse. Auf der verzierten Urne zeigt sich vorne ein aus seinem Ey kriechender Schmetterling, und hinten ein Adler, der sich zur Sonne emporschwingt, als Sinnbilder der Verwandelung und des höhern Flugs des entkörperten Geistes.[51]

Neben der Wiederholung der kaum abgewandelten Urnenform fallen in der Beschreibung »Sinnbilder« auf, die literarischen Ursprungs und für eine plastische Darstellung recht ungeeignet sind. Mit diesen Bildformen auf Sockel und Urne konnte sich der Künstler auf Lessing selbst berufen, der in seiner Abhandlung *Wie die Alten den Tod gebildet* von 1769 zum besseren Verständnis antiker Grab- und Denkmäler beigetragen hatte. Den aufsteigenden Schmetterling z.B. hatte Lessing als Sinnbild für die Unsterblichkeit der Seele identifiziert. Wie am Kleist-Denkmal in Frankfurt war auch hier am Lessing-Denkmal der Schmetterling zum Sinnbild der geistigen Unsterblichkeit und damit zu einem spezifischen Zeichen der Freimaurerei geworden[52]. Als Freigeist wird Lessing Unsterblichkeit verheißen, als Dichter kommt er nur als Dramatiker vor.

26 *Freimauer-Denkmal für Ewald von Kleist*

Für die Zeitgenossen konnte eine solche Denkmalsetzung, die Lessing kaum als Dichter würdigte und ihn noch dazu in einem Privatpark versteckte, nicht befriedigen:

So lange Lessings Statue oder irgend ein ihn zu weihendes Monument noch nicht erscheint, wo man es am meisten erwarten darf, in Deutschlands edelsten Schauspielhäusern, oder auf ihren Vorplätzen (denn unter allen Gattungen seiner Verdienste ist das um unsre Bühne doch so sehr hervorstrahlend); so lange mag dies sein öffentliches Denkmal in einem Garten, das ihm ein rühmlicher Patriotismus erichtete, die Nation erinnern, was sie ihm an andern Orten schuldig ward.[53]

Tatsächlich liefen seit 1791 Planungen, Diskussionen und Spendenaufrufe für ein Lessing-Denkmal in Wolfenbüttel, wo Lessing zeitweilig als Bibliothekar gearbeitet hatte. 1795 wurde das Denkmal dann durch Friedrich Wilhelm Eugen Döll ausgeführt[54]. Schon in der Planungsphase war heftige Kritik an den ursprünglich vorgesehenen Inschriften aus Lessings *Nathan der Weise* geübt worden; außerdem hatte man die zitierte Lessingsentenz auf das Kleist-Denkmal nun auf das Lessing-Denkmal umgemünzt:

Wie? Lessings Denkmal dieser Stein?
Er wird das Denkmal dieses Steines sein.

Der Aphoristiker Georg Christoph Lichtenberg spottete noch 1793 über die unklare Denkmalaussage:

Wenn nämlich ein Denkmal und ein Wanderer zusammenkommen, so erfordert es, dünkt mich, die Etiquette, daß das Denkmal den Wanderer zuerst anredet.[55]

Das Denkmal, wie es Döll dann errichtete, zeigt auf mehreren Stufen einen Stein aus dunkelgrauem Marmor mit Bildplatten auf allen vier Seiten, auf der Vorderseite das Relief des Dichters. Die Tafeln an den Seiten feiern Lessing als »Weisen«, als »Dichter Deutschlands« und als Stolz der Musen. Die Tafel der Rückseite zeigt schließlich ein Relief mit antikisierenden Sinnbildern, die Tragödie und Komödie darstellen sollen. Auch das Wolfenbütteler Lessing-Denkmal würdigt also fast ausschließlich den Dramatiker, wie dies mit Hirschfeld viele Zeitgenossen empfunden haben mögen. Eine versteckte Anerkennung als Lyriker, Kritiker, Theoretiker und Theologe mag man aus den Epitheta der Widmungstafeln herauslesen.

Als schließlich dem Idyllendichter Salomon Geßner auf der Züricher Platzpromenade ein Denkmal nach dem Entwurf von Michel-Vincent Brandoin errichtet wurde, waren die empfindsamen Denkmals- und Denkformen schon überholt. Hatte Hirschfeld dem damals noch lebenden Geßner eine heitere Naturidylle zugedacht (vgl. Abb. S. 18), so entstand jetzt – Geßner war 1788 gestorben – ein überlebensgroßer Altar mit einer aufgesetzten Urne über dem Porträtmedaillon des Geehrten. Dichterauffassung und Denkmalbegriff dieses ersten Schweizer Dichterdenkmals deuteten dabei in doppelter Weise eine neue Sicht an. Zum einen signalisierte der Aufstellungsort, der öffentliche Park einer Republik, gewandelte Öffentlichkeitsvorstellungen im Zusammenhang mit der Benutzung von Denkmälern. Abbildung und Beschreibung zeigten daher auch eine im Unterschied zu Hirschfelds Landschaftsinszenierungen bewußt künstlich gehaltene, bühnenartige Gartengestaltung:

In einem Zirkel junger Pappeln, der sich gegen die Seite von Sonnen-Niedergang öffnet, und wo zu beiden Seiten des Eingangs Trauerweiden gepflanzt sind.[56]

Zum zweiten legte das Denkmal eine monumentale Übersteigerung an den Tag, wie sie der Größenvergleich mit den beiden Betrachtern im Vordergrund sichtbar macht. Zwar zitierte das »Hauptbasrelief« von Alexander Trippel eine Szene aus Geßners Idylle *Daphnis und Micon* in »reiner Schönheit der Formen, in lautern Geschmack an einzelnen Theilen, so wie in meisterhafter Behandlung des Marmors«[57]. Doch dieser Klassizismus war durch die Vereinzelung und Größe des Reliefs sowie durch die Maße des Denkmalbaus übersteigert worden. Das neue Denkmalverständnis, das man an dieser Setzung ablesen kann, spiegelte das Zeitbewußtsein in der Benutzungsgeschichte: »während der revolutionären Unruhen«, die auch die Schweiz im Gefolge der Französischen Revolution erfaßt hatten, wurde am Geßner-Denkmal »die eine Figur des Basreliefs beschädigt und schlecht wieder ergänzt«[58].

Mit dieser Monumentalisierung des Denkmals aus dem Bewußtsein, in einer neuen und großen Zeit zu leben, wuchs aber zugleich auch die Kritik an den Formen des Denkmalkults. Der Satiriker Abraham Gotthelf Kästner bediente sich bei seiner Kritik an Denkmälern für Dichter mit aufklärerischem Spott der alten Erfahrung, daß Denkmalsaufstellungen auch der Beruhigung des schlechten Gewissen dienen; zu Lebzeiten war der Schriftsteller sehr viel weniger geschätzt worden:

Das Denkmal.
Der schlecht bezahlt so viel für ihn gedichtet,
Ein Monument hat er dem nun errichtet.
Hätt' er ihm Brot bey seinem Leben,
Nicht nach dem Tode Stein gegeben![59]

Die Ausbeutung des Schriftstellers durch den Verleger, und nur er kann mit diesem Sinnspruch gemeint sein (Eine Anspielung auf das Gellert-Denkmal?), erhält nach dem Tod eine makabre Pointe, wenn das steinerne Monument als Gabe wörtlich genommen wird. Der Freiherr von Knigge hatte nicht bloß einen solchen Einzelfall, sondern die übliche Praxis der Denkmalsetzungen für Dichter im Auge, als er 1793 kritisierte:

Das Andenken verstorbner großer Schriftsteller wird geehrt; Man errichtet ihnen ja sogar marmorne Denkmale, indeß die Asche manches, um das Wohl seines Vaterlandes wahrhaftig verdient gewordnen Mannes ein mit Füßen getretner Sandstein deckt.[60]

Aber welcher Schriftsteller erhielt aus welchen Gründen ein Denkmal? Ein 1796 veröffentlichtes Gelegenheitsgedicht des Lyrikers Johann Wilhelm Gleim kritisiert diesen frühen Denkmalkult, dessen Auswahlkriterien undurchschaubar geworden sind:

Die Denkmahle
Denkmahle setzen wir all unsern großen Leuten!
Die großen Kosten zu bestreiten,
Ist keine Noth! Seht hier, ein schönes Monument!
Lessingen setzen wirs! Man sieht den Plan, und rennt
In Deutschland, Schlesien, in Preußen und in Polen,
Sich über'n Haufen, Geld zu holen!
Man setzt das Monument: Die Zürcher setzten eins,
Dem lieblichsten Idyllen-Dichter,
Schön! Setzten aber Bodmern keins!
Falk rüg' es, oder Friedrich Richter![61]

*Geßner-Denkmal auf der Platzpromenade Zürich
nach Entwurf von Michel-Vincent Brandoin,
Relief von Alexander Trippel, 1791*

Gleim weiß, daß die Würdigung literarischer Ehren nicht zum wenigsten vom Umfang der eingehenden Geldspenden abhängig ist. Zugleich spielt er auf das im Vorjahr enthüllte Lessing-Denkmal in Wolfenbüttel an, für das als eine Art frühes nationales Literaturdenkmal in allen deutschen Staaten Spendenaufrufe verbreitet worden waren. Daß aber Lessing und Geßner, nicht jedoch Johann Jakob Bodmer, Johannes Daniel Falk oder Jean Paul ein Denkmal erhalten sollen, ironisiert die Zweifel an der Allgemeingültigkeit dieser Auswahlkriterien für den Nachruhm. Gegen eine solche Relativierung der zeitlosen Größe des poetischen Verdiensts setzen die Zeitgenossen, Gleim deutet es an, die Vermehrung und Vervielfachung von Dichterdenkmälern. Diese Gefahr, daß die Denkmalsidee zur Beliebigkeit einer Denkmalsmode verkommt, wird sogar noch durch die aufkommende vorindustrielle Massenfabrikation von Denkmälern verschärft. Gegen Ende des 18. Jahrhunderts ist Johann Martin Klauer nicht nur als Schöpfer bedeutender Dichterbüsten hervorgetreten (vgl. S. 21), sondern auch als Besitzer und Betreiber einer »Kunst-Backstein-Fabrik« in Weimar. Klauers Dichterdenkmäler können hier als »Garten-Verzierungen« mit genauen Aufstellungsvorschlägen, ob auf »Piedestal Nr. 4 und 6« oder als »Verzierungen auf Balustraden«, bestellt werden. Der Denkmalskünstler wird zum Entwerfer für Vorlagen zur fabrikmäßigen Reproduktion:

Alle antiken und modernen Büsten, die sich unter Hrn. Klauers Gypsen befinden, sind auch *gebrannt* zu haben.[62]

Denkmal-Fabrikation 29

Geistesgröße in großer Zeit
(1790–1830)

Schiller muß colossal
in der Bildhauerei leben.
JOHANN HEINRICH DANNECKER

Das Denkmal eines großen Mannes
soll einen erhabenen Eindruck machen.
Das Erhabene ist stets einfach.
ARTHUR SCHOPENHAUER

Der Kult des Genius und die bürgerliche Öffentlichkeit

Die Ereignisse der Französischen Revolution blieben auch in Deutschland nicht ohne Wirkung. Das französische Bürgertum lebte aller Welt vor, daß das Ende der feudalen Privilegien und absolutistischer Herrschaftsansprüche abzusehen war. Mit dem Siegeszug der revolutionären Ideen durch ganz Europa verbreitete sich das Bewußtsein, einem ganz grundsätzlichen Wandel überkommener Wertvorstellungen und Denkformen unterworfen zu sein. Napoleon, ein Kind dieser Revolution und zugleich ihr Überwinder, zeigte in seiner Person, was Geistesgröße und politisches Genie eines Einzelnen zu bewirken vermochten. Der Kult der großen Persönlichkeit war die natürliche Konsequenz aus dem Bewußtsein, in einem Zeitalter großer Veränderungen und geschichtsträchtiger Ereignisse zu leben. Auch die Denkmalkunst reagierte auf ihre Weise. Sie verabschiedete die empfindsame Annäherung an den großen Einzelnen als privatistische Illusion. Große Männer mit politischen, kulturellen oder nationalen Verdiensten konnten nun ihre öffentliche Ehrung geradezu fordern. Was indes in Frankreich selbstverständlich war, konnte sich in Deutschland, wo die revolutionären Veränderungen nur indirekt wirkten, erst allmählich durchsetzen. Die unbeschränkte Öffentlichkeit städtischer Straßen und Plätze wurde hier vielfach noch als problematisch empfunden, so daß am Öffentlichkeitscharakter der in diesem Zeitraum aufgestellten Denkmäler der Vorstellungswandel besonders sinnfällig wird.

Das 1790 in Hannover errichtete Denkmal für den Philosophen Gottfried Wilhelm Leibniz steht mit seiner Entstehungs- und Benutzungsgeschichte für diesen Übergangscharakter. Schon die Tatsache, daß das Denkmal weder einem Naturlyriker noch einem Dramatiker, sondern einem Gelehrten und Philosophen galt, deutete auf einen gewandelten Denkmalbegriff. Erst recht die Bauform weckte solche Vorstellungen. Für das Leibniz-Denkmal wählte man die aus der Antike abgeleitete Architekturform des Monopteros, in dessen Mitte die Büste des Geehrten stehen sollte. Der erste Entwurf des Hofrats Ramberg, der noch aus der vorrevolutionären Zeit stammt, knüpfte ganz offensichtlich an Rundtempel an, wie sie in den englischen Parks des 18. Jahrhunderts, etwa in Stowe, standen. Empfindsamer Gartenkult und das gesellige Landleben des Adels schienen hier noch einmal aufgerufen zu werden. Man hat jedoch zeigen können, daß der Monopteros sehr viel entschiedener in der Tradition von Würdeformen mit dem Anspruch auf Repräsentanz steht[1]. Als Vorläufer wären z. B. die Idee der griechischen *Stoa poikile,* eine Wandelhalle zur geistigen Erbauung, oder die Rundform des römischen Pantheons zu erwähnen. In den Entwürfen eines Nationaldenkmals für Friedrich den Großen (seit 1791) oder für die Walhalla König Ludwigs I. wird die Idee des Rundtempels in ähnlichen Bedeutungs- und Funktionszusammenhängen wieder auftauchen.

Daß für die Ehrung eines großen Geistes der Rundbau die sinnigste Bezugnahme darstellt, belegt indes schon das Titelblatt zur Ausgabe der poetischen Werke Friedrichs von Hagedorn 1760. Der Titelkupfer stellt zwischen dem Tempel, durch die Aufschrift als der Vernunft geweiht gekennzeichnet, und der Bildunterschrift eine Abhängigkeit auf Gegenseitigkeit her. Denn die poetischen Schätze des Tempels (und des Buches) erschließen sich nur demjenigen, der sich mit der rechten Einstellung nähert; umgekehrt ist das Ich nur dann bereit, sich auf den Tempel (und das Buch) einzulassen, wenn der Inhalt hält, was die Aufschrift verspricht.

Beide Aspekte, die Tendenz zur Repräsentativität, die schon in der Bauform des Monopteros angelegt ist, und die Vernuft als Voraussetzung für den Umgang mit dem Denkmal verschränken sich am Leibniz-Denkmal in Hannover. Die Initiatoren des Baus, ausschließlich hohe Staatsbeamte, von denen einer, näm-

Leibniz-Denkmal Hannover, 1790
Die zeitgenössische Abbildung (mit dem Schilder-
häuschen rechts neben dem Monopteros) belegt,
daß das Denkmal vor dem unsachgemäßen Gebrauch
durch Beschmieren bewacht werden mußte

lich Hofrat Ramberg, sogar der Baumeister des architektonischen Teils des Denkmals war, hatten nichts weniger als eine einfache Privathuldigung für Leibniz im Sinn. Sogar die Geldsammlungen, betrieben v. a. vom Adel und von Professoren, beschränkten sich nicht auf den Umkreis Hannovers[2]. Intendiert war also mehr als ein lokales Ehrenmal für Leibniz.

Das Ergebnis der Planungsgeschichte zeitigte dann ein staatlich gefördertes, wenn nicht gar ein halbstaatliches Monument. Schon der Aufstellungsort neben dem königlichen Archiv, in dem Leibniz gewirkt hatte, enthielt einen Hinweis auf die Doppelgesichtigkeit der zugrunde liegenden Öffentlichkeitsvorstellung. Zwar blieb noch immer die persönliche Kontaktnahme mit dem Denkmal gewahrt, da der Bau im neu angelegten Landschaftsgarten, der Esplanade, auf dem Wall der gerade geschleiften Stadtmauern zu stehen kam. Einer empfindsamen Begegnung mit dem Denkmal widersprach jedoch nicht nur der durch Sentimentalität wenig zugängliche Philosoph, sondern auch die würdevolle Bauform mit einer Aufschrift in überdimensionalen Lettern: »Genio Leibnitii«. Einerseits wurde also die private Auseinandersetzung mit dem Dargestellten durch die Landschaftsgestaltung ganz im Stil der Dichterhuldigungen im Park zugelassen. Andererseits forderte die Würdeform des Architekturdenkmals dazu auf, das Genie aus der Distanz zu betrachten. Das eigentliche Denkmal, die Leibniz-Büste von Christopher Hewetson, stellte den Philosophen in klassizistischer Kühle als introvertierten Denker dar und verhinderte jede empfindsame Verbrüderung. Darüber hinaus sicherte ein Eisengitter das Innere des Monopteros vor dem Betreten, so daß ein Hoheitsraum um die Büste entstand, der zwar dem Beschauer den Blick auf Leibniz freiließ, ein seelenvolles Zwiegespräch mit dem Denkmal aber ausschloß. Um dem häufig beanstandeten Beschmieren des Denkmals zu begegnen, wurde ein Schilderhäuschen mit einem Wachposten aufgestellt! Diese harsche Maßnahme – im Falle anderer Denkmäler wurden die Verschmierungen immer nur beklagt – und daß sie nötig war, machte offenkundig, daß das Publikum mit der Einschränkung seiner gewohnten Benutzungsrechte am Denkmal nicht einverstanden war. Die repräsentative Denkmalsöffentlichkeit konnte augenscheinlich erst im Laufe der Zeit durchgesetzt und akzeptiert werden.

Am weiteren Umgang mit dem Leibniz-Denkmal läßt sich dieser charakteristische Wandel der Öffentlichkeit deutlich ablesen. Im napoleonischen Königreich Westfalen, zu dem Hannover seit 1807 gehörte, setzte die Obrigkeit diese neuen Öffentlichkeits- und Kunstvorstellungen mit staatlicher Macht durch. Der idyllisch gelegene Tempel in parkähnlicher Umgebung galt schon zwei Jahrzehnte nach seiner Aufstellung als »verfallen«, hatte er doch, wie ein Zeitgenosse bemerkte, »durch die Zeit einige unserem nordischen Sandstein eigenthümliche, doch sehr malerische Farben angenommen«[3]! Dieses »Malerische«, d.h. die durch die Verwitterung erreichte Anpassung an die Farbgebung der Naturkulisse, wurde nicht mehr verstanden, oder besser: sie war nicht mehr gewollt. Im persönlichen Auftrag des Königs Jérôme wurde daher die unauffällige Gartenarchitektur zu einem ins Auge stechenden Prachtbau umgestaltet; ein blauer und gelber Ölfarbenanstrich sowie die Vergoldung der Inschriftlettern möbelten den Rundbau zum Blickfang eines weiten Stadtplatzes auf. Diese Sehweise im Stil der neuen Zeit und der neuen Herren wurde im Verlauf des 19. Jahrhunderts weitergeführt. Im Zuge des Ausbaus der Stadt und der Anlage eines noch großräumigeren Platzes mit einer Waterloo-Säule verlor das Leibniz-Denkmal auch noch seine letzte Funktion als *point de vue*. Es wurde zur Randstaffage eines militärischen Aufmarsch- und Appellplatzes, bis man es 1935 in den Georgengarten versetzte, wo es heute eine seiner ursprünglichen Aufstellung gemäße Umgebung erhalten hat.

Während die Geschichte des Leibniz-Denkmals in Hannover also genau den Wendepunkt fixiert, an dem aus dem privaten Denkmal ein Monument im öffentlichen Raum wird, illustriert ein anderes Denkmal den Übergang vom Gartendenkmal zum nationalen Dichtermonument. Gemeinsam ist beiden Fällen der Versuch, traditionelle Denkmalsformen aufzugreifen und dennoch ihrem Wandel Rechnung zu tragen. Das 1799 enthüllte Denkmal für den als Balladendichter berühmt gewordenen Gottfried August Bürger in Göttingen knüpfte durch seinen Aufstellungsort, den sogenannten Ulrichischen Garten, an das Dichterdenkmal im Landschaftspark an. Doch bei jenem Garten handelt es sich um eine öffentliche, also für jedermann

gewandelte Benutzung des Denkmals

Monopteros als Würdeform der Aufklärung
Titelkupfer zu Hagedorns Werken, 1760

Leibniz-Denkmal, Hannover, Georgengarten
Heutiger Zustand

Denkmal für Gottfried August Bürger (1747–1794)
im Ulrichischen Garten in Göttingen, 1799
Das bescheidene Gartendenkmal
beginnt zum nationalen Monument zu werden

unbeschränkt zugängliche Gartenanlage der Stadt. Auch die Finanzierung des Denkmals hat Signalcharakter. An den Sammlungen hatten sich nicht nur »Freunde und Verehrer« Bürgers in Göttingen beteiligt und »geringe Beiträge« erbracht; die Spendenaufrufe waren bis Berlin vorgedrungen[4]. Schriftsteller wie Gleim, Lichtenberg, Schiller und Wackenroder beteiligten sich und gaben damit kund, daß die lokale Dichterehrung zu einem überregionalen und gar nationalen Denkmalprojekt aufgewertet werden sollte. Für die Gestaltung des Denkmals griff man jedoch, scheinbar unbeirrt vom Gang der Zeiten, auf die alte Gepflogenheit zurück, zwischen dem geehrten Dichter und dem Aufstellungsort eine sinnige biographische Brücke zu schlagen: Es fand sich, daß Bürger zu seinen Lebzeiten den Ulrichischen Garten oft besucht haben soll. Auch wenn sich das Göttinger Bürger-Denkmal Hirschfelds Denkmalvorschlägen offensichtlich als Vorlage bedient – gemeint ist die Kombination einer Urne mit einer trauernden Figur wie im Kleist-Denkmal (vgl. S. 18) –, wie ganz anders ist am Bürger-Denkmal das Verhältnis von Urne und Figur gelöst! Eine ins Riesenhafte gesteigerte Germania bekränzt Bürgers Urne mit einem Eichenkranz:

Das Monument stellt eine tief trauernde Germanie, von gewöhnlicher weiblicher Größe, vor. Ihre Trauer verkünden Gesicht, Haupthaar, Gewand und Stellung. Sie bekränzt mit einem Eichenkranz die, ihr etwas zur Rechten stehende Urne ihres Dichters. In dem oberen Rand der Urne erblickt man den Namen BUERGER und am Fusgestelle, worauf die Urne ruht, sind die Worte GEB. AM I IAN. 1748. GEST. AM 8 IUN. 1794. eingegraben. Auf der entgegengesetzten Seite ist, an einem anderen Steinstück, eine Leier in erhabener Arbeit angebracht. Die Figur selbst steht auf einem, ungefähr zwei Fuß hohen Postament, ohne besondere Verzierung, auch von Sandstein und die Grundlage von einem Fuß Höhe, ist von gewöhnlichen Steinen aufgemauert.[5]

Patriotisierung des Denkmals

Etienne Louis Boullée,
Entwurf zu einem Denkmal für Isaac Newton, 1784

Der sich abzeichnende Wandel läßt sich am deutlichsten am Widerspruch zwischen der Denkmalsbeschreibung und der zeitgenössischen Abbildung festmachen. Während die Beschreibung so tut, als bestehe wie bei Hirschfelds Entwurf ein ausgewogenes Größenverhältnis zwischen Germaniafigur und Urne (»von gewöhnlicher weiblicher Größe«), zeigt die Abbildung eine monumentale Germania, zu deren Füßen sich eine Urne befindet! Der doppelte Unterbau, der in der Beschreibung so merkwürdig beziehungslos wirkt, erhält erst im Bild seine Funktion, die Figur, nicht die Urne größer erscheinen zu lassen. Außerdem zeigt sich, daß das Motiv der Trauer in der Beschreibung nur als Floskel aus Hirschfelds Kleist-Denkmal übernommen ist. Dort war ja wirklich ein trauernder Herkules, der sich über eine Urne wirft, dargestellt worden. Beim Bürger-Denkmal hingegen kann von einer Trauerhaltung nur die Rede sein, sichtbar ist sie nicht. Hier krönt die monumentale Gestalt der Germania mit eher heroischem als trauerndem Gestus die Urne mit dem nationalsymbolträchtigen Eichenkranz. Die nationale Denkmalsaussage dominiert, der Trauergestus erscheint vollständig ausgemerzt[6]. Das monumental gewordene Standbild und die Idee der Kulturnation gehen ein Bündnis ein, das dem Zeitgeschmack und der öffentlichen Aufstellung des Denkmals entspricht.

Der kolossale Klassiker und die Allegorie

Im Streben nach monumentaler Steigerung des Denkmals und seiner Aussage lassen sich die gewandelten Vorstellungen im letzten Jahrzehnt des 18. Jahrhunderts auf den Punkt bringen[7]. Die Projekte, Entwürfe und Studien für ein Nationaldenkmal Friedrichs des Großen in Berlin oder die gigantischen Vorhaben der

*Titelblatt der ersten Separatausgabe des »Messias«
von Friedrich Gottlieb Klopstock (1724–1803)
Die Heroisierung bedient sich der Formen des Denkmals*

Revolutionsarchitektur, man denke an den Entwurf eines Denkmals für Isaac Newton von Etienne Louis Boullée, stießen sehr schnell an die Grenzen ihrer Realisierung. Die völlige Beherrschung des Denkmals durch die Architektur, die Abstraktion geometrischer Formen und der offensichtliche Entwurfscharakter der meisten dieser Projekte bedingten sich gegenseitig. Das Kolossale, worin der das menschliche Maß übersteigernde Monumentalismus der Form und ein gefühlsüberfrachteter Patriotismus der Aussage zusammenschossen, wurde zum Leitmotiv der Denkmalsgeschichte. Ihren Ausgang nahm diese ästhetische Herausforderung wiederum im revolutionären Frankreich. Am 27. Brumaire 1793 verabschiedete der Pariser Nationalkonvent ein »Colossal-Dekret«, in dem die Prinzipien der revolutionären Denkmalkunst formuliert werden:

1. Der Triumph des Volkes über Tyranney und Aberglauben muß durch ein Denkmal verewigt werden.
2. Dieß Denkmal soll colossalisch sein.
3. Das Volk wird durch eine Bildsäule aufgerichtet stehend vorgestellt.[8]

Der deutsche Kritiker (Karl August Böttiger) mokierte sich über die unausgebildete Ikonographie solcher Denkmalsprojekte (»dieser angemuthete Solocismus gegen den guten Geschmack«) und dessen »Unschiklichkeit«, also wegen des Verstoßes gegen gesellschaftlich sanktionierte Regeln der Kunst; er nannte das Projekt ein »fantastisches Unding«, das »von einem unrichtig gefaßten Begriffe der Allegorie irre geleitet worden« sei. Der Idee an sich mochte er aber trotz »alle diese Sonderbarkeiten« seine Bewunderung nicht versagen: »so bliebe doch die Vollendung der Bildsäule ein halbes Wunderwerk«[9]. Als schließlich 1796 zwar nicht dieses Projekt, jedoch eine »Kolossalstatue der Fama auf dem Nationalpantheon« errichtet worden war, konnten auch die deutschen Kunstrichter nicht umhin, »einige Bemerkungen über das Kolossale in der Kunst der Alten« von sich zu geben[10]. Das Kolossale als Ausdruck des Zeitgeists war längst ein eingeführter Standpunkt der Kunstdiskussion geworden.
Diesem Zug der Zeit, dem die Denkmalkunst verspätet folgte, waren indes schon längst Veränderungen des Dichterbilds vorausgegangen, die darauf abzielten, den Dichter und sein Werk ebenfalls zu monumentalisieren. Es verstand sich, daß die kolossal gedachte und inszenierte Dichterhuldigung auf Schriftsteller, die noch am Leben und Zeitgenossen waren, nur bedingt angewendet werden konnte. Des weiteren beriefen sich solche Vorstellungen auf einen Literaturbegriff, der die Autonomie der Poesie mit der höchsten Stilebene und den angesehensten literarischen Gattungen verband. Schon zu seinen Lebzeiten entsprach Friedrich Gottlieb Klopstock diesem Bild vom Dichter als heroischem Sänger und priesterlichem Führer. Das Titelblatt zur ersten Separatausgabe seines Heldengedichts *Der Messias* von 1749 monumentalisierte die Leier des Sängers vor einem vereinzelten Baum zum denkmalartigen Objekt und definierte die Poesie, wie die lateinische Inschrift formulierte, durch ihren Gegensatz zu den Mühen des Alltags. Seinen Höhepunkt erlebte der Klopstock-Kult in den 70er Jahren; der Freundschaftskult von Dichtern wie die des Göttinger Hains und eine religiöse Naturschwärmerei steigerten noch die Aura um den verehrten Dichter[11]. Mit Klopstocks Tod 1803 folgte schließlich die letzte und höchste Stufe der Dichterhuldigung. Klopstock war jetzt nicht mehr bloß durch Verehrung und Stilhöhe, sondern durch den Tod der

schnöden Alltagswelt überhoben. War Klopstock auf den Friedhof von Ottensen bei Hamburg schon »mit fürstlichen Ehren« bestattet worden, so kündigte sein Grabstein, eingerahmt von den Grabstellen für seine beiden Frauen, die Synthese seines patriotisch gedeuteten Sängerberufs mit einem populär versinnbildlichten Christentum an. Unter der trauernden Gestalt der Poesie mit einem Kreuz, darüber ein Garbenbündel, das nochmals von einem Kreuz überragt war, standen die Verse:

Deutsche, nahet mit Ehrfurcht und Liebe
der Hülle eures größten Dichters.
Nahet, ihr Christen, mit Wehmut und mit Wonne
der Ruhestätte des heiligen Sängers,
dessen Gesang, Leben und Tod, Jesum Christum prieß,
er sang den Menschen menschlich den Ewigen,
den Mittler Gottes, unten am Throne liegt
sein großer Lohn ihm, eine goldne
heilige Schale voll Christenthränen.[11a]

Noch bevor Klopstocks Büste 1808 von Schadow, auf der der Dichter als »der heilige Sänger« bezeichnet war und die in König Ludwigs I. Walhalla aufgestellt werden sollte, fertiggestellt war, entstand ein Entwurf für ein »architektonisches Monument«, das den Dichter als »Vereinigungspunkt unseres Nationalcharakters« in orientalischen Bildformen darstellen wollte:

Klopstocks Muse ist die Sionitin. Sein Monument ist demnach in hohem morgenländischen Stil. Auf einem Sarkophag liegt der Dichter zwischen dem von ihm selbst gewählten und von ihm öfters genützten Bilde der Unsterblichkeit, die Garbenbündel. Unter ihm, zwischen den Säulen in ägyptischer Ordnung, sitzen die vier Evangelisten, an ihren Attributen kenntlich, als die Basis seines großen Gesangs. Ihm zur Seite und über ihm schweben Seraphinen, und ein Sternenkranz, den Charakter und die Tendenz seiner Dichtungen anzudeuten. Im großen, reichen, epischen Stil ist die Landschaft, und zwar am Fuße des, in der Ferne sichtbaren, Berges Libanon. Der hohe Platanus nebst dem schattigen Palmbaum, und die steilen, schroffen Felsen bewahren das Stille, das Ernste der Scene. Die reiche, schwärmerische Fülle der ganzen Landschaft beurkunden, loben die Wahl des hohen Dichters, hier sein Grab und sein Monument gewählt zu haben. Eine einzige Figur, nicht mehrere, damit das Interesse nicht von dem Hauptgegenstande abgeleitet würde, ist dieser Dichtung gegeben worden, und zwar in einer Stellung, welche errathen läßt, daß sie hier in diesem heiligen Lande vor dem Monumente des verewigten Dichters wohl in dessen Schriften lesen könne. – Auch als Unterschrift hat man einen Vers gewählt: –
»Ehre sey und Dank und Preis dem Hocherhabenen, dem Ersten, der nicht begann, und nicht aufhören wird!«
der den Geist, der in Klopstocks Hymnen athmet, am besten ausspricht.[12]

Die Kritik an diesem alttestamentlich-orientalischen Grabmalentwurf vermißt mit Recht in der Vielzahl der sinnbildlichen Anspielungen »die Einheit dieser symbolischen Beziehungen in einem treffenden Hauptgedanken, der aus dem Ganzen, wie Minerva in voller Rüstung aus dem Haupte Jupiters, herausspränge«[13]. Daß es auch später nicht mehr gelang, Klopstock auf einen eingängigen Begriff zu bringen, mag ein Grund dafür sein, daß der Dichterfürst im 19. Jahrhundert keine sinnstiftende und erst recht keine populäre Dichterfigur werden konnte. Als 1824 schließlich in Quedlinburg ein Klopstock-Denkmal errichtet wurde, eine Büste vor einer Art Schauwand, entstand ein von der Zeit überholtes Dichterdenkmal, das seine Entstehung dem provinziellen Standort verdankte und die literaturgeschichtliche Vergessenheit Klopstocks selbst durch das Zitat einer Ode am Sockel nicht beheben konnte[14].

Insofern erfüllte Friedrich Schiller die Voraussetzungen, zum deutschen Denkmalsklassiker zu werden, in weit besserer Weise. Schillers früher Tod 1805 entzog ihn als Person, seine Werke als Autor sehr schnell der täglichen Benutzbarkeit. Dazu kam, daß Schiller in seinem Jugendfreund Johann Heinrich Dannecker einen Bildhauer hatte, der eine kongeniale Darstellung des Dichters als Denkmal liefern sollte. 1794 hatte Dannecker von Schiller eine Büste aus Gips angefertigt, die den Dichter ganz nach dem Leben zeigen sollte. Tatsächlich idealisierte Dannecker jedoch Schillers äußere Erscheinung, die von einem anderen Jugendfreund als eher unschön beschrieben wird: »sein Hals sehr lange«, »die Nase dünn, knorplich«, »sehr gebogen, auf Papageienart, und spitzig«, das Gesicht »ziemlich mit Sommerflecken besät«, »der ganze Kopf eher geistermäßig als männlich«[15]. Dannecker gestaltete stattdessen einen Dichterkopf, der »einen unbegreiflichen Eindruk in die Menschen macht«,

Schiller-Büste von Johann Heinrich Dannecker, 1794, die durch Vervielfältigung das Schillerbild unauslöschlich geprägt hat

weil er antike Schönheitsvorstellungen mit dem Ausdruck der Willenskraft im Bildwerk vereinigte. »Vollkommen ähnlich« wollte die Büste nicht mit der Person Schillers, sondern mit Danneckers Vorstellung von dem Dichter schlechthin sein. Diese Ähnlichkeit entdeckten dann auch Betrachter, die Schiller gar nicht persönlich kannten, denn sie fanden »in diesem bild mehr als ihr Ideal sich schaffen konte.«[16]. Schon mit der Fertigstellung dieser Büste, also noch zu Lebzeiten Schillers, setzte der Wunsch nach Vervielfältigung ein. Dannecker selbst und zahllose Nachahmer stellten Abgüsse und Bearbeitungen her, so daß Danneckers Büste die Vorstellung vom Aussehen Schillers unauslöschlich prägte. Mit Schillers Tod steigerte sich das Bedürfnis nach einer Monumentalisierung des Dichters weit über die bisherige antikische Idealisierung hinaus. Die Nachricht von Schillers Tod hatte Dannecker nicht nur »sehr niedergedrückt«, sondern gleichzeitig in ihm den Plan geweckt, die Verehrung für Schiller in einem Denkmal gipfeln zu lassen:

Ich glaubte die Brust müßte mir zerspringen, und so plagte mich's den ganzen Tag. Den andern Morgen bei'm Erwachen war der göttliche Mann vor meinen Augen, da kam mir's in den Sinn, ich will Schiller lebig machen, aber der kann nicht anders lebig sein, als colossal. *Schiller muß colossal in der Bildhauerei leben,* ich will eine Apotheose.[17]

Spätestens 1806 hatte Dannecker eine Marmorfassung seiner Schillerbüste fertiggestellt, die den Mittelpunkt eines Denkmals abgeben sollte. Aus der anfänglichen Idee, »und ich wünschte, daß ich die *größte,* die *schönste* haben möchte«, entwickelte Dannecker den Plan für einen Denkmalstempel:

Bei dem Gebäute, wir wollen es einen Tempel heißen, ist die Hauptsache, daß das Licht gut ist. Schillers Büste *muß streng von oben* herab beleuchtet werden, denn ich habe es probirt, und es macht einen unbegreiflichen Unterschied so oder so. Ich will am Ende Ihnen meine Idee hinschmieren. Schillers Büste auf einem Piedestal oder Sockel, vor dem steht der Adler im Begriff eines hohen Fluges, er sieht gegen ihn hinauf, hält in einer Klaue eine Fakkel als Zeichen des großen Geistes und hohen Schwung. Hinten zu sind an beiden Ecken zwei tragische Masken angebracht. Auf beiden Nebenseiten oder vielmehr in einem Halbzirkel wird der Catalog von allen seinen Werken eingehauen, so ruht er nun in der Höhe, seine Werke unter sich, und man kann sagen: *Auf sich selbst steht er da, ganz allein.* So wie man in den Tempel tritt, so ist vor der Thüre ein Basrelief von 3 Musen in Lebensgröße, rechts und links kommt man erst in's Allerheilige, damit von der Straße aus kein Licht hereinfallen kann und das Licht von oben herab allein Wirkung thut. [...] Die Colossal Buste imponirt schon in ihrer Eboche und jeder der sie siehet freut sich darüber, ihre Bewegung des Kopfes ist lebhaft durchdringend, und es ließe sich, wenn sie nach dem antiquen Sinne angesehen würde, darüber critisiren; allein daran liegt mir nichts, Schiller muß Bewegung haben und nicht wie ein *kalter* Philosoph gerade aussehen. Er hat etwas adlermäßiges, dessen Bewegungen immer stark sind.[18]

Die der Beschreibung beigefügte Zeichnung verstärkte noch die quasisakrale Überhöhung des Dichters. Lorbeerkränze, Leier und Masken sowie die Allegorie der »Geschichte, welche der tragischen Muse den Todestag des Dichters in ihren Annalen zeigt« und nicht zuletzt der »Catalog« der Schillerschen Werke im Halbkreis sollten zu einer Art literaturgeschichtlichem Nachhilfeunterricht für den Denkmalsbetrachter dienen. Schillers Büste, zu deren Füßen ein vergoldeter Adler mit der Todesfackel den überirdischen Höhenflug des poetischen Geistes hätte symbolisieren sollen, wäre der Gipfelpunkt einer weihevollen Erhebung jedes Betrachters gewesen.

Danneckers monumentaler Entwurf, der übrigens im November 1805 für Schillers Gedächtnisfeier in Stuttgart als eine Art Bühnenbildvorlage Verwendung

Entwurf für ein Schiller-Denkmal von Dannecker, 1805
Mit Schillers Tod ergibt sich die Idee
einer monumentalen Rahmung der Büste
gleichsam von selbst

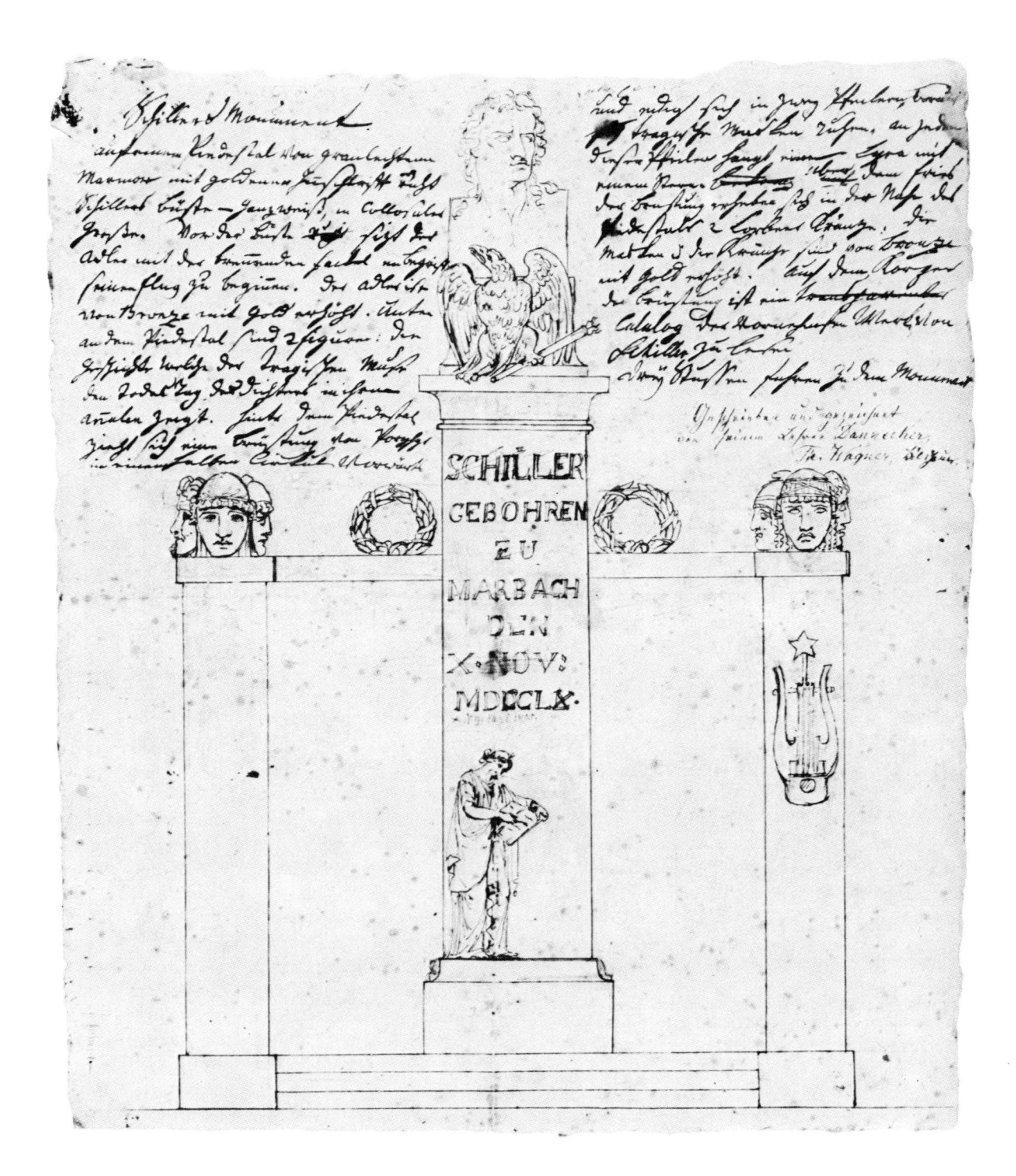

38   *Danneckers Schiller-Apotheose*

fand, war nur der aufwendigste Vorschlag zu einem Schiller-Denkmal. Andere Künstler verbanden eine »Ruine eines gothischen Gebäudes« mit einem »Monument mit geriefelten Säulen«, durch die auf Schillers Schriften zur ästhetischen Bildung angespielt werden sollte; »Masken unter dem Kranze des Thurms« eines solchen Bauwerks sollten die literarische Seite Schillers sinnfällig ausdrücken[19]. Auch der Karlsruher Architekt Friedrich Weinbrenner beteiligte sich 1806 mit einem Entwurf am Schiller-Denkmalskult:

Eine Vase, deren Ecken mit geflügelten weiblichen Figuren – Victorien – geziert sind, welche den Triumph der teutschen Nation über den Besitz Schillers klassischer Werke verkünden [...]
Über diesen ist ein mit Larven und Leiern verziertes Deckengesimse, als Sinnbild der Poesie angebracht, unter welchem ein Lorbeerkranz von zwei Schwänen schwebend gehalten wird, als Anspielung auf seine lyrischen Gedichte, durch die er sich einen unsterblichen Lorbeerkranz selbst aufsetzte. Auf diesem Gesimse erhebt sich gleichsam in Form eines Daches das Untere einer halben Weltkugel, zum Zeichen, daß eine halbe Welt um ihn, den Unsterblichen, trauert, deren Tränen sich in Dünste auflösen, die in Gestalt einer Wolke aufwärts steigen, auf welcher Pegasus – als wäre er von den Musen abgeschickt, ihren Lieblingssohn der Erde zu entwinden – mit dem vergöttlichten Schiller zum Olympe emporschwebt.[20]

Die konventionell wirkende Urne der Grabmaltradition gibt zwar das Grundmuster des Denkmals ab, wird jedoch von allegorischem und bloß ornamentalem Bildwerk überwuchert. Nicht nur der Entwurfscharakter des Projekts bedingt seine Unbaubarkeit, sondern auch eine Denkmalsaussage, die nur mehr sprachlich vermittelbar, jedoch nicht mehr plastisch abzubilden ist. Die Überfüllung mit »Victorien«, Schwänen, gar der halben Welt und Pegasus betreiben eine schwülstige Monumentalisierung Schillers v. a. in seiner Eigenschaft als Lyriker. Diese Hochschätzung entsprach auch ganz der Vorliebe des bayerischen Königs Ludwig I. und wurde dessen Schillerbild im Sinne eines Höhenflugs »zum Olympe« am ehesten gerecht. Für Ludwigs Walhalla hatte übrigens Dannecker 1810 eine Marmorfassung seiner Schillerbüste mit der Aufschrift »Friedrich von Schiller / Dichter« versehen und damit seine Idee des großen Einsamen dem Pantheonkonzept Ludwigs I. untergeordnet.

Der Walhallagedanke, nämlich die Verbindung der Dichterbüste mit einem Tempelbau kann tatsächlich als Verbindungslinie zwischen der Schiller-Apotheose Danneckers und den kulturpolitischen Intentionen des bayerischen Königs herhalten. Der Entwurf eines Schillertempels aus der Feder des Danneckerschülers Johann Michael Knapp griff im Jahre 1813 Danneckers ursprünglichen Schiller-Denkmalentwurf auf und führte ihn weiter. In einem Tempel mit Reminiszenzen an den altgriechischen oder gar ägyptischen Totenkult hätte die Schillerbüste Danneckers Platz finden und den schon klassischen Dichter zum vergöttlichten Heros erhöhen sollen. Dieselbe Richtung schlug der Entwurf eines Schiller-Denkmals ein, den Leo von Klenze, später der Architekt von Ludwigs Walhalla, 1827 für den Grafen Erwin Franz von Schönborn in Gaibach projektierte.

Schiller wurde jedoch nicht bloß als der kolossale Klassiker verehrt, dem in den gezeigten Tempeln gehuldigt werden sollte. Die patriotische Begeisterung war während der napoleonischen Zeit und erst recht im Zuge der Befreiungskriege verstärkt entflammt und hatte Schiller als den deutschen Nationaldichter schlechthin in Beschlag genommen. Schon in Weinbrenners Entwurf war ja ausdrücklich vom »Triumph der teutschen Nation über den Besitz Schillers klassischer Werke« die Rede gewesen; von nun an ließ sich mit der Huldigung an Schiller die Berufung auf den nationalen Besitztitel nicht mehr umgehen. Sogar die rückwärtsgewandte Privaterinnerung an Schiller, die sich scheinbar noch ganz im Geist der Parkdenkmäler des 18. Jahrhunderts vollzog, blieb nicht ohne diese vaterländische Note. Als Carl Thure von Hellwig im Schloßpark seines Rittergutes Werder und auf der davorliegenden Insel Pucht in Estland einen Landschaftsgarten mit Gedenksteinen anlegte, entstand dort das »älteste Schillerdenkmal«. Ein Säulenstumpf mit aufgesetztem Pinienzapfen vermittelte trotz seiner abstrakten Form eine eindeutige politische Aussage. Der Schloßbesitzer hatte aktiv an den Befreiungskriegen teilgenommen und setzte das Denkmal »Dem Andenken Friedrichs von Schiller / Teutschlands erhabenen Dichter und Liebling der Musen gewidmet /

*Entwurf für einen Gutenberg-Denkmalbrunnen
in Mainz, 1804
Beispiel eines Denkmals
für den Erfinder der Buchdruckerkunst,
der keiner Nation,
sondern der ganzen Welt gehören soll*

1813«[21]. Die Monumentalität Schillers als »erhabenen Dichter« und seine patriotische Inanspruchnahme durch das sinngebende Datum erhöhten den »Liebling der Musen« zum kolossalen Klassiker des Vaterlands.
Die Romantik – dieser scheinbare Exkurs sei hier erlaubt – benutzte das Denkmal als Spiegelbild des menschlichen Schicksals. Sie schätzte dabei nicht mehr die sich allmählich entwickelnden Gefühlswallungen der Empfindsamkeit, sondern nahm die harten Kontraste wahr: die Wärme des Lebens gegen die Kälte des Steins, der weiße Marmor gegen die schwarze Nacht. Das Pygmalion-Motiv, die unheimlichen Wirkungen der schönen, aber eben leblosen Kunstgestalt des Denkmals, stand dabei zumeist im Mittelpunkt eines Erzählinteresses. Nicht erst Eichendorffs Novelle von 1819, *Das Marmorbild*, wählte einen solchen Stoff. Schon 1801 hatte Clemens Brentano mit seinem Erstlingswerk, dem »verwilderten Roman« *Godwi oder das steinerne Bild der Mutter*, das Denkmal zum eigentlichen Zentrum der Handlung erhoben. Das Denkmal, erst recht wenn es Menschen plastisch abzubilden versucht, entspricht spiegelbildlich dem Kunstprinzip der Romantik:

Denn eine Bildsäule soll nur die Oberfläche aussprechen, sie erscheint mir wie ein umgekehrtes erdichtetes Leben, in dem die Seelenäußerung von außen nach innen geht.[22]

An Violettens Grabmal, das als Denkmal für eine Dichterin im Garten des Hausherrn die Neugier weckt, versucht sich der Ich-Erzähler und Dichter Maria an der Enträtselung der Denkmalsaussage:

Ich ging unter diesen Gedanken den Berg hinauf, und hatte auch wirklich eine große Begierde, Violettens Grab zu sehen, denn der Gedanke des Bildes konnte unstreitig sehr schön ausgeführt sein, und ich liebe besonders bedeutungsvolle Werke, die zugleich schön sind, wenn sie auch nichts als sich selbst bedeuten. Durch die Bedeutung erhält ein gutes Bild immer ein höheres Leben, denn es liegt so eine Geschichte in seiner Erscheinung, indem es, um schön zu sein, seine Bedeutung besiegt.[23]

Das Denkmal, das dergestalt Erscheinung, Bedeutung und Geschichte miteinander verbindet, besteht aus einer nackten Frauengestalt, die eine Lyra hochhebt; auf Reliefs an den vier Seiten des Sockels ist »allegorisch Violettens Geschichte« dargestellt:

Das erste, wie sich das Kind zum Genusse entscheidet.
Das zweite, wie sich ihr die Jungfräulichkeit nicht anpassen will.
Das dritte, wie sie der Genuß besiegt, ihr den Gürtel löset und von dem Schoße um die Augen legt.
Das vierte, wie die Liebe sie besiegt, und sie in der Umarmung ihres Genius die Poesie nur noch im Wahnsinne erringt.
Die Gruppe auf dem Würfel aber, ihre Apotheose selbst, ihr Tod im Wahnsinne.
Über ihr schwebte der Genius, an seine Brust drängt sich der fliegende Schwan, in der einen Hand hebt er die Lyra empor, schauet selbst zum Himmel. Das Mädchen steigt nackt, halb ringend, halb schwebend und mit Schwere kämpfend, aus dem Gewande, das in schönen großen Falten auf den Würfel sinkt. Ihr Kopf ist auf den Busen sinkend und tot; der Genius hat die eine Hand in ihre Locken geschlungen, um sie heraufzuziehen; das Mädchen umklammert mit der Rechten seine Hüfte mit Liebe und Arbeit, und hebt die Linke matt und welk nach der Lyra, was man an den willenlos sinkenden Fingern dieser Hand erkennt. Die beiden Vorderseiten der Figuren sind aneinander gelehnt, so daß man von jeder Seite eine Figur ganz und eine halb sieht. Des Mädchens Brust ruht an dem Schwane, der die Mitte des Bildes erfüllt, und die beiden Figuren verbindet. Von der Seite des Genius sieht man den Unterleib Violettens, um den sich das Gewand noch gierig anschmiegt; ihren Busen und den schmerzlich liebenden Zug ihres Gesichts, den der Tod nicht ganz besiegt und der Wahnsinn wie ein letzter heftiger Reiz noch einmal ins Leben zu wecken scheint, sieht man von der einen Seite genug, damit das Bild seinem Sinne genüge; denn der ganze schöne Leib Violettens ist durch den einen schwebenden Fuß und den Zug der Hand des Genius in ihren Haaren auf ihrem andern, schwer an die Erde gebannten Fuße gewendet. Überhaupt ist es fein von dem Bildhauer gedacht, daß er die ganze Seite des Mädchens, mit deren Arm sie den Genius umklammert, sinkend und schwer gebildet und sie zum Anlehnen der Verbindung gebraucht hat, so wie er die andere, mit deren Hand sie nach der Lyra strebt, und deren Fuß sie hebt, ganz frei und in gelindem Schweben hielt. Von dieser Seite ist das Bild anzusehen. In der Mitte des Bildes, wo sich die Hand in die Locken windet, stirbt seine Wollust und Liebe, die mit dem Mädchen heraufdrang, und löst sich sein Stolz und seine Hoheit, die vom Haupt des schwebenden Genius niederwallet, und erschließt sich gleichsam eine Wunde, die dem ganzen Einheit giebt, und in der sich beide schön durchdringen, und schön ist es, wie der

40   Brentano: Denkmal als »erdichtetes Leben«

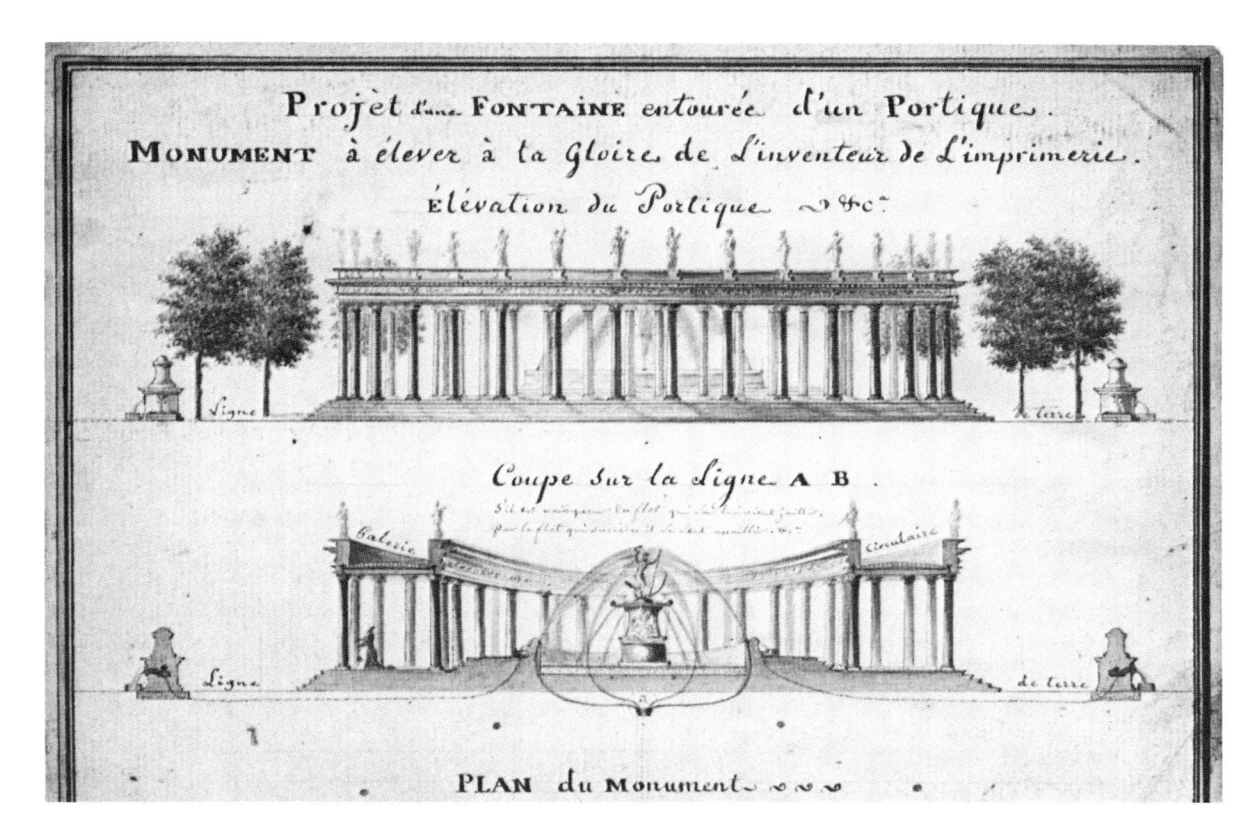

Projet d'une FONTAINE *entourée d'un Portique.*
MONUMENT *à élever à la Gloire de L'inventeur de L'imprimerie.*
Élévation du Portique &c.

Coupe sur la ligne A B.

PLAN *du Monument*

Schwan sich an diese Wunde schmiegt, und den Schmerz des Anblicks lindert.[24]

Dieses Denkmalserlebnis voller unverhüllter Todeserotik, mit Anspielungen auf den Wahnsinn der beiden Dichtenden und dem allegorischen Kampf um die poetische Inspiration schlägt sich in einem Sonettzyklus nieder, in dem der Dichter Maria in poetischer Selbstbezüglichkeit (»ich habe in mir vieles an dem Bilde erlebt«) darangeht, auch »aus mir, dem Denksteine meines Lebens, meine Geschichte entwickeln« zu wollen[25]. Als romantische Allegorie faßt Violettens Denkmal alle Bedeutungsebenen des Romans im Bild zusammen.

Bei der tatsächlichen Errichtung von Denkmälern konnten solche poetischen Erfindungen natürlich nicht als Vorbild dienen. Dennoch lassen sich zahlreiche Bezüge unter der Oberfläche banaler Ähnlichkeiten erkennen. Als 1804 im napoleonischen Mainz dem Erfinder des Buchdrucks, Johannes Gutenberg, gehuldigt werden sollte, erging der Aufruf an das Publikum, Ehrungen zugleich als Gedicht *und* als Denkmalentwurf einzureichen. Der überlieferte Beitrag eines Unbekannten verknüpfte durch allegorische Anspielungen sein Gedicht mit der Ikonographie seiner Zeichnung. Danach sollte eine kreisförmige Säulenhalle einen Brunnen umfassen, auf dessen Sockel ein geflügelter Genius auf einer Erdkugel mit Sense und Sichel stehen sollte. Das Sockelrelief stellte ebenfalls einen Genius dar, der in der einen Hand die Büste Gutenbergs und in der anderen Hand Ketten als Sinnbild der Unwissenheit und des Aberglaubens hielt. Der gesamte Sockelbau sollte in einem Springbrunnen aus vier Fontänen, die die vier Weltteile darstellten, zu stehen kommen[26]. Diese Idee eines Gutenberg-Denkmals steht nicht nur für die unterschwelligen Bezüge zwischen den romantischen poetischen Erfindungen und den konkreten Entwürfen, sondern war auch der vermutliche Anlaß für die 1820 erschienene Schrift *Ueber den Sittlichen- und Kunstwerth öffentlicher Denkmäler* des Mathematikers und Ingenieuroffiziers Rudolf Eickemeyer. Der Verfasser hatte seit den 70er Jahren an den Befestigungen der Stadt Mainz mitgebaut, war dann jedoch zu Beginn der Mainzer Republik 1792 in die französische Armee eingetreten und hatte es, wie er stolz auf dem Titelblatt seiner Abhandlung bemerkt, bis zum »General in französischen Diensten« gebracht. 1802 wurde Eickemeyer auf Grund von Denuziationen, vermutlich wegen seiner patriotischen Ansichten, aus der französischen Armee entlassen.

Den Anstoß für die Veröffentlichung der Schrift gab Eickemeyers Erregung über das in Mainz geplante Denkmal für Gutenberg, der ja seit der Aufklärung als

Springbrunnen als Denkmal der Aufklärung

einer der Vorkämpfer der geistigen Emanzipation galt. Die Französische Revolution und erst recht ihre Anhänger während der Mainzer Republik hatten den berühmtesten Sohn der Stadt zum Freiheitssymbol erhoben. Am 9. September 1792 hatte sogar ein Redner in der Pariser Nationalversammlung gefordert, man solle doch Gutenbergs Asche ins soeben errichtete Pantheon überführen. Als sich dies jedoch nicht durchsetzen ließ, sollte Gutenberg als kosmopolitischem Aufklärer und Wohltäter der gesamten Menschheit wenigstens in seiner Vaterstadt ein Denkmal errichtet werden, als die französischen Truppen Mainz in Besitz genommen hatten. Auf diese seit 1804 im Gange befindliche Diskussion um ein Gutenberg-Denkmal beziehen sich die Einwände Eickemeyers:

es sollte zugleich ein Springbrunnen sein. Dieses Letztere schien mir Verstoß gegen die Regel, welche bei den Werken der schönen Künste Einheit und ungetheiltes Interesse fordert. Ich glaubte für dieses Monument und den Ort seiner Errichtung eine abgekürzte Säule von Granit, mit Gutenbergs Büste, und der Aufschrift: *Joanni Guttenberg, inventori Typographiae* für das Schicklichste.[27]

Hinter dem aktuellen Anlaß, dem Unbehagen über ein unpassendes Denkmal, verbergen sich grundsätzliche Überlegungen Eickemeyers zur Denkmalskunst. Die klassizistischen Formen wie Säule oder Büste und die bildnerische Ständeklausel, wonach der soziale Rang des Dargestellten und der Grad seines nationalen Verdiensts in der Denkmalsstruktur zum Ausdruck kommen müssen, sollen unangetastet bleiben. Für eine ausufernde Allegorisierung mit Genien, Reliefen und Attributen ist kein Platz. Daß Eickemeyer dennoch »prächtige Denkmäler« setzen möchte, weist auf ein neu entstehendes historisches Bewußtsein, wenn das Denkmal erstmals als Widerstand gegen die verfließende Zeit definiert wird:

Denkmäler werden für kommende Jahrhunderte errichtet; Dauerhaftigkeit ist also ihr erstes und wesentlichstes Erforderniß. Sie müßten aus Materien verfertigt seyn, und eine Struktur haben, um dem Zahne der Zeit widerstehen zu können.[28]

Diese Forderung nach einem öffentlichen, der Nachwelt gewidmeten Denkmal für Gutenberg, den Vater der Druckkunst und damit auch der Meinungs- und Pressefreiheit, mußte in den Jahren der Karlsbader Beschlüsse und der Wiener Schlußakte als eine Provokation des Metternichschen Unterdrückungs- und Restaurationssystems angesehen werden. So blieb denn das Gutenberg-Denkmal in freier Öffentlichkeit und im Mittelpunkt eines bürgerlichen, vom restaurativen Staat unbehelligten Stadtlebens für die Zeit um 1820 graue Theorie. Die Pläne für ein Gutenberg-Denkmal wurden nicht ausgeführt. Erst 1837, in der Periode eines gestärkten Patriotismus und Liberalismus des Vormärz, konnten die Mainzer ein Gutenberg-Standbild errichten.

Goethe und das Denkmal

Im Unterschied zu Schiller war Goethe für patriotische und liberale Forderungen der Denkmalsetzer nicht dienstbar zu machen; seine irritierend ungebrochene Produktivität und vor allem seine Lebendigkeit verhinderten eine Sakralisierung. Erst im Biedermeier mit der einsetzenden Restauration nach 1815, während der der National- und Freiheitsdichter nicht mehr erwünscht war, konnte die Idee aufkommen, dem Olympier noch zu Lebzeiten ein Denkmal zu errichten. Schon seit längerem dachten Freunde und Verehrer Goethes darüber nach, wie dem nach Weimar abgewanderten Dichterfürsten in seiner Vaterstadt Frankfurt ein Denkmal zu widmen sei, durch das der Geburtsort am Ruhm teilhabe. Ideen und Planungen konkretisierten sich erstmals für 1819, den 70. Geburtstag Goethes. Man einigte sich auf einen Tempel auf der Maininsel in Frankfurt, in dem eine Goethebüste Danneckers nach dem Muster von dessen mittlerweile berühmter Schillerbüste aufgestellt werden sollte. Die Tempelstruktur diente also als eine Art versatzstückhafte Leerform, die bei Bedarf durch die jeweilige Büste mit der entsprechenden Aussage aufgefüllt werden konnte. Die Zeichnung von Friedrich Rumpf zeigt denn auch einen Rundtempel, der im Stil der englischen Gartenarchitektur in einer idyllischen Landschaft aufgestellt und durch die Lage auf der Maininsel nicht für jedermann jederzeit zugänglich

*Entwurf für einen Goethe-Tempel
auf der Maininsel in Frankfurt
Zeichnung von Friedrich Rumpf, 1819–1822
Im Innern des Bauwerks sollte eine Goethe-Büste
von Dannecker aufgestellt werden*

ist. Andererseits erhebt der mehrfach gestufte Unterbau dieses Pantheon für einen großen Einzelnen zu einer gesteigerten Würdeform, die an Entwürfe zu einem Nationaldenkmal für Friedrich den Großen[29] oder dem nationalen Kulturdenkmal der Walhalla erinnert. Für Goethe selbst, einem immerhin noch Lebenden und nicht unumstrittenen Dichter, war es indes nicht nur die Monumentalität des Anspruchs, die abschreckend wirken mußte. Goethe befürchtete vor allem, der nach Weimar anreisende Bildhauer Dannecker könnte als Vorlage für seine Büste ein Modell vorfinden, daß sich für eine idealisierende Darstellung wie im Falle Schillers nicht mehr eigne:

Sollte es nicht etwas bedenklich seyn, meine Freunde, einen Bildhauer dahin zu senden, wo er keine Formen mehr findet? wo die Natur auf ihrem Rückzuge sich nun mit dem Nothwendigen begnügt, was zum Daseyn allenfalls unentbehrlich seyn möchte; wie kann dem Marmor ein Bild günstig seyn, aus dem die Fülle des Lebens verschwunden ist? Schon Jahre sind es, daß wir uns nicht gesehen haben, ich wünsche, daß unser werther Künstler sich nach einer langen Wallfahrt nicht allzusehr getäuscht fühle.[30]

Diese Vorstellung, daß er sich »durch ihn modellirt wieder neben Schiller denken könnte«[31], war Goethe Anreiz und Befürchtung zugleich. Als dann Dannecker sich weigerte, auf Goethes Vorschlag dessen Büste nach einer älteren Maske und nicht nach dem Leben zu gestalten, zeichnete sich das Scheitern des gesamten Denkmalprojekts ab, auch wenn der Bildhauer Christian Daniel Rauch anstelle Danneckers für eine Goethe-Statue herangezogen wurde. Festzuhalten bleibt jedenfalls, daß einerseits die Monumentalisierung des Denkmals für einen noch lebenden Dichter als unpassend empfunden wurde, andererseits eine Dichterhuldigung durch einen Privattempel im Stil des 18. Jahrhunderts als nicht mehr zeitgemäß gelten konnte.

Goethe fand sein halbherziges Interesse am eigenen Denkmal schließlich dadurch bestätigt, daß das Projekt 1821 vorläufig im Sande verlief. Dabei hatte Goethe sich Zeit seines Lebens intensiv mit Denkmalsfragen beschäftigt. In seinem berühmten Aufsatz *Von deutscher Baukunst* vom November 1772, der so etwas wie eine Programmschrift des Sturm und Drang werden sollte, hatte Goethe den Erbauer des Straßburger Münsters, Erwin von Steinbach, zum Ausgangspunkt allgemeiner Kunstbetrachtungen gewählt. Auf dem Grab Erwins vermißte Goethe einen Grabstein; er versprach deshalb, selbst ein Denkmal zu errichten, »wenn ich zum ruhigen Genuß meiner Besitztümer gelangen werde, von Marmor oder Sandstein, wie ich's vermöchte«. Diese spontane Aufwallung zur tiefen Verehrung eines gleichgesinnten Künstlers wird jedoch sogleich zurückgenommen, denn schon das Münster gilt Goethe als selbst gesetztes Denkmal: »Was braucht's dir Denkmal! Du hast dir das herrlichste errichtet«[32].

Wie ein solches Denkmal vielleicht ausgesehen hätte, kann man an einem Denkmal ablesen, das Goethe 1777 im Garten am Stern in Weimar aufgestellt hat. Der Steinwürfel mit einer Kugel darauf war als Altar der *Agathe Tyche* geweiht. Auf den ersten Blick scheint das Objekt nur eine verwischte Anspielung zu enthalten, greift es doch mit seinen geometrischen Grundformen die ältesten Wurzeln des Denkmals auf: die Kombination des härtesten Materials mit der einfachsten Form. Sowohl die Aufstellung in einem privaten Garten als auch die Weihe des Denkmals zur Glücksbeschwörung scheinen das Gebilde aus der bisherigen Denkmalsgeschichte auszugliedern, wie der Vergleich mit einem Denkmal an benachbartem Standort und mit vergleichbarer Aussage zeigt, nämlich das Denkmal für Euphrosyne, der Grazie des Frohsinns, von Friedrich Wilhelm Eugen Döll im Großherzoglichen Park in Weimar. Hier knüpften Urne und Mas-

Altar der Agathe Tyche, 1777,
von Goethe im Garten am Stern in Weimar aufgestellt

ken, Girlanden und Inschrift, Säule und Reliefs an die Konvention der Gartendenkmäler des 18. Jahrhunderts an. Goethes Altarsetzung läßt sich dagegen zu der kaum später entstandenen Revolutionsarchitektur in Beziehung setzen, etwa zu dem Newton-Denkmal von Etienne Louis Boullée aus dem Jahre 1784 (vgl. S. 34)[33], wenn man die Unterschiede in den Größenverhältnissen und im Verwendungszweck vorerst vernachläßigt. Boullée intendierte ja eine sinnbildliche Darstellung der physikalischen Theorien Issac Newtons als Zeichen einer neuen Weltsicht. Die Kugel als die vollkommenste geometrische Form sollte dabei auch an die ursprüngliche Paradiesgestalt der Erde erinnern; Bezüge zum Naturbegriff von Jean-Jacques Rousseau waren offenbar beabsichtigt. Merkwürdig berührt unter diesem Blickwinkel die grundsätzliche Gegnerschaft Goethes zu Newtons Erkenntnissen in der Optik. Es wäre verlockend, diesen Gegensatz zwischen der analytischen Welterklärung Newtons und der ganzheitlichen Weltsicht Goethes mit der gleichen Struktur und Formensprache, aber der unterschiedlichen Inhalte der beiden Denkmäler in Zusammenhang zu bringen. Man hat indes zeigen können, daß sich für Goethes Altar der *Agathe Tyche* sehr viel genauere Aussageintentionen nachweisen lassen[34]. Goethe hatte das Sandsteindenkmal mit seinem Zeichenlehrer Adam Friedrich Oeser besprochen, der mittlerweile als Denkmalsexperte anzusehen war; dieser hatte die Idee jedoch wegen der so gut wie nicht nachvollziehbaren Aussage abgelehnt. Dennoch verfolgte Goethe das Projekt hartnäckig weiter. Der Tag der ersten Erwähnung des Denkmals und sein Aufstellungsort hatten tatsächlich einen für Außenstehende nicht erkennbaren Bezugspunkt: erstmals erwähnt es Goethe am Weihnachtsabend 1776, zugleich der Geburtstag der Frau von Stein, unter dem Planetenzeichen der Sonne ☉ in seinem Tagebuch; aufgestellt wurde es an Charlotte von Steins Lieblingsplatz im Garten am Stern. Die zugleich tiefe Erfüllung und unlösbare Problematik dieses Verhältnisses – das Tagebuch notiert wiederholt »Tiefes Leiden« – und nicht zuletzt seine ungefestigte Position in Weimar scheinen diese Denkmalsetzung als einen Stein gewordenen Wendepunkt im Leben Goethes zu markieren. Goethes Tagebuch kommentierte die Aufstellung des Denkmals denn auch am 5. April 1777:

Da Mythos erfunden wird, werden die Bilder durch die Sachen groß; wenns Mythologie wird, werden die Sachen durch die Bilder groß.[35]

Diesen Drang zum Bekenntnis bei gleichzeitiger Verschlüsselung in die sinnstiftende Form kleidet Goethe jedoch in jederzeit auflösbare Bildtraditionen. Die Emblematik der frühen Neuzeit hatte nach antiken Mustern Kugel und Kubus schon immer in eine paradoxe Struktur gebunden, wie ein Beispiel aus Otto Vaenius' *Emblemata sive Symbola* von 1624 belegt. Diese Entwicklungslinie in Emblematik und Ikonographie läßt sich nachzeichnen[36]. Für Goethe, der sich in diesen Jahren selber gerne im Bild der rotierenden Kugel sah, sollte das Denkmal den Schnittpunkt seiner persönlichen, zeitgeschichtlichen und dichterischen Befürchtungen, Hoffnungen und Wünsche markieren. Insofern scheint es äußerst zweifelhaft, ob die platte Erklärung der Denkmalsaussage im Sinne einer allgemein menschlichen und zeitlos gültigen Bedeutung gerechtfertigt sein kann[37].

Weitere Berührungspunkte zwischen der abstrakten geometrischen Revolutionsarchitektur eines Boullée

Zur ikonographischen Tradition der Verbindung einer Kugel mit einem Würfel, aus: Otto Vaenius, Emblemata sive symbola. Brüssel 1624

und Goethes Beschäftigung mit dem Denkmal sind unschwer nachzuweisen. 1784, als Boullée seinen Entwurf für das Newton-Denkmal vorgelegt hatte, verfaßte Goethe einen kleinen Aufsatz *Über den Granit*. Goethe interessierte am Granit dessen Härte, die ihn zum bevorzugten Material für Denkmäler hatte werden lassen. Darüber hinaus entdeckt Goethe in der Betrachtung des Steins genau denjenigen Zusammenhang zwischen forschender Naturschau und dem transzendentalen »Leitfaden zu ferneren Beobachtungen«[38], den er an der Physik Newtons kritisiert hatte. Deshalb behandelt der Aufsatz die geologischen Eigenschaften des Granits nur als Metapher für das, was man daraus für die Menschheitsgeschichte ableiten kann. Schon die Granitsteine an sich gelten als die »ältesten, würdigsten Denkmäler der Zeit«[39] und tragen in sich die Tendenz zum Denkmal[40]. Dadurch enthüllt sich denn auch das eigentliche Ziel von Goethes mineralogischem Interesse, »daß alle natürlichen Dinge in einem genauen Zusammenhange stehen«[41]; daraus ergibt sich ein Weltverständnis, wonach Menschheitsgeschichte und Naturgeschichte nach gleichartigen Mechanismen ablaufen.
Diese fraglose Gleichgestimmtheit von Menschheitsgeschichte und Naturgeschichte bekam spätestens mit der Französischen Revolution einen Riß. Goethes sich wandelnde Vorstellungen vom Denkmal können dabei als Spiegel für diese tiefe Verstörung durch die Zeitereignisse dienen. In einer kleinen Abhandlung über *Denkmale*, einem Gutachten über ein Grabmal für die Freifrau Luise von Diede (1804), gab schon der Titel kund, daß Goethe den Aussagen allgemeinere Bedeutung zukommen lassen wollte:

Leider haben sich unsere Monumente an die Garten- und Landschaftsliebhaberei angeschlossen, und da sehen wir neben abgestumpften Säulen, Vasen, Altäre, Obelisken und was dergleichen bildlose allgemeine Formen sind, die jeder Liebhaber erfinden und jeder Steinhauer ausführen kann. Das beste Monument des Menschen aber ist der Mensch. Eine gute Büste in Marmor ist mehr wert als alles Architektonische, was man jemanden zu Ehren und Andenken aufstellen kann; ferner ist eine Medaille, von einem gründlichen Künstler nach einer Büste oder nach dem Leben gearbeitet, ein schönes Denkmal, das mehrere Freunde besitzen können und das auf die späteste Nachwelt übergeht.
Bloß zu beider Art Monumenten kann ich meine Stimme geben, [...][42]

Merkwürdig erscheint zunächst Goethes Ablehnung des abstrakten Gartenmonuments, als gäbe es seine eigene Denkmalsetzung von 1777 gar nicht. Dieser Meinungswandel kann indes nur im Zusammenhang mit Goethes Kritik des Dilettantismus richtig eingeschätzt werden. Im Gegensatz zwischen dem »Liebhaber« und dem »gründlichen Künstler« wird die empfindelnde Denkmalsetzung im Zeichen des Freundschaftskults, also nicht die professionelle Denkmalkunst aufs Korn genommen. Für letztere verficht Goethe einen kompromißlosen Klassizismus, der nur die Marmorbüste und das Porträtmedaillon zuläßt. Die Gefahr der Läppischkeit solcher Erinnerung durch die Vervielfältigung, wie sie von Danneckers Schiller-Büste ausgegangen war und zu einer ersten Inflationierung und Verkitschung des Dichterdenkmals geführt hatte, sieht Goethe nicht, obwohl doch gerade solche »Zimmer-Monumente« diese Tendenz begünstigen[43]. Dagegen soll die unbestrittene künstlerische Qualität der Denkmäler und die begrenzte Vervielfältigung für den Kreis der »Freunde« des Verstorbenen Gewähr bieten.
Beide Aussagen, sowohl die Kritik am Freundschaftskult des 18. Jahrhunderts als auch die Begünstigung

von Büste und Medaillon als privates Erinnerungsstück belegen damit aber auch, daß Goethe mit der sich konstituierenden bürgerlichen Öffentlichkeit nichts im Sinne hat. Er mißtraut im Gegenteil genau diesem öffentlichen Umgang mit Denkmälern:

Mehr weiß ich nicht hinzuzufügen, es müßte denn die Betrachtung sein, daß ein solches Denkmal überdies noch transportabel bleibt und zur edelsten Zierde der Wohnungen gereicht, anstatt daß alle architektonischen Monumente an den Grund und Boden gefesselt, vom Wetter, vom Mutwillen, vom neuen Besitzer zerstört, und, solange sie stehen, durch das An- und Einkritzeln von Namen geschändet werden.[44]

Hier zeigt sich, daß die Verteidigung des Büstendenkmals nicht bloß in einem rigiden Klassizismus begründet ist. Solche transportablen Denkmäler eignen sich besonders gut zur privaten Verwendung, zur Aufstellung in »Wohnungen«, während die architektonischen Denkmäler der Öffentlichkeit schutzlos ausgeliefert sind. Goethes Angst vor dieser Schutzlosigkeit öffentlicher Denkmäler gegenüber Wetter und unkontrollierter Benutzung entbehrt nicht einer gewissen Berechtigung, wie das Beispiel des Leibniz-Denkmals[45] in Hannover oder eine biographische Pointe bestätigen kann; sie zeigt auch die Irritation nach der Jahrhundertwende als Spiegelbild für den Bewußtseinswandel der Epoche.

In Goethes Roman *Die Wahlverwandtschaften* von 1809 scheint eine so direkte Bedrohung festgefügter Wertvorstellungen noch keine Rolle zu spielen. Doch auch im geschlossenen Zirkel des landbesitzenden Adels blieben die vorrevolutionären Denkformen nicht unangefochten. Die Umgestaltung des Schloßparks, die Baron Eduard und seine Frau Charlotte gemeinschaftlich vornehmen wollen und in der sich die Wandlungen des Zeitalters widerspiegeln werden, beginnt mit der Übernahme von Vorbildern der englischen Gartenarchitektur in literarischer Vermittlung à la Hirschfeld: »Laß uns die englischen Parkbeschreibungen mit Kupfern zur Abendunterhaltung vornehmen«[46]. Was hier als so mustergültig für die Neugestaltung des Schloßparks angesehen wird, erweist sich unter historischer Perspektive als rückständig, überholt und aussageleer. Die Schloßherrin Charlotte kritisiert denn auch den beschränkten Formenschatz der Denkmalkunst:

»Wenn die Künstler so reich sind«, versetzte Charlotte, »so sagen Sie mir doch: Wie kann man sich niemals aus der Form eines kleinlichen Obelisken, einer abgestutzten Säule und eines Aschenkrugs herausfinden? Anstatt der tausend Erfindungen, deren Sie sich rühmen, habe ich nur immer tausend Wiederholungen gesehen.«[47]

Der Architekt nimmt in seiner Antwort Goethes Position aus dessen Aufsatz über *Denkmale* teilweise wörtlich auf:

Was die Entwürfe zu Monumenten aller Art betrifft, deren habe ich viele gesammelt und zeige sie gelegentlich; doch bleibt immer das schönste Denkmal des Menschen eigenes Bildnis. Dieses gibt mehr als irgend etwas anders einen Begriff von dem, was er war; es ist der beste Text zu vielen und wenigen Noten; nur müßte es aber auch in seiner besten Zeit gemacht sein, welches gewöhnlich aber versäumt wird. Niemand denkt daran, lebende Formen zu erhalten, und wenn es geschieht, so geschieht es auf unzulängliche Weise. Da wird ein Toter geschwind noch abgegossen und eine solche Maske auf einen Block gesetzt, und das heißt man dann eine Büste.[48]

Die Gültigkeit der Erinnerung an einen Verstorbenen hängt also nicht von der tatsächlichen Porträtähnlichkeit, sondern von der Zeitlosigkeit ab, die vom Bildnis aus »seiner besten Zeit« garantiert wird. Hinter dieser klassizistischen Vorstellung von Wirklichkeit lugt nicht nur Goethes Zweifel an der Repräsentativität seines eigenen Altersbildnisses hervor, was u.a. zum Scheitern des geplanten Frankfurter Denkmals geführt hatte und in der Wendung von den »lebenden Formen« besonders deutlich sichtbar ist (vgl. S. 43). Die Bewahrung des Bildes aus der »besten Zeit« verlangt auch nach der Enthistorisierung der Lebensgeschichte des Verstorbenen, um die Klassizität der Erinnerung sicherzustellen.

Diese Position verschärft der Architekt nun in der Praxis. Ging es bisher nämlich um die Konservierung eines gültigen Menschenbildes (»lebende Formen zu erhalten«), so unternimmt der Architekt sogar den Schritt in die der Restauration, als es gilt, eine Seitenkapelle der Kirche »als ein Denkmal voriger Zeiten und ihres Geschmacks wiederherzustellen«. Ihm

*Das römische Monument von Igel bei Trier, ca. 250 v. Chr.
Zeichnung von Goethe*

kommt es darauf an, »die Einbildungskraft gegen die ältere Zeit« in Bewegung zu setzen und die Versenkung in die Geschichte so weit wie möglich zu treiben: »so mußte man sich beinahe selbst fragen, ob man denn wirklich in der neueren Zeit lebe«[49]. Diese Historisierung der Denkmalswirkung, die bisher nur als Tendenz abzulesen war, tritt mit Hilfe der Restaurierung an die Stelle der zeitlosen Vergegenwärtigung, wie sie Charlotte im Sinn hatte.

In Ottiliens Tagebuch schließlich, das den »Faden« darstellt, »der alles verbindet und das Ganze bezeichnet«, werden beide Positionen zusammengeführt. Die zeitlos wirkende Erinnerung des Bildnisdenkmals bleibt ungebrochen gültig: »Es gibt mancherlei Denkmale und Merkzeichen, die uns Entfernte und Abgeschiedene näherbringen. Keins ist von der Bedeutung des Bildes«. Hinzu tritt jetzt das historische Bewußtsein, welches »sich mit Denkmälern für die Nachkommen« beschäftigt, jedoch um die Wirkungen der Zeitgeschichte weiß: »Wie über die Menschen, so auch über die Denkmäler läßt sich die Zeit ihr Recht nicht nehmen«[50].

Das Recht der Zeit als die Macht der Geschichte, gegen die das Denkmal angeht und der es zugleich ausgesetzt ist, beherrscht auch Goethes *Kampagne in Frankreich 1792*, den Feldzug des europäischen Koalitionsheers gegen die französischen Revolutionstruppen. Goethe hatte diesen Bericht seiner Teilnahme mit Hilfe von Tagebuchnotizen erst 1820 diktiert und ihn als dritten Teil seines autobiographischen Werks neben *Dichtung und Wahrheit* und der *Italienischen Reise* 1822 erscheinen lassen. Die Spannung zwischen erlebendem und erzählendem Ich, zwischen der drei Jahrzehnte alten Weltgeschichte und der Restauration der Gegenwart ist eine doppelte. Sie unterlegt der Abhandlung eine doppelbödige Reflexion der geschichtlichen Ereignisse, die es mitzudenken gilt. Gleich zu Beginn des Feldzugs, am 23. August 1792, stößt Goethe zwischen Trier und Luxemburg auf das Monument von Igel, ein mit Reliefs verziertes Grabdenkmal aus der Zeit um 250 v. Chr., das als das besterhaltene römische Bauwerk auf deutschem Boden galt. In der Zeit der »gegenwärtigen Kriegsläufte« erscheint Goethe das Denkmal als Zeichen einer arkadischen Zeitlosigkeit und Allgemeingültigkeit der Antike[51]. Die »angenehmen und fruchtbaren Gedanken«, die dem Betrachter vor dem Denkmal durch den Kopf gehen, werden durch die Kriegsereignisse unterbrochen. Auf dem Rückzug des wenig erfolgreichen Koalitionsheers — man erinnert sich, daß Goethe den unentschiedenen Ausgang der Kanonade von Valmy zur Epochenwende erklärt hatte — kommt der Heerestroß erneut am Igeler Monument vorbei. Eine wie zufällige Lichtregie und die Kriegserlebnisse der letzten Wochen erzeugen nun einen »Kontrast« zwischen Antike und Gegenwart:

Doch ein herrlicher Sonnenblick belebte soeben die Gegend, als mir das Monument von Igel, wie der Leuchtturm einem nächtlich Schiffenden, entgegenglänzte. Vielleicht war die Macht des Altertums nie so gefühlt worden als an diesem Kontrast: ein Monument zwar auch kriegerischer Zeiten, aber doch glücklicher, siegreicher Tage und eines dauernden Wohlbefindens rühriger Menschen in dieser Gegend.[52]

Eben dadurch, daß das Denkmal vergangene Zeiten lebendig macht, vermittelt es Zeitlosigkeit, indem es die Erfahrung der verfließenden Zeit ästhetisch aufhebt:

Das Recht der Zeit und die Macht der Geschichte   47

Soll man den allgemeinsten Eindruck aussprechen, so ist hier Leben dem Tod, Gegenwart der Zukunft entgegengestellt und beide untereinander im ästhetischen Sinne aufgehoben.

Und gerade dieses an der Antike erlebte Zeitbewußtsein läßt die Gegenwart in einem üblen Licht erscheinen:

Es hielt mich lange fest; ich notierte manches, ungern scheidend, da ich mich nur desto unbehaglicher in meinem erbärmlichen Zustande fühlte.[53]

Geschichte, auch wenn sie im Denkmal aufgehoben scheint, zeigt ihre Kraft im »Kontrast« zur eigenen Zeit, an der sie sich dauernd reibt. Dieses Bewußtsein der geschichtlichen Existenz markiert nicht nur für Goethe, der sich am Ende seines Lebens seiner eigenen Geschichtlichkeit bewußt war, den Endpunkt einer Epoche.

Deutsches Pantheon und restaurative Literaturgeschichte

Ein eigenständiges Geschichtsbewußtsein und das Streben nach kolossaler Wirkung der Baukörper sind auch die beiden durchgängigen Konstanten in der langen Planungs- und Entstehungsgeschichte der Walhalla des bayerischen Königs Ludwig I. Dieses einzige tatsächlich gebaute Nationaldenkmal der deutschen Kulturnation[54] verknüpft die Geschichte des Dichterdenkmals mit der Integration des jungen bayerischen Königsreichs, mit der frühen Nationalbewegung in Deutschland und mit den autokratischen Literaturvorstellungen Ludwigs I.

Die Idee eines Pantheons für die großen Männer des Vaterlands hatte ihre Ursprünge in antiken Vorbildern, in den Denkmalserien der Londoner Westminster Abtei und in den Gartentempeln des 18. Jahrhunderts. Der unmittelbare Anstoß aber ging wie bei der Entwicklung des deutschen Nationalbewußtseins vom revolutionären Frankreich aus. Dort war 1791 die Kirche Saint Geneviève in Paris von der Nationalversammlung in ein *Pantheon* zur Ehre großer Franzosen umgewandelt worden. Die angebrachte Inschrift *Aux Grands Hommes. La Patrie reconnaissante* signalisierte eine nationale Huldigung, die gegen das bisherige kirchliche Monopol der Totenehrung gerichtet war. In Deutschland fand diese Pantheon-Idee ihren Niederschlag in dem Projekt eines mehrbändigen literarischen Denkmals *Pantheon der Deutschen,* das das römische Pantheon im Bild zitierte und den großen Deutschen im Wort huldigte[55]. Als große Männer des Vaterlands wurden Martin Luther, Friedrich der Große, Rudolf von Habsburg, Leibniz, Lessing, Arminius, Ulrich von Hutten, Kopernikus und Moritz von Sachsen gewürdigt. Die Reihe bestätigte also nur die längst bekannte Kanonbildung der Denkmalswürdigkeit. Zudem war Ludwig 1806 noch als Kronprinz in Paris gewesen und hatte aus der Begegnung mit Napoleon den Eindruck wahrer Größe, freilich einer zu bekämpfenden, gewonnen. Man kann daher mit einigem Recht den Ursprung der Walhalla-Idee als sowohl persönlichen wie politischen Widerstand des Kronprinzen gegen die überwältigende Anziehung und Abstoßung durch Napoleon ansehen, zumal Bayern, seit 1806 Königreich von Napoleons Gunsten, engster politischer Verbündeter war. Diese unscharf konturierte nationalkulturelle Opposition des Thronfolgers bei gleichzeitiger Bündnistreue des Staates bestimmte den Anfang der Planungsgeschichte der Walhalla; bis zur Eröffnung 1842 lassen sich vier Phasen unterscheiden, die durch unterschiedliche Vorstellungen geprägt sind und in Walhalla jeweils deutliche Spuren hinterlassen haben.

Die erste Phase war ganz beherrscht von germanischen Volksvorstellungen, die sich gegen die französische Vorherrschaft und die Dominanz von Frankreichs Nationalbewußtsein richteten. Schon der Name Walhall sollte nach germanischer Mythologie einen Todestempel bezeichnen, also nordische Jenseitsvorstellungen hervorrufen und damit die antik-französische Pantheon-Idee ins Germanische überhöhen. Unter dem Einfluß seines Beraters, des Schweizer Historikers Johannes von Müller, war Ludwig nicht nur der Name Walhallas aufgegangen. Müller, der nach seinem frühen Tod 1809 selbst in Walhalla Aufnahme fand, fungierte auch als Berater bei der Auswahl der

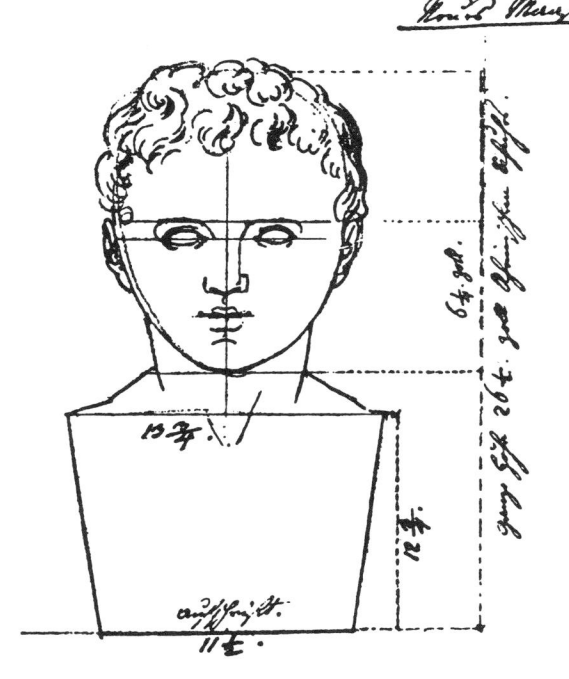

Musterzeichnung für die Büsten der Walhalla und der Ruhmeshalle, von Georg von Dillis

zu Ehrenden. Schon in dieser ersten Phase, noch bevor überhaupt an Konzepte für einen Bau gedacht war, lag das Grundmodell der Walhalla-Büste nach Abmessung und Anzahl fest. Ludwig hatte, weil er als Kronprinz mit dem Bau nicht beginnen konnte, 97 Büsten bei den damals bekanntesten Bildhauern wie Schadow, Friedrich Tieck, Rauch, Dannecker, Thorvaldsen und Zauner in Auftrag gegeben; bei seinem Regierungsantritt 1825 waren bereits 60 Büsten fertiggestellt. Den Bildhauern wurden nicht nur präzise Abmessungen und das Material vorgegeben; mit der Hermenform nach antikem Muster lag auch die Grundstruktur aller Büsten fest, so daß den Künstlern wenig Spielraum zur Gestaltung blieb. Die Gleichheit aller in Walhalla, die Ludwig postulierte, sollte auch in der Gestaltung der Büsten zum Ausdruck kommen.

Die Bauentwürfe dieser ersten Phase, die seit 1809 nachzuweisen sind, gingen von der unbezweifelten Voraussetzung aus, daß die Ehrung von Größe auch in monumentaler Form zu geschehen habe, wie Ludwig 1808 an Müller schrieb:

groß muß es werden, nicht bloß kolossal im Raum. Größe muß in der Bauart sein, hohe Einfachheit, verbunden mit Pracht, spreche sein Ganzes aus, würdig werdend dem Zwecke[56].

Es kann hier nicht angehen, die Entwurfsgeschichte der Walhalla aufzurollen; sie ist dokumentiert[57]. Alle Entwürfe dieser ersten Phase, ob von Haller von Hallerstein, Karl von Fischer, Daniel Ohlmüller oder anderen folgten zwar diesem Verlangen nach geschlossener Monumentalität, konnten jedoch durch ihre Beliebigkeit bei der Wahl des Stils nicht darüber hinwegtäuschen, daß man über die Art, wie die von Ludwig gemeinte Kulturnation darzustellen war, höchst diffuse Vorstellungen hatte. Auf ihre Weise spiegeln die Entwürfe also die realen politischen Verhältnisse Deutschlands zu Beginn des 19. Jahrhunderts wider.

Daß sich schließlich nicht der als spezifisch deutsch geltende gotische Stil, sondern ein griechischer Klassizismus durchsetzte, zeigte den Beginn der zweiten Phase der Entstehungsgeschichte an. Auch hier kam den politischen Zeitereignissen besondere Bedeutung zu. Unmittelbar nach dem Sieg über Napoleon und dem Abschluß des Pariser Friedens erließ Ludwig 1814 ein offizielles Preisausschreiben, in dem für die Walhalla ein Bauwerk »in reinstem antiken Geschmacke«[58] verlangt war. Die geforderte Identität zwischen Erhabenheit und Antike schied Entwürfe wie denjenigen Ohlmüllers von vornherein aus und ließ im Grunde nichts anderes zu als einen griechischen Tempel, in dem der Monumentalgedanke den nationalen zu dominieren schien. Leo von Klenze, der den Bau schließlich ausführen sollte, hatte sich ursprünglich gegen einen dorischen Tempel ausgesprochen und noch 1819 einen Entwurf für einen Rundbau vorgelegt, der sehr direkt an die Pantheonbauten in Rom und Paris anschloß und die Idee seines Luther-Denkmals von 1805 aufgriff[59].

Die Verpflichtung auf griechische Bauformen durch Ludwig stieß, als die Pläne bekannt wurden, auf den heftigen Widerspruch der Kritiker, die für ein deutsches Pantheon einen eigenständigen deutschen Stil forderten. Der Maler Peter Cornelius, ein Künstler aus dem Geist des bayerischen Königs, kritisierte 1820:

Wenn uns bei dem Gedanken, daß nun endlich der deutschen Größe ein großes, würdiges Denkmal soll errichtet werden, hoch das Herz schlägt, und dabei vor allen Dingen an unsere deutsche Nationalität erinnert und davon erfüllt wird, so fällt uns bei dem Entwurf gleich die Frage ein, warum soll das größte deutsche und nur deutsche Ehrenmal so absolut griechisch sein? Geben wir uns nicht eine Dementi indem wir unsere Nationalität durch ein großes Bau-

*Entwurf zur Walhalla
von Daniel J. Ohlmüller, 1814*

*Leo von Klenze
Salvatorkirche und Walhalla, 1839*

werk verherrlichen wollen, und zugleich den großen herrlich echt original deutschen Baustil ignorieren?[60]

Kritiker wie Ernst von Bandel, der seit 1822 bis zur Vollendung 1875 an seinem Hermannsdenkmal arbeitete, monierten 1842 nach der Einweihung die stilistische Vergewaltigung der deutschen Walhalla durch fremde Stilformen:

Auf griechischen Konsolen stehen die Büsten großer deutscher Männer in einem Griechentempel, der den ehrwürdigen deutschen Namen Walhalla trägt, zwischen griechischen, aber in der Tat eleganten französichen Victorien; hoch über einer unserer schönsten Städte ragt stolz die fremde Siegerin. [...] Sollte unser deutsche Volk wirklich so wenig künstlerischen Sinn haben, daß es keinen eigenen Baustil mehr gebären kann?[61]

Dabei hätten Ludwig wie Klenze darauf verweisen können, daß die Darstellung nationaler Werte durch altgriechische Bauformen gar nicht ihre Erfindung war. Viele der Entwürfe für den seit 1791 laufenden Wettbewerb zu einem Denkmal für Friedrich den Großen in Berlin hatten fast ohne Ausnahme das Herrscherdenkmal als Nationaldenkmal aufgefaßt[62]. Der bekannte Entwurf Friedrich Gillys von 1797 griff sogar auf ägyptische Obelisken, minoische Bögen und andere archaische Bauformen zurück. Überragt wurde diese Konstruktion indes von einem strengen dorischen Tempel, in dem das Denkmal Friedrichs zu stehen kommen sollte. Auch Klenze hatte seit Jahren in seinen Entwürfen den dorischen Tempel als Denkmalform für allerhöchste Werte durchgespielt, so 1810 in einem Denkmal der Republik oder in einem europäischen Friedensdenkmal 1814, die beide die Symbolstruktur der Walhalla vorwegnahmen. Die mit Klenzes Entwurf durchgesetzte Absolutheit der Antike für die Darstellung von Größe erhielt eine zusätzliche Sinnaufladung durch Ludwigs Philhellenismus, in dem sich sein ästhetischer Klassizismus mit der griechischen Freiheitsbegeisterung der 20er Jahre und ein bayrischer missionarischer Katholizismus vermengten[63]. 1821 erhielt Klenze den endgültigen Auftrag zum Bau der Walhalla.

In seinen Entwürfen konzipierte Klenze einen Gruftunterbau als »Halle der Erwartung«, der 1835 wieder verworfen wurde und heute nur mehr als Reduktionsform sichtbar ist. Diese Halle war für die Büsten von Lebenden gedacht, die dort in Erwartung ihres Todes und ihrer Aufnahme in Walhalla aufgestellt werden sollten. Als Schlüssel zum richtigen Verständnis dieses Todesmotivs aus der ägyptischen Pyramidenarchitektur muß auf Klenzes Geschichtstheorie zurückgegangen werden, wie er sie in seinem Walhalla-Gemälde von 1839 dargestellt hat[64]. Danach wurde Walhalla zwar als dorischer Tempel, jedoch aus christlichem Geist errichtet. Walhalla, die doch eigentlich im Mittelpunkt des Gemäldes stehen sollte, ist durch Perspektive und Beleuchtung zur Hintergrundstaffage geworden. Wenn man weiß, daß erst Klenze die im Vordergrund stehende Salvatorkirche aus ihrer barocken Überformung in den byzantinischen Stil restauriert und dadurch in ihr mittelalterliches Erscheinungsbild zurückgeholt hat[65], wird die Einbindung der heidnischen Walhalla in einen christlich-mittelalterlichen

50 »in reinstem antiken Geschmacke«

Verstehensrahmen offenkundig. Das für die Donaulandschaft deplaziert wirkende alpenländische Bauernhaus in der Bildmitte verweist auf Klenzes »Kaukasustheorie«, d.h. auf seine Vorstellung einer gemeinsamen indogermanischen, »pelasgischen« Herkunft der Griechen, Etrusker, Germanen und Baiern[66]. Das Dreieck von christlicher Kirche, antikem Tempel und pelasgischem Bauernhaus bildet demnach einen universellen Kulturanspruch ab, der Zeitgeschichte und Vorgeschichte nahtlos auseinander hervorgehen läßt.

Mit der Grundsteinlegung am 18. Oktober 1830 begann die dritte Phase der Entstehungsgeschichte der Walhalla. Schon das Datum, die Erinnerung an die Völkerschlacht bei Leipzig – an der Bayern übrigens nicht teilgenommen hat! – signalisierte die stärkste tagespolitische Ausrichtung von Ludwigs Baukonzeption. 1830 hatte die Metternichsche Restauration ihren Höhepunkt erreicht, zugleich entwickelte sich ein vom liberalen Geist durchdrungenes Klima in der Folge der französischen Julirevolution, die Ludwig übrigens als »Anarchie« ansah[67]. Die endgültige Festlegung des Standorts, der griechischen Stilform und des Bildprogramms zielten daher auch auf die ästhetische Legitimation restaurativer Herrschaftsprinzipien und richteten sich gegen den liberalen Patriotismus des Vormärz. Wie die testamentarische Übergabe der Walhalla an den Deutschen Bund in Frankfurt zeigte, verband sich für Ludwig der reduzierte Nationalbegriff der Restauration mit der Vision einer kulturellen Führungsrolle einer bayerischen Nation[68].

Wie sehr die Wahl des Standorts Bedeutung getragen hatte, zeigt die Planungsgeschichte. 1810 wollte Ludwig seine Walhalla im Englischen Garten in München oder auf dem rechten Isarhochufer errichten. Doch die Gartenkulisse im englischen Stil erwies sich für eine Monumentalarchitektur als unpassend. 1825 fand man mit dem Bräuberg bei Donaustauf einen Standort, der an mediterrane Landschaften erinnern konnte und sich für eine Gestaltung nach dem Muster der heroischen Landschaftsmalerei eignete[69]. Ein Eichenhain, durch den der Weg wie bei einer Prozession in die Höhe zu führen hätte, zitierte den antiken Weihebezirk. Andere, gewichtigere geographische Sinnfälligkeiten luden den Standort mit verweisenden Bedeutungen auf. Der bayerische Innenminister und lyrische Redaktor Ludwigs, Eduard von Schenk, malte in seiner Rede bei der Grundsteinlegung ein Bild, das Landschaftspanorama und Geschichtspanorama zugleich war[70]:

christliche Restauration, klassisches Ideal   51

Die Stätte, auf der wir stehen, ist ein Berg, umkränzt von Eichen, dem Sinnbild deutschen Sinnes; zu unseren Füßen rauscht der mächtige Donaustrom und bringt uns die Grüße eines verbrüderten Nachbarlandes, in dem er entsprungen; nordwärts wölben sich beschattete Hügel, die bis an den gewaltigen Böhmerwald reichen; südwärts glaubt unser Blick, über die mit Getraide gesegnete Ebene Bayerns weggleitend, die schneeigten Gipfel seines fernen Hochgebirges zu entdecken; neben uns ragen die Trümmer der Veste Stauf, wo ehedem ein starkes Rittergeschlecht gehaust und aus dem nahen Regensburg, dem ersten Sitze der Bayernfürsten, wo Otto von Wittelsbach belehnt wurde, erhebt sich wie ein Fels der herrliche Dom. So umgeben uns rings Bilder deutschen Fürstenthums, deutscher Kraft, Gottesfurcht und Kunst.[71]

Da war zum einen die Anhöhe fernab vom Getriebe der Stadt Regensburg, zugleich aber nahe genug am alten bayerischen Herzogsitz und eines Doms, der von Ludwig seit 1834 programmatisch restauriert wurde[72]. Die Lage über der Donau verwies nach Böhmen, dem angeblichen Herkunftsland der Baiern, und auf einen alten Völkerwanderungsweg, der die pelasgische Theorie Klenzes stützte. Ferner erinnerte man sich des Nibelungenlieds, dessen Dichter in Walhalla als erster deutscher Dichter geehrt wurde, und überhaupt an den »Nibelungenstrom«, der Bayern mit dem Verbündeten Österreich vereinigte. Die in der Nähe gelegene Schloßruine Donaustauf wurde zum Sinnbild alten Rittertums erklärt und als poetische Erinnerung an mittelalterliche Herrschafts- und Lebensverhältnisse einbezogen. Zeitgenössische liberale Kritiker folgten dieser symbolischen Ausdeutung in ganz anderer Weise. Für sie verwies der Standort der Walhalla neben der Burgruine und dem Schloß des Reichspostmeisters Thurn und Taxis und in der Nähe des Immerwährenden Reichstags auf die Restauration des Feudalismus und die fremdbeherrschten Beschlüsse des Regensburger Reichsdeputationshauptschlusses von 1803.

Der Bau selbst und sein Bildprogramm wollten solche Sinnigkeiten vertiefen. Mochte sich Ludwig I. auch als zweiter Perikles fühlen, in dessen Parthenontempel als dem Symbol attischer Größe und der Siege über die Perser er sich wiederzufinden glaubte. Das übermächtige Vorbild stand in Widerspruch zur Funktion eines Pantheons, das offensichtlich einen Rundbau erfordert hätte. Zur griechischen Formensprache des Baukörpers und der christlichen Interpretation der Restaurationszeit kamen als drittes die germanisierenden Grundideen der ersten Planungsphase zum Tragen. Die beiden Giebelfelder-Reliefs von Ludwig Schwanthaler, die Schlacht im Teutoburger Wald und die Wiederherstellung des Deutschen Bundes, umspannten den Anfang und die Gegenwart deutscher Geschichte; im Innenraum dominierte die germanische Götterwelt und eine mythologisch verbrämte Nationalgenealogie. In 64 Inschriftentafeln rollte vor den Augen des Betrachters eine Bilderfolge ab, die von der germanischen Urzeit und der Christianisierung über den Kampf gegen die Römer bis auf Maria Theresia führte. So hatte bei der Grundsteinfeier das Altdeutsche die griechischen Reminiszenzen längst ausgelöscht:

Über dem bereits eingemauerten Grundstein von Untersberger Marmor erhob sich eine Säulenrotunde mit Eichenguirlanden umwunden, und aus der Mitte des Tempels schwebte, sinnig ausgedacht, ein Kranz teutschen Eichen, geflochten über dem Grundstein dieses echt teutschen Gebäudes. Auf der Kuppel dieses Tempels war von dem Bildhauer Bandtel von München aus Gips gefertigt die kolossale Statue Germanias, die Mauerkrone auf dem Haupte und mit der Rechten das Unternehmen segnend[73]

Bei der Einweihung am 18. Oktober 1842, mit der die vierte Phase, nämlich die Wirkungsgeschichte der Walhalla beginnt, war das Monument schon anachronistisch geworden. Noch einmal gemahnte das Datum an die Völkerschlacht und die patriotische Begeisterung der Befreiungskriege. Doch das Bauwerk und sein Schöpfer waren im Geiste von Ludwigs konservativ-ultramontaner Politik kein Bezugspunkt mehr für ein nationales und liberales Bürgertum. Das sechs Wochen vorher begangene Grundsteinlegungsfest des Kölner Doms offenbarte neue Formen nationaler Identitätssuche, an denen Ludwig nur mehr durch die Stiftung von Glasfenstern beteiligt war. Schon die Zeitgenossen konnten sich bei ihren ersten Besuchen des Eindrucks eines musealen Umgangs mit Kultur nicht erwehren. Am treffendsten hat Heinrich Heine in seinem boshaften *Lobgesang auf König Ludwig* die eigentümliche Funktionslosigkeit des Bauwerks, die

*Luther-Büste, Walhalla, von Ernst Rietschel
Die schon 1831 fertiggestellte Büste
konnte erst nach Ludwigs Abdankung
aufgestellt werden*

merkwürdigen Auswahlkriterien für die zu Ehrenden und die autoritäre Kulturherrschaft Ludwigs charakterisiert:

> Bei Regensburg läßt er erbaun
> Eine marmorne Schädelstätte,
> Und er hat höchstselbst für jeden Kopf
> Verfertigt die Etikette.
>
> »Walhallagenossen«, ein Meisterwerk,
> Worin er jedweden Mannes
> Verdienste, Charakter und Taten gerühmt,
> Von Teut bis Schinderhannes.
>
> Nur Luther, der Dickkopf, fehlt in Walhall,
> Und es feiert ihn nicht der Walhall-Wisch;
> In Naturaliensammlungen fehlt
> Oft unter den Fischen der Walfisch.[74]

Tatsächlich war das Fehlen der Büste Luthers, die erst nach Ludwigs Abdankung aufgestellt wurde, ein beliebter Angriffspunkt gegen die katholische Auswahlperspektive des Königs; Norddeutsche und Protestanten, aber vor allem kritische und liberale Geister sahen in Luther ihre Galionsfigur gegen Ultramontanismus, Jesuitentum und Klerikalismus. Daß durch solche Auswahlkriterien nicht Luther, sondern die Walhalla diskreditiert sei, war der einhellige Tenor der empörten Liberalen und Patrioten. Der Dichter des *Deutschlandlieds,* Hoffmann von Fallersleben, reimte 1843:

> »Verdienstvolle Deutsche, das klinget gar fein,
> Darf drunter ein Ketzer und Jud' auch wol sein?«

Weiter heißt es:

> »Was Luther, was Luther, der braucht nicht hinein!
> Der lebt in den Herzen, wozu noch in Stein?«
>
> »Wenn keine Walhalla auf Erden wird sein,
> O Luther, so denket die Welt doch noch dein.«[75]

Aber nicht nur die eigenwillige Auswahl Ludwigs für die in Walhalla Aufzunehmenden rief Widerspruch hervor. In seiner Weiheschrift von 1842 mit dem Titel *Walhalla's Genossen,* die selbst wiederum als ein literarisches Denkmal gemeint war, lieferte der König mit seinen bekannten Stileigentümlichkeiten die von ihm gewünschte Interpretation seiner Walhalla gleich mit. Heinrich Heine, der diese Schrift in seinem bissigen Gedicht als »Walhall-Wisch« tituliert hatte, ließ in seinem Versepos *Atta Troll* die Titelfigur des dichtenden Tanzbären nach dessen Tod in Walhalla einziehen:

> Der [Bavarenkönig] setzt ihm
> In Walhalla einst ein Denkmal,
> Und darauf, im [Wittelsbacher]
> Lapidarstil, auch die Inschrift
>
> »Atta Troll, Tendenzbär; sittlich
> Religiös; als Gatte brünstig;
> Durch Verführtsein von dem Zeitgeist,
> Waldursprünglich Sansküllotte;
>
> Sehr schlecht tanzend, doch Gesinnung
> Tragend in der zottgen Hochbrust;
> Manchmal auch gestunken habend;
> Kein Talent, doch ein Charakter!«[76]

Heine hätte mit seiner Parodie den hohen Anspruch des Buches auf ein durch königliche Autorität verbindlich gemachtes Werturteil über die Kulturgeschichte nicht härter treffen können. Hinter dem Schein solcher sich als zeitlos gültig ausgebenden historischen Bewertungen konstruierte Ludwig Geschichtslegenden, bei denen Unschönes – hier Bayerns Beteiligung an der französischen Politik – einfach ausgeklammert wird:

Es waren die Tage von Teutschlands tiefster Schmach, (schon hatten jene von Ulm und Jena stattgefunden, die Rheinische Conförderation war geschlossen, Teutschland zerfleischte sich selbst) da entstand im Beginne des

> # Walhalla's Genossen,
>
> geschildert durch
>
> # König Ludwig den Ersten
>
> ## von Bayern,
>
> den Gründer Walhalla's.
>
> ———
>
> München.
> Literarisch-artistische Anstalt.
> 1842.

> # Friedr. Gottlob Klopstok,
> ## der heilige Sänger.
>
> Geboren in Quedlinburg 1724.
> Gestorben in Hamburg 1803.
>
> **Klopstok**, eines Pächters Sohn, empfieng für Geist und Körper günstige Erziehung. In der hochverdienten Schulpforte, der griechischen und lateinischen Sprache sich vorzüglich befleißend, sprühte sein Geist die ersten dichterischen Funken, entwarf er die Messiade, welches Epos schon allein seinen Namen erhebt über viele unsterbliche. Mehr als Worte hatte Teutschland dem nicht gegeben, auf welchen es stolz, als Dänemark in sorgenfreye Lage ihn setzte. Dem Erhabenen nur, dem Edlen tönte **Klopstok's** Leyer. Einzig, nicht vergleichbar, steht er unter den Teutschen; dem Schwunge seiner Messiade, seiner Oden naht keiner, und die wenigsten sogar kennen ihre Sprache hinlänglich, sie ganz zu verstehen. „Nie endlich, seit die Herrlichkeit Roms und seine tönende Sprache unterging, war der stolze hexametrische Rhythmus in einer neuen versucht worden und erklungen, wie in der teutschen." **Klopstok** war Christ und Teutscher, (dieß drückt seiner Gedichte hohe Begeisterung aus) tugendhaft, heiter, schwelgte im Anblicke der Natur, von froher Jugend gerne umringt; die sich selbst die gute nennende Gesellschaft

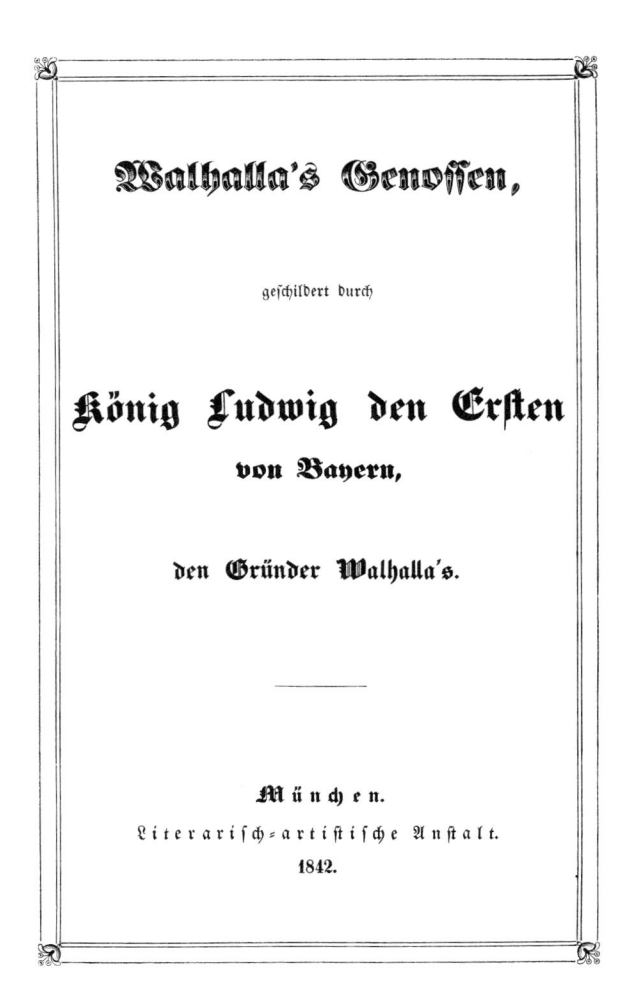

1807ten Jahres in dem Kronprinzen Ludwig von Bayern der Gedanke, *der fünfzig rühmlichst ausgezeichneten Teutschen* Bildnisse in Marmor verfertigen zu lassen, und er hieß gleich Hand an die Ausführung legen.[77]

Ludwig machte die Zugehörigkeit zur deutschen Kulturnation zum Kriterium für die Aufnahme in die Walhalla: »Teutscher Zunge zu seyn, wird erfordert, um Walhalla's Genosse werden zu können«. Was hier nach nationalsprachlicher Zusammengehörigkeit klingt, meint indes das Konstrukt eines gesamteuropäischen Teutschtums, bei dem indogermanische Sprachverwandtschaften zu »Mundarten« des Deutschen umgedeutet werden:

Auf die Wohnsitze kommt es nicht an, ob es seine Sprache behalten, *Das* bestimmt den Fortbestand eines Volkes; so blieben die Ostgothen bis zu ihres Staates Untergang, die Longobarden Jahrhunderte nach des ihrigen noch Teutsche, die Franken in Gallien lange noch nach dessen Eroberung, die Westgothen in Spanien aber, und in Brittanien die Angeln und Sachsen verschmolzen sich bald nach ihren Niederlagen bei Xerez della Frontera und Hastings, mit andern Völkern, woraus neue entstanden.[78]

Das Bewußtsein, »auf daß teutscher der Teutsche aus ihr trete, besser, als er gekommen«, fußt auf einem Deutschheitsbegriff der Walhalla, der moralische Erhebung mit bedingungsloser Unterordnung unter pädagogische Zielsetzungen verbindet – der Ehrentempel als pädagogische Anstalt der Kulturnation[79]. In diesem Rahmen interpretieren sich die aufgestellten Büsten und die schulmeisterlichen Beurteilungen der Geehrten von Ludwigs eigener Hand gegenseitig. Geplant waren ursprünglich 50, dann 100 Büsten, von denen Ludwig in der ersten Planungsphase 97 in Auftrag gegeben hatte; bei der Eröffnung 1842 waren es 162 Gefeierte, wobei 30–40 Inschriftentafeln für diejenigen gedacht waren, von denen kein authentisches Bild überliefert war[80]. Die von Johannes von Müller inspirierte, von Ludwig aber selbst getroffene Auswahl der Denkmalswürdigen fußte sowohl für die Aufstellung als auch in der Weiheschrift auf demselben

*Titelblatt zu: Walhalla's Genossen, München 1842
und die »Charakterisierung« Klopstocks
als »heiliger Sänger«*

Prinzip der Chronologie, die durch das Todesjahr bestimmt ist. Ludwig unterwarf seine Reihenfolge damit den Zufälligkeiten, die das Sterbedatum bescherte, weil er die Gleichheit der »Genossen« in der Präsentation anstrebte: »Gleichheit besteht in Walhalla; hebt doch der Tod jeden irdischen Unterschied auf!«[81]. Freilich konnte eine politische oder gar soziale Gleichheit nicht gemeint sein, die den absolutistischen Grundsätzen des Königs denkbar fremd war. Tatsächlich haben konfessionelle, ständische und geschmäcklerische Rücksichten bei der Auswahl der Büsten eine Rolle gespielt. Im Gegenteil waren Titel und Ehrungen der Ausgezeichneten akribisch vermerkt, so daß deren sozialer Rang zu Lebzeiten auch in Walhalla die gebührende Anerkennung fand.

Die Reihe der Geehrten beginnt mit »dem ersten bekannten großen Teutschen: Hermann dem Römerbesieger«[82], dessen eindringlich hervorgehobenes Ende Patriotismus beschwört und auf Ewigkeit abzielt: »Er fiel durch Teutsche. Sein Ruhm währt ewig.«[83] Als erste »Dichterin« taucht »als einzelner Stern« Roswitha von Gandersheim noch vor »Des Nibelungen Liedes Dichter« auf.[84] Ludwig feiert dessen Werk als »der Teutschen Ilias und Odyssee« und als »ächt teutsch«. Gemeint ist ein nazarenisch verbrämtes Mittelalterbild um Rittertum und Minnesang, dem auch der »Minnesänger« Walther von der Vogelweide eingereiht wird. An ihm lobt Ludwig die Kaisernähe seiner politischen Lyrik unter Ausklammerung von Walthers mehrfachem Frontwechsel: »nicht Minne, nur Vaterlands-Liebe beseelte meistens [!] seine Lieder; teutscher war kein Sänger«[86]. Kürzer wird Wolfram von Eschenbach abgehandelt, der nur als »Minnesänger«, nicht als Epiker gilt und dessen Verhältnis zur deutschen Sprache Ludwig nicht versteht, weil er Wolframs Erzählerrolle im *Parzival* (»ichne kann deheinen bouchstab«) wörtlich nimmt: »*Eschenbach* verteutschte manches französische und provencalische Lied, konnte aber sogar seine Muttersprache nicht schreiben«. Diese Linie einer zweifelhaften Zugehörigkeit zur deutschen Sprachgemeinschaft setzt Ulrich von Hutten fort, der als »Ritter, Dichter, Gelehrter« vorgestellt wird. Seine Biographie bleibt auf die Stationen der militärischen Laufbahn reduziert, da Hutten für Ludwig kaum als deutscher Schriftsteller gelten kann: »Lateinischer Sprache fast Alles, was er schrieb in gebundener und ungebundener Rede«[87]. Diese Zusammenschrumpfung der Literaturgeschichte auf Herrschaftsnähe setzt sich auch in der neueren Zeit fort. Zwischen dem Mittelalter und dem 18. Jahrhundert weiß Ludwig überhaupt keinen Schriftsteller zu verzeichnen, der sich der Aufnahme in die Walhalla würdig erwiesen hat. Hans Sachs etwa, der diese Lücke in der bayerischen Ruhmeshalle ausfüllen konnte, kommt in Walhalla nicht vor. Gottfried Wilhelm Leibniz wird als »Weiser, Gelehrter und Staatsmann« erwähnt, auch Albrecht von Haller bleibt als »Arzt, Dichter, Gelehrter« eine gleichgültige Figur: »schrieb *Haller* und das gut«[88]. Lessing hingegen, als »Gelehrter und Dichter« vorgestellt, wird mit offener Kritik und einer sehr eigenwilligen Bewertung durch den König bedacht. Denn die Schauspiele des Dramatikers lehnt Ludwig mit einer Ausnahme ab: »Vergessen sind fast alle, aber des Trauerspieles Emilia Galotti Ruhm währt fort«. Den kritischen Geist Lessing betrachtet Ludwig mit besonderer Zurückhaltung: »Scharfsinniger Sonderer war *Lessing*, der teutschen Kritik Vater, räumte viel auf, ging aber, (wie solches gewöhnlich) zu weit«[89]. Die 1813 fertiggestellte Büste von Friedrich Tieck wird dieser unentschiedenen Einordnung gerecht. Lessing ist in mittlerem Alter dargestellt; charakterisierende Züge fehlen, so daß er zu einer beliebigen Figur wird und zwischen Rudolf von Habsburg und Friedrich dem Großen nicht weiter auffällt.

Der erste, der nur mit dem Attribut »Dichter« erscheint, ist Gottfried August Bürger; Ludwig feiert ihn sogar als »Urdichter(original)«. Tiecks Büste versucht wenigstens in der Haartracht, dem Dichter Züge des genialisch Poetischen zu verleihen. Indes wagt Ludwig mit Bürger erstmals einen Vergleich zu einem anderen Dichter. Den Gegensatz bildet Schiller, den Ludwig vor allem als Lyriker bewundert und dem er mit eigenen Dichtungen nacheifert. Bürger kommt dabei schlecht weg: »Ideal blieb ihm fremd, dem Sinnlichen fröhnten seine Gedichte; von Schiller durchaus verschiedener Richtung«[90]. Das »Ideal« als das Hauptmerkmal der höchsten Poesie findet Ludwig in reinster Verkörperung bei Klopstock, »der heilige Sänger«, der den Höhepunkt und Abschluß der nicht

»Gleichheit besteht in Walhalla«   55

*Wallhalla-Büsten für Klopstock (von Schadow, 1808)
und Herder (von Tieck, 1814)*

mehr ganz als Zeitgenossen gerechneten Dichter bildet. Gerade die extreme Distanz zur Alltagssprache macht für Ludwig das wahre Wesen der Poesie aus:

Dem Erhabenen nur, dem Edlen tönte *Klopstok's* Leyer. Einzig, nicht vergleichbar, steht er unter den Teutschen; dem Schwunge seiner Messiade, seiner Oden naht keiner, und die wenigsten sogar kennen ihre Sprache hinlänglich, sie ganz zu verstehen.[91]

Schadows Büste von 1808 zeigt Klopstock gar nicht schwungvoll, sondern als greisen Sänger, der dem Alltagsleben entrückt ist. Eine solchermaßen eingeschränkte Wirkung von Poesie ist für Ludwig das Zeichen literarischer Einzigartigkeit, in der – wie in Klopstocks Sprachgebaren – sich sogar ein König spiegeln kann. Diese Vorstellungen von poetischer Originalität und lyrischer Exklusivität brechen sich an der Beurteilung von Wilhelm Heinse, der Klopstock unmittelbar folgt. Schon die Büste von 1827 deutet den Gegensatz an. Heinse ist dort zwar als »Dichter und Gelehrter« bezeichnet, Ludwig erkennt ihn jedoch nur als »Schriftsteller« mit einer Spur »Genialischen Geistes« und mit einem zu kritisierenden Hang zum »Irdischen« an, so daß »das Himmlische ihm verschlossen blieb«. Literatur, die nicht nach dem Idealen strebt, sondern sich mit der Wirklichkeit einläßt, lehnt Ludwig ab:

Leider, daß ein unreiner Geist in jedem seiner Werke herrscht. Mißvergnügen empfindet die nach dem Hehren verlangende Seele ob solch' herrlichen Gaben Anwendung.[92]

Herder, Schiller, Wieland und Goethe ragen aus dem poetischen Pantheon insofern hervor, als Ludwig in ihnen den Gipfelpunkt der Weimarer Klassik verkörpert sieht. Herder, von Tieck 1814 modelliert, erfährt dabei die geringste Wertschätzung. Er gilt nur als »Gelehrter«, freilich mit einer wichtigen Fußnote, die den bayerischen Beitrag zur deutschen Klassik sicherstellt: »Der Churfürst von Pfalz-Bayern, Maximilian Joseph, (Bayerns nachmaliger König) ertheilte Herdern den Adel«. Seinen Rang erhält Herder eher durch die Weimarer Klassik als diese durch ihn: »Von Weimar's vier Sternen der erste, welcher erlosch«[93].

Nach Herder und Kant folgt schließlich Schiller, wie Bürger ein »Urdichter«, darüber hinaus aber nicht nur Ludwigs, sondern auch der »Teutschen Lieblingsdichter«. Die Büste, eine Replik von Danneckers Porträt, kommt der beschönigenden Heroisierung Ludwigs entgegen. Schillers Sturm-und-Drang-Zeit wird flugs staatstragend umgedichtet, als seien *Die Räuber* gar im Dienst für den Landesherrn entstanden:

In Ludwigsburg's trefflicher Karlsschule ging es plötzlich *Schiller'n* auf; er entwarf bereits Stellen der Räuber. In Diensten seines Landesherrn, des Herzogs von Würtemberg, wurde er Regimentsarzt, Wundarzt war sein Vater.[94]

An Schiller, den Ludwig für »größer als lyrischer Dichter, denn als dramatischer« hält, läßt sich das königliche Literaturverständnis am deutlichsten ablesen:

Der Teutschen Lieblingsdichter ist *Schiller*; denn er ist *teutsch*, selber sein Weltbürgertum. Indem er begeisternd zu des Himmels heiligen Räumen schwingt, schwebt er selbst ergriffen mit; weil er fühlt, was er sagt, fühlt der Hörer auch. Ein inneres Leben nur war in seiner Zeit das edler Teutschen; aus verflachter Gegenwart Sehnsucht nach einer längst dahin geschwundenen großen Vergangenheit; schön wurde geschrieben, dieß war alles. Rein, wie seine Muse, sein Leben, gut, liebevoll. Urdichter ist *Schiller* von Vielen nachgeahmt und schon deßwegen nicht erreicht.[95]

Joseph Karl Stieler,
Bildnis Johann Wolfgang von Goethe, 1828

Innerlichkeit und heroischer Patriotismus, wirklichkeitsferne Schöngeistelei und Vergangenheitssehnsucht sind die Fixpunkte, die wenig über Schiller, jedoch viel über den Poesiebegriff Ludwigs aussagen. Zwischen Johannes von Müller und dem preußischen Feldmarschall Scharnhorst kommt Christoph Martin Wieland zu stehen, über den der König die schärfste Kritik ausgießt:

Nicht der seiner Werke bestimmt des Schriftstellers Werth, sondern ihrer Entstehung Zeit und dessen Lage, darum währt *Wieland's* Ruhm, obgleich vorüber jener seiner Gedichte. Des heidnischen Alterthums Gediegenheit, des christlichen selige Erhebung nicht im Zeitalter des *Wieland'schen* Glanzes. Immer sittlichen Lebenswandels, doch lüsterner Dichter war er, zart und leicht Prosa und Verse, aber zu gedehnt, da er Geist sehr mit Wasser verdünnt; französirt seine Grazie; Dichten ihm vergnügliche Unterhaltung.

Spielerische Erotik und französische Stileleganz sind die heftigsten Vorwürfe aus einem Lager, das selbst nazarenische Schwülstigkeit liebt und eine sich antikisierend gebärdende Sprachvergewaltigung betreibt. Noch aus der Länge seines Lebens wird Wieland ein insgeheimer Vorwurf gemacht, der letztlich auf Wielands Ironie zielt:

Weil er genügsam, einfach in Allem, weder Ehrgeiz noch Habsucht kannte, und nicht des Forschens unlöschbaren Durst hatte, aber heiteren Sinn, lebte *Wieland* so lange und vergnügt.[96]

Die Wielandbüste, die Schadow schon 1807 angefertigt hat, bekräftigt Ludwigs Wielandbild. Der Bildhauer hat sich mit der starken Porträtähnlichkeit des alten Wieland auf eine eindeutige Aussage festgelegt, die den Dichter durch das Käpplein als biederen Hausvater beinahe karikiert. Das verschmitzte Lächeln des Gesichts, das unter allen Walhalla-Büsten hervorsticht und zur intendierten Weihestimmung nicht so recht passen will, verweist auf den Satiriker und eine nicht so ganz ernst zu nehmende poetische Klassizität.

Den Endpunkt in Ludwigs Beschreibung und in mehrfacher Hinsicht auch den geheimen Bezugspunkt des gesamten Büstenpantheons bildet Johann Wolfgang von Goethe als »Dichter und Weltweiser«. Zum einen verkörpert die schon historisch gewordene Persönlichkeit des Olympiers einen Gegenpol zu Ludwigs Kunstpolitik zwischen Weimar und Isarathen. Das berühmte Goethe-Porträt von Ludwigs Hofmaler Joseph Stieler aus dem Jahre 1828, mit dem der König Goethe wenigstens *in effigie* nach München holte, hatte den Dichter als altehrwürdigen Staatsmann dargestellt[97]. Nur der Brief Ludwigs in seiner Hand spielte, mehrfach bezüglich zwischen verehrtem Dichterfürst und verehrendem Fürsten als Dichter, auf Goethes literarischen Ruhm an. Demgegenüber stellt die Goethe-Büste in der Walhalla, von Tieck 1808 angefertigt, einen fleischigen, keinesfalls würdigen, sondern eher belanglosen Dutzendkopf jüngeren Alters dar, den niemand ohne Sockelinschrift als Dichter identifizieren würde. Der Vergleich mit dem heroischen Dichterschwung in Danneckers Schiller-Büste zeigt augenfällig, wie wenig Goethes äußere Erscheinung Ludwigs Vorstellungen vom Olympier entsprach.

Dabei sparte Ludwig bei Goethes Einordnung als Schlußstein der deutschen Literaturgeschichte nicht an deutlicher Kritik:

Nebst *Schiller* Teutschlands *größter* Dichter, das ist *Göthe*, und nicht zu verübeln dem Dichtkunstfreunde der Wunsch, daß er nur hätte weit mehr, als es geschehen, sich beschäf-

Ludwig I. und Goethe   57

Goethe-Büste, Walhalla, von Friedrich Tieck, 1808

tigen mit dem Dramatischen; aber wie manche große Männer liebevoll beflissener dessen sind, worin sie nicht ausgezeichnet, so er der Farbenlehre, über 40 Jahre lang.[98]

Man hat auf das widersprüchliche Goethebild Ludwigs hingewiesen, wie es sich an den Veränderungen und Streichungen in den verschiedenen Fassungen von *Walhalla's Genossen* nachweisen läßt[99]. Ludwigs Kritik richtete sich dabei vor allem auf Goethes angebliche Gefühllosigkeit und seine heidnische Sinnlichkeit.

Aus noch einem weiteren Grund bildet Goethe den End- und Gipfelpunkt der deutschen Literaturgeschichte, der mit der langen Entstehungsgeschichte der Walhalla zusammenhängt. Ludwigs Bestimmung, daß die Aufnahme in die Walhalla erst 10 Jahre nach dem Tod des zu Ehrenden erfolgen sollte, konnte sich in der ersten Planungsphase an der Verehrung Ludwigs für Schiller ausrichten. Durch seinen Tod 1832 geriet Goethe zur Eröffnung der Walhalla mehr als zufällig zum Endpunkt der Denkmalsreihe. Das Ende der Kunstperiode mit Goethes Tod anzusetzen, fand in Ludwigs Walhalla unverhoffte Bestätigung. 1842 allerdings spiegelte sich darin nur mehr das rückständige Literatur- und Größenkonzept der Walhalla, wenn Ludwig dem Ewigkeitswert Goethes vertraut:

und wurde gleich in der Zeit, in welcher jedes Hohe zu erniedrigen getrachtet worden, versucht ihn zu verkleinern, so wird dennoch sein Ruhm fortwährend über Alles glänzend ragen, wenn sie mit ihrem ganzen Treiben längst schon in Vergessenheit versunken seyn.[100]

Zwischen Hermann, »dem ersten bekannten großen Teutschen« und Goethe spannt die Walhalla noch im Vormärz einen Bogen kulturellen Einheitswillens, der Aufbruchhoffnung und politisches wie literaturgeschichtliches Endzeitbewußtsein zusammenfügen möchte: »Mit Göthe erlosch der vier Sterne, welche in Weimar geleuchtet, letzter«.

Geschichtsbewußtsein und überzeitlicher Anspruch der Poesie bilden auf diese Weise die beiden Brennpunkte der Walhalla-Idee Ludwigs. Nach seinem Tod 1868 fand der dichtende König zwar nicht als Büste Eingang in Walhalla, wie dies böse Zungen bereits in den 30er Jahren verbreitet hatten. Doch war Ludwig bei der Gundsteinlegung wenigstens besuchsweise ins poetische Pantheon aufgenommen worden, als man ihm eine Ehrenpforte errichtete, die ihm als »König der Musen« und als »Tassos deutscher Stammgenosse« gewidmet war[101]. In einem Sonett *An den Klassischen* hatte der Republikaner Gottfried Keller in den großen Chor der Bespöttler von Ludwigs Versen eingestimmt und dem dichtenden Monarchen geraten, die Hoffnung auf einen Platz in der Walhalla fahrenzulassen:

An den Klassischen

Du bist ein guter Stoff für die Poeten,
Bald ausgepeitscht und ausgebeutet ganz,
Und deines Lorbeers nimmergrüner Kranz
Ward arg zerzaust von unseren Propheten.

Doch *eines* deiner Werke zu vertreten,
Wag ich mit ihnen wohl noch einen Tanz
Und stoße für Walhallas hohen Glanz
Gar wacker mit in deine Blechtrompeten!

Doch rat ich nicht, nach deinen Erdentagen,
Als bleicher Marmor selbst dort einzuziehen,
Den Helden und dir selbst zum bittern Spotte.

Du wirst sie alle auseinanderjagen,
Sie werden schreiend aus dem Tempel fliehen,
Im Schutt dich lassend mit der Deinen Rotte![102]

Andererseits huldigte Keller dem Bauherrn der Walhalla als Künstler – das Dichterdenkmal konnte gleichrangig neben der Dichtung stehen. Mit der Aufstellung seiner marmornen Sitzfigur, 1887 von Ferdinand von Miller gefertigt und am Namenstag Ludwigs 1890 aufgestellt, zog der König, durch antike Gewandung und Lorbeerkranz als klassischer Dichter gekennzeichnet, doch noch in die Walhalla ein. Im Fluchtpunkt des Baus beherrschte er sein eigenes Kulturmuseum, das inzwischen »einsam« geworden war[103]. Die heutige Aufnahme von Büsten durch den bayerischen Ministerrat, die alle zwei Jahre erfolgen soll, kann nur die Lücken einer bayerischen Kulturgeschichte ausfüllen, die zwar höchst einseitig, aber eben monumental war.

Denkmal für König Ludwig I., Walhalla, von Ferdinand von Miller, 1887 gefertigt, 1890 enthüllt

Klassiker und liberale Nation
(1830–1848)

Furchtbarer noch, als die zermalmende,
ist die *versteinernde* Kraft der Zeit.
FRIEDRICH HEBBEL

Hat unsere Zeit kein anderes Dank- und Denkmal,
als das Abbild des Vergänglichsten an ihm?
ERNST FÖRSTER

Die Historisierung des Dichterdenkmals

In Deutschland empfand man die Zeit nach 1830 nicht nur wegen Goethes Tod als das Ende einer Epoche. Die französische Julirevolution von 1830 hinterließ kräftige politische Akzente in deutschen Vormärz. Die Aufbruchstimmung im besitzenden und gebildeten Bürgertum brachte nicht nur ein gesteigertes Selbstbewußtsein des Liberalismus und immer lauter werdende Forderungen des Patriotismus mit sich. Dem liberalen Bürgertum dienten die großen Männer von nationalem Verdienst zur historischen Legitimation ihrer eigenen Bestrebungen. Diese Konstruktion einer geistig-politischen Ahnenreihe möglichst weit in die Vergangenheit konterkarierte nicht nur den feudalen Abstammungsdünkel; sie wandte sich auch massiv gegen die üblichen Denkmalsetzungen für Fürsten oder militärische Leistungen. Gegen eine solche Selbstdarstellung mit antimonarchischer und -aristokratischer Spitze regte sich von Anfang an der fürstliche und staatliche Widerstand. So durfte 1829 die Statue des Waisenhausstifters und pietistischen Gesellschaftsreformers August Hermann Francke nicht wie geplant vor dem Waisenhaus in Halle aufgestellt werden, sondern wurde durch die ausdrückliche Weisung des Königs auf den Hof verbannt! Doch blieb dies der letzte gelungene Versuch der Herrschenden, Privatpersonen ein öffentliches Standbild zu verweigern. Mit der Durchsetzung des Anspruchs auf eine öffentliche Denkmalaufstellung auch durch das Bürgertum blieb den Fürsten nichts anderes übrig, als sich das Reiterdenkmal als Privileg zu reservieren. Nur so ist ein Denkmal wie das für Friedrich den Großen in Berlin zu erklären, das seit 1791 als Monument der deutschen Nation geplant war (vgl. S. 30) und das schließlich zum Reiterstandbild geriet, das den Alten Fritz nicht nur im Kostüm historisierte. Christian Daniel Rauch, der seit 1840 an dem Denkmal arbeitete, erhob den König auf einen gigantisch erhöhten Sockel, der nicht nur allegorische Herrschertugenden, sondern auch berühmte zivile und militärische Zeitgenossen abbildete. Kant kam z.B. unter den Schwanz des Pferdes zu stehen. Dieses Geschichtspanorama unter Pferdehufen unterwarf die Bannerträger des Bürgertums, erst recht durch die Enthüllung 1851, mit der die Reaktion nach der gescheiterten Revolution von 1848 triumphierte.

Die ersten öffentlichen Denkmäler, die nicht-adligen Zivilisten gewidmet waren, galten denn auch den Symbolfiguren des nationalen und liberalen Bürgertums. Beim Absuchen der Geschichte nach geeigneten Vorbildern und geistigen Vätern fanden diejenigen Galionsfiguren die meiste Aufmerksamkeit, die sich vor möglichst langer Zeit als Außenseiter oder als Widerständler gegen Herrschaft und Denkformen ausgewiesen hatten. Mit dem Denkmal für Martin Luther wurde 1821 nicht nur für einen Nicht-Fürsten das erste öffentliche ganzfigurige Standbild aufgestellt; das Aufstellungsdatum wenige Jahre nach dem 300. Jahrestag des Thesenanschlags und der historische Schauplatz dieser symbolhaften Handlung verwiesen auf zusätzliche Bedeutungen. Allerdings war das bronzene Luther-Standbild von Schadow unter einen eisernen gotischen Baldachin nach dem Entwurf Schinkels gestellt: der Reformator sollte aus räumlicher und historischer Distanz geschaut werden. Der Materialkontrast von Sockel, Baldachin und Statue sowie die Wirkung des gotischen Baldachin als Miniaturkathedrale präsentierten Luther als eine Gestalt des Mittelalters; mancher Zeitgenosse kritisierte denn auch dieses »Rückschreiten in die finsteren Jahrhunderte«[1]. Aber selbst nach dieser historisierenden Entschärfung einer möglichen politischen Aktualisierung der Reformation, man denke an das Wartburgfest 1817, hatten die denkmalsetzenden Bürger keineswegs freie Hand: der preußische König hatte in die Planung eingegriffen und Schadows Sockelreliefs zum Thesenanschlag von 1517 kurzerhand gegen Schrifttafeln austauschen lassen, die weniger reformatori-

Standbild des Reformators Martin Luther (1483–1546)
in Wittenberg, von Schadow, 1821
Der eiserne gotische Baldachin nach dem Entwurf
von Friedrich Schinkel
kaschiert die freie Aufstellung
eines nichtfürstlichen Denkmals in der Öffentlichkeit

Denkmal für den Erzähler und Lyriker
Johann Peter Hebel (1760–1826),
Karlsruhe, 1835

sche Gedanken als vielmehr Aufforderungen zum christlichen Dulden enthielten. Das 1826 in Nürnberg errichtete Standbild für Philipp Melanchthon galt, wie die lateinische Sockelinschrift auswies, nicht dem Reformator, sondern dem Humanisten und Gründer des Aegidiengymnasiums, vor dem es aufgestellt war und dessen 300. Jubiläum nachdrücklich herausgestrichen wird. Bertel Thorvaldsen löste sich für das 1837 in Mainz enthüllte Gutenberg-Denkmal völlig von den zur direkten politischen Aktualisierung einladenden Entwürfen der Vergangenheit (vgl. S. 41) und stellte einen alternden und grüblerischen Juden in langem Schleppmantel und betont historischem Kostüm auf den Sockel.

Das 1835 in Karlsruhe errichtete Denkmal für Johann Peter Hebel mit einer Büste von Bildhauer Fechtig und einem Denkmalbau von Architekt J. Berckmüller trieb solche Historisierungstendenzen noch weiter[2]. Die Aufstellung im Schloßgarten und die Büstenform scheinen noch ganz an die Gartendenkmäler des 18. Jahrhunderts zu erinnern. Doch die Wirkung der Dichterbüste geht in der architektonischen Umbauung fast unter. Ein Eisengußfuß mit Basreliefs und Inschriften an den Seiten ist auf einen weiteren steinernen Sockel gesetzt; darüber erhebt sich wie am Luther-Denkmal in Wittenberg ein Baldachin aus Gußeisen. Das umlaufende Eisengitter schließt das Bauwerk auch räumlich vom direkten Zugang ab, so daß die Dichterbüste in einer Art rudimentären Innenraum zu stehen kommt. Obwohl Hebel erst wenige Jahre vor der Aufstellung des Denkmals gestorben ist, vertraut das Denkmal der unmittelbaren Erinnerung

Baldachine: drinnen und doch draußen   61

Justus Möser (1720–1794), Frontispiz zum 26. Band der Allgemeinen deutschen Bibliothek (1775)

nicht mehr. Es entfernt vielmehr den Dichter durch Lorbeerkranz und gotisches Gehäuse aus der Zeitgenossenschaft und stilisiert ihn zum altdeutschen Klassiker. Inschriften und Reliefs müssen sogar noch zusätzliche Verständnishilfen liefern, steht doch das Hebel-Denkmal in einer Stadt, die aus dem Leben, nicht aus Geburt oder Tod ihren Anspruch auf den Dichter ableitet.

Noch ausdrücklicher als historisches Monument war das 1836 in Osnabrück aufgestellte erste ganzfigurige Denkmal für einen deutschen Schriftsteller gemeint. Es galt, ganz im Zeichen der vaterländischen Begeisterung des Vormärz, Justus Möser, dessen *Patriotische Phantasien*, gleichsam kulturpolitische Glossierungen, seit 1744 erschienen waren und in ganz Deutschland begeisterte Zustimmung gefunden hatten. Insofern war Möser in erster Linie als Patriot, erst in zweiter als Schriftsteller für denkmalwürdig erkannt. Im 73. Beitrag dieser seiner *Patriotischen Phantasien* hatte Möser übrigens 1778 für sich selbst ein Denkmal gefordert, auch wenn »die heutige Welt über dergleichen spottet«. Zwei Jahre vor seinem Tod überreichten ihm Freunde tatsächlich ein hölzernes Miniaturdenkmal, eine Säule mit Vase und einer allegorischen Frauengestalt, das noch ganz den Zimmerdenkmälern des 18. Jahrhunderts verpflichtet war. Die Entwicklungsgeschichte des Denkmals, die dokumentiert ist[3], konnte sich zudem auf eine längere Reihe von Möser-Bildnissen berufen. So zeigte das Frontispiz der *Allgemeinen deutschen Bibliothek* von 1775 den Schriftsteller in betont schlichtem Habitus des Privatmanns und in einem Ausschnitt, der den Kopf nicht sonderlich hervorhob. In der Walhalla war Möser in ganz anderer Form, nämlich als »advocatus patriae« eingezogen. Die Büste von Schmidt aus dem Jahre 1821 stilisierte Möser durch den nackten Hals und die markanten Gesichtszüge in die Pose eines antiken Staatsmanns, während Ludwigs Weiheschrift ihn vor allem als Geschichtsschreiber und Verwalter des Bistums Osnabrück pries.

In Osnabrück gründete sich 1832 ein Denkmalsverein von Stadthonoratioren, die sich zum Teil noch auf die persönliche Bekanntschaft mit Möser berufen konnten. Mit den bekanntesten Bildhauern der Zeit wie Rauch, Thorvaldsen oder Rietschel wurde Verbindung aufgenommen. Die patriotische Stimmung nach 1830 schien einem Denkmal für einen der publizistischen Vorkämpfer des Nationalstaats günstig. 1833 erhielt Rauchs Schüler Franz Drake den Auftrag für das Möser-Denkmal. Die Entscheidung, daß ein ganzfiguriges Standbild und keine Büste errichtet werden sollte, fällte Rauch selbst, der sich als Mentor seines Schülers in die Planung einschaltete. Aufhorchen läßt dabei die historische Begründung, die Rauch für seine Entscheidung gegen eine Büste gibt:

Da es aber darauf ankommt, einen sehr werten Mann, der Geschichte angehörig, der Welt, zunächst aber der näheren Umgebung, welcher er unmittelbar nützlich war, zu erhalten, so zielt der Bildner zunächst nur nach der versinnlichenden Darstellung des *ganzen* Bildes desselben, und wenn das nicht sein kann, ein Segment desselben, ein Abbild seiner Seele, den Kopf hinzustellen, welcher letzre in großem Maßstabe in Erz und Marmor mit den vorhandenen Mitteln herzustellen sein würde, wofür ich aber nicht stimmen kann.[4]

Schließlich siegt – obwohl die Idee der Kolossalbüste noch herumspukt – der Wille zur Bewahrung des voll-

*Möser-Denkmal von Franz Drake,
Osnabrück, 1836*

ständigen Abbilds eines Mannes, der »der Geschichte angehörig« ist. Ins deutsche Pantheon war Möser ja sowieso nicht wegen seiner literarischen Werke, sondern wegen seiner historiographischen und politischen Leistungen gekommen. Noch deutlicher interpretiert der Bildhauer Drake selbst seinen Denkmalsentwurf und seine Aussage:

Ich hielt es für meine Pflicht, dem Kostüm so treu wie möglich zu bleiben, ohne der Schönheit der Darstellung Abbruch zu tun. Der Doktormantel, welcher den Gelehrten bezeichnet, schien hierzu vorzüglich geeignet. Eine einfache, ruhige und feste Stellung ist seinem Charakter angemessen. Die rechte Hand hält er wohlwollend ausgestreckt, um zu bezeichnen, als ob er noch jetzt, wie im Leben, seine Mitbürger einlade, bei ihm Rat und Beistand zu suchen. Die Urkunden und Bücher in seiner Linken deuten seine Verdienste um die Geschichte besonders seiner Vaterstadt an. [...] Das Postament ist gleichfalls ganz Bronze gedacht. Zierliche Pfeiler an den Seiten tragen kleinere Figürchen, welche sich auf die besondern Verdienste Mösers beziehen: 1. der Genius der Poesie mit einfacher Volksleier, welcher die Sagen der Vorzeit singt; 2. die Geschichte als Knabe, welcher der Sage lauscht und ihren historischen Inhalt niederschreibt; 3. der Genius der Staatswissenschaft, welcher in einer Hand das Staatsruder, in der anderen das Füllhorn trägt; 4. der Ackerbau, ein Knabe, welcher den Pflug und die Getreideähren in den Händen hält; die Figürchen sind in der Skizze um der deutlichen Darstellung willen nackt gehalten, würden aber in der Ausführung mit leichter Gewandung zu bekleiden sein.[5]

Die Kostümfrage ist schon virulent, konnte aber für dieses Denkmal noch unproblematisch gelöst werden, da Möser nicht mehr als Zeitgenosse, sondern als Gestalt des vergangenen Jahrhunderts aufgefaßt wurde. Der Gelehrtenmantel enthob zudem der Entscheidung, das Kostüm in einen *pannegio,* den bekannten und später als abgedroschen berüchtigten Theatermantel der Denkmalbauer, zu verstecken. Denn gerade durch sein historisierendes Kostüm, die Attribute und die Gestik erscheint Möser als typisierter Gelehrter: die Individualität erzielt das Denkmal nur über das porträtähnliche Kopfstück. Zugleich wird der Anlaß des Denkmals, die patriotische Ehrung Mösers, in der Beschreibung völlig gelöscht. Hier dominieren historische, regionale und allegorische Anspielungen, die das Denkmal selbst nicht aussagt. Man sieht, daß die Beschreibung des Denkmals, nicht seine Bauform die eigentliche Aussage enthält. Im Sockelschmuck, der übrigens aus Geldmangel entfallen mußte, werden selbst die poetischen Aktivitäten Mösers auf historische Bezüge zurückgeführt – der Genius der Poesie singt die »Sagen der Vorzeit« – oder wenigstens volkstümlich eingekleidet (»Volksleier«). Die historischen und politischen Verdienste werden indes mit ganz traditioneller Allegorik abgebildet.

Dem Denkmalverein gefällt jedoch vor allem, daß der Bildhauer das Kostüm Mösers aus der Gegenwart »soweit entfernt« hat:

Die Weise, in der Möser sich darstellt, könnte dem Charakter des würdigen verdienstvollen Mannes nicht gemäßer sein; die Ähnlichkeit mit dem Ihnen zugestellten Bilde ist unverkennbar, das Kostüm, wie es die Zeit Mösers fordert, und soweit entfernt, durch pure Wirklichkeit das Auge zu beleidigen, daß es vielmehr wohltätig auf den ästhetischen Sinn wirkt, Haltung und Gebärde höchst lebendig und sprechend.[6]

Die »pure Wirklichkeit« wird zugunsten einer ästhetischen Beschönigung verworfen, bei der eine möglichst weitgehende Historisierung, d. h. eine möglichst weitgehende Entfernung von der Gegenwart die wohltätige Wirkung sichert. Die Aufstellung des Denkmals vor der Kirche, in der Mitte der Dorffreiheit und unter Linden setzt Möser in die Nähe seiner ehemaligen Wirkungsstätte und damit ins Spannungsfeld zwischen Herrschaftsraum und Naturidylle. Entstanden ist somit eine historisierte Kostümfigur, die ihr Pendant in altdeutsch stilisierten Graphiken findet.

Die Denkmäler für Zivilisten und verdiente Bürger, die in der Folgezeit errichtet wurden, haben die historisierende Sicht auf Denkmalwürdige endgültig durchgesetzt. Beim Gutenberg-Denkmal in Mainz (1837), beim Dürer-Denkmal in Nürnberg (1837), bei den Denkmälern für Bach in Leipzig (1843), Erwin von Steinbach in Straßburg (1844), Beethoven in Bonn (1845) und Gluck in München (1848), erst recht bei den Denkmälern für Albrecht Thaer und Herder (1850) oder für Kopernikus (1853) ist das ganzfigurige Standbild im historischen Kostüm unbestritten. Zudem galten diese Denkmäler weniger den künstlerischen Leistungen der Geehrten als vielmehr ihrer nationalkulturellen Bedeutung. Auch die Denkmäler für Hebel und Möser meinten ja weniger den Dichter im Sinne der Denkmalwürdigkeit von Literatur als vielmehr den großen Mann von nationalem Interesse. Gerade weil aber Biographie und Charakter dieses Mannes, nicht bloß Werk und Nachruhm unverwechselbar abgebildet werden sollten, strebte die Denkmalkunst nach einer möglichst porträtähnlichen Individualisierung dieser Standbilder. Die Individualisierung des Dichters aber ließ sich mangels differenzierender Attribute am leichtesten durch eine Historisierung erreichen. Unter dieser Perspektive erweisen sich der aufgeworfene Kostümstreit und die Frage nach Büste oder Standbild als Indikatoren für den Grad der Öffentlichkeit des Denkmals. Das für jedermann jederzeit frei zugängliche Denkmal gilt zwar als unbestritten und scheint die vollständig durchgesetzte bürgerliche Öffentlichkeit zu signalisieren. Andererseits zeugen Baldachine als verkürzte Innenräume und historische Einkleidungen von einer noch vorhandenen Scheu, diese Öffentlichkeit auch zu nutzen. Dieser letzte Schritt gelingt am besten dort, wo das Dichterdenkmal eine sinnige Bindung an seinen Aufstellungsort findet. Die Denkmäler für Luther und Melanchthon, für Hebel und Möser hatten gezeigt, daß die Aura der Wirkungsstätte oder des Geburtsorts groß genug war, um das Denkmal vom Totengedenken des Sterbeorts und des Grabmals abzulösen.

Das Dichterdenkmal steht nicht mehr wie im 18. Jahrhundert in idyllischer Landschaft des Privatparks, sondern im öffentlichen Raum des städtischen Lebens. Selbst dann, wenn die Dichterdenkmäler um 1800 jedermann zugänglich waren, lebten sie von der sentimentalen Wirkung auf einen Betrachter, der mehr empfindsamer Mitakteur als bloßer Zuschauer war. Noch die kolossalen Klassikerbüsten in Ludwigs Walhalla verlangten kulturgeschichtliche Vorkenntnisse und eine weihevolle Gestimmtheit, die aus der Alltagswelt erhob. Mit Beginn der 30er Jahre des 19. Jahrhunderts konnte der zufällig vorbeiflanierende Spaziergänger das Dichterdenkmal als öffentliches Bauwerk und als Teil des städtischen Verkehrs zur Kenntnis nehmen. Die ursprünglich ganz persönliche Auseinandersetzung mit dem Denkmal findet jetzt massenhaft und vervielfacht, öffentlich und zerstreut statt. Man hat diese öffentliche Wahrnehmung des Denkmals an einem Wandel des bislang vertrauten panoramatischen Sehens hin zu historisierenden Denkformen nachweisen können[7]. Wenn man will, läßt sich diese Veränderung der Sehweise auch am Gegensatz zwischen dem das Denkmal nacherlebenden Betrachter und einem das Denkmal konsumierenden Passanten festmachen. Dieser Wandel von der beschaulichen zur anschaulichen Denkmalwirkung gibt für den weiteren Verlauf des 19. Jahrhunderts die Leitlinie vor, an der sich die Denkformen des Historismus anlagern.

Standbild oder Büste?

Was das Möser-Denkmal durch seine konsequente Historisierung der Dichterfigur noch umgehen konnte, wuchs sich seit den 30er Jahren zu einer heftigen Grundsatzdiskussion innerhalb der Denkmalskritik aus. Es ging um die eigentlich alte Streitfrage, ob für

*Denkmal für Immanuel Kant
von Christian Daniel Rauch, Königsberg,
seit 1852 in Planung, 1864 enthüllt
Lösungsversuch der Frage:
Wie kann die Person eines großen Mannes
durch seine wenig imposante Gestalt
dargestellt werden?*

einen Geisteshelden eine Büste oder ein Standbild die angemessenere Darstellungsform sei. Seit 1791, als die ersten Entwürfe zu einem Denkmal Friedrichs des Großen in Berlin vorlagen, war die Frage aufgeworfen worden, in welcher Bekleidung eine Denkmalfigur auftreten sollte. Der Kostümstreit war so lange von untergeordneter Bedeutung, als die Büste die unbestrittene Form war oder solange Fürsten und Feldherren geehrt wurden, die immer problemlos in Uniform abgebildet werden konnten.

Friedrich Ludwig von Froriep konnte in seinem Weimarer Vortrag 1836 *Ueber öffentliche Ehrendenkmäler* der Entscheidung, ob »in ganzer Figur, oder im Brustbilde und als bloßer Kopf«, dadurch ausweichen, daß er die Erinnerungsfunktion von Dichterdenkmälern überhaupt bezweifelte[8]. Als jedoch die Idee eines Goethe-Denkmals in Frankfurt nach Goethes Tod wieder auflebte, waren konkrete Vorschläge vonnöten. Der Philosoph Arthur Schopenhauer griff 1837 mit einem Brief an das Denkmalkomitee in den Kostüm- und Büstenstreit ein, weil er die Planung »trotz Geld und Thorwaldsen« in eine verfehlte Richtung laufen sah. Schopenhauer formulierte die klassizistische Position in zugespitzer Form noch einmal:

Statuae equestres et pedestres, also ganze Figuren, Standbilder sind, wohlerwogen, nur solchen Personen angemessen, welche mit ihrer ganzen Persönlichkeit, mit Herz und Kopf, ja oft wohl auch noch mit Arm und Bein für die Menschheit thätig gewesen, also Helden, Heerführer, Herrschern, Staatsmännern, Volksrednern, Religionsstiftern, Heiligen, Reformatoren u. s. f. Hingegen Männern von Genie, also Dichtern, Philosophen, Künstlern, Gelehrten, als welche eigentlich nur mit dem *Kopfe* der Menschheit gedient haben, gebührt bloß eine *Büste,* die Darstellung des Kopfes.[9]

Schopenhauer kritisierte, »daß, bei der allgemein herrschenden Monumentensucht, es jetzt in *Deutschland* Mode ist, auch Männern von Genie Standbilder zu setzen«. Er ermahnte daher die Stadt Königsberg, sich bei dem dort geplanten Kant-Denkmal nicht von den Berliner Generalsdenkmälern zu Standbildern verleiten zu lassen:

aber nicht besser wäre es, wenn die Stadt Königsberg den Kant als Statue in seiner kleinen mageren Figur hinstellte, obgleich Kant ein größerer Mann ist als alle acht Generale zusammengenommen.[10]

Das Kant-Denkmal, an dem Christian Rauch seit 1852 dann arbeitete und das schließlich 1864 enthüllt wurde, folgte genau dieser für Schopenhauer falschen Spur. Rauch versuchte tatsächlich eine möglichst lebenswahre Darstellung der nicht gerade anziehenden äußeren Erscheinung des Philosophen; langer Rock, Dreispitz, Degen und Perücke schufen die Illusion historischer Treue, die philosophische Bedeutung Kants konnte jedoch nicht einmal durch die erklärende Geste der rechten Hand vermittelt werden.

»in ganzer Figur, oder im Brustbilde«?

Freilich hatten sich inzwischen die Bedingungen für die öffentliche Aufstellung von Denkmälern entscheidend verändert. Schopenhauer hatte seine normativen klassizistischen Vorstellungen zwar ebenfalls am Öffentlichkeitsbegriff festgemacht und Kompromisse wie den Baldachin am Hebel-Denkmal abgelehnt:

Ein Tempelchen, Säulendach oder dergl. zum Schutz der Büste wird immer sich kleinlich ausnehmen und an ein Heiligenkapellchen oder an einen Sommerpavillon erinnern.[11]

Die harte Öffentlichkeit städtischer Straßen und Plätze mochte Schopenhauer jedoch noch nicht wagen. Für das geplante Goethe-Denkmal in Frankfurt schlug er deshalb vor:

Als Stelle des Denkmals würde ich die Insel oder die Promenade oder, wenn es in der Stadt sein soll, den viereckigen Platz in der großen Mainzerstraße, wo die Galgengasse ausläuft, der aber von schönen hohen Baumgruppen beschattet werden müßte, dem geräuschvollen Teil der Stadt vorziehen.[12]

Auch in Schopenhauers weitergehenden Vorschlägen für die Sockelgestaltung steckte noch einmal der Gegensatz zwischen der klassizistischen Position mit dem Wunsch nach monumentaler, jedoch einfach würdiger Form und dem historisierenden Verlangen nach wirklichkeitsgetreuer Abbildung:

Die Seiten des Postaments etwa mit Scenen aus Goethes Werken zu verzieren und vielleicht auf einer Seite das Klärchen, auf der andern das Gretchen und in der Mitte den Teufel, der auf dem Blocksberg tanzt, anzubringen, wäre in meinen Augen kindisch und läppisch. Die Embleme der Dichtkunst im Allgemeinen, nach antiken Mustern mit Geschmack ausgeführt, sind allein passend und würdig.[13]

Die Allegorie ist für Schopenhauer zur Versinnbildlichung von Literatur der realistischen Abbildung auch dann noch überlegen, wenn schon längst entschieden ist, daß kein Büstendenkmal infrage kommt:

Aber man wolle nicht aus Goethes geweihter Person eine Zierpuppe der Stadt machen: man setze ihn nicht in die Allee auf einen Lehnstuhl in antikem Pudermantel, eine Rolle in der Hand, als wolle er gemüthlich sich frisiren lassen und die Zeitung dazu lesen; oder lasse ihn in pensiver Stellung dastehn, als könne er den Reim nicht finden. Helden kann man eine heroische Stellung geben, aber dem Poeten nicht: daraus entspringt die Verlegenheit.[14]

Die Anspielung auf die Haltung von Thorvaldsens Schiller-Standbild von 1839 (vgl. S. 68f.) ist offensichtlich.

Eine ähnliche Position, die von den in dieser Zeit tatsächlich errichteten Dichterdenkmälern längst überholt worden war, vertrat auch der einflußreiche Kunstkritiker Ernst Förster. Denkmalkunst müsse »nicht sowohl ein *Abbild,* als ein *Sinnbild* zu geben suchen«. Auch Förster empfahl das ganzfigurige Standbild nur für Fürsten, Feldherren und soziale Reformer, »wo die persönliche Erscheinung Vieles, ja Alles galt und wirkte«[15]. Im Unterschied zu Schopenhauer fordert Förster aber nicht bloß die Aufstellung einer Büste, um die geistige Tätigkeit eines Dichters zu veranschaulichen. Er verlangt auch zur Verstärkung der Denkmalwirkung nach dem Ort, dem dieser Geist entsprungen war:

Wohin können wir uns folgerichtiger wenden, wenn wir ihr Andenken feiern wollen, als zu den Stellen, wo sie in eben dieses Leben eintraten, zu ihren Geburtsstätten?[16]

Der Kult der Geburtsstätte, die Weihe des Ortes, aus dem der Dichter hervorgeht, enthält ebenfalls ein Element historischen Denkens. Nicht an beliebigem Ort, wo der Spaziergänger des 18. Jahrhunderts sich in die Poesie eingefühlt hatte, ist der Dichter zu Hause, sondern im Denkmal am Geburtsort, wo zeitloser Lokalpatriotismus und geschichtliches Kulturbewußtsein zusammenfinden. Dahinter steckt die Säkularisierung des Todes, die im Formenschatz des Dichterdenkmals des 18. Jahrhunderts nicht geleistet war; die Gartendenkmäler ließen ihre Herkunft aus der Grabmalplastik jederzeit sichtbar werden. Die beschränkte Öffentlichkeit und der intime Charakter dieser Denkmäler hatten die Ähnlichkeit mit einer Friedhofszenerie nicht zufällig beibehalten. Der Tod, die Vergänglichkeit menschlicher und literarischer Existenz, sollte den Blick auf das Unvergängliche der Poesie schärfen. Die Dichterdenkmäler des Vormärz haben hingegen mit dem Grabmal des Dichters nichts

Aufbauten zur ersten Schillerfeier des Stuttgarter Liederkranzes, 1825, um die Dannecker-Büste als Mittelpunkt Lithographie von J. A. Mayer

mehr im Sinn; sie suchen den »harmonischen Gegensatz gegen die religiösen Denkmale«[17] ganz bewußt. Im Standbild des Dichters an seinem Geburtsort kann dessen Tod gleichsam aufgehoben werden, indem es den Dichter dauerhaft sichtbar macht. Diese permanente Epiphanie des Dichters in seinem Denkmal sichert den Bildungsbesitz an der Person des Klassikers und bedarf nicht mehr des Umwegs über das literarische Werk.

Die Klassiker der Nation

Was aber sollte geschehen, wenn Geburtsort und großstädtische Öffentlichkeit auseinanderklafften? Dieser unaufgelöste Widerspruch in der Standortfrage prägt die Entstehungsgeschichte des Stuttgarter Schiller-Denkmals von 1839. Denn einerseits sollte der Geburtsort des Dichters dem Denkmal eine zusätzliche Weihe verleihen, andererseits verlangte der Vormärz nach einer Denkmalaufstellung in einer möglichst repräsentativen Stadtöffentlichkeit. Ursprünglich ging die Initiative für ein süddeutsches Schiller-Denkmal 1824 vom Stuttgarter Gesangverein »Liederkranz« aus. Es ist kennzeichnend für die liberale Vereinsbewegung nach 1819, daß sie nach Anlässen suchte, die obrigkeitlichen Behinderungen zu umgehen und das politische Zusammengehörigkeitsgefühl trotz des Vereinigungsverbots wachzuhalten. Bei diesen alljährlichen Festen belebte sich das Andenken an Schiller, so daß im Mai 1825 das erste öffentliche Schillerfest zum 20. Todestag des Dichters begangen werden konnte[18]. Bei dieser Gelegenheit stellte man Danneckers Schiller-Büste in den »öffentlichen Gärten« Stuttgarts auf ein »Piedestal mit Kranzgebinden« zwischen vier blühende Lorbeerbäumchen und vor eine Wand aus Zypressen[19] – ein Arrangement, das an eine Synthese der Gartendenkmäler Hirschfelds mit dem monumentalen Totenkult um 1800 erinnerte. Dabei wies die Bepflanzung mehr noch als die Büste auf die Intentionen der Feier: die Zypressen als traditioneller Friedhofsbaum hielten das Totengedenken wach, die Lorbeerbäume wiederholten vervierfacht den Lorbeerkranz auf Schillers Haupt. Der Festprolog, verfaßt von Gustav Schwab, versuchte Schiller in zumeist irrealen Formulierungen für die Gegenwart zurechtzustutzen (»Du aber hättest dich der Zeit bemächtigt«), freilich Schiller als »frommer Greis« und als Lyriker »im heimathlichen Schwaben« ansässig, wie ihn der Liederkranz brauchen konnte: »Du lebst – doch ach! du lebst nur im Gesange!«[20]

Während dieser halböffentlichen Schillerfeier kam die Idee auf, dem Dichter entweder in Stuttgart selbst oder an seinem Geburtsort Marbach ein repräsentatives Denkmal zu errichten. Die entscheidenden Anregungen stammten vermutlich sogar von Wolfgang Menzel, der damals Redakteur an Cottas berühmtem *Morgenblatt für gebildete Stände* war und Schiller in den Dienst einer kämpferischen Kunstkritik gestellt und gegen den Fürstenknecht Goethe ausgespielt hatte.

Der sich nun entspinnende »Städtekrieg zwischen Marbach und Stuttgart« drehte sich um nichts weniger als um eine bloße lokalpolitische Konkurrenz. Vielmehr ging es um die grundlegende Frage, welche Form städtischer Öffentlichkeit für die Aufstellung eines Dichterdenkmals am geeignetsten sei. Hatte »ein unbedeutendes Landstädtchen« oder die »Hauptstadt eines Staates« das größere Anrecht auf das Schiller-Denkmal? Daß Marbach nur der zufällige Geburtsort, Stuttgart jedoch »der geistige Geburtsort des unsterblichen vaterländischen Dichters« sei, entschied schließlich den Streit zum Nachteil Marbachs, das erst

wem gehört Schiller? 67

Entwurf zu einem Schiller-Denkmal für Stuttgart, von Bertel Thorvaldsen, 1835

1876 zu einem eigenen Schiller-Denkmal (von Ernst Rau, vgl. S. 93) kam. Durch diese Entscheidung bestätigte sich eine Öffentlichkeitsvorstellung, in der sich jeder »Staatsbürger« wiederfinden konnte:

Ein *National-Denkmal* sezt man nicht an einen von jeder Hauptstraße abgelegenen Ort, in ein unbedeutendes Landstädtchen von akerbau- und wirthschaftstreibenden, wenn auch sonst noch so achtbaren Bewohnern. Die Hauptstadt eines Staates ist der geistige Mittelpunkt desselben, der allen Staatsbürgern gemeinschaftlich ist, und das Denkmal gehört dahin, wo es Jedem – dem Inländer wie dem Ausländer – leicht zugänglich ist und allein geistig zu wirken vermag.[21]

Die erwartete Wirkung des Denkmals zeigte sich schon in den hohen Spendenaufkommen, die bis 1835 aus allen Kreisen des Bürgertums beim Denkmalskomitee eingingen. Ein eigens gegründeter Schillerverein trat deshalb an den »Phidias unserer Zeit«, den dänischen Bildhauer Bertel Thorvaldsen, mit dem Auftrag heran,

daß der sprechend ähnliche colossale Kopf des Unsterblichen von der Büste unsers Hofraths von Dannecker dazu genommen und eine sitzende Statue in Bronze oder aus Eisen

dazu gegossen werde[22]. Der lokalpatriotische Rückgriff auf die Büste Danneckers, die dem Denkmal den Stempel aufdrücken sollte, zielte auf eine monumentalisierte Konservierung des gewohnten Schillerbilds. Die von Thorvaldsen erbetene Sitzfigur hätte dabei eine Art Körpersockel für die Büste abgegeben und Thorvaldsen zum Monteur vorfabrizierter Teile degradiert.
Thorvaldsen, der übrigens solche Auflagen einfach überging, stand vor demselben Problem, das Schopenhauer im Sinne des strengen Klassizismus mit Hilfe der Büste zu lösen geglaubt hatte:

Es ist weit schwerer, als man gewöhnlich glaubt, das Standbild eines Dichters, oder sonst eines Mannes, der blos durch seinen Geist wirkte, aufzufassen. Die Figur muss leben, und doch Ruhe ausdrücken, der Körper muß scheinbar ruhen, und das, was nicht wiederzugeben ist, der Geist, muss hervortreten.[23]

Thorvaldsens Entwurf faßte Schiller als ganze Figur in monumentaler Größe mit Lorbeerkranz und Rolle in der Linken auf. Diese Haltung eines Dichters, die Schopenhauer als pensive Stellung bezeichnet hatte, so »als könne er den Reim nicht finden«, wurde noch durch die abgewinkelte und an die Brust gedrückte Hand Schillers betont, die den langen Theatermantel zu eindrucksvollen Falten zusammenraffte. Diese völlig neuartige Denkmalspose stieß bei den Denkmalbetrachtern auf Kritik:

Wie, wer stehet denn hier? Wer ist der grämliche Mann da,
Kränklich, brütend in sich, weinerlich, leidend, gedrückt?
»Ei, wer sollte denn auch den großen Schiller nicht kennen,
Dem sein deutsches Volk dankbar dies Denkmal gesetzt?«
Wie? Das wäre Schiller, der Dichter der handelnden Freiheit,
Schiller, der Feuergeist, der für die Menschheit geglüht?
Schiller ist es etwa, der Kantianer, der einsam
Grübelnd über des Geists dunkle Verwicklungen sann;
Aber der Dichter? Nein! Dem wölbte sich anders die Stirne,
Blickte das Adler-Aug' kühn in den Himmel hinaus,
Schwellte mit anderer Kraft sich trotzig die untere Lippe,
Schob das markige Kinn voll und antik sich hervor.[24]

Schiller-Denkmal von Bertel Thorvaldsen, Stuttgart, 1839

Die hier karikierte Frage, wie man denn das spezifisch Dichterische im Unterschied zur Darstellung bloßer Geistesgröße sichtbar machen könnte, hatte Thorvaldsen nicht etwa übersehen, sondern programmatisch gemeint; er habe »den mitten in einer frivolen Zeit gleichwohl ernst und tragisch gebliebenen Dichter dantesk auffassen müssen«[25]. Mit diesem abwertenden Urteil über den Zeitgeist in den letzten Lebensjahren Schillers gibt sich Thorvaldsen als Anhänger der Restauration zu erkennen, in deren Sinn er Schiller verstanden haben möchte. So ist auch die virulente Kostümfrage eher konservativ gelöst. Das zeitgenössische Kostüm Schillers ist nur als Unterkleid angedeutet, über dem ein sehr dominanter Theatermantel liegt, dessen Blickfangfunktion noch dadurch gesteigert wird, daß Schillers rechte Hand diesen Mantel rafft. Der Vergleich der ausgeführten Statue mit dem Entwurf zeigt, daß Thorvaldsen diese ungewöhnliche Pose trotz heftiger Kritik nicht etwa abgeschwächt, sondern sogar noch verschärft hat. Der nun in der Körperachse gehaltene Kopf wirkt, auch durch die Beschattung des sehr auskragenden Lorbeerkranzes, noch grüblerischer. Die Auswechslung der Rolle in der Linken gegen ein Buch, in das ein Finger eingelegt ist, verwandelt Schiller sogar vom nachdenklichen Theaterdichter zum grüblerischen Lyriker, dessen Gedankenschwere ihn von der Niederschrift abzuhalten droht. Die zentrale Aussage der Statue geht jedoch von der raffenden Armhaltung der Rechten aus. Dieses Sich-Zusammenraffen des Dichters, noch dazu mit der Hand, die den Stift hält, in Verbindung mit der gesenkten Kopfhaltung mußten in der politischen Aufbruchstimmung des Vormärz naturgemäß auf Widerspruch stoßen. Erst recht von Schiller, der Galionsfigur der Liberalen und Patrioten, hatte das Bürgertum ein ganz anderes Dichterbild. Die Kritiker warfen Thorvaldsen denn auch eine überholte Kunstauffassung im Geist der staatlichen und kirchlichen Restauration, seine antiliberale politische Gesinnung und einen fehlenden Patriotismus vor. Bekannt geworden ist vor allem Franz Dingelstedts Gedicht *Vor Schillers Standbild in Stuttgart. An Thorvaldsen:*

> Altmeister Steinmetz aus dem Norden,
> Moderner Phidias ohn' Athen,
> Auf dessen Mantel dreißig Orden
> Als deutsche Bundessterne stehn,
> Herab von deinem Marmorthrone,
> Vor meine Schranken, mein Gericht,
> Sieh' einem deutschen Musensohne
> In das erzürnte Angesicht!
>
> Sag' an, wer dir die Macht verlieh
> In deine Werkstatt, an dein Maß
> Ein göttliches Geschlecht zu ziehen,
> Daß deinem Meißel niemals saß?
> Was spannst du enge, dunkle Rahmen
> Um Helden, die in Frieden ruhn,
> Und stempelst mit den besten Namen
> Des deutschen Volks dein fremdes Tun?
>
> Die Menschen machst du zu Kolossen?
> Nein, den Giganten nur zum Zwerg!
> Deß zeugt dies Bild in Erz gegossen,
> Und deß zu Mainz der Gutenberg.
> Der erste Drucker solch ein Schlucker,
> Ein steifer, kalter, armer Wicht!?
> Der erste Dichter solch ein Mucker,
> Ein trübes Dunkelmanns-Gesicht?!

»der deutschen Jugend Urpoet«

*Vorderes Relief und zwei Seitenreliefs von Thorvaldsen
am Stuttgarter Schiller-Denkmal
Darunter das Relief der Rückseite
(nicht von Thorvaldsen)*

Wie? dieser Kopf- und Nackenhänger,
Der wie ein Säulenheiliger steht,
Wär' meines Volkes Lieblingssänger,
Der deutschen Jugend Urpoet?
Wo denn auf dieser Stirn ein Schimmer
Von seinen Göttern Griechenlands,
Der Freude rosiger Geflimmer,
Der Ideale gold'ner Glanz?

Das jener Schiller, der als Posa
Kühn um Gedankenfreiheit bat,
Der alle Form und alle Prosa
Als Räuber Moor mit Füßen trat,
Der selbst als alter Geiger Miller
Von Stolz und Recht und Ehre spricht?
Nein! das ist der Chirurgus Schiller,
Schiller der Dichter ist das nicht!

Fremd blieb, o Däne, dir sein Wesen,
Sein Geist, o Künstler, dir zu hoch;
Nur Eines hast du recht gelesen
Von ihm: den Pegasus im Joch.
Gieb noch ein Oechslein zu der Gruppe,
Stell's vor die Herzogschule noch,
So haben wir die graue Puppe,
Woraus der Schmetterling entkroch.

Was gilt die Gleichheit mir der Züge,
Die jedes kleine Bildchen weist?
Wir wollten keine Lebenslüge,
Nicht seinen Schatten, – seinen Geist.
Was kümmern mich die Relieffe,
Die schönen Falten auf und ab?
Den Geist, wenn du ein Geist bist, treffe!
Der todte Leib gehört dem Grab.

Nein, bilde du den Alexander
Und seine Siegeszüge nach
Und die Apostel miteinander
Und Grazien für das Schlafgemach,
Sei wechselnd Däne und Hellene,
Antik und neu, Heid' oder Christ:
Ich sag's, ein deutscher Dichter, Däne,
Daß du nicht deutsch, nicht Dichter bist.

Ha! schlimm genug, daß wir Lebendigen
Krumm wie dein Schiller stehn und gehn,
Daß wir, nachgebend dem Nothwendigen,
Statt in die Welt zur Erde sehn;
Den Todten war's nicht so beschieden,
Und, fremder Mann, du weißt es nicht,
Daß ach! mit ihrer Größ' hienieden
Auch uns'res Volkes Größe bricht![26]

In Dingelstedts Gedicht steckt nicht bloß heftige Kritik am ungewohnten und ungewollten Schillerbild Thorvaldsens, das dem durch die Büste Danneckers geprägten öffentlichen Bewußtsein zu sehr widersprach. Stattdessen wird Schiller als Vorkämpfer liberaler Forderungen und vaterländischer Hoffnungen schon so in Dienst genommen, wie dies die Schillerfeiern 1859 programmatisch formulieren sollten. Ein solches Dichterbild reduziert Schiller auf die Sturm- und-Drang-Dramen und den liberalen Kernsatz des *Don Carlos* nach Gedankenfreiheit. Mit seinen späteren klassischen Dramen ist Schiller nicht vertreten. Auch der Theoretiker und Historiker, der Kritiker und Erzähler bleibt ausgeklammert. Die Lyrik ist mit *Die Götter Griechenlands* und dem *Lied an die Freude* bedacht, aber so auf die »Ideale« reduziert, daß Schiller gut als »der deutschen Jugend Urpoet« gelten kann. Die Vorstellungen Thorvaldsen von Schiller, die dazu in eklatantem Widerspruch stehen, kann man an den Reliefplatten des Sockels ablesen. Die Darstellungen beschränken sich nicht auf die bloße klassizistische Konvention, wie dies etwa Schopenhauer für den Sockel des Frankfurter Goethe-Denkmals vorgeschlagen hatte. Vielmehr versucht Thorvaldsen eine allegorische Zusammenschau von Schillers Werken und ihrer Wirkung. Die beiden Seitenreliefs zeigen einen Genius der Poesie in Verzückung und eine Viktoria, die Lorbeerkranz und Palme als Zeichen der Anerkennung durch die Nachwelt reicht. Das Relief auf der Rückseite ist nicht von Thorvaldsen und verstümmelt nicht nur stilistisch diese Zusammenschau, deren zentrale Aussage das Relief auf der Vorderseite enthält:

Der Aar, der unter allen Wesen der Schöpfung am nächsten zum Himmel hinansteigt, trägt in der *Apotheose,* Werke des Dichters empor; die Kugel, hier als Bild der Ewigkeit, enthält Schiller's Namen, der unter die seltensten Sterne, die Kometen, als Sinnbild des Genie's verpflanzt ist. Die tragische und lyrische Muse stützen die Kugel, und zeigen uns, wodurch Schiller sich verewigte; unten zeigen uns, die zwei Zeichen des *Zodiacus* den Geburts- und Sterbemonat andeutend, dass es sich um einen bereits Abgeschiedenen handelt, und dass *Deutschland seinem Dichter* – (welches die einfache Inschrift des Denkmals werden soll) – keine Schmeichelei, sondern nur die verdiente Anerkennung zollt.[27]

Der Vergleich des Reliefs mit der Beschreibung Thorvaldsens zeigt, wie sehr eine solche emblematische Bildlichkeit von verbalen Erläuterungen abhängig ist. Thorvaldsen interessieren nicht einzelne »Werke des Dichters«, sondern eine Gesamtschau von dessen »Namen« zwischen Sternenhimmel und Tierkreiszeichen; der Sitz dieser Art von Literatur soll jedenfalls nicht auf der Erde sein. Die Zeitgenossen hatten hingegen für das Bildprogramm des Sockels eine handfestere Deutung parat:

Dürfen wir nun in diesen Reliefs einen zusammenhängenden Gedanken lesen, so wäre es dieser: der Genius des Dichters erhebt sich in jugendlicher Kraft, wie der Morgenstern aufgehend, und nach den Sternen seinen Blick gerichtet; des Musengottes geweihte Greifen halten ihm die Lyra; ihm werden Anerkennung von Außen und innerer Frieden zu Theil, und seine Werke tragen seinen Namen in die Ewigkeit.[28]

Diesen Betrachtern geht es also um den »Genius des Dichters« und sein Weiterleben im Denkmal auf Erden. So kann man wenigstens in den Sockelreliefs sehen, was das Standbild mit Thorvaldsens dantesken Tragiker nicht bietet: Schiller in »jugendlicher Kraft« und »nach den Sternen seinen Blick gerichtet« – so will das liberale Bürgertum der 30er Jahre seinen Dichter sehen.

Noch die Umstände bei der Aufstellung des Denkmals trugen diesen Widerspruch zwischen der klassizistischen Denkmalskonzeption und dem liberalen Zeitgeist aus. Der 1837 ins Auge gefaßte Standort, das Schillerfeld auf einer Anhöhe vor der Stadt, wurde aufgegeben und das Schiller-Denkmal auf dem Alten Schloßplatz inmitten öffentlicher und staatlicher Gebäude, neben Kirche und Rathaus errichtet – übrigens ohne die Beteiligung Thorvaldsens, jedoch unter reger Zustimmung der publizierten öffentlichen Meinung. Schiller sollte auf diese Weise ein Teil des städtischen Lebens, an dem jeder Bürger teilhaben konnte, sein. Trotz der schwunghaften Enthüllung, die die zeitgenössische Lithographie zeigte, verhinderte Thorvaldsens Architektur, daß die begeisterte Verehrung des Denkmals in eine profane Benutzung überging. Thorvaldsen setzte auf eine fünfstufige Treppenanlage einen dreifach gestaffelten Sockel, von dem aus sich das Schiller-Standbild weit über die Betrachter erhob. Durch die Einfassung der Denkmalsfigur mit Erzgirlanden und -masken, durch die schon weit über Augenhöhe angebrachten Reliefplatten des Sockels und nicht zuletzt durch die vier überlebensgroßen Kandelaber an den Ecken der Anlage erhielt das Denkmal den Charakter einer Weihestätte, zu der man aus der Alltäglichkeit nicht nur aufschauen, sondern sogar aufsteigen mußte. Eine wirkliche Benutzbarkeit durch und für die bürgerliche Straßenöffentlichkeit war dadurch ausgeschlossen.

Eine Dannecker-Büste bildete sinnigerweise auch das Verbindungsglied zwischen dem Stuttgarter Schiller-Denkmal und dem Goethe-Denkmal in Frankfurt. Dort waren noch zu Lebzeiten Goethes zahllose Entwürfe vorgelegt, diskutiert und wieder verworfen worden. Die Anregung hierzu war von Goethes Freund Sulpiz Boisserée bei einem Festessen zum 70. Geburtstag Goethes 1819 ausgegangen. In der Folge waren die bekannten Entwürfe für einen Tempel auf der Maininsel entstanden (vgl. S. 43); als sich die Idee der Aufstellung einer von Dannecker angefertigten Goethe-Büste zerschlug, entschied das Frankfurter Komitee 1821 gegen eine Büste und für ein ganzfiguriges Standbild[29]. Aber sowohl die Kontakte mit dem Bildhauer Rauch, der schon 1820 eine geschätzte Goethe-Büste hergestellt hatte, als auch die Spendenaufrufe waren nicht von Erfolg gekrönt: Rauch ließ sich mit seinen Entwürfen bis 1825 Zeit, die Geldsammlungen brachten nur so viel ein, daß man Goethe einige Kisten edler Weine schicken konnte.

Die Ursachen für das Scheitern des Denkmalplans in dieser Phase lagen indes tiefer. Goethe, der durch seinen Briefwechsel mit Boisserée und Rauch auf dem laufenden war, hatte 1821 mit seinen *Betrachtungen über ein dem Dichter Goethe in seiner Heimatstadt zu errichtendes Denkmal* Stellung bezogen. Spätestens jetzt zeigte sich, daß das von Goethe gedachte Denkmal mit den Vorstellungen seiner Frankfurter Verehrer in Widerspruch geriet. Goethe hatte ein bescheidenes Erinnerungsmal im Auge, das sich an den frühklassizistischen Gartendenkmälern orientierte:

Auch langte der Riß an zu einem Monument, welches meine teuren Landsleute mir zugedacht hatten. Als anmutige Verzierung einer idyllischen Gartenszene, wie der erste Freundes-Gedanke die Absicht aussprach, war es dankbar anzuerkennen gewesen – aber als große architektonische Prachtmasse war es wohl geziemender, sie bescheiden zu verbitten.[30]

»Größeren architektonischen Unternehmen«, wie sie die Frankfurter planten, erteilte Goethe eine eindeutige Absage; eine »sitzende Statue von Rauch«, aufgestellt in der Frankfurter Bibliothek, hätte gerade noch Goethes Zustimmung finden können[31]. Vor allem aber widersetzte sich Goethe einem monumentalen Denkmalbau zu seinen Lebzeiten, denn »einem Deutschen ist diese Ehre noch nicht widerfahren«, und artikulierte wiederholt sein »Mißgefühl«: »das projektierte Monument scheine das Maß zu überschreiten der Ehre, die man einem Einzelnen erweisen darf.«[32] Aus dieser Zeit stammt eine Statuette von Rauch, die Goethe im Hausrock, mit Buch und eingestützter Linken zeigt, und vermutlich aus einer Vorstudie für das Denkmal hervorgegangen ist. Goethes Position war also fixiert. Ein öffentlich aufgestelltes und gar monumentales Dichterdenkmal konnte daher nicht mit einer Zustimmung Goethes rechnen, zumal die Frankfurter tatsächlich nichts weniger als ein »Nationaldenkmal für Goethe« im Sinn hatten[33]. Selbst Boisserée, dessen erster »Freundes-Gedanke« sich auf die ausdrückliche Zustimmung Goethes berufen konnte, hatte einen Entwurf drucken lassen, der die sinnbildliche Darstellung von Goethes Versepos *Hermann und Dorothea* zum Mittelpunkt eines patriotischen Denkmals verkürzen wollte:

Am vorteilhaftesten wäre es, sowohl in Rücksicht der Bedeutung als der künstlerischen Behandlung hier *ein* Werk für alle gelten zu lassen. Diese Rücksichten aber würden am besten bei der Wahl von Hermann und Dorothea erreicht werden können. Die durchgehende Beziehung auf das Vaterland und die ereignisvolle Zeit, die der Dichter erlebt und uns durch seine Poesie verschönert und veredelt hat, eignet dieses Gedicht ganz vorzüglich zu dem gesetzten Zweck. – Die beiden Hauptgestalten, Hermann und Dorothea, werden von dem Augenblick ihrer Erscheinung allgemein als wahre Musterbilder eines deutschen Jünglings und Mädchens anerkannt, und nun sind sie uns durch die Begebenheiten der letzten Jahre, da sich unsere Frauen so hilfreich und die Männer so tapfer bewiesen, noch so viel bedeutsamer und teurer geworden![34]

Gegen einen solchen nationalidentifikatorischen Relieffries voll zeitgeschichtlicher Anspielungen wandte Goethe ein, die Idee sei zwar »sittlich und patriotisch«, passe aber nicht für ein Dichterdenkmal: »wir haben aber an plastische Zwecke zu denken, welche auf jenem Weg schwerlich erreicht werden können«[35]. Goethes Freund Knebel hatte 1821 sein Mißfallen viel deutlicher geäußert:

Die großen Ehren, die Sie ihm in Frankfurt antun wollen, scheinen mir noch nicht zur rechten Zeit. Wer möchte sich – zumal im Privatzustand – lebendig vergöttern lassen? Das hebt ihn gleichsam aus aller Gesellschaft weg; denn wer möchte als Halbgott oder Heiliger unter den Menschen einhertreten?[36]

Ein öffentlich aufgestelltes Denkmal für einen noch lebenden Dichter wurde also, auch wenn es um Goethe ging, noch immer als unpassend empfunden.
Aber nicht nur Goethes Ablehnung des »Götzendienst« um seine Person und sein Verdacht, daß »in einem Teile des Publikums schon einiges Mißfallen zu bemerken wäre«[37] führten dazu, daß das Projekt 1825 als gescheitert anzusehen war. Goethe sah seine *Vollständige Ausgabe letzter Hand* als ein treffenderes Denkmal seiner Lebensleistung an. In diesem Sinne kommentierte er das Frankfurter Denkmalprojekt in seinen *Zahmen Xenien*:

»Zu Goethe's Denkmal was zahlst du jetzt;«
Fragt dieser, jener und der. –
Hätt' ich mir nicht selbst ein Denkmal gesetzt,
Das Denkmal, wo käm' es denn her?[38]

Des weiteren waren die spärlichen Sammlungsergebnisse, die nur zu gelegentlichen Weinsendungen an Goethe reichten, ein Indiz dafür, daß Goethe als Gegenstand eines Nationaldenkmals von der bürgerlichen Öffentlichkeit nicht akzeptiert wurde. Ein privates Nationaldenkmal, noch dazu für einen so wenig volkstümlichen Dichter – dieses Paradoxon brachte ein Kritiker schon 1821 auf den Begriff:

Der Verfasser bestreitet grundsätzlich Privatleuten die Befugnis, ein öffentliches und nationales Denkmal zu errichten; dazu bedürfe es entweder eines oft wiederholten, allgemeinen Wunsches oder des Zusammentritts deutscher Städte oder deutscher Fürsten, und beide Instanzen hätten zu dem Projekt noch keine Stellung genommen [...]. Dann führt er weiter aus, sei es ein Unrecht gegen die Toten wie Lessing, Herder und Schiller, wenn einem Lebenden ein Denkmal errichtet werde, solange diese der nationalen Ehrung noch entbehren. Goethe sei doch der Nation fremd geworden; die Zeit, in der der Verfasser des Götz und des Werther der Liebling des Publikums gewesen, sei längst vorbei.[39]

Dieser heftig empfundene Gegensatz zwischen dem nationalen Anspruch des Denkmals und der fehlenden nationalen Repräsentanz Goethes wurde noch verstärkt durch die mangelnde patriotische Legitimation des Denkmalkomitees. Dieses war ja aus einem Kreis Frankfurter Patrizier und Goethefreunde hervorgegangen, konnte also die liberalen Vorstellungen von dem, was unter Volk zu verstehen sei, nicht befriedigen[40].
Mit der Ablehnung der Goetheaner als Mitläufer des Metternichschen Restaurationssystems und als Anhänger der Fürstenherrschaft, wie es der deutsche Liberalismus formulierte, war der Gegensatz zwischen dem privaten Goethe-Kult und den neuen Vorstellungen einer politisch wirkenden Literatur noch nicht abgehandelt. Heinrich Heine etwa hatte die Frankfurter im Verdacht, mit ihren liberalen Floskeln nur den Wirtschaftsliberalismus zu meinen und das Dichterdenkmal als eine geschäftsfördernde Attraktion benutzen zu wollen. In einem Sonett aus seinen *Briefen aus Berlin* (1822) heißt es:

Hört zu, ihr deutschen Männer, Mädchen, Frauen
Und sammelt Subskribenten unverdrossen;
Die Bürger Frankfurts haben jetzt beschlossen:
Ein Ehrendenkmal Goethen zu erbauen.

»Zur Meßzeit wird der fremde Krämer schauen« –
So denken sie – »daß Wir des Manns Genossen,
Daß *Unserm* Miste solche Blum entsprossen,
Und blindlings wird man *Uns im Handel* trauen.«

O, laßt dem Dichter seine Lorbeerreiser,
Ihr Handelsherrn! behaltet Euer Geld.
Ein Denkmal hat sich Goethe selbst gesetzt.

Im Windelschmutz war er Euch *nah*, doch jetzt
Trennt Euch von *Goethe* eine ganze Welt,
Euch, die ein Flüßlein trennt vom Sachsenhäuser![41]

*Goethe-Denkmal von Karl Steinhäuser
in Rom, 1850, für Weimar,
nach dem ursprünglichen Entwurf
eines Frankfurter Goethe-Denkmals
von Bettina von Arnim*

Parallel zu dieser ökonomischen und schon touristischen Sinngebung des Dichterdenkmals, die Heine vermutlich mit Recht unterstellte, lief eine ganz andere Form der Goethe-Verehrung mit großer Zählebigkeit einher. Bettina von Arnim, die Schwester Clemens Brentanos, hatte im Geist der Romantik einen eigenen Denkmalentwurf angefertigt, der Goethe als Jupiter auf einem Thronsessel zeigte[42]. In der Figur einer nackten Psyche mit Lyra zu Füßen des thronenden Olympiers mag man einen Widerschein der Denkmalsvorstellungen aus dem Roman *Godwi* ihres Bruders erkennen, wenn Bettina die Apotheose der poetischen Inspiration des Dichters ins Bild setzen will. Selbst als 1825 die Frankfurter Denkmalpläne vorläufig gescheitert waren, beharrte Bettina auf ihrer eigenständigen und quer zum gängigen Goethe-Bild verlaufenden Dichterhuldigung. Schließlich hatte ja Goethe selbst ihren Entwurf, wiewohl verniedlichend und ironisch, gutgeheißen und sogar mit Verbesserungsvorschlägen bedacht:

> Wenn man das kleine nette Schoßkind des alten impassiblen Götzen aus seinem Naturzustande mit einigen Läppchen in den schicklichen befördern wollte, und die starre trockne Figur vielleicht mit einiger Anmut des zierlichen Geschöpfs sich erfreuen ließe, so könnte der Einfall zu einem kleinen hübschen Modell recht neckischen Anlaß geben.[43]

Zugleich hatten beide, Goethe wie Bettina, mit dem Denkmalsentwurf auf ihr eigenartiges Verhältnis zueinander angespielt. Das »kleine nette Schoßkind« hatte nicht zuletzt durch das 1835 erschienene Buch *Goethes Briefwechsel mit einem Kinde,* das ausdrücklich »seinem Denkmal« gewidmet war, seine schwärmerische und zugleich selbstbezügliche Goethe-Verehrung publik gemacht. Hier wie dort, im Entwurf wie in jenem aufsehenerregenden Buch, spiegelte sich Bettina mit der Durchwebung von Dichtung und Wahrheit in der Figur der Psyche und in der Teilhabe am ewigen Nachruhm Goethes. Noch 1846, als das Goethe-Standbild Schwanthalers längst enthüllt war, verfocht Bettina ihre Idee eines thronenden Dichtergottes unbeirrt weiter. Als schließlich der Bildhauer Karl Steinhäuser 1850 nach ihrem Modell ein solches Denkmal anfertigte, das der Herzog von Weimar erwarb und erst im Park, dann im Treppenhaus der Bibliothek zu Weimar aufstellen ließ, stieß Bettinas Goethe-Darstellung auf allgemeines Unverständnis. Die Betrachter akzeptierten das Denkmal zwar als »Kunstwerk«, kritisierten jedoch sowohl die Idee Bettinas (»wie so viele Ideen dieser glänzenden Seele der Wirklichkeit gegenüber unpraktisch, oft sogar unschön«) als auch die Ausführung (»das Unverhältnißmäßige jener beiden Figuren«, die näher zusammengerückt gehören)[44]. Bettina jedenfalls sah Goethe durch alle Zeiten unverändert als jugendlichen vergöttlichten Heros und verteidigte ihren persönlichen Dichterkult gegen alle realistischen Tendenzen des Historismus.

Als sich 1837 das Frankfurter Denkmalkomitee neu konstituierte – dies war der Anlaß für die Stellungnahme Schopenhauers zugunsten einer Büste gewesen – hatte auch die Wirkungsgeschichte Goethes eine entscheidende Wandlung durchgemacht. Mit seinem Tod hatte Goethes Ansehen den Tiefpunkt durchschritten. Die Gegenbewegung, eine allmähliche Aufwertung im Vergleich zum unangefochtenen deutschen Lieblingsdichter Schiller, hatte in der bekannten Literaturgeschichte des liberalen Literaturhistorikers Georg Gottfried Gervinus ihren ersten Höhepunkt und war spätestens seit 1840 Gemeingut der Gebildeten. Dazu kam, daß das Komitee aus dem

*Entwurf zum Goethe-Denkmal für Frankfurt
von Bertel Thorvaldsen, 1839*

mißglückten Projekt der 20er Jahre Lehren gezogen hatte und diesmal ein Goethe-Denkmal nicht mehr als nationale, sondern als städtische Ehrung betrieb: zu den bis 1840 gesammelten 28000 Gulden, etwas mehr als die Hälfte der Gesamtkosten, stifteten die Frankfurter Kulturinstitutionen erhebliche Summen. Auch daß es keinen Widerspruch mehr gegen die Aufstellung des Denkmals in der Stadtallee, dem heutigen Goetheplatz gab, zeugte von einem jetzt günstigeren Klima für ein Dichterdenkmal. Nach seinen mittlerweile bekannten, wenn auch nicht unumstrittenen Denkmälern in Mainz und Stuttgart für Gutenberg und Schiller war Thorvaldsen als Bildhauer ausersehen worden; auch dieser Künstlername erteilte allen Hoffnungen, ein Goethe-Denkmal als nationales Monument interpretieren zu können, von vornherein eine eindeutige Absage. Thorvaldsens erstes Modell von 1839 griff denn auch die romantische, jeder Aktualisierbarkeit ferne Idee der Sitzpositur von Bettinas Entwurf auf, verweigerte sich aber einer Vergöttlichung oder Heroisierung des Dichters. Thorvaldsens Goethe saß bequem in einem Sessel, auf dessen Rückenlehne er seine Rechte legte; die Haltung und der über die rechte Armlehne geworfene Mantel hatten Schopenhauer in seiner Stellungnahme zu der bissigen Bemerkung veranlaßt, Goethe sitze da, »als wolle er gemüthlich sich frisiren lassen und die Zeitung da-

zu lesen«. Das Buch in der Linken Goethes und der Lorbeerkranz auf seinem Haupt waren viel zu allgemeine Attribute, um als Charakterisierung des Dichterfürsten Anerkennung zu finden. Dieses Unbehagen an der Goethesicht Thorvaldsens und etliche Verzögerungen führten schließlich zur Verpflichtung Ludwig Schwanthalers, der zwar einer jüngeren Generation angehörte, aber schon zu den bekannteren Bildhauern der Epoche zählte. Mit seinem Jean-Paul-Denkmal für Bayreuth von 1841, einer überlebensgroßen Figur mit Griffel und Notizbuch, hatte Schwanthaler das Muster eines Denkmals für einen Dichter geliefert, der weder mit großer Pathosgeste noch mit nationalem Anspruch auftreten konnte. Den zeitgenössischen Betrachtern gefiel gerade dieser changierende, zwischen erstrebter Wirklichkeitsnähe und dem freien Spiel der Phantasie angesiedelte Eindruck des Denkmals. Ein solcher Mittelweg war sowohl durch das dargestellte mittlere Alter Jean Pauls als auch durch die Wahl eines gemäßigt zeitgenössischen Kostüms verstärkt worden[45]. Darüber hinaus hatte Schwanthaler sein Jean-Paul-Denkmal in Distanz zu möglichen Vereinnahmungsversuchen oppositioneller Kräfte des Vormärz angesiedelt und die Staatsnähe des Dichters gebührend hervorgehoben. Statt Jean Paul als schrulligen Einzelgänger oder als Vertreter der literarischen Aufklärung abzubilden, wie es wohl möglich gewesen wäre, lieferte Schwanthaler einen Dichter als staatstragenden Bürger des Biedermeier. Die Aufstellung des Denkmals vor einem Gymnasium und im Auftrag des bayerischen Königs Ludwig I. stellten Jean Paul in den Dienst der obrigkeitlichen Integrationspolitik sowohl in sozialer (Gymnasium!) als auch in territorialer Hinsicht, wie die Denkmalsaufschrift bewies: »Errichtet von Ludwig I., König von Bayern, Herzog von Franken«! Mit seinem Salzburger Mozart-Denkmal von 1842 hatte Schwanthaler ein zweites, ähnlich konzipiertes Künstlerdenkmal geliefert, das größere Beachtung gefunden hatte.[46]
Schwanthaler faßte Goethe als kolossale Standfigur auf, die durch ihre Haltung, den Faltenwurf der Kleidung, die Attribute und den wuchtigen Erzsockel die Breitenwirkung des Bauwerks besonders hervorkehrte. Die Festschrift zur Enthüllung des Denkmals formulierte:

*Denkmal für Jean Paul (Friedrich Richter) (1763–1825)
von Ludwig Schwanthaler, Bayreuth, 1841
Dichterdenkmal im Dienst
der staatsbayrischen Integrationspolitik,
gestiftet von Ludwig I., »König von Bayern,
Herzog von Franken«*

Goethe ist im späteren Mannesalter dargestellt. Das leicht gewendete Haupt, kühn erhoben, mit freiem Blicke in die Weite hinausschauend, zeigt die sprechendste Aehnlichkeit mit dem hingeschiedenen Dichter. Die männlich kräftige, edle Gestalt, leicht an einen von Epheu umrankten Eichenstamm angelehnt, in der rechten Hand eine Rolle, in der linken einen Lorbeerkranz haltend, das rechte Bein mit Sicherheit vorsetzend, und mit einem in reichen, ächt künstlerischen Falten herabfallenden Mantel bekleidet, der von der übrigen modernen Kleidung nur soviel erblicken läßt, als in keiner Weise störend zu wirken vermag.[47]

Der Vergleich mit Thorvaldsens Stuttgarter Schiller-Denkmal ist insofern lehrreich, als an ihm die völlig andere Auffassung Schwanthalers vom klassischen Dichter sichtbar wird. Auch Schwanthaler bedient sich der konventionellen Kompromißlösung bei der Kostümgestaltung, nämlich die zeitgenössische Tracht durch einen Theatermantel zu verhüllen. Während Thorvaldsens Schiller jedoch das Buch in der Hand gleichsam hängen läßt und nachdenklich vor sich hinsieht, blickt Goethe selbstsicher in die Weite, wobei er die Rolle wie zufällig in der Hand hält. Dabei soll es weniger auf den Gegensatz zwischen Schillers Buch und Goethes Rolle ankommen, der den einen als produzierenden Lyriker und den anderen als probenden Theaterautor charakterisiert. Viel deutlicher verrät der Lorbeerkranz, den Goethe wie einen Spielreifen in seiner Linken trägt, den Kontrast zum Stuttgarter Denkmal. Dort war Schiller als schon lorbeergekrönter, jedoch augenblicklich noch dichtender, tragisch dreinblickender Schriftsteller dargestellt worden, während Goethe hier in packendem Zugriff auf seinen Nachruhm gezeigt wird. Dieses ganz gegensätzliche Dichterbild belegt auch ein Vergleich der Posituren beider Standbilder. Ob Goethes aufgestützte Rechte, die eher auf einen Herrscher als auf einen Dichter hinweist, ein Zitat aus den in Frankfurt bekannten Modellen Bettinas von Arnim oder Thorvaldsens enthält, mag offen bleiben. Tatsächlich stellt sich Schwanthalers Goethe so vor den Eichenstamm, als säße er auf einem Thron. Versteht man schließlich das nationale Sinnbild des Eichenstamms ganz wörtlich als Stütze der Rechten mit der Rolle, während die Linke mit dem Lorbeerkranz eher belanglos herabhängt, so kann man darin die Einordnung Goethes zwischen einem nationalen Anspruch auf seine Literatur und dem wie selbstverständlich hingenommenen poetischen Ruhm ablesen. Die Frankfurter haben mit Schwanthalers Denkmal also in erster Linie Goethe als Dichterfürsten, in zweiter als Staatsmann (Rolle als Urkunde?), und erst in dritter als Dichter erhalten. Noch grundsätzlicher unterscheiden sich das Stuttgarter und das Frankfurter Dichterdenkmal, wenn man die Sockelreliefs miteinander vergleicht. Thorvaldsen hatte Schillers Dichtung in allgemein gehaltene, traditionell allegorische und emblematisch erklärte Bilder gefaßt und damit das Poetische schlechthin darstellen wollen. Schwanthaler ging anders vor. In ebenfalls vier Reliefs lieferte er einen Katalog der poetischen und wissenschaftlichen Werke Goethes, wobei

Schwanthalers Goethe als Dichterfürst

*Goethe-Denkmal in Frankfurt
von Ludwig Schwanthaler, 1844*

*Sockelreliefs am Frankfurter Goethe-Denkmal
von Ludwig Schwanthaler*

er zwar keinen Anspruch auf Vollständigkeit, jedoch einen auf die Verbindlichkeit und Repräsentativität einer solchen Werkschau erhob. Der vorweggenommene Einwand Schopenhauers, der 1837 ein verkürztes und daher banalisiertes Werkverzeichnis in Form einer Figurenschau als »kindisch und läppisch« bezeichnet hatte, sowie der nationalpoetische Bildfries Boisserées müssen in der Tat als Folie zu Schwanthalers Bildprogramm mitgelesen werden. Schwanthaler, dem die Festschrift bescheinigt, »von seinem tiefen und richtigen Verständniß des Goethe'schen Geistes« geleitet zu sein, sucht im Gegensatz zu Thorvaldsen nicht die Allegorie der Poesie, sondern die Allegorie der poetischen Werke:

Das Relief der *Vorderseite* zeigt in einem Eichenhain die allegorische Figur der Wissenschaft in der Mitte und zu ihren Seiten die der dramatischen und der lyrischen Dichtkunst. Erstere lehnt sich in sinnender Stellung, den Griffel in der Hand, mit der Aegis der Pallas bekleidet, an einen Cippus, auf welchem sich Symbole der wissenschaftlichen Studien und Werke Goethe's befinden: die dem Wasser entsteigende Isis deutet seine neptunistischen Ansichten über die Bildung unseres Weltkörpers, das Blütheblatt und die Blume sein Werk über die Metamorphose der Pflanzen, das Prisma seine Studien über die Farbenlehre, der Todtenschädel seine osteologischen Leistungen an; eine Tafel endlich mit der Aufschrift: *Antiquitati* bezieht sich auf seine Altertumsforschungen. – Die allegorische Figur der dramatischen Dichtkunst hält eine tragische Maske und den Stab des Komus; die der Lyrik spielt auf einer Lyra und hat ein Füllhorn voll Blumen zu ihren Füßen.[48]

Im Vergleich mit Thorvaldsens Schiller-Reliefs ist die genauere Werkkenntnis Schwanthalers zu beobachten und zugleich das Augenmerk auf die ins Bild gesetzte Triade von Drama, Wissenschaft und Lyrik zu richten, bei der die Wissenschaft im Mittelpunkt steht. Den lyrischen Dichter, den das Stuttgarter Schiller-Denkmal herausgestrichen hatte, rückt Schwanthalters Goethe-Denkmal ganz an den Rand.

So eingeordnet lassen sich die Reliefs als programmatisches Werkverzeichnis in Form eines um den Sockel laufenden Bildbands lesen. Auf der linken Seite des Sockels, im Anschluß an die Allegorie des Dramas auf der Vorderseite, steht das Relief mit Figuren aus den dramatischen Werken Goethes:

Wir begegnen hier zunächst auf der linken Seite zwei Gruppen, von denen uns die eine den Höllenzwang öffnenden Faust und hinter ihm Mephistopheles, die andere aber Iphigenia zeigt, wie sie den Bruder mit dem Könige Thoas versöhnt. Die auf der hinteren Seite sich hieran anschließenden einzelnen Figuren des Egmont, Götz, Tasso bezeichnen die vorzüglichsten weiteren Dramen Goethe's, während ein hinter ihnen stehender Satyros auf die zahlreichen dramatischen Dichtungen satyrischen Inhalts hindeutet.[49]

Bevorzugt werden also die Titelhelden der sogenannten klassischen Dramen Goethes und in altdeutschem Kostüm abgebildet, wie dies dem zeitgenössischen Inszenierungsstil entsprach. Mit Goethes politischen, komödienhaften oder für höfische Gelegenheiten ge-

Bildprogramm der Sockelreliefs

schriebenen Stücken hat Schwanthaler Schwierigkeiten; obwohl sie zugegeben zahlreich sind, bleiben sie außerhalb der Betrachtung, da sie nicht ins Bild des ernsthaften Tragikers passen.

Auf der Rückseite des Sockels nimmt eine Viktoria, »die mit erhobenen Händen gleiche Kränze nach allen Seiten hin austeilt«, spiegelbildlich die Funktion der Wissenschaftsallegorie der Vorderseite auf; sie trennt die Figuren des Dramas von denen der Lyrik auf der rechten Sockelseite:

Das Relief der rechten Seite, an die Figur der lyrischen Dichtkunst sich anschließend, stellt wiederum zwei meisterhafte Gruppen dar, Hermann und Dorothea, sowie Wilhelm Meister mit Mignon und dem alten Harfner in einem Haine, wo zur Seite unter Pappeln stehend auch Werther's Sarg sichtbar ist, während die entsprechende Hälfte der hinteren Seite in besonders reicher und genialer Weise durch zahlreiche Gestalten die verschiedenen Arten der eigentlichen Lyrik zur Anschauung bringt, in denen Goethe vor Allem unübertroffen dasteht. Hier deutet der Erlkönig mit dem Kinde und einer Nixe das deutsche, Prometheus das antike, ein Perser, seine Geliebte kosend, das orientalische, die Braut von Korinth endlich das neugriechische Element an.[50]

Zunächst wäre die Beobachtung festzuhalten, daß Goethes prosaische Arbeiten, soweit sie nicht wissenschaftlichen Inhalts sind, ausnahmslos der lyrischen Schreibart zugerechnet werden; die Klassikerstilisierung kann mit Prosa nichts anfangen. Insgesamt bildet Schwanthalers Sockel einen Katalog derjenigen als klassisch geltenden Werke Goethes ab, die von allem Sperrigen gereinigt den bildungsbürgerlichen Literaturkanon des 19. Jahrhunderts bestimmen werden. Erst wenn man sich bewußt macht, was fehlt: z. B. *Die Wahlverwandtschaften*, die frühe Lyrik, *Faust II*, *Die Wanderjahre*, um nur die auffälligsten Lücken zu bezeichnen, dann wird schnell deutlich, daß dieses Werkverzeichnis einen schlackenlosen, gereinigten und ins Unverfängliche stilisierten Klassiker festschreiben möchte. Liest man nämlich die Reliefplatten als fortlaufendes, ineinander verzahntes Bildprogramm um den Sockel herum, dann enthüllt sich ein höchst einprägsames Goethebild. In der Abfolge von *Faust* und *Iphigenie* über *Egmont* und *Götz* bis hin zu *Tasso* knüpft Schwanthaler eine Dramenreihe, die nicht etwa der Entstehungsgeschichte der Werke folgt, sondern der zeitgenössischen Einschätzung des Dramatischen, freilich in abfallender Reihenfolge, entspricht. Dieser Sinnbezirk des mustergültig Dramatischen steht nicht zufällig unter dem rechten Arm Goethes, dem der nationale Eichenstamm und die (Theater-) Rolle zugehören. Eine ähnliche Entsprechung findet sich auf der linken Seite. Die dortige Abfolge der lyrischen Werke, beginnend mit der deutschen Ballade *Der Erlkönig* zu den klassischen und orientalischen Formen, vom Versepos *Hermann und Dorothea* zu *Wilhelm Meisters Lehrjahren* und *Werthers Leiden*, folgt ebenfalls der zeitgenössischen Wertschätzung. Dabei betont die Auswahl die repräsentativen lyrischen Formen und bevorzugt die am ehesten biographisch lesbaren Romane (Werthers Sarg als Hintergrund des *Wilhelm Meister*!) als im Grunde lyrische Poesie. Diesem Bereich ist der wie nachlässig herabhängende Arm des Goethe-Standbilds mit dem Lorbeerkranz zugeordnet. In diesem Bereich des wahrhaft Lyrischen kann man die größte Nähe zwischen der tragisch blickenden Stuttgarter Schiller-Figur und Schwanthalers Goethe finden; hier sammeln sich nicht zufällig die tragischen Motive (Werthers Sarg, *Erlkönig*). Der fast nahtlose Übergang zwischen Lyrik und Dramatik auf der hinteren Reliefplatte durch die Figur der Viktoria – von der *Braut von Korinth* bis zu *Tasso* – überspielt ein wenig, daß die Rangfolge auch von der nationalen Thematik der ausgewählten Werke bestimmt ist. So geraten, in Entsprechung zur Goethe-Figur, *Faust* unter den deutschen Eichenstamm, *Hermann und Dorothea* unter den Lorbeerkranz, so liest sich das Frankfurter Goethe-Denkmal als Katalog der nationalen Poesie zu Füßen eines klassisch gewordenen Dichterfürsten.

Dieses Parallelschema von Lyrik und Dramatik einerseits und die Reduktion von Goethes Werk auf wenige, als repräsentativ geltende Stücke andererseits enthält das Grundmuster des bildungsbürgerlichen Klassikerbildes. Die Illustration zur Enthüllungsfeier umrahmt den nach Stielers Gemälde gezeichneten Goethe gleichzeitig mit den traditionellen Sinnbildern des Poetischen und mit stimmungsvollen Szenen aus seinen Werken. In Analogie zu Schwanthalers Denkmalsockel läßt sich jedoch auch hier die Bilderfolge als

Feier zur Enthüllung des Goethe-Denkmals in Frankfurt am 22. Oktober 1844: »Die Stadtallee war von Bürgermilitär eingeschlossen«

Kreislauf lesen, wenn auch keine so eingängigen Querverweise wie am Denkmal hergestellt werden können.

Trotz solcher einheitsstiftender Sinnbezüge spaltete die Einweihung des Denkmals am 22. Oktober 1844 die Bürger Frankfurts noch einmal in Goetheanhänger und -gegner. Weil die Zünfte als die Vertreter des Volks nicht teilnahmen, fehlte ein populärer Festzug; das Bildungsbürgertum war isoliert, wie der Vergleich mit dem unter großer Begeisterung und Beteiligung 1840 enthüllten Gutenberg-Denkmal belegt. Die Berichterstattung sparte nicht mit Kritik an der Festorganisation, so daß nur 600 auswärtige Gäste, also »nicht so zahlreich, als man gewünscht haben möchte«, erschienen waren[51]. Das unverhältnismäßige Militäraufgebot (»Die Stadtallee war vom Bürgermilitär eingeschlossen«) signalisierte zudem die Furcht der Verantwortlichen vor Aktionen der Bevölkerung, die den Kreis der Stadthonoratioren stören könnten. Die Frankfurter Buben bewiesen jedenfalls ihr Interesse an der Feier und kletterten auf die umstehenden Bäume.

So überrascht es nicht, daß die Festrede von Dr. Spieß das Goethe-Denkmal ausdrücklich den besitzenden Bürgern Frankfurts, nicht der Bevölkerung oder der Nation übergab:

Ihr aber, Bürger dieser freien, mit so vielen Gütern schon so reich gesegneten Stadt, empfanget ihn als den Euren in Eurer Mitte! Erschließet ihm Eure Herzen! Laßt sein Bild stets zu Euch reden von dieser Stelle, daß es etwas höheres noch gibt im Menschenleben, als was das alltägliche Treiben uns beut![52]

Karl Gutzkow, wahrlich kein Unbekannter und offiziell geladener Festgast, kritisierte nicht nur den »beengten Gesichtskreis« der Behörden, da es in der nächtlich beleuchteten Stadt zur Verprügelung Betrunkener und von »allzu mephistophelisch auftretenden Goetheverehrern« durch die Polizei gekommen war. Auch den mehrtägigen Festlichkeiten konnte Gutzkow wenig abgewinnen. Der zur Eröffnung aufgeführte *Götz* sei »keine glückliche Wahl« gewesen, den Festzug habe man »länger, die Fahnen zahlreicher« gewünscht; das im Festsaal aufgestellte Transparentgemälde von Moritz von Schwind »Goethe's Geburt unter allegorischen Umgebungen und mit einer darüber schwebenden Glorie« vermittle zudem ein falsches Goethebild[53].

Enthüllung im »beengten Gesichtskreis«

Als einer der Redner beim festlichen Essen am Enthüllungsabend hatte Gutzkow schon die Gelegenheit benutzt, der Selbstbeweihräucherung der Stadt gegenzuhalten. In seinem Toast auf das Denkmal nahm er den Namen Frankfurts ausdrücklich nicht in den Mund und beschwor stattdessen eine deutsche Kultur- und Poesienation, die den staatlichen Dualismus zwischen Preußen und Österreich überbrücken könne, weil sie nicht etwa in Frankfurt, sondern in Weimar schon längst eine poetische Hauptstadt besitze:

nicht etwa in Wien, wo Kaiser Joseph sich selbst erst vom geistlichen Netzgestrüpp zu befreien hatte, nicht in Berlin, wo ein geistreicher König die Regungen der jungen Zeit spröde von sich wies, nicht an jenen Höfen, wo man noch italienische Sänger und französische Tänzer hielt, sondern in dem seit den Religionskämpfen nicht mehr genannten kleinen sächsischen Weimar![54]

Selbst wenn man Gutzkows damalige Förderung durch den Weimarer Großherzog und die dadurch begründeten Lobhudeleien abzieht, bleibt dennoch beachtenswert, daß der Redner Goethe gegen die städtischen Vereinnahmungsversuche in Schutz nimmt. Gutzkows Toast gilt einem Dichterfürsten, der »in Weimar seinen Dichterthron aufschlug« und an der »poetischen Tafelrunde« des König Artus der Klassik, des Weimarer Herzogs Karl August seinen Stammplatz hatte: »So lange deutsche Sprache lebt, so lange lebe Weimar hoch!«[55]

Vielleicht ist mit diesem Affront gegen Frankfurt ein Begriff einer deutschen Kulturnation formuliert, wie ihn die bildungsbürgerliche Revolution von 1848 im Sinn hatte, als sie die Aussöhnung der liberalen Prinzipien der Volkssouveränität mit den tradierten Herrschaftsrechten der Dynastien anstrebte. Für beide Seiten nicht, noch für eine Vereinbarung zwischen beiden konnte Goethe als Symbolfigur taugen; zu gering war seine Popularität. Eine Goethefeier wie zum 100. Geburtstag 1849, die vielleicht zur Popularisierung des Dichters hätte beitragen können, stand nicht bloß im Schatten der aufgewühlten Zeit. Wenigstens in Frankfurt zeigten sich gewisse Kontinuitäten, nicht bloß, daß auch diesmal die bösen Buben auf die Bäume kletterten und nur die ordentlichen Kinder und die Honoratioren teilnahmen; auch das Militär, diesmal dezenter im Hintergrund aufgestellt, war wieder präsent. Bei der Vorfeier war sogar Karl Gutzkow indirekt anwesend, denn sein *Königsleutnant,* ein Stück über

*Feier zu Goethes 100. Geburtstag
vor dem Denkmal in Frankfurt, 1849
Die Begeisterung wirkt –
nach dem Ende der bürgerlichen Euphorie –
etwas aufgesetzt*

einen Stoff aus Goethes *Dichtung und Wahrheit*, wurde aufgeführt – »ein verunglückter« Gedanke, wie der Berichterstatter bemerkte, da Goethe darin »nur eine Nebenrolle« spiele; überhaupt sei der Dichter eine »ideale Größe«, der »beschränkte Gesichtskreis« der Frankfurter Feier könne daher nur »locales Interesse« beanspruchen[56]. Am eigentlichen Festtag fanden dann Vorträge statt, »wodurch sich die Mitglieder des Festcomités zugleich selbst verherrlichten – da kein Nichtmitglied zum Vortrag gelangte«. Auch die Qualität der Vorträge »ließ Manches zu wünschen übrig«. Beim kostümierten Festzug indes zeigte sich eine »ungeheure Menschenmasse«, als um 12 Uhr zwei Tableaus mit dem Frankfurter Stadtwappen und dem Weimarer Landwappen enthüllt wurden. Das Denkmal war durch vier »thönerne bronzirte Candelaber von colossaler Größe« eingerahmt; dazu kamen noch »Pfeiler mit Votivtafeln« mit aus »Werken des Dichters entnommenen goldenen Denksprüchen«. »In weiterer Entfernung« standen nochmals 18 Tafeln mit Inschriften aus Goethes Werken, »welche zum Theil ganz zeitgemäße politische Anspielungen enthielten und in Beziehung zu den allegorischen Gemälden standen.« Am Abend spielte man im Theater *Iphigenie*, stellte Lebende Bilder nach dem Muster der Sokkelreliefs, beleuchtete das Denkmal und gab ein Festmal für 400 Personen. Dennoch, so resümierte der Berichterstatter, waren Goethe und seine Werke immer noch »nicht so sehr wie sie sollten Nationalgemeingut«; dies gelte besonders für Frankfurt, »weil das kunstsinnige und hochgebildete Publicum hier in einer reinen Handelsstadt verhältnismäßig gering ist.«[57]

Erst im Schillerjahr 1859 konnten sich die liberalen und patriotischen Hoffnungen um Leben und Werk eines Klassikers ranken. Bis dahin mußten Goethe und Schiller, möglichst beide zusammen, wenigstens die poetische Idee einer deutschen Nation vertreten.

Versteinerte Literaturgeschichte
(1848–1870)

Der deutschen Poesie würde der Gipfel fehlen,
hätten Goethe und Schiller einander nicht gefunden.
FRANZ KUGLER

Man sollte in großen Städten überall,
wo man das P.ssen verhindern will,
Denktafeln für verdiente Männer anbringen,
statt der Polizei-Verbote.
FRIEDRICH HEBBEL

Die Literaturgeschichte des Bildungsbürgertums

Die gescheiterte Revolution von 1848/49 mag für die politische Geschichte des deutschen Bürgertums einen epochalen Einschnitt darstellen. In der Geschichte des Dichterdenkmals springen eher die Kontinuitäten aus der Restaurationszeit ins Auge, so daß man aus dieser Perspektive das Jahrzehnt der Reaktion bis 1859 als Fortsetzung wird betrachten müssen. Eine Goethefeier wie die in Leipzig am 28. August 1849 konnte beinahe nahtlos an die Dichterfeiern des Biedermeier anknüpfen. Nicht nur der Redner Prof. Weiße benutzte in seiner Ansprache Goethe ganz ungeniert »zu einer Polemik gegen die ›maßlosen Bestrebungen der Neuzeit‹«[1]. Auch der von Adolf Böttger gedichtete und im Stadttheater aufgeführte Prolog gipfelte in einer Goethe-Huldigung, bei der Lebende Bilder nach Goethes Werken gestellt wurden. Eine lorbeerbekränzte weibliche Gestalt, ob Muse oder Germania, präsentierte dem Publikum sinnige Zweiergruppen: Tasso und Götz von Berlichingen(?), Mephisto und Frau Marthe, Faust und Gretchen, Mignon mit dem Harfner. Konnte man hierin noch eine verkürzte Übernahme der Relieffolge vom Frankfurter Goethe-Denkmal sehen, so kündigte das Goethebildnis im Hintergrund eine ganz gegenteilige Sicht an: die Goethe-Büste, von Musen umgeben und mit Girlanden und der Lyra als dem Sinnbild der Poesie geschmückt, ahmte vielmehr die Büsten der Walhalla nach und definierte einen Denkmalbegriff, der eigentlich schon anachronistisch geworden war.

An solchen Darstellungs- und Denkformen erklärt sich, daß nach der Enthüllung des Frankfurter Goethe-Denkmals in Deutschland auf lange Zeit kein Dichterdenkmal mehr errichtet wurde. Zu weit waren Anspruch und Verwirklichung auseinandergedriftet. Die Kunstkritik, für die um 1850 der Beginn des sogenannten Realismus angesetzt zu werden pflegt, diskutierte erneut und noch immer die schon bekannte Kostümfrage, obwohl mittlerweile ein Generationswechsel der repräsentativen Bildhauer stattgefunden und sich das ganzfigurige Standbild gegen die klassizistische Büstenform längst durchgesetzt hatte. Der bekannte Kunsthistoriker und -kritiker Franz Kugler machte noch nach der Jahrhundertmitte zwei Richtungen in der zeitgenössischen Skulptur aus: eine ältere Schule um die Bildhauer Schinkel, Canova und Thorvaldsen, die sich zur »idealen Behandlung historischer Monumente« bekannte, und eine neuere Schule, die in Rauchs Reiterstatue Friedrichs des Großen in Uniform und Königsmantel (vgl. S. 60) ihr Musterstück habe:

Welche von diesen beiden Richtungen für unsre Zeit die gültigere sei, hierüber traue ich mir kein Urtheil zu. Die geläuterte Idealität der einen, die unmittelbare Gegenwart des Lebens in der andern Richtung scheinen beide ein gutes Recht zu haben;[2]

Trotz seiner Orientierung am Zeitgeist sympathisierte Kugler noch mit der idealistischen Lösung, während er schon die sprichwörtlich gewordene Stilunsicherheit des Jahrhunderts formulierte, da

unsre Zeit noch keinen eigenthümlichen architektonischen Styl, der der Ausdruck unsrer heutigen Gedanken- und Gefühlswelt wäre, hervorgebracht hat[3].

Auch wenn man Kuglers Suche nach einem »heutigen« Stil anerkennt, so bedeutete diese Haltung dennoch eine Entscheidung für das antike Kostüm und damit für eine klassizistische Position ähnlich der Schopenhauers, daß nämlich »geistiges Wirken vorzugsweise nur in Kopf und Antlitz seinen Ausdruck« finde: »Für den Mann der geistigen Tat wird schon die Büste eine vorzügliche charakteristische monumentale Bedeutung haben.« Allerdings konnte ein so rigider Rückgriff auf die überholte Büstenform die realistischen Ausbildungsansprüche nicht mehr befriedigen. Wollte man die »ideale Darstellung einer charakteristischen Persönlichkeit, im Gegensatz gegen die zufälligen Besonderheiten dieses oder jenes Zeitkostüms«, so wäre dies nur durch die »freie, stolze Nacktheit« möglich gewesen, die jedoch nicht nur »der Sitte unseres Zeitalters« widersprach. Die nackte Figur betonte gerade »das Körperhafte«, das man ja eben vermeiden wollte! Aus dieser Sackgasse suchte der Denkmalbau einen zeittypischen Ausweg:

Es kommt allerdings darauf an, die freie, durch keine Zufälligkeiten beengte Schönheit des körperlichen Organismus festzuhalten, aber nur als Grundlage, als Reminiscenz, und in einer Weise umkleidet, die seine vorwiegende Wirkung zu neutralisiren, die an die Stelle der individuellsten Formenbewegung Linien und Massen von mehr allgemeiner, fast möchte ich sagen: mehr architektonischer Bedeutung zu setzen vermag, die somit die körperliche Gesammterscheinung zu demjenigen umwandelt, was sie für den in Rede stehenden Zweck in der That sein soll: – zum Unterbau und Träger des Kopfes, welcher die geistigen Organe zur Anschauung bringt. Es kommt darauf an, den Körper, diesem Princip gemäss, in ein ideales Gewand zu kleiden. Dies aber ist das antike und insbesondere (da das römische Kostüm im Einzelnen doch in modische Verhältnisse übergeht) das griechische Gewand. Das letztere war freilich ein solches, welches für ein bestimmtes Volk und für eine bestimmte Zeit seine Gemeingültigkeit hatte und insofern ein Zeitkostüm war;[4]

Das antike Kostüm diente nur noch als Umkleidung; es wurde gleichsam historisiert und zum idealisierten »Zeitkostüm« erklärt! Durch diesen theoretischen Kompromiß war der Gesamteindruck einer Statue zu »neutralisiren« und ihr zu »architektonischer Bedeutung« als »Unterbau und Träger des Kopfes« zu verhelfen: die Figur blieb letztendlich gleichgültig und konnte durch den bloßen Austausch der Köpfe beliebig verändert, umgestaltet und vervielfältigt werden!
Die Kostümfrage und ihre kunsttheoretischen Voraussetzungen und praktischen Konsequenzen prägten, als Spiegel des Geschmackswandels der Zeit, auch die Entstehungsgeschichte des wohl berühmtesten Dichterdenkmals. Erst mit diesem 1857 in Weimar enthüllten, von Ernst Rietschel geschaffenen Goethe-Schiller-Denkmal hatte sich das Zeitkostüm und das ganzfigurige Dichterstandbild endgültig durchgesetzt. Die Idee, die monumentale Wirkung eines Dichterdenkmals durch ihre Verdoppelung noch zu steigern, ergab sich allerdings erst im Laufe der Planungsgeschichte. Den Ausgangspunkt des Projekts bildete vielmehr das Jahr 1825, im dem der 50. Jahrestag von Goethes Übersiedlung nach Weimar und der Beginn seiner Freundschaft mit dem Weimarer Herzog Karl August gefeiert wurde. Daß genau 20 Jahre zuvor Schiller gestorben war, ergab sich zufällig; der zeitliche Zusammenfall konnte aber im ersten Planungsstadium dazu dienen, ein monumentales Standbild überhaupt ins Auge zu fassen. Goethe war noch am Leben; das Beispiel Frankfurts zeigte, daß ein Monumentaldenkmal für einen noch lebenden Dichter auf heftigen Widerstand stoßen würde. Auch in Weimar standen die Denkmalspläne bis zu Goethes Tod im Geruch einer provinziellen, partikularistischen und privaten Dichterverehrung und wurden von einer breiteren oder gar nationalen Öffentlichkeit kaum beachtet. Erst 1835 erhielt die Denkmalplanung neuen Schwung durch einen Aufruf aus Würzburg, der den Denkmalgedanken nunmehr zum nationalen Anliegen erhob, den ein »Gesammtvaterländischer Gemeingeist« zu tragen habe. Ein Komitee mit Männern wie Wilhelm von Humboldt, Varnhagen von Ense, Christian Rauch, Friedrich Schinkel und Peter Christian Wilhelm Beuth aus Berlin, Friedrich Schelling aus München, mit Boisserée und dem englischen Schriftsteller und Goethe-Übersetzer Thomas Carlyle, um nur die bekanntesten zu nennen, sollte den überregionalen Zuschnitt der Planung und den weit ausgreifenden Geist bildungsbürgerlicher, literarischer und sozialer Repräsentanz dokumentieren. Als Bildhauer konnte Rauch gewonnen werden, als Aufstellungsort bot sich der Platz vor dem Weimarer Theater an. Dann verlief das Projekt allerdings vorläufig im Sande[5].
Die Wiederbelebung der Denkmalidee verdankte dem Jahr 1849 nicht nur den zufälligen Anlaß der Feiern zu Goethes 100. Geburtstag. Den weiteren kulturpolitischen Hintergrund bildeten die Bemühungen des neuen Weimarer Großherzogs Karl Alexander, seinen Kleinstaat unter den Bedingungen der gescheiterten Revolution und der einsetzenden Reaktion neu zu legitimieren. Die ökonomischen Umarmungsabsichten

*Erster Entwurf von Christian Daniel Rauch
für das geplante Goethe-Schiller-Denkmal in Weimar
Beide Dichter durch Kostüm und Altar
als antike Gestalten gekennzeichnet*

Preußens – seit 1834 bestand der Allgemeine Deutsche Zollverein unter preußischer Führung – und die liberalen Zentralisierungsbestrebungen, wie sie die Frankfurter Reichsverfassung von 1849 formuliert hatte, waren eine ständige Bedrohung der partikularen Souveränität des Fürstentums. Dagegen entwickelte Weimar das Konzept einer kulturellen Vorreiterrolle für ganz Deutschland, bei dem das aufgefundene Klassikererbe mit noch älteren Traditionslinien verknüpft werden konnte. Neben der Weimarer Klassik war es die Wartburg, deren Restaurierung seit 1853 in Angriff genommen wurde. Hier sollten feudale Herrschaftserinnerungen, Luthers Wirken für den Protestantismus und die ins unpolitisch Romantische abgebogene Burschenschaftsbegeisterung zusammengeführt werden. Eine Profilierung in Richtung altdeutsche Traditionspflege bot sich aus einem weiteren Grund an. Ludwig I. von Bayern hatte bereits in der ersten Hälfte des Jahrhunderts mit seinem katholisch eingefärbten Philhellenismus in Architektur und nazarenischer Bildkunst die Führungsrolle der deutschen Kulturnation an Bayern gezogen. Nach Ludwigs Abdankung 1848 bot es sich für Weimar an, diese Lücke zu füllen, zumal die ganz anders gelagerten Kunstinteressen von Ludwigs Nachfolger Max II. noch die geeignete Ausdrucksform suchten. Dessen neugotischer Maximilianstil überschnitt sich mit den aufs Altdeutsche gerichteten Intentionen Weimars und kann durchaus als Verteidigung der bayerischen Führungsposition gegen das Vordringen des Großherzogtums gelesen werden. Tatsächlich sollte die Planungsgeschichte des Weimarer Goethe-Schiller-Denkmals belegen, daß dessen politische Symbolwirkung von Ludwig als der Versuch einer nationalkulturellen Schwerpunktverlagerung erkannt wurde und nicht tatenlos hingenommen werden sollte.

Solche Hintergründe werden dem Bildhauer Rauch nicht bewußt gewesen sein, als er mit den ersten Entwürfen zum Doppelstandbild für Goethe und Schiller begann. Für das antike Kostüm, das Rauch für die Darstellung der Klassiker bevorzugte, suchte er freilich ein antikes Vorbild vergebens. Dabei wollte Rauch nicht bloß eine Idealisierung der Klassiker erreichen; ihm schwebte zugleich die Vermittlung zur modernen Position historischer Genauigkeit vor. Besonders geeignet schien das antike Kostüm für die Popularisierung eines einprägsamen Klassikerbildes:

> Solche historischen Monumente müssen für das Volk sein. Das hat nun nicht den geringsten Anstoß an Knöpfen, Kragen, Hosen, im Gegentheil, es freut sich kindisch dies Bekannteste im andern Material so getreu ausgedrückt zu sehen. Wer Anstoß nimmt, sind die Gebildeten und mehr aus Halbbildung, als aus ganzer, mehr aus Tradition als aus wirklichem Gefühl. Es ist freilich wahr, ein Apollo wäre im Überrock nicht darzustellen, wohl aber ein Schiller und Goethe. Ihr Ideales haben wir in ihren Werken, wie kein Stein oder Erz es ausdrücken kann. *Hier* im Monument sagen wir der Nachwelt: Seht, so sahen die Männer aus und so sollen sie auch für euch in voller Wirklichkeit immer leben.[6]

Eine solche Unentschiedenheit in der Kostümfrage hätte in der plastischen Ausführung unweigerlich zum sattsam bekannten Draperiemantel führen müssen, wie er am Stuttgarter Schiller-Denkmal und am Frankfurter Goethe-Denkmal zu sehen war. Aber gerade diese »unbehagliche, halb ideale Goethe-Statue von Schwanthaler«[7] lehnte Rauch kategorisch ab; er

84 *Weimar als Kulturmittelpunkt Deutschlands*

*Zweiter Entwurf Rauchs
zum Goethe-Schiller-Denkmal in Weimar
Zwei Lorbeerkränze und die stärkere Betonung Schillers
sollen dem Eindruck entgegenwirken,
Goethe protegiere den jüngeren Dichter*

fertigte ein Modell an, das Goethe und Schiller zwar mit porträtähnlichen Köpfen, aber in weiten antiken Gewändern und mit Sandalen darstellte und das an Philosophenstatuen des Altertums erinnern sollte. Hinter beiden Figuren war zudem noch ein Altar gedacht,

vor Allem als dunkel machende Stütze an den Gewandsäumen hinter den Beinen nöthig, und willkommen, die Heiligkeit des Ortes und der Personen zugleich zu bezeichnen.[8]

Diese Antikisierung und Sakralisierung der beiden Dichter erhielt eine besondere Note durch die dominierende Position, die Goethe innerhalb des Denkmals zugewiesen bekam. Es sah so aus, als führe der fest stehende Goethe den zögerlichen Schiller dem Publikum vor. Dieses Vorschieben Schillers, das durch dessen gleichsam vorgezeigte Rolle und die unmotivierte Handbewegung der Linken noch betont wurde, konnte als Versinnbildlichung der Protektion durch Goethe mißverstanden werden. Goethes Linke auf der Schulter Schillers verstärkte diesen gönnerhaften Zug noch mehr. Die Erläuterungen Rauchs zu seinem Entwurf bestätigten diese Sicht der Klassikerfreundschaft, bei der Goethe der maßgebendere Teil sein sollte:

als Zugabe dachte ich mir Goethe als den älteren und für die Kunst auch als den Bleibenderen und Tieferen, welcher Schiller's Rechten, die ein neues Manuscript hält, durch Auflegung der seinigen Vertrauen und Ermuthigung ausspricht, die Linke mit dem Lorbeer als Beiden gleich gebührend (auf Schiller's Schulter) andeuten soll.[9]

In einem zweiten Modell versuchte Rauch die Einwände, die vor allem den Rangunterschied der Klassiker betrafen, zu berücksichtigen. Rauch rückte Schiller neben Goethe nach vorne und veränderte die Kopfhaltung Schillers, so daß dieser im Unterschied zu Goethes nach vorn gerichtetem Blick begeistert in die Höhe sah. Die einschneidendste Veränderung erfuhr jedoch der Lorbeerkranz in Goethes Hand und auf Schillers Schulter, der die Intention Rauchs »als Beiden gleich gebührend« zu unpräzise verbildlicht hatte. Zwei Lorbeerkränze verdeutlichten nun die Gleichrangigkeit der Dichter unter dem Gesichtspunkt des Nachruhms, wie vor allem König Ludwig I. immer wieder gefordert hatte: »entweder sollen beide Dichter *ohne,* oder jeder *mit* einem Lorbeerkranze dargestellt werden«[10]. Mit dem vorgehaltenen Lorbeerkranz als dem Verbindungsglied zwischen den beiden Figuren führte Rauch ein Motiv ein, das Ernst Rietschel bei der Ausführung des Denkmals beibehalten hat und das der wirkungskräftigste Ausdruck des gemeinsamen Strebens der Klassiker nach Ruhm werden sollte.

Mit diesem seinem zweiten Modell hatte Rauch anscheinend genau die herrschenden Vorstellungen von der Klassikerfreundschaft getroffen, wie die begeisterte Zustimmung sowohl in Weimar als auch in Berlin bewies. Freilich fehlten die Mittel, ein so monumentales Doppelstandbild auszuführen. Hier griff der offiziell abgedankte, aber kulturpolitisch noch immer dominante König Ludwig I. von Bayern ein, der für das Denkmal das Metall der in den griechischen Freiheitskriegen erbeuteten Kanonen stiftete und dergestalt seine philhellenische Klassikerverehrung auf sinnige Weise in das Denkmal einbrachte. Diese Förde-

wer erhält den Lorbeerkranz? 85

*Lessing-Denkmal in Braunschweig von Ernst Rietschel, 1848 begonnen, 1853 vollendet, 1859 enthüllt
Es galt den Zeitgenossen als Musterbeispiel
für die realistische Darstellung von Geistesgröße*

rung geschah freilich um den Preis, von nun an die künstlerische Mitsprache des bayerischen Königs hinnehmen zu müssen. Ludwig ließ nämlich in Weimar ausrichten, eine weitergehende Finanzierung durch ihn komme nur unter drei Bedingungen in Betracht:
1. Ludwig wollte kein Doppelstandbild, sondern Einzelstatuen. Dieser Wunsch war sicherlich aus Ludwigs Konzeption des großen Einzelnen, wie er sie in seiner Walhalla verwirklicht hatte, verständlich. Der entscheidende Grund für eine Ablehnung des Doppelstandbilds lag jedoch in der Unterordnung Schillers, die Ludwig nicht anerkennen mochte, da er selbst doch Schiller als Dichter noch über Goethe stellte. Die Formulierung Rauchs über Goethe als dem »Bleibenderen und Tieferen« mußte Ludwig geradezu als Provokation erscheinen. Ludwig nahm später zwar seine schroffe Ablehnung des Doppelstandbilds zurück, bestand aber auf der Gleichrangigkeit der beiden Dichter, wie sie durch den zweiten Lorbeerkranz hergestellt worden war.
2. In der Kostümfrage vertrat der König einen auf den ersten Blick äußerst merkwürdigen Standpunkt. Man sollte meinen, dem Erbauer der klassizistischen Walhalla hätte vor allem das antike Kostüm des Rauch-Modells zusagen müssen. Doch Ludwig erklärte, daß er »das griechische Kostüm für Weimar unpassend, aber für eine Gruppe das moderne nicht wohl anwendbar halte«[11]. Eine solche Auffassung, die wohl nur einen Theatermantel wie bei Thorvaldsens Stuttgarter Schiller-Denkmal oder Schwanthalers Goethe-Denkmal in Frankfurt meinen konnte, zielte ganz eindeutig auf den kulturpolitischen Stellenwert des Denkmalstandorts. Ludwig nannte ja das antike Kostüm »für Weimar unpassend« – nicht aber für Bayern, darf man ergänzen. Der König bestritt also dem Weimarer Denkmal das Anrecht auf die gültige Erinnerung an die Klassik, die er in seiner eigenen Walhalla zeitloser und wahrer erfüllt sah!
3. Schließlich verlangte der König, der Guß des Standbilds müsse in der königlichen Erzgießerei in München vorgenommen werden.
Rauch lehnte freilich Ludwigs autoritäre und in ultimativer Form vorgebrachte Einflußnahme auf die Denkmalgestaltung strikt ab. Zwar konnte Rauch auf seinen zweiten Entwurf verweisen, in dem er die Rolle in Schillers rechter Hand gegen einen zweiten Lorbeerkranz ausgetauscht hatte und damit der Forderung Ludwigs nach bildnerischer Gleichrangigkeit von Goethe und Schiller nachgekommen war. In der Kostümfrage bestand Rauch jedoch auf seinen künstlerischen Prinzipien; auch den Guß wollte er nicht anders als in der Nähe seines Ateliers in Berlin zulassen. Da beide Seiten unnachgiebig auf ihren Grundsätzen beharrten und selbst die Vermittlungsversuche des Weimarer Großherzogs und des preußischen Königs Friedrich Wilhelm IV. erfolglos blieben, gab Rauch 1852 den Auftrag für das Goethe-Schiller-Denkmal an den Großherzog zurück.

Ernst Rietschel, der als Meisterschüler Rauchs von diesem als Nachfolger vorgeschlagen wurde und nach einigem Zögern den Auftrag dann auch übernahm, galt als Künstler, der sich wenigstens in der Kostümfrage dem Standpunkt des bayerischen Königs annähern konnte. In seinem Braunschweiger Lessing-Denkmal, 1848 begonnen, 1853 vollendet und 1859 enthüllt, hatte Rietschel das zeitgenössische Kostüm kompromißlos verwandt[12]. Selbst bei Rietschels ersten Vorstudien 1848, als Beinstellung, Armhaltung und Attribute Lessings noch keineswegs feststanden, war die zeitgenössische Bekleidung unumstritten.

Rietschel versteifte sich indes nirgends auf eine kostümgeschichtlich korrekte Bekleidung Lessings, sondern erhob das zeitgenössische Kostüm zum Maßstab, an dem sich die Aussagekraft der Darstellung würde messen lassen müssen. Rietschels berühmter Satz: »Lessing suchte im Leben nie etwas zu bemänteln, und gerade bei ihm wäre mir der Mantel wie eine rechte Lüge vorgekommen«[13], war ja nicht bloß gegen den Theatermantel als die bisher gängige Notlösung zur Drappierung der Denkmalfigur gerichtet. Rietschel behauptete damit, es gebe einen unmittelbaren Zusammenhang zwischen dem Charakter des Darzustellenden und der Bildsprache der Denkmalplastik:

Lessing ist ein Mann, der nicht durch eine äußere Handlung und Attribut bezeichnet werden kann; was ihn charakterisiert, ist eben undarstellbar – Geistesreichtum und -schärfe, Urteil, Wahrheitsgefühl. Er kann nur, wenn es mir gelingt, als ein geistreicher Mann dargestellt werden, dem man Leben, Begeisterung, Energie ansieht. Jede Symbolik seiner Taten in Stellung und Bewegung würde die Charakteristik schief führen.[14]

Der Kostümrealismus, der in der Folgezeit Mode wurde und oberflächliche Bildgenauigkeit als sinnige Charakterzeichnung ausgab, war am Lessing-Denkmal vermieden. Rietschels Lessing hatte die herkömmlichen Attribute zur Kennzeichnung seines Dichterberufs nicht mehr nötig. Die kannelierte Säule, auf die sich sein Lessing stützte und die den Eichenstamm der Entwürfe ersetzte, spielte unaufdringlich sowohl auf Lessings Charakterfestigkeit als auch auf die Antike als geistiges Vorbild an. Lessings Deutschheit, wie sie der Eichenstamm ursprünglich verdeutlichen sollte, galt nun – als der Symbolfigur liberaler und patriotischer Gesinnung – in seiner Person vorausgesetzt und mußte nicht mehr zusätzlich formuliert werden. Das Zeitkostüm, die feste Standpositur und die aufs Herz gelegte Rechte gemahnten 1853, nach der Vollendung des Standbilds auf dem Höhepunkt der Reaktionszeit, daß aus dieser Darstellung der dichterischen Kraft auch der politische Feuergeist hervorleuchtete. Die beiden allegorischen Sockelreliefs des Dramas und der Kritik knüpften an die Lessing-Denkmäler des 18. Jahrhunderts an (vgl. S. 27); auch hierbei waren wichtige Werkaspekte ausgeklammert. Die Sockelwidmung des Braunschweiger Denkmals suchte denn auch ein gemäßigtes Gleichgewicht zwischen Poesie und Philosophie im Zeichen des Patriotismus der Erbauer: »Dem grossen Denker und Dichter/das deutsche Vaterland«.

Als Rietschel als Nachfolger Rauchs 1852 mit dem Großherzog Karl Alexander den Vertrag über das Goethe-Schiller-Denkmal abschloß, konnte kein Zweifel mehr darüber bestehen, daß die Figurengruppe der beiden Klassiker im zeitgenössischen Kostüm darzustellen sei. Ein Sockelrelief, das »in symbolischer Weise das Verhältnis der beiden Dichter veranschaulichen« sollte[15], erwies sich bald als überflüssig. König Ludwig war, obwohl seine Einwände bezüglich des Kostüms nicht berücksichtigt wurden, zufrieden, wie Ernst Förster 1853 an Rietschel schrieb:

Obschon Gegner der Gruppierung ist er doch zufrieden, wenn nur keine ›Maskerade‹ mit den Dichtern der Nation vorgenommen und wenn Schiller nicht hintangesetzt wird[16]

Rietschel wurde daher nicht müde, gegenüber Ludwig die Gleichrangigkeit beider Dichter hervorzuheben:

Bei der Auffassung der beiden Individualitäten Goethe und Schiller verbunden als Gruppe[!] zu einem Monument habe ich geglaubt in Goethe die selbstbewußte Größe und klare Weltanschauung in möglichst ruhiger und fester Haltung, sowie Schillers kühnen, strebenden, idealen Geist durch mehr vorstrebende Bewegung etwas gehobenen Blick zu charakterisiren, die Gestalten aber selbst, wie die Individualitäten, die Kleidung, wie ihre Stellung im Leben es bedingten.

Schiller will ich noch mit gänzlicher Beibehaltung der Stellung ein wenig nach innen rücken, daß die Figuren etwas mehr sich zugewendet werden, doch nicht mehr, als daß beide Gestalten noch neben einander gleichsam dem Volke gegenüber stehen. Auch werde ich mich vorzugsweise bestreben, daß die bewegtere Stellung Schillers den monumentalen Forderungen der Ruhe möglichst entspricht. Vielleicht tritt Schiller noch etwas zu stark vor, beide sollen möglichst ihren Standpunkt auf gleicher Linie haben. Da eine körperliche Berührung als Zeichen ihrer Freundschaft stattfinden muß, so glaubte ich in der Lage der linken Hand Goethes auf Schillers Schulter das trauliche Gemüthsverhältnis anzudeuten. [Im Konzept, gestrichen: und glaube wohl nicht, daß es wie ein Stützen Goethes auf Schiller oder

Dichterdenkmal mit Modellcharakter

*Erster Entwurf Ernst Rietschels
für das Goethe-Schiller-Denkmal in Weimar, 1852*

wie ein protegierendes Vorschieben desselben gedeutet werden kann.]
Goethe, 10 Jahre älter als Schiller, also früher im Besitze des Ruhms, hält den Kranz fest, den er als Symbol der Poesie und des Ruhmes oder der Unsterblichkeit errungen oder den ihm die Nation gereicht, Schiller, seiner hohen Bedeutung sich bewußt, faßt zugleich hinein.[17]

Statt der von Ludwig geforderten Gleichrangigkeit beider Dichter bildete Rietschel in Goethe und Schiller gegensätzliche Auffassungen von Literatur ab. Mit Goethes sicherer Weltstellung und seinem Ruhmesbesitz und in Schillers strebender Idealität popularisierte Rietschel ein eingängiges Klassikerbild. Durch die Festlegung auf das zeitgenössische Kostüm ergaben sich nun aber insofern Komplikationen, als Goethe im Staatsrock dem Privatmann Schiller im Hausrock erneut, diesmal im sozialen Rang, übergeordnet worden wäre. Ein Brief König Ludwigs an Rietschel illustrierte diese Problematik:

nur in wenigen bedeutenden Nebensachen glaube ich Ihnen einige Bedenken äußern zu sollen, nämlich über die Zusammenstellung Göthes im Degenkleide mit Schiller im Hauskleide, da Letzerer, wenn zwar nicht häufig, jedenfalls doch auch einen Hofanzug getragen, womit aber keineswegs gesagt seyn solle, daß Beyde im Degenkleide abzubilden; im Gegentheile möchte Göthe ebenfalls im einfachen Hauskleide, wie man ihn häufig als Dichter, nicht als Staatsmann dargestellt findet, darzustellen seyn und dieß um so mehr, da auch die Wirkung des kurzen Kleides bey einer ausgeführten Statue im Großen gewiß nicht vortheilhaft seyn möchte. Wird aber der Staatsrock gewählt, so gehört jedenfalls auch der Stern dazu, eben so, wie bey Schiller unbedingt der Zopf, nachdem er einen solchen getragen[18]

Rietschel ist auf diese Vorschläge Ludwigs, die ihn vermutlich auf den Weg eines eher komischen Kostümhistorismus gelockt hätten, in keinem Punkt eingegangen. Der Ruhm des Künstlers, der auf der ersten Weltausstellung in Paris 1855 für sein Lessing-Denkmal die Goldmedaille bekam, die begeisterte Zustimmung aus ganz Deutschland sowie seine Bereitschaft zum Guß des Denkmals in München ließen den König zurückstecken. Die einhellige Anerkennung durch die Öffentlichkeit schien ihre Wirkung auf den König nicht verfehlt zu haben, so daß sich Ludwig bei der Besichtigung des Gußes in München zufrieden zeigte:

König Ludwig, der strenge Richter, war hocherfreut über das Werk; daß er Schiller zurückgesetzt glaubt, rührt mehr von der hohen Begeisterung her, die er für den großen Dichter hat und Goethe nicht einmal den Vorzug des Alters gönnen will. Sie hätten ihm diese Bemerkung verziehen, wenn Sie gesehen hätten, wie er eine Viertelstunde in Anschauung versunken öfter ausrief, mein Schiller ist herrlich, der Ausdruck des Schillerkopfes ist herrlich. – Die befürchtete Bemerkung wegen Göthes Frack erfolgte nicht, ein Beweis, wie befriedigt er war. Göthe glaubte er, sey in der Zeit jünger gewesen ...[19]

Das Goethe-Schiller-Denkmal, das schließlich am 4. September 1857 enthüllt wurde, hat bis in unsere Gegenwart die Vorstellung von der Weimarer Klassik geprägt. Schillers (Theater-)Rolle, der Baumstumpf anstelle des von Rauch gedachten Altars, das Zeitkostüm und nicht zuletzt der Standplatz vor dem Theater machten die Sakralisierung rückgängig, die in Rauchs Entwurf angelegt war. Dies geschah freilich um den Preis einer anderen Kanonisierung des Klassikerbildes: Goethe und Schiller traten als heroische Theaterdichter vor die Augen des Bürgertums. Diese extreme Stilisierung hatte Rietschel als notwendigen Teil einer poetischen Durchdringung der Realität angelegt:

die Gleichrangigkeit der Klassiker

*Goethe-Schiller-Denkmal in Weimar
von Ernst Rietschel, 1857
Die vermutlich langlebigste Prägung
unseres Klassikerbildes*

Goethe präsentirt sich dem Volke gewiß nicht so, Schillern die Hand auf die Schulter legend, und Schiller stand gewiß nie so neben Goethe, das Auge nach den Wolken gerichtet. Wenn Schiller dichtete, sah er vielleicht mehr als je in sich. Der Geist der Posie soll sich darin charakterisiren. Sagen Sie denn: »Das ist auch falsch, das ist keine Wahrheit«, so müßte ich annehmen, daß Sie nicht Wahrheit, daß Sie aber natürlichste Wirklichkeit wünschten, und das können Sie nicht wollen. Wenn das Wirkliche nicht poetisch, ist es ein Genrehaftes.[20]

Realismus bedeutet also nicht »natürlichste Wirklichkeit«, sondern »Wahrheit«, mithin ihre Verklärung. Erst recht die Enthüllung des Denkmals, bei der Vertreter des Bildungsbürgertums aus ganz Deutschland zusammenkamen, zeigte, welche Rolle den beiden Klassikern in der Alltagswirklichkeit zugedacht war. Zunächst schien es, als könne der Großherzog seinen ursprünglichen Plan wahrmachen und die Enthüllung in den Dienst seiner Dynastie stellen. Karl Alexander lobte zwar das »nationale Monument«, machte jedoch deutlich, daß er das Goethe-Schiller-Denkmal keinesfalls in einer nationalen Feier zu enthüllen gedachte. Ihm ging es darum, die Klassikerhuldigung für die Feiern zum 100. Geburtstag seines Vorfahren Karl August einzuspannen, wozu das Dichterdenkmal nur eine Vorstufe abgeben sollte:

In diesem Umstand endlich – auch dieses werden Sie tief fühlen – liegt aber auch ein mächtiger Mahnruf an mich: nicht bei diesem Monument stehen zu bleiben, sondern sofort, gleich nach diesem selben dritten September weiter zu schreiten zu der Grundsteinlegung des Monuments für Carl August selbst, das Sie und wiederum nur Sie ausführen können.[21]

Nach einer Vorfeier für einen kleinen Kreis geladener Gäste bot das Weimarer Hoftheater am 2. September die *Iphigenie,* dann ein Festspiel Franz Dingelstedts, schließlich Goethes *Paläophron und Neoterpe* und nicht zuletzt »einzelne Akte aus Meisterdramen Goethes und Schillers *Glocke* mit lebenden Bildern«[22]. Der folgende Tag war ganz für die Grundsteinlegung zum Denkmal Karl Augusts reserviert und sollte den eigentlichen Höhepunkt der Feierlichkeiten bilden. Erst am 4. September wurde das Goethe-Schiller-Denkmal eingeweiht, aber erst nachdem das vom Wiener Bildhauer Hans Gasser geschaffene Wieland-Denkmal (vgl. S. 99) enthüllt war! Gasser stellte Wieland im Rokokokostüm, vor einem Baumstumpf und mit dem *Oberon* in der Linken dar, schien also den Anakreontiker zu meinen. Die Ikonographie, die Örtlichkeit und die zeitliche Reihenfolge betonten Traditionslinien, die aus den Zeiten des Alten Reiches herüberragten. Goethe und Schiller wurden auf diese Weise in literaturgeschichtliche, regionale und dynastische Bezüge eingebettet; ihre isolierte Betrachtung mit dem Ziel der Heroisierung, wie sie Rietschels Denkmal angestrebt hatte, sollte verhindert werden.
Doch diese Absicht scheiterte. Die Festredner des Kulturbetriebs, das überregionale Publikum und die Presseberichterstatter aus ganz Deutschland verstanden die Enthüllung ihres Klassikerdenkmals als einen Vorgang, der weit über die Jubelfeier eines mitteldeutschen Kleinstaats hinausragte. Für sie handelte es sich einfach um ein Nationalfest. Schon die Festrede des Gymnasialdirektors Heiland deutete die Denkmalikonographie ganz ungeniert im patriotischen Sinn:

Der Kranz aber, der sie verbunden hält, ist zugleich dein Kranz, mein deutsches Volk, der Kranz, mit dem sie dich königlich geschmückt haben vor allen Völkern der Erde.[23]

das nationale Monument

*Enthüllung des Wieland-Denkmals von Hans Gasser
in Weimar am 4. September 1857
vor der Enthüllung des Goethe-Schiller-Denkmals*

Bibelsprache und vaterländische Hymnik erhoben einen geistig gemeinten Vorherrschaftsanspruch des deutschen Wesens durch den Besitz der Klassiker, was nun in ihrem Denkmal materiell und dauernd geworden war. Während bei der Enthüllung des Wieland-Denkmals gleichsam eine Volksfeststimmung geherrscht hatte, der fast idyllische Stadtplatz von zwanglosen Gruppen besetzt war und die Damenwelt den Ton angab, zeigte die Enthüllungsfeier des Goethe-Schiller-Denkmals ein anderes Bild. Ausufernder Fahnen-, Plaketten- und Girlandenschmuck und eine beinahe militärisch strenge Festordnung im Viereck betonten den feierlicheren Charakter dieser Versammlung. Das repräsentativere Forum des Theaterplatzes war fest in der Hand der Männer, Frauen kamen nur spärlich vor. Sogar die zeichnenden Berichterstatter übernahmen in ihren Skizzen diese gegensätzlichen Inszenierungen durch die Wahl unterschiedlicher Standpunkte. Während Wieland – sicherlich übertrieben – das bunte Gewimmel als Mittelpunkt überragte, standen Goethe und Schiller spiegelbildlich zur Ehrentribüne, dessen offizielle Feierlichkeiten auf sie bezogen waren. Zur Verstärkung dieses Effekts hatte der Zeichner sogar Schillers Blick gen Himmel auf die Gäste des Weimarer Hofs herabgezogen! Dergestalt konnten Goethe und Schiller zwischen Theater, städtischer Öffentlichkeit und höfischer Tribüne auch in einem übertragenen Sinn das Zentrum einer bildungsbürgerlich orientierten und aristokratisch beherrschten Gesellschaftsordnung abgeben.

Der damals berühmte Schriftsteller Berthold Auerbach, der für das *Morgenblatt für gebildete Leser* seine Eindrücke »Vor dem Schiller- und Goethe-Denkmal [!] von Ernst Rietschel« wiedergab, definierte sehr genau, welche Funktion ein solches Denkmal für die bürgerliche Öffentlichkeit nach 1848 übernehmen sollte:

So möchte man noch hinzusetzen, daß durch die Denkmale jene verehrten Männer die plastische Ruhe erlangt haben, auch für den Erinnernden. Wie ihr Denken in unserer Seele steht, ohne daß wir uns dessen immer erinnern, so sehen wir ihr Bild vor uns, wenn wir über den Markt des Lebens gehen; wir schauen nicht immer darauf, aber die Erinnerung ist auch in uns zu einer wohltätigen plastischen Ruhe gelangt. – Und nun stehen die Heroen über Lebensgröße vor uns. Von Angesicht stehen wir ihnen gegenüber, wir auf dem Boden des Lebens, sie auf dem Postament geschichtlicher Verehrung gestellt, in ruhiger plastischer Verklärung und Erhöhung durch die Kunst; sie stehen mit uns in der Luft, die wir athmen, und doch in einer höheren Schichte. Sie sind Leben, aber jenes zur ewigen Ruhe gekommene, unzerstörbare und unwandelbare.[24]

Im Andenken durch Anschauen sollten Literatur und Alltagsleben ihren gemeinsamen Angelpunkt haben. Das Andenken an die verstorbenen Dichter vollzog sich nicht mehr als empfindungsvolle innere Tätigkeit, als gleichsam nachschöpferischer Prozeß des Denkmalbetrachters, wie dies im 18. und in den ersten Jahrzehnten des 19. Jahrhunderts der Fall gewesen war. Das Denkmal war jetzt in einen Gebrauchszusammenhang geraten, der das Aufschauen während des alltäglichen und gleichgültigen Vorübergehens zur Ausnahme machte. Die Dichtererinnerung fand »nicht immer« statt, sondern unterstand dem Bedarf, der sich nach dem »Markt des Lebens« und den prosaischeren Interessen richtete. So hatten die Dichter mit ihrem Denkmal die ihnen zugeschriebene Klassizität erreicht und waren – wie auch ihre Betrachter – »zur ewigen Ruhe« gekommen. Das Denkmal hatte

Denkmalsenthüllungen

Enthüllung des Goethe-Schiller-Denkmals in Weimar
am 4. September 1857
Ein Nationalfest des Bildungsbürgertums

beide ruhiggestellt; ein so sicherer Besitz der Poesie machte eine andauernde und sich immer wieder neu zu vollziehende Auseinandersetzung unnötig.
Denn längst ging das Dichterdenkmal nicht mehr von der Gleichrangigkeit von Denkmal und Betrachter aus, eine Gleichrangigkeit, die ja das Privatdenkmal des Bürgertums vom Herrscherdenkmal unterschieden hatte. Zwar wollte man auch jetzt noch den Dichter im Denkmal »von Angesicht« schauen, jedoch durch einen Sockel erhöht und in »plastischer Verklärung« geschönt. In einem solchen Umgang mit den erzernen oder steinernen Dichtern spiegelten sich sehr genau die Vorstellungen von der gesellschaftlichen Funktion der Literatur wider. Einerseits stieg der Dichter durch das dauernde Aufschauen seiner Betrachter zu einer Autoritätsfigur auf, an der sich die Unterwerfungsgeste des Bürgers im Obrigkeitsstaat jedesmal neu einüben ließ. Über diese Form der Denkmalbenutzung lief in der Tat ein entscheidender Mechanismus beim Aufstieg des bürgerlichen Schriftstellers zum Dichterfürsten[25]. Andererseits wurde die Poesie in einer »höheren Schichte« angesiedelt, wo sie mit dem »Boden des Lebens« nicht in Berührung kam. Literatur sollte nur abgehoben von der Lebenswirklichkeit existieren. Nur so war sie als »unzerstörbare« und »unwandelbare« ihrer Geschichtlichkeit entzogen, ihrer gesellschaftlichen Wirksamkeit entkleidet und zur Freizeitbeschäftigung degradiert.

Schiller ohne Ende

Dieser veränderte Umgang mit dem Dichterdenkmal wie ihn Auerbach verkündet hatte, übte sich bald durch die Vielzahl der Schiller-Denkmäler ein, die in der Folge des 100. Geburtstags des Klassikers allerorts entstanden. Die nationale Begeisterung für Schiller war von den politischen Ereignissen des Jahres 1859 angeheizt worden. Italien, wie Deutschland bislang nur ein historisch-geographischer Begriff, hatte mit Unterstützung des französischen Kaisers Napoleon III. durch den Krieg gegen Österreich zum Nationalstaat gefunden. Der deutsche Patriotismus war darob gespalten. Einerseits empfand man die Niederlage Österreichs als schmählich und die eigensüchtige Neutralität Preußens während des Krieges als Verrat an der nationalen Sache; auf der anderen Seite lehrte gerade das Beispiel Italiens, daß die Schaffung eines Nationalstaats nicht aus dem Willen des Volkes wie 1848, sondern nur durch die militärische Macht eines traditionellen Staates wie das Königreich Piemont-Sardinien und mit Duldung der europäischen Nachbarn durchzusetzen war. Deshalb blickten die Deutschen mit großen Erwartungen auf Preußen, dessen Prinzregent und späterer König Wilhelm den Prestigeverlust durch die Neutralität wettmachen wollte und 1859 die Parole ausgab, Preußen müsse in Deutschland »moralische Eroberungen« machen und sich an die Spitze der nationalen Bewegung setzen. Der Beginn dieser »Neuen Ära« nach der zehnjährigen Reaktionszeit brachte die so lange unterdrückten nationalen und liberalen Hoffnungen zum Erblühen. Die Gründung eines »Deutschen Nationalvereins« und dessen Zulauf zeigten an, daß der nationalstaatlichen Einigung nun die Priorität vor der Durchsetzung liberaler Ziele zugewiesen war.
Es überrascht daher nicht, daß Friedrich Schiller, der schon seit den Zeiten der Befreiungskriege die Galionsfigur der Patrioten und Liberalen gewesen war, an

Enthüllung des Schiller-Denkmals in Mannheim von Carl Cauer, 1862
Tausende benutzten die dreitägige Feier zu einer Demonstration für liberale Rechte und nationale Einigunng

seinem 100. Geburtstag zum Kristallisationspunkt all dieser Hoffnungen aufstieg. Die in ganz Deutschland begangenen Schillerfeiern meinten den Dichter als poetisches Mittel zum nationalen Zweck, der selbst Dilettanten zum Reimen brachte:

> Was soll ein Denkmal uns in todten Erzen,
> Ein Mal im kalten, willenlosen Stein?
> Ihr Deutschen, auf! erbaut's in Euren Herzen;
> Denn unsers Dichters Bild muß lebig sein.
> Ja in der Herzen heil'gen stillen Räumen,
> Vom frohen Hoffnungsscheine neu erfüllt,
> Und unsers Volkes allerschönsten Träumen,
> Erhebet unsers Sängerfürsten Bild.
>
> Die Freiheit, die er uns so hoch besungen,
> Sie sei der Einheit schönes goldnes Band;
> Daß alle Herzen halte fest umschlungen
> Im ganzen, weiten, deutschen Vaterland!
> Dann steigt sein hoher Geist hernieder
> Und wird in allen deutschen Herzen wach,
> Wir feiern bald beim Klange seiner Lieder
> Den langersehnten großen deutschen Tag.[26]

Trotz des bekannten Topos vom Denkmal im Herzen, das das tatsächliche jederzeit ersetzen könnte, wollte man die Denkmäler in Erz und Stein nicht vergessen machen. Im Gegenteil bestimmte die Denkform Denkmal die Vorstellungswelt der politischen Begriffe. Die hoch gehängte Freiheit war wie der Dichter zum Aufschauen, nicht zur alltäglichen Benutzung bestimmt; der Untertan wartete geduldig, bis beide auf ihn herabkommen würden.

Als Jacob Grimm in seiner berühmten *rede auf Schiller* vor der Berliner Akademie der Wissenschaften am 10. November 1859 Volk und Klassiker zusammenführte, griff er wie selbstverständlich auf die Bilderinnerung an das Weimarer Goethe-Schiller-Denkmal zurück:

ein volk soll doch nur grosze dichter anerkennen und zurückweichen lassen alles was ihre majestätischen bahnen zu erspähen hindert, desto mehr wollen wir sie selbst zur anschau und zu bleibendem andenken vervielfachen, wie der alten Götter bilder im ganzen lande aufgestellt waren. schon stehen beide zu weimar unter demselben kranz. mögen auch hier in weiszem marmor oder in glühendem erz vollendet ihre seulen auf plätzen und straszen erglänzen.[27]

Zum Andenken durch Anschauen kam die Vervielfachung hinzu. Grimms Anregung blieb zunächst ausdrücklich auf die Klassiker beschränkt und sollte die Unmittelbarkeit und Dauerhaftigkeit der Dichtererinnerung verbreiten, wenn diese schon nicht vertieft werden konnte.

Freilich waren die künstlerischen Variationsmöglichkeiten bei der Vielzahl der neu zu errichtenden Schiller-Denkmäler sehr beschränkt. Im Grunde blieben diese Denkmäler dem Vorbild der realistischen Schule Rietschels verhaftet und vermehrten den immer gleichen Denkmaltyp durch grenzenlose Wiederholungen. Läßt man die Schiller-Denkmäler, die dem Jahr 1859 ihre Entstehung verdanken, Revue passieren[28], dann ragen tatsächlich nur wenige Beispiele hervor, die das Grundmuster Rietschels nicht bloß wiederholten, belanglos variierten oder mit den herkömmlichen Bildformeln kombinierten. Die Bilderinnerung an Schiller war aber nicht nur durch Danneckers Büste und Rietschels Denkmal so übermächtig geworden. Eine Zeichnung wie diejenige von Theobald von Oer, die Schiller nach der Aufführung der *Jungfrau von Orleans* vor dem Leipziger Theater zeigte und den Anspruch authentischer Wiedergabe erhob, war deshalb so beliebt, weil hier die Denkmalpositur Schillers in Kopfhaltung, Armstellung und Faltenwurf des Mantels vorweggenommen war. Der Dichter war sich schon zu Lebzeiten bewußt, ein Denkmal zu werden.

Nur wenige Bildhauer wagten es, eine Darstellung Schillers in zeitgenössischer Kleidung zu geben, ohne diese durch einen Mantel zu drapieren; auch die mittlerweile abgegriffene Ausstattung mit Stift, Buch oder Lorbeerkranz wurde kaum durchbrochen. Eines der ersten und zugleich originellsten Schiller-Denkmäler nach 1859 schuf Carl Cauer für Mannheim, wo es 1862 enthüllt wurde. Schon die Aufstellung vor dem Nationaltheater, in dem die Erstaufführung der *Räuber* stattgefunden hatte, brach mit der gewohnten Stilisierung Schillers als hehrer Klassiker. Erst recht die beiden kleineren, von König Ludwig I. gestifteten Bronzestatuen zu beiden Seiten für den berühmten Schiller-Schauspieler Iffland und den Theaterdirektor Dalberg, stellten Schiller in einen differenzierenden Ensemblezusammenhang. Die Schillerfigur selbst bildet Cauer jung, aus der Zeit der *Räuber* und in starker Bewegung. Das vorgestellte rechte Bein und die weit ausgestreckte Hand verstärkten den Eindruck, als sei Schiller gerade beim Deklamieren. Das zeitgenössische Kostüm und da vor allem der seit den Burschenschaften als oppositionell geltende offene altdeutsche Kragen blieben unverkleidet; der Theatermantel, um den linken Arm geschlungen und gleichsam als Anhängsel hinterhergeschleppt, wirkte wie ein ironisches Zitat aus der gängigen Denkmalkunst und steigerte die dramatische Bewegung der Figur noch weiter. Die Enthüllungsfeier, die der Denkmalsockel mit einer Widmung »am Feste deutscher Nation« festhielt, bestätigte durch ihren Zulauf die patriotisch-volkstümliche Aussage des Denkmals. An der drei Tage dauernden Feier nahmen Tausende teil, allein zum nächtlichen Laternen-Umzug kamen 2000 Menschen; 15000 waren bei der eigentlichen Enthüllung anwesend[29].

In Mainz versuchte sich der als Initialenmaler bekannt gewordene Hofbildhauer Johann Baptist Scholl d. J. an einem Schiller-Standbild, das »in der Person den Dichter« schlechthin darstellen sollte. Dort schritt Schiller »mit dem einen Fuße nur noch halb den Boden berührend« einher. »Der kühn beseelte Blick, allem Irdischen fremd« und das gleichzeitige Notizenmachen paßten freilich nicht zusammen. Dabei konnte das Denkmal für sich in Anspruch nehmen, kein originelles Schillerbild anzustreben; montiert wurden vielmehr die allseits verwendeten Versatzstücke; auch die Kleidung Schillers war »die bekannte«[30].

Nach den Grundsteinlegungen von 1859 entstanden in ganz Deutschland noch eine Vielzahl traditionell gehaltener Schiller-Denkmäler ohne kunsthistorische Besonderheiten. In Frankfurt errichteten Johannes Dielmann, in Hannover Friedrich Wilhelm Engelhardt und in Salzburg Johann Meixner Schiller-Denkmäler. Die Schillerorte Marbach und Ludwigsburg stillten ihren Nachholbedarf mit Denkmälern von Ernst Rau (1876) und von Johannes Ludwig von Hofer (1883). Sogar in New York wurde »dem Dichter der Freiheit« eine an Dannecker erinnernde Büste aufgestellt. So konnte Wilhelm Busch 1884 mit Recht spotten, daß zum Selbstverständnis jeder deutschen Stadt ein Schiller-Denkmal gehöre (vgl. S. 107). Die Schiller-Denkmäler in Berlin und in Wien, von denen im folgenden Kapitel zu handeln sein wird, ragen insofern aus der Masse der gleichgültigen Denkmäler hervor, als sie durch ihre Monumentalität, durch ihre stilistische Qualität und durch ihre politische Aussageabsicht weitergehende Ansprüche erhoben. Unter künstlerischen Gesichtspunkten kann das Hamburger Schiller-Denkmal als deren Vorläufer gelten. Der Bildhauer Julius Lippelt, dessen Entwurf aus der Konkurrenz von 1861 unter 25 Modellen als Sieger hervorging, blieb zwar mit seiner Schillerfigur noch ganz im Konventionellen stecken. Seine beigefügte »Motivirung« erläuterte: »der ideale Schwung, der Schiller eigenthümlich ist, soll seinen Ausdruck in der ganzen Haltung, das Erfassen der dichterischen Idee vorzugsweise in der Bewegung des Kopfes und der gehobenen Rechten finden.« Im Sockelbau schlug Lippelt jedoch einen neuen Weg ein. »Der doppelte Zug in Schiller's Wesen, das Denken und Dichten« wurde durch vier Sockelallegorien verkörpert, die vorne Lyrik und Drama, hinten Philosophie und Geschichte darstellten. Denn ausdrücklich ging es dem Künstler um eine differenzierendere Werkschau, die nicht durch die konventionellen Reliefs mit den Zeichen des Poetischen wiedergegeben werden könne, »weil hierdurch nur ein kleiner Theil seiner Dichtungen unvollkommen wiedergegeben würde«. In den Prinzipien verkörpernden Sockelfiguren sei jedoch »der ganze Kreis seiner Wirkung umschlossen«[31].

*Schiller-Denkmal in Hamburg
von Julius Lippelt d. J., 1866*

Für den Maximilianplatz in München schuf Max Widnmann 1863 ein Schiller-Denkmal, das qualitativ keineswegs außergewöhnlich war, denn es setzte einen unverkennbaren Schillerkopf nach Dannecker auf eine höchst konventionelle Dichtergestalt in langem Rock. Ein umhangartiger Mantel ließ die Vorderseite frei und hüllte Schillers linken Arm wie in eine Binde ein. Diese Linke hatte Schiller in einer pathetischen Beschwörungsgeste auf die Brust gelegt[32], während die Rechte herabhing und dort recht beziehungslos einen Lorbeerkranz hielt. Die Enthüllungsfeier am 9. Mai 1863, dem Todestag Schillers, zeigte freilich modellhaft die ästhetischen und politischen Ausdeutungsmöglichkeiten eines Dichterdenkmals vor dem Entstehungshorizont des Jahres 1859. Auch dieses Denkmal war aus den Privatmitteln König Ludwigs I. errichtet worden, der zwar längst abgedankt hatte, jedoch nicht nur die Kulturpolitik Bayerns noch immer entscheidend bestimmte. Unter diesem Blickwinkel muß man das Schiller-Denkmal und das 1869 ebenfalls durch Ludwig finanzierte Goethe-Denkmal (vgl. S. 98) zusammennehmen und als Reaktion auf das Weimarer Doppelstandbild ansehen. Ganz in diesem Sinn rückte die erste Enthüllungsrede des königlichen Hofmarschalls Freiherr von Laroche als Vertreter des Königs die verschobenen Gewichte wieder zurecht. Die Rede erklärte Schiller zum »gefeiertsten Dichter Deutschlands« und zum »Liebling des deutschen Volkes«. Gegen die historisch zufällige und dynastische Inbesitznahme des Klassikers durch Weimar stellte der Redner das nach 1859 unbestrittene nationale Anrecht auf Schiller heraus. Ein Schiller-Denkmal in Bayern konnte sich zwar auf keine direkte biographische Beziehung zu Schiller berufen, aber den Anspruch erheben, am bleibenden Besitz am Klassiker teilzuhaben und die Schillerverehrung auf Dauer zu sichern. Denn eine bloße Dichterfeier wie 1859, so großartig sie auch gewesen sei, bleibe doch »im öffentlichen Leben immerhin vorüberwandelnd«. Eine öffentliche Wirkung Schillers erhoffte sich der Redner denn auch, wenn er den Dichter einer biedermeierlichen Verwendung im Stil des Poesiealbums zuführte:

In seinen Werken sind die Ideale der Menschheit in reichster Fülle zu finden, die nicht allein die reifere Jugend begeistern, und für ihn schwärmen lassen, sondern auch in jeglicher Alters-Stufe nachempfunden, noch erwärmen und erheben. An der Hand der Poesie lenkt er zum Seelenfrieden, zu den kindlich religiösen Gefühlen unserer ersten schönsten Kinderjahre zurück.[33]

Literatur, zwischen religiöser Erbaulichkeit und Jugendschwärmerei angesiedelt, erhält die Funktion, zu überkommenen Zuständen zurückzuführen oder diese wenigstens zu verklären.
Vor allen Dingen aber unterdrückte Laroche jegliche politische Ausdeutung Schillers. Der Freiheitsdichter war von königlicher Seite nicht gefragt, sondern der quasi-religiöse Idealisierer von Realität. Das Werkverzeichnis Schillers, das Laroche gleich mitlieferte, reduzierte Schiller auf seine dramatischen Werke, wobei die herrschaftskritisch lesbaren wie *Die Räuber* oder *Don Carlos* herausfielen. Vielmehr schien noch immer eine literarische Ständeklausel Gültigkeit zu haben, wonach nur heldenhafte Gestalten für die hohe Tragödie zugelassen waren:

erinnern wir hier an seinem Denkmale unter Anderm nur an seinen Wallenstein, die Krone der Tragödien, geschrieben in seinem anmutigen Gartenhause in Jena, nennen die Maria Stuart, die Jungfrau von Orleans, nennen die

94 *Schiller in München*

*Schiller-Denkmal in München von Max Widnmann, 1863
Kein künstlerisch herausragendes, aber in Haltung,
Attribut und Kostümlösung typisches Schiller-Denkmal*

Braut von Messina, den Wilhelm Tell, erinnern an sein herrliches Lied an die Freude, nennen das Lied der Glocke, das alle Herzen ergriff durch Ideales und Wirklichkeit.[35]

Die Aufzählung formulierte, was später zum bildungsbürgerlichen Literaturkanon gehören sollte: eine geglättete Werkgeschichte Schillers, an deren Spitze *Wallenstein* zu stehen kam und als dessen volkstümlichstes Werk die *Glocke* gelten wird. Diese besondere Hochschätzung des Dramas als die vollkommenste Dichtungsart erklärte auch, warum der Vorliebe des Königs für den Lyriker Schiller nur am Rande Rechnung getragen wurde.

Am Ende der Rede wurde schließlich Goethes berühmter Vers auf Schiller »denn Er war unser« abgewandelt zitiert und in direkter Anwendung auf Schiller zu dessen Vereinnahmung benutzt: »Ja, er war auch der Unsrige«. Der unangefochtene Besitz des Idealdichters Schiller in seinem Standbild »zum freien[!] bleibenden Anblicke« nannte sogar noch einmal das liberale Reizwort im Zusammenhang mit dem ehemaligen Freiheitsdichter, über den nun »durch alle Zeiten« verfügt werden konnte. Demgegenüber unterließ die Dankesrede des Münchner Bürgermeisters Caspar von Steinsdorf alle literaturgeschichtlichen Einordnungsversuche. Der Bürgermeister spannte stattdessen auf elegante Weise einen Bogen von der pflichtgemäßen Danksagung an König Ludwig zur direkten politischen Ausmünzung der Denkmalfeier. Steinsdorf betonte den engen Zusammenhang zwischen dem Dichter und dem denkmalstiftenden und selbst dichtenden König:

Wir erkennen in dem errichteten Denkmale die wiederholte thatsächliche Bestätigung der großen Verehrung des hochbegabten[!], edlen Fürsten gegen den gefeierten Dichter.[35]

Dieser wechselweise Bezug, durch zwei Zitate aus Ludwigs *Walhalla's Genossen* wachgerufen, stellte den König als Dichter durch die Zitate und den Dichter als Geistesfürsten durch dessen Büste in der Walhalla auf eine Ebene. Die sinnige Wendung Steinsdorfs zum poetischen Einklang von Dichterfürst und Fürst als Dichter sollte belegen, daß Ludwig Schiller schon immer vor allem »als Deutschen« gefeiert hatte! Nur in dieser Perspektive galt Schiller dem Münchner Bürgermeister als Ausdruck des damaligen wie des heutigen Zeitgeists:

Schiller ist es, der wie kaum ein Anderer, jene Sehnsucht seiner Zeit, den deutschen Geist zum Bewußtsein brachte. In dieser Richtung reiht sich die Enthüllung dieses Standbildes den Schillerfeiern der letzten Jahre an. Begeisterung sollen diese Standbilder erwecken für Alles, was die Einigung der deutschen Fürsten und Stämme fördert; – abmahnen sollen sie von Fanatismus und Unlauterkeit der Zwecke und Mittel.[36]

Die ausdrückliche Bejahung der bürgerlichen Hoffnungen von 1859 unterschlug freilich, daß damals neben der nationalen Einheit auch Freiheitsrechte gefordert worden waren. Im Aufruf zur »Einigung der deutschen Fürsten und Stämme« war zu verstehen, welche Art von Nationalstaat gemeint war: ein Zusammenschluß der Dynastien als von oben gewährte Einheit, nicht etwa durch die Entscheidung des Volkes. Mit der entschiedenen Ablehnung weitergehender liberaler Forderungen als »Fanatismus« kam Steinsdorf auf die aktuelle politische Diskussion der nationalen Frage zu sprechen:

Möge das heutige Fest in seinem Zusammentreffen mit den schwebenden Fragen zwischen deutschen Staaten eine günstige Vorbedeutung für eine glückliche Lösung der Gegensätze sein! Möge bei den Reformbestrebungen der deutschen Fürsten und Stämme das, was dem ganzen großen Vaterlande, unbeschadet der Selbständigkeit der zum Wesen deutschen Wesens gehörigen Einzelstaaten nothtut, zur Ehre des deutschen Namens, zur Machtstellung Deutschlands geschehen.[37]

Die direkte politische Stellungnahme war herauszuhören: der »Reformverein« von 1862 und die österreichischen Bemühungen um eine Veränderung der Struktur des Deutschen Bundes, die im Frankfurter Fürstentreffen gipfeln sollten und von Preußen zum Scheitern gebracht wurden; die großdeutsche Nationalstaatslösung und die bayerischen Vorstellungen eines stark föderativen Reichsverbandes mit großer »Selbständigkeit« der »Einzelstaaten«. All das hatte mit Schiller, der im letzten Teil der Rede nicht mehr vorkam, natürlich nicht das geringste zu tun. Schillers Denkmal diente vielmehr zur Proklamation politischer Zielsetzungen, denen es seine Entstehung verdankte. Sogar der Toast des Regisseurs Richter spielte auf die »Neue Ära« in Preußen an (»neue Aera für die deutsche Bühne«) und parierte damit die österreichfreundliche Sicht des Bürgermeisters.

Die von Friedrich Bodenstedt verfaßte Festhymne rückte den eigentlichen Gegenstand der Feier zwar wieder stärker in den Mittelpunkt. Aber auch sie konnte der brennenden Frage nach dem Vaterland des Dichters nicht ausweichen, auch wenn sich die Hymne in blumige und formelhafte Wendungen flüchtete:

> Von des Dichters hehrem Haupte
> Nehmt die Hülle nun herab,
> An dem Tag, der uns ihn raubte,
> Soll er aufersteh'n vom Grab.
> Hoch vom Himmel kam er nieder,
> Sang uns ew'ge Lieder vor,
> Hoch zum Himmel heb' er wieder
> Sein unsterblich Aug' empor!
>
> Was verborgen in uns glühte,
> Flammt in ihm durch's Weltenrund,
> Deutschem Geiste und Gemüthe
> Lieh er seinen Glockenmund,
> Schmückte uns mit seinen Kränzen,
> Schwang uns auf durch seinen Flug,
> der bis an der Erde Gränzen
> Deutschen Namens Ehre trug.
>
> Weil er selbst in unsern Herzen
> Längst ein Denkmal sich gesetzt,
> Darum hebt sich blank und erzen
> Aus der Gruft sein Denkmal jetzt,
> Daß man zu dem Bilde walle
> Wie zu einem Heiligthum;
> Ehrt ihn, denn er ehrt uns Alle
> Und sein Ruhm ist Deutschlands Ruhm![38]

Die identifikatorische Geste des »wir« zielte letzten Endes auf die Selbstfeier der Feiernden: »Ehrt ihn, denn er ehrt uns Alle«. Ansonsten waren die Spielmarken der Dichterhuldigungen und Denkmalfeiern des 19. Jahrhunderts sämtlich vorgestanzt[39]: der Sakralisierung des Dichters durch sein Denkmal (»Heiligthum«) und seiner immerwährenden Epiphanie im Denkmal (»Soll er aufersteh'n vom Grab«) entsprechen Poesievorstellungen, die die Literatur der Alltagswelt vollständig entrücken. Dichtung ist liedhaft und ewig, ist Glocke und Schmuck, die den Leser zum Sänger erhebt und ihn aus der täglichen Realität fortträgt. Die steigernd gemeinte Abfolge von »Geist« und »Gemüth« zu »Ehre« und »Ruhm« endet jenseits der Literatur. Die letztgültige Identität von Schiller und Deutschland im Zeichen des Ruhms gibt der Schillerverehrung einen missionarischen Zug, wenn für den deutschen Geist Weltgeltung beansprucht wird (»bis an der Erde Gränzen«).

Von Goethe zu Platen

Vor einer solchen Anbiederung und politischen Vereinnahmung durch seine Verehrer wie im Falle Schillers konnte Goethe sicher sein. Die bürgerliche Öffentlichkeit nach der Jahrhundertmitte tat sich mit Goethe, wenn er nicht wie im Weimarer Doppelstandbild gleichsam als geistiger älterer Bruder Schillers verstanden werden konnte, naturgemäß schwer. So war es kein Zufall, daß nach Schwanthalers Goethe-Denkmal in Frankfurt von 1844 bis zur Reichsgründung in

*Randzeichnung zur Vertonung von
»Goethe's letzte Worte« durch Franz Liszt, 1849
Die Ikonographie des Münchner Goethe-Denkmals
von 1869 scheint darin vorweggenommen*

Deutschland kein Goethe-Denkmal errichtet wurde. Die scheinbare Ausnahme, das im Zweiten Weltkrieg eingeschmolzene, von Max Widnmann am Nordende des Karlsplatzes in München 1869 aufgestellte Goethe-Denkmal darf gleich in zweifacher Hinsicht als Bestätigung dieser Aussage gelten. Zum einen war das Denkmal keine bürgerlich initiierte Setzung, sondern wie der Sockel auswies »Errichtet von Ludwig II., König von Bayern«, und bildete das verspätet vollendete städtebauliche und bildnerische Gegenstück zum 1863 aufgestellten Schiller-Denkmal. Zum anderen wurzelte das Goethebild dieses Denkmals in schon älteren, 1849 eingeübten Formen der Dichterhuldigung. Die Randzeichnung zu Franz Liszts Vertonung der angeblich letzten Goetheworte »Licht, mehr Licht!« zeigte einen vom Genius zur Himmelfahrt geleiteten Dichter in einer Darstellung, die nicht aus dem Frankfurter Denkmal stammte. Hier war Goethe durch seinen togaartigen Mantel und die Harfe in der Rechten nicht wie bei Schwanthaler als ruhmessicherer Theaterdichter, sondern als antiker Sänger gekennzeichnet. Beide Elemente, Goethe als klassischer Sänger und als ein zum Licht Auffahrender, wie der nach oben gerichtete Blick versinnbildlichte, fanden Eingang in Widnmanns Münchner Goethe-Denkmal. Zudem trug dieses Denkmal noch deutlicher als dasjenige für Schiller die Handschrift Ludwigs I., der zwar 1868, also noch vor der Enthüllung gestorben war, jedoch die Bildvorstellung von den beiden Klassikern selbst bestimmt hatte. Erst mit beiden Denkmälern, die programmatisch gegen das Weimarer Doppelstandbild gerichtet waren, hatte Ludwig nach mehr als zehnjähriger Verspätung seinen Wunsch nach zwei Einzelstatuen für Goethe und Schiller durchgesetzt und damit das von bildungsbürgerlichem, nationalem und liberalem Geist durchwehte Weimarer Denkmal auf seine Weise korrigiert. Während das Schiller-Denkmal im mantelverkleideten modernen Kostüm den Ideen von 1859 und den bisher errichteten Schiller-Denkmälern noch Tribut zollte, beharrte das Goethe-Denkmal auf Ludwigs Dichtervorstellung. Goethe war als jugendliche Idealgestalt ohne Porträtähnlichkeit dargestellt. Sein faltenreiches antikisierendes Gewand, der aufgesetzte Lorbeerkranz und die Leier in der Linken machten Goethe einem griechischen Sänger ähnlicher als einem deutschen Schriftsteller. Der auffällige Faltenwurf, der durch die in die Hüfte gestützte Rechte entstand, verwies zum einen auf Widnmanns Schiller-Denkmal mit dessen eingebundener Linken, zum anderen auf Schwanthalers Goethe, dessen Baumstumpf Widnmann hier zur antiken Säule abgewandelt hatte. Der himmelwärts gerichtete Blick Goethes setzte diesen nicht nur von Schwanthalers Denkmal ab, sondern auch von Rietschels Goethefigur, von dessen Schiller-Standbild die Kopfhaltung übernommen schien. Ein Gedicht wie dasjenige von Martin Greif zur Enthüllungsfeier des Denkmals übersetzte diese Positur in Sprache. Nicht nur bei der Wahl des Versmaßes hatte offensichtlich das Parzenlied aus der *Iphigenie* Pate gestanden; zuerst als »Seher«, dann als Sänger sollte Goethe zwischen der »Gottheit« und »dem schwachen Menschengeschlechte«

Goethe-Denkmal in München   97

Goethe-Denkmal in München von Max Widnmann, 1869
Das Denkmal war als Pendant
zu dem 1863 errichteten Schiller-Denkmal gedacht
und wurde im Zweiten Weltkrieg eingeschmolzen

gleichsam als Titan, durch »ewige Jugend« ausgezeichnet, vermitteln:

> Schreitet dem schwachen
> Menschengeschlechte
> Einmal ein Seher
> Deutend voran,
>
> Nimmer vergessen
> Werden die Züge,
> Denen die Gottheit
> Sprache verliehn.
>
> Spät noch die Enkel
> Sehen ihn wallen
> Mit der erhobnen
> Lyra im Arm.
>
> Ewige Jugend
> Rollt ihm die Locken,
> Ewiges Feuer
> Nährt ihm den Blick.
>
> Seine Gesänge
> Rauschen hernieder,
> Frei wie die Ströme
> Nieder ins Land.
>
> Freudig vernimmt sie,
> Himmlisches ahnend,
> Dankbar im Volke
> Jegliches Ohr.
>
> Ihm zum Vertrauten
> Wählt sich das junge,
> Rosenumbuschte,
> Liebende Paar.
>
> Ihm zum Gefährten
> Wählt sich das stille,
> Schicksalgeprüfte,
> Einsame Herz.
>
> Gleich wie ein Sternbild
> Über der Irdischen
> Scheitel heraufzieht,
> Allen ein Freund:
>
> Also erscheint er
> Mitten im Wirrsal
> Lebenden Augen,
> Tröstlich zu schaun.[40]

Aber nicht in der von Greif idyllisch vorgezeichneten Benutzungsgeschichte des Denkmals (das Liebespaar in den Büschen, der einsame Spaziergänger) zeigte sich Ludwigs Vorstellung vom »Volke«, das die von oben herabregnenden poetischen und prosaischen Segnungen »freudig« ergeben und »dankbar« aufzunehmen hätte. Die Beliebigkeit des Dichterbilds im Denkmal übertrug sich auf die dargestellte Person (»Allen ein Freund«), die in einer für Bayern wenig ersprießlichen politischen Situation (»Mitten im Wirrsal«) wenigstens poetischen Trost spenden würde. So war an diesem um Jahrzehnte verspäteten Dichterstandbild zumindest der unbeugsame Wille Ludwigs I. abzulesen, ein klassizistisches Goethebild über die Zeiten zu konservieren. Noch die Sockelinschrift »Joh. Wolfgang von Goethe« nannte den Geehrten wie in *Walhalla's Genossen* ausdrücklich als Geadelten und widersprach damit der 1859 von Jacob Grimm erhobenen Forderung, die deutschen Klassiker auf ihren Denkmälern als Gemeingut des Bürgertums darzustellen:

Kann denn ein Dichter geadelt werden? Man möchte es im voraus verneinen, weil der, dem die höchste Gabe des Genius verliehen ist, keiner geringeren Würde bedürfen wird, weil Talente sich nicht wie Adel oder Krankheiten fortpflanzen, alle Welt aber glaubt es steif und fest, daß Dichter geboren werden, [...].

Wieland-Denkmal in Biberach
Büste vom Donndorf-Schüler Scherer,
Sockel modernisiert

Ein Geschlecht soll auf seinen Stamm wie ein Volk auf sein Alter und seine Tugend stolz sein, das ist natürlich und recht; unrecht aber scheint, wenn ein hervorragender Mann zum Edeln gemacht und mit der Wurzel aus dem Boden gezogen wird, der ihn erzeugte, daß er gleichsam in andere Erde übergehe, wodurch dem Stand seines Ursprungs Beeinträchtigung und Schmach widerfährt; oder soll der freie Bürgerstand, aus dem nun einmal Goethe und Schiller entsprangen, aufhören, sie zu besitzen? Alle Beförderungen in den Adel werden ungeschehen bleiben, sobald dieser Mittelstand seinerseits stolz und entschlossen sein wird, jedesmal sie auszuschlagen. Ein großer Dichter legt auch notwendig seinen Vornamen ab, dessen er nicht weiter bedarf, und es ist undeutscher Stil oder gar Hohn Friedrich von Schiller, Wolfgang von Goethe [Geschweige Johann Christoph Friedrich, Johann Wolfgang] zu schreiben. Über solchen Dingen liegt eine zarte Eihaut des Volksgefühls.«[41]

Nach Goethe und Schiller waren seit den 50er Jahren Denkmäler zunehmend auch für Dichter errichtet worden, deren Rang zwar nicht mehr umstritten war, deren literaturgeschichtliche Einordnung aber noch schwankte. Diese Ausweitung der Liste der Denkmalwürdigen galt zunächst solchen Schriftstellern, die biographisch oder literarisch im Umkreis der Klassiker angesiedelt waren. Johann Gottfried Herder war schon 1855 in seinem Geburtsort Mohrungen ein Büstendenkmal aufgestellt worden, das der als »Thierwolff« bekannt gewordene Bildhauer Wilhelm Wolff »als völlig entsprechendes Symbol des Herder'schen Geistes« verstanden wissen wollte[42]. 1864 enthüllte man in Riga eine Büste zum 100. Jahrestag von Herders dortigem Eintreffen. Das 1857 in Weimar aufgestellte Wieland-Denkmal von Hans Gasser (vgl. S. 90) hatte schon durch seine Einweihung vor der Enthüllung des Goethe-Schiller-Denkmals die Vorläuferschaft Wielands für die Klassik versinnbildlicht. Das Denkmal, das Wieland im zeitgenössischen Kostüm des 18. Jahrhunderts zeigte, wie er sich mit dem *Oberon* in der Hand auf einen Baumstamm stützt und die Rechte »mild belehrend«[43] ausstreckt, blieb freilich konventionell und war erst nach Abänderungen, durch die der Künstler »dem laut gewordenen Ausdrucke der öffentlichen Meinung Rechnung tragen« mußte[44], akzeptiert worden. Aber auch dann stand es hinter Rietschels schulemachendem Denkmal zurück. Neben der kulturellen Selbstdarstellung Weimars, das demonstrierte, daß es nicht nur Goethe und Schiller besaß, enthielt das Wieland-Denkmal in seinem Sockel sogar noch eine patriotische Komponente. Dieser war nämlich eine Stiftung des badischen Großherzogs, der dadurch Wielands süddeutsche Herkunft sinnfällig ins Denkmal einbrachte. Die Sockelinschrift »Das Vaterland« betonte in der gemeinschaftlichen Aufstellung durch zwei kleinere Staaten den Anspruch aller Regionen auf die Teilhabe an der deutschen Kulturnation. Im Geburtsort Biberach selbst wurde erst 1881 ein Büstendenkmal für Wieland errichtet.

Auch die anderen deutschen Staaten machten durch Setzungen von Dichterdenkmälern deutlich, daß sie an der literarischen Landschaft Deutschlands teilhatten. 1864 wurde dem Barockdichter Andreas Gryphius in seiner schlesischen Geburtsstadt Glogau ein

Dichter im Umfeld der Klassiker

*Grabdenkmal für Goethes Jugendliebe Friederike Brion
in Meißenheim/Baden
von Bildhauer Hornberger, 1866*

Büstendenkmal errichtet. Die Stadt Chur in Graubünden widmete dem sentimentalen Lyriker Johann Gaudenz von Salis-Seewis 1866 ein monumentales Büstendenkmal, auf dessen Sockel 9 Fuß hohe Relieffiguren Szenen aus seinen Gedichten zeigten. Im gleichen Jahr stattete der badische Ort Meißenheim das Grabmal seiner berühmtesten Tochter Friederike Brion, der Sesenheimer Lyrikvorlage Goethes, zum Denkmal aus. Die Verse unter der Büste der Verschiedenen illustrierten genau die Intention solcher und ähnlicher Denkmalsetzungen:

> Ein Strahl der Dichtersonne fiel auf sie
> So reich, daß er Unsterblichkeit verlieh.

Im Abglanz solcher Poesie sonnten sich kleine und kleinste Provinzorte und sicherten sich ihren Anteil am Nachruhm aus dem Fundus der Literaturgeschichte. In der Folge entwickelte sich daraus nicht nur eine Demonstration literarischer Vielfalt des deutschen Partikularismus im Zeichen des Denkmals, dem erst die Reichsgründung von 1871 ein Ende setzte. Aus diesem Drang zur Legitimation der Kleinstaaten durch die Dichterdenkmäler ergab sich auch eine Aufblähung der Liste der Denkmalwürdigen und dadurch eine Aufwertung zweit- und drittrangiger Schriftsteller zu Klassikern der Provinz. Dies führte dann seit den 70er Jahren zu der bekannten Beliebigkeit von Dichterdenkmälern, für deren Entwicklung nur mehr lokalpatriotische oder fremdenverkehrsfördernde Gründe ausschlaggebend waren.

Mit dem Denkmal für August von Platen, das 1858 in dessen Geburtsort Ansbach enthüllt wurde, entstand das erste Dichterdenkmal für einen Klassik-Epigonen in Deutschland. Platen, 1835 in Syrakus gestorben, hatte dort erst spät ein repräsentatives Grabmal und erst dann aus deutschen Spenden ein Denkmal erhalten. Während der Grabstein dem »Deutschen Horaz« gewidmet war, das Familienwappen und darüber die Leier als Sinnbild des Dichters abbildete, setzte das Denkmal eine lorbeerbekränzte und antik bekleidete Büste auf einen hohen Sockel. Dort versuchten die deutsche Inschrift, die lorbeerumkränzte Leier und andere Attribute (Panflöte, Masken, Palmwedel, Thyrsusstab) die besonderen Eigenschaften von Platens lyrischen und dramatischen Werken zu charakterisieren.

Demgegenüber versprach das Ansbacher Platen-Denkmal eine genauere Festschreibung des Dichterbildes. Schon durch die Aufstellung des Denkmals am Eingang des Schloßgartens geriet Platen in merkwürdige Zusammenhänge. Im Ansbacher Schloßgarten stand nicht nur die vergoldete Büste des in Ansbach geborenen anakreontischen Lyrikers Johann Peter Uz, die seine Verehrer 1825 dem »Weisen, Dichter und Menschenfreunde« gewidmet hatten. Wenige Schritte entfernt befand sich seit 1833 der bildlose, gotisch ornamentierte Gedenkstein für den hier von einem Unbekannten ermordeten Kaspar Hauser, die rätselhafte und zur beliebten literarischen Vorlage gewordene Gestalt des 19. Jahrhunderts. Vor diesem Hintergrund, einem Spannungsbogen zwischen den Erinnerungszeichen an die tändelnde Geselligkeitspoesie

Denkmal für den Anakreontiker Johann Peter Uz (1720–1796) in Ansbach, errichtet 1825

*Gedenkstein für den hier ermordeten Kaspar Hauser, Hofgarten Ansbach, 1833
Die lateinische Inschrift lautet: »Hier ist ein Unbekannter von einem Unbekannten ermordet worden«*

und an das literarisch Okkulte kam das Platen-Denkmal zu stehen. Im Gegensatz zu seiner Platen-Büste von 1849 für die Ruhmeshalle in München ließ der Bildhauer J. Halbig den Dichter nicht mit herrischem Blick, sondern mit gesenktem Haupt stehen. Diese Haltung, die Attribute und die zeitgenössische Kleidung mit dem darüber geworfenen, gerafften Mantel gemahnten überdeutlich an Thorvaldsens Stuttgarter Schiller-Denkmal. Auf diese Weise war Platen zum tragischen Lyriker und Schiller-Epigonen stilisiert, wie ja schon das Platen-Denkmal das Schiller-Denkmal epigonal verlängerte. Aber nicht bloß die Dichterfigur, auch die ursprüngliche, heute nicht mehr vorhandene Denkmalanlage zielte auf die Pathosformeln eines erstarrten Klassizismus. Auf einem zweistufigen »griechischen Piedestal« mit Eisengittern und Gaskandelabern an den Ecken erhob sich das Denkmal, durch eine »römische Lapidarinschrift aus gegossenen Erzlettern« ikonographisch erläutert. Monumentale Klassikvorstellungen, königliches Mäzenatentum und eine lokale Dichterverehrung bestimmten die Sockelinschrift:

Unter der Regierung und mit Beitrag Maximilians II., Königs von Bayern. Mit dem von König Ludwig geschenkten Erze errichtet von den Freunden des Dichters.

Angesagt war also eine Ehrung für einen konservativen, klassizistischen und herrschaftsnahen Lyriker aus dem neuen Nationalstaat Bayern. Wie die Ansbacher ihren Dichter tatsächlich einschätzten, zeigte viel einprägsamer das Sprachbild der Gedenktafel an Platens Geburtshaus:

Hier entspross August Graf von Platen-Hallermünde, die Tulpe des deutschen Dichtergartens, am XXIV. Weinmond MDCCLXXXXVI.

Tulpen des deutschen Dichtergartens 101

Platen-Denkmal in Ansbach von J. Halbig, 1858

Das kulturpolitische Gegenprogramm dazu konnte man am Denkmal für den mittelalterlichen Minnesänger und Epiker Wolfram von Eschenbach ablesen, das Konrad Knoll anfertigte und das der bayerische König Max II. 1861 in Eschenbach aufstellen ließ. Die kulturelle Überhöhung der Integrationspolitik des bayerischen Staates mittels des Denkmals wie zu Beginn des Jahrhunderts spielte keine Rolle mehr. So nannte sich Max II. auf dem Denkmalsockel, wiewohl in Franken, anders als Ludwig I. auf dem Jean-Paul-Denkmal in Bayreuth, nur noch »König von Bayern«. Viel entscheidender war jetzt das Zusammenspiel lokalpatriotischer Interessen und staatlich-königlicher Zielsetzungen. Schon hatte sich der Ort Wolframs-Eschenbach genannt, um sein Anrecht auf den mittelalterlichen Dichter gegen konkurrierende Kleinstädte zu bekräftigen. Ein monumentales Denkmal konnte diesen Anspruch verstärken und eventuell sogar für den Fremdenverkehr nutzbar machen. Von der Seite des Königs bot die Gestalt Wolframs günstige Voraussetzungen für eine eigenständige kulturelle Profilierung Max' II. gegen seinen übermächtigen Vater. Mit dem Platen-Denkmal und dessen Abbildung eines epigonalen Literaturbegriffs, erst recht in seinen klassizistischen Bauwerken hatte Ludwig I. seinem Nachfolger eine erdrückende Erbschaft hinterlassen. In ihr spiegelte sich ein den Realitäten des fortgeschrittenen 19. Jahrhunderts fremd gewordenes Herrscherbild, mit dessen philhellenisch-deutscher Größe Max II. wenig anfangen konnte. In der Figur Wolframs bot sich daher ein ganz neuartiger Typ des Dichters, in dem sich die veränderten Literaturvorstellungen und ein idyllisches Mittelalterbild verbinden konnten:

Die Gestalt des ritterlichen Sängers ist mit dem Rittermantel bekleidet, das Haupt mit dem lorbeerbekränzten Helm bedeckt, die linke Hand hat den Schwertknauf gefaßt, die rechte hält eine zu seinen Füßen stehende Harfe. Das Antlitz schaut mit begeistertem Ausdruck in die Ferne.[45]

Mochte auch Konrad Knoll Wolfram »als begeisterten Sänger« darstellen; er erreichte jedenfalls, da das Standbild »wirklich plastischen und statuarischen Charakter« hatte, eine pathetische Pose. »Mit einfachen Formen und Massen« und »ohne gesuchte individuelle, unnütze Anhängsel« entstand eine Dichterfigur, »alles weltlichen Sinnes enthalten und entäußert«[46], die den Erzähler Wolfram zum heldenhaften Sänger stilisierte. Die auf der Vorderseite des Sockels angebrachten Verse aus Wolframs bekanntestem Epos *Parzival,* aus dem Erzählzusammenhang isoliert und in trivialisierendes Neuhochdeutsch übersetzt, erinnerten an die sentimentalen Reimereien der Poesiealben:

> Vom Wasser kommt der Bäume Saft,
> Befruchtend gibt das Wasser Kraft,
> Aller Kreatur der Welt.
> Vom Wasser wird das Aug erhellt,
> Wasser wäscht manche Seele rein,
> Daß kein Engel mag lichter sein.

Die Verse waren als sinnige Anspielung auf die von Hofbauinspektor Riedel eingeführte Idee einer Verbindung des Dichterdenkmals mit einem Brunnenbau

Denkmal für den mittelalterlichen Minnesänger und Epiker Wolfram von Eschenbach in Wolframs-Eschenbach von Konrad Knoll, 1861
Die abgebildeten Vorstellungen vom Mittelalter sind durch die Wirkungen früher Wagner-Opern bestimmt

gemeint. Zusammen mit dem Kostümrealismus der Wolframfigur umschrieben sie jedoch das süßliche Mittelalterbild des 19. Jahrhunderts. Im Bezug auf die vier Schwäne an den Ecken des Sockels spielten sie darüber hinaus auf Wagners *Lohengrin* an! Dazu kam, daß Knoll die Wolframstatue in der neuartigen Technik des Zinkgusses hergestellt hatte, »welches von der heutigen Kunstwelt gewiß mit einiger Bestürzung aufgenommen werden muß, indem man gerade hier gewöhnt ist, die monumentale Kunst in dem ihr gebührenden Material vertreten zu sehen.«[47] Der Gegensatz zwischen dem »hier gewöhnten« Klassizismus Ludwigs in Erz oder Marmor und dem unedlen Material aus industrieller Fertigung war zu offensichtlich, um nicht gewollt zu sein. Dichtergestalt und Inschrift, Brunnenbau und Material verbreiteten ein Mittelalterbild, wie es von des Königs neugotischem »Maximilianstil« und vor allem aus der von ihm begonnenen Restaurierung der Innenräume von Schloß Hohenschwangau bekannt geworden war[48]. Dort hatte Max II. das christlich-ritterliche, jedoch antiklerikale Minnesang-Mittelalter in mehreren Bildprogrammen ausführen lassen. Damit trat neben den Gegensatz zum Klassizismus Ludwigs I. die Nähe zur ebenfalls ritterlich-mittelalterlichen Kunstorientierung des Weimarer Hofes und dessen Wartburgkult. Dort übrigens, im bekannten Fresko des Wartburgkriegs von Moritz von Schwind, begegnet man Wolfram ebenfalls nur als Minnesänger und nicht als Epiker. So schloß sich der Kreis. In der Rückbesinnung auf das Mittelalter, so wie sie es verstanden, hatten Bayern und Weimar die altdeutsche Kunst für sich reklamiert. Diese gemeinsame antipreußische Stoßrichtung konnte freilich die kulturelle Schwerpunktverlagerung nach Preußen nicht aufhalten.

»Denkmalswuth«
und gesteigerte Bedeutung
(1870–1890)

Würde es, im Extrem zu reden,
nach solchen Vorgängen noch befremden,
wenn ein Verein zusammenträte, und
die ganze Christenheit aufforderte,
dem Stifter unserer Religion in Bethlehem
eine Bildsäule zu errichten?
ERNST FÖRSTER

Mit Steinen kann man werfen
und sich wehren; mit Bildsäulen nicht!
FRIEDRICH HEBBEL

Die Inflation an Dichterdenkmälern

Die Geschichte des Dichterdenkmals nach 1870 war in Deutschland entscheidend durch die Reichsgründung geprägt. In ihrem Gefolge, aber auch schon in ihrem Vorfeld seit der Sicherung der preußischen Vormachtstellung durch den Krieg von 1866, trat zunehmend die nationalstaatliche Perspektive in den Vordergrund allen Denkens. Viel mehr als der in seinen Texten wenig volkstümliche Schiller konnte der mit ihm befreundete Theodor Körner zum Gegenstand einer unmittelbaren und handfesten Dichterverehrung werden. Körner hatte in seinen posthum 1814 herausgegebenen patriotischen Liedern mit dem Titel »Leier und Schwert« nicht nur die beiden Pole vorgegeben, zwischen denen das neue Kaiserreich seine Machtstellung und ästhetische Legitimation ansiedeln wollte. Als Freiwilliger in Lützows Freikorps hatte er auch aktiv an den Befreiungskriegen teilgenommen und war 1813 gefallen; unmittelbarer und für jedermann handgreiflich konnten sich Literatur und Patriotismus kaum verbinden lassen. Körners Grabmal auf dem Wöbbeliner Friedhof in Mecklenburg war 1841 mit Leier und Schwert, umwunden mit einem eisernen Eichenkranz, geschmückt und 1879 mit einer Büste aus der Hand des Dresdner Bildhauers Hermann Hultzsch ausgestattet worden. Die Inschriften des altarartigen Sockels feierten zuerst Körners Interesse für den Bergbau, »dann der Dichtkunst« und schließlich seinen Einsatz »für Deutschlands Rettung«[1].

Das Denkmal, das Ernst Hähnel für den Georgplatz in Körners Geburtsstadt Dresden fertigte, bildete den Dichter in der Uniform des Lützowschen Freikorps ab. Die heroische Gestik, die Attribute Schwert und Rolle sowie der von den Schiller-Denkmälern adaptierte nach oben gerichtete Blick ließen Körner als gleichsam verbesserten Schiller, weil als handelnden Dichter erscheinen. Der Sockel mit Leier und Schwert, umgeben von Eichenlaub, zitierte Körners berühmte Gedichtsammlung; die Enthüllung am 18. Oktober 1871, am Gedenktag der Völkerschlacht, führte Befreiungskriege und Reichsgründungsjahr noch einmal sinnig zusammen.

Das Bremer Körner-Denkmal auf dem dafür umbenannten Körnerplatz von Johann Andreas Deneys hatte dem Dichter schon 1865, also schon weit vor den nationalstaatlichen Veränderungen zugunsten Preußens, gehuldigt. Obwohl es keine Beziehungen Körners zu Bremen gab, hatte sich die Stadt für ein Körner-Denkmal entschieden, da Bremen arm an Monumentalbauten war und der Wunsch nach einem Schiller-Denkmal laut geworden war![2] Der Vergleich dieses Ersatz-Schiller-Denkmals mit dem Dresdner Körner-Denkmal machte augenfällig, daß in Bremen der militärische Aspekt der Denkmalaussage bloß aufgesetzt war. Die togaartige Ummäntelung ließ nur den Kragen der darunter getragenen Uniform sehen, das Schwert hielt die Figur in der herabhängenden Rechten. Das Schwergewicht lag vielmehr auf der Betonung des Dichterischen, das durch die auffällig an die Brust gedrückte Harfe und den poetisch-sinnend nach oben gerichteten Blick erreicht wurde.

Eine solche Ikonographie mit dem Schwergewicht auf dem Dichterischen blieb jedoch die Ausnahme. Die Körner-Herme, die neben anderen Denkmälern für die Dichter der Befreiungskriege 1898 im Berliner Viktoriapark aufgestellt wurde (vgl. S. 165), knüpfte an die Dominanz des militärischen Elements aus dem Dresdner Denkmal an, von dem der Bildhauer Ernst Wendt nicht nur »Rundung und Fülle«, sondern ganz ausdrücklich die Haltung und Bekleidung des Oberkörpers übernommen hatte. Die Aufstellung der Herme in der Nähe zu Schinkels berühmtem gotisierenden Denkmal für die Befreiungskriege (1821) galt als »sicher nicht unglücklicher Gedanke«[3]; die Harfe als Zeichen des Lyrikers war dem Dichter aus der Hand genommen und zum Sockelrelief degradiert worden.

Denkmal für Theodor Körner (1791–1813) in Dresden
von Ernst Hähnel, 1871
Der Dichter in Schiller-Haltung, gesteigert durch
die Uniform des Lützowschen Freikorps

Körner-Denkmal in Bremen
von Johann Andreas Deneys, 1865

Der kriegerische Aspekt der Denkmalaussage, den auch die Körner-Denkmäler in Karlsbad (1863), in Frankfurt und in Chemnitz (1901) betonten, dominierte. Das 1913 in Breslau enthüllte Körner-Denkmal von A. Kraumann verbannte schließlich die Harfe des Dichters als Miniaturrelief an die Sockelseite. Die bronzene Dichterfigur zeigte Körner in soldatisch strammer Haltung beim Kniefall zu seinem Gedicht *Soldat während der Schlacht*.

Trotz solcher martialischer Dichterverehrung blieben die Körner-Denkmäler, wie das Beispiel Bremen schon angedeutet hatte, insgeheim immer auf Schiller bezogen. Als für Loschwitz bei Dresden kurz nach 1900 ein gar nicht kriegerisches Denkmal für Körner und Schiller gemeinsam im Geist des Jugendstils geplant war, eine »offene Halle mit zwei en relief gearbeiteten, einander gegenüberstehenden Gruppen«, nämlich Schillers Verhältnis zur Familie Körner und Körners Abschied vom Vaterhaus, da dominierte eindeutig Schiller[4]. Das Projekt des Architekten Martin Pietzsch und des Bildhauers Oskar Rassau verzögerte sich jedoch. Die geplante Einweihung zu Schillers 150. Geburtstag 1909 mußte verschoben werden; schließlich entstand 1912 »eine Art überdachte Tempelnische« über einem Reliefbrunnen, der an Schillers Vollendung des *Don Carlos* erinnern sollte[5]!

Durch eine Herme im Denkmalensemble des Berliner Viktoriaparks wie durch seine Legitimation als Dichter der Befreiungskriege war Ludwig Uhland mit Körner und dem Geist des neuen Deutschen Reiches verbunden. War Körner als dichtender Prophet und soldatischer Vorkämpfer dieses zweiten Kaiserreichs anzusehen, so eignete sich Uhland in beinahe idealer Weise zu dessen nationalem Klassiker. Mit Goethe

Körner-Denkmäler 105

Büste für Ludwig Uhland (1787–1862)
von Ernst Rau, 1865
Abguß am Haus Alexanderstr. 27 in Stuttgart

schien ihn das erreichte hohe Alter und die Universalität seiner Tätigkeiten – als Dichter in allen Gattungen und als Wissenschaftler – zu verbinden. Sein lebenslanges politisches Engagement bis hin zur Frankfurter Paulskirche im Dienst des Liberalismus hob ihn über jenen hinaus. So konnte für die Zeitgenossen der Schritt von Goethe zu Uhland den Weg des bloß geistig-poetischen Deutschland zum praktisch handelnden, machtvollen Nationalstaat symbolisieren.

In den ersten Jahren nach Uhlands Tod 1862 hatten freilich auch die lokalpatriotischen und der Privaterinnerung entsprossenen Seiten der Dichterhuldigung ihr Anrecht geltend gemacht. Als 1865 Uhland eine Büste von Ernst Rau in der Nische eines Privathauses in Stuttgart geweiht wurde, wies die auffällig präsentierte Konsole der Büste darauf hin, daß es sich um ein gleichsam ins Freie gestelltes Zimmerdenkmal handelte. Ein kreisförmiges Band, sowohl ein Medaillon als auch einen Glorienschein andeutend, enthielt neben dem Namen des Dichters Linden- und Eichenlaub, wodurch zwischen Uhlands Frühlingslyrik (»Die linden Lüfte sind erwacht«) oder dem Lyrischen innerhalb seiner altgermanistischen Arbeiten (»Unter der linden...«) einerseits und seinen vaterländischen politischen Leistungen differenziert wurde. Einen Abguß dieser Büste stellte der Stuttgarter Verschönerungsverein im selben Jahr im Garten der Liederhalle auf. Schon dieser Standort, mehr aber noch die Aufstellung zusammen mit Büsten für Gustav Schwab (1869) und Eduard Mörike (1880) rekrutierten den Dichter für eine spezifische Stuttgarter Literaturgeschichte, lösten ihn aus seinen patriotischen Konnotationen und isolierten ihn zu einer beliebigen Dichterbüste.

In Uhlands Geburts- und Sterbeort Tübingen war schon 1862 ein Komité mit dem Ziel zusammengetreten, dem Dichter ein monumentales Erzstandbild zu setzen. Den Wettbewerb aus 32 Entwürfen gewann 1867 der später als Denkmalkünstler hochberühmte Fritz Schaper[7] mit einem Standbild, um das sich drei Sockelfiguren gruppierten. Den Auftrag erhielten aber weder er noch die beiden anderen Preisträger, sondern der Rietschel-Schüler Gustav Kietz aus Dresden, da Schaper nach der Meinung des Komités für ein so monumentales Projekt zu unerfahren er-

schien[6]. Schon die Uhland-Büsten hatten deutlich gemacht, daß die äußere Erscheinung des Dichters einer plastischen Gestaltung nicht gerade entgegenkam: »Seine Gestalt war gedrungen, kaum mittelgroß, seine Gesichts- und Schädelbildung erschien fast wie ein physiognomisches Räthsel«. Die an sich kaum aussagekräftige Positur der Statue erhielt denn auch interpretierende Zuschreibungen nachgeliefert. Mit dem vorgestellten linken Fuß sei »der Sänger des *Vorwärts!*« dargestellt, der »wenn nöthig, zur Tat« schreite; vor der Brust halte er die Rolle, »aus der seine Lieder wie ein klarer Quell in hoher Reinheit entströmen«. Der Standort vor den »Platanen des Wörth und des poetischen Seufzerwäldchens«, dahinter das alte Pfalzgrafenschloß, wiesen auf eine Denkmalaufstellung zwischen Naturidylle und sentimentaler Erinnerung an vorbürgerliche Zeiten[7]. Die eigentliche Aussage zu Leben und Werk Uhlands enthielten jedoch die Sockelreliefs, durch die das Uhland-Denkmal eine Bedeutungsstruktur nach dem Muster des Stuttgarter Schiller-Denkmals bekam. Die Seiten des Sockels zeigten eine klassisch verhüllte, nachdenkliche,

106   *Uhland-Denkmäler*

Uhland-Denkmal in Tübingen von Gustav Kietz, 1873
»Ludwig Uhland, dem Dichter, dem Forscher,
dem deutschen Mann das dankbare Vaterland 1873«

durch Lampe und Bücher als Allegorie der Forschung identifizierbare Gestalt; auf der anderen Seite saß die Dichtung, mit der Leier ausgestattet, weinlaubbekränzt und in altdeutsche Tracht gewandet. Auf der Vorderseite des Sockels thronte die eichenlaubbekränzte Germania, auf einen Schild mit dem Reichsadler gestützt, ins aufgeschlagene Buch der Geschichte deutend und heroisch nach Westen blickend. Diese Gewichtung des Denkmals zugunsten der nationalen Aussage wurde noch durch die Widmung auf der Rückseite des Sockels verstärkt, in deren Zuschreibungen zum Ausdruck kam, wie das Kaiserreich den Liberalen und Dichter Uhland einschätzte: »Ludwig Uhland, dem Dichter, dem Forscher, dem deutschen Mann das dankbare Vaterland 1873«. Die schon genannte Uhland-Herme in Berlin von Max Kruse (vgl. S. 165) konnte und wollte dieses Bild des nationalen Universalgenies nicht mehr verändern. Der Bildhauer übernahm sogar vom Tübinger Denkmal die bürgerliche Kleidung und die Rolle in der Rechten.

Die Geschichte der Körner- und Uhland-Denkmäler bildete freilich erst den Auftakt im Prozeß der Wiederholung, Vervielfachung und Vervielfältigung von Denkmälern für Schriftsteller, die kaum als Klassiker gelten konnten. Dieser Vorgang führte sehr rasch zu einer Inflation von Denkmälern für zweit- und drittrangige, schließlich für gänzlich belanglose Schriftsteller, deren Denkmäler kein literaturgeschichtliches, sondern nur noch ein lokales, stadtverschönerndes oder touristisches Interesse beanspruchen konnten. Das Dichterdenkmal und speziell dasjenige für Schiller war in seiner Allgegenwart zum städtischen Wahrzeichen geworden, wie Wilhelm Busch 1884 spottete:

> Der Plastiker, der uns ergötzt,
> Weil er die großen Männer setzt,
> Grauschwärzlich, grünlich oder weißlich,
> Schon darum ist er löb- und preislich,
> Daß jeder, der zum Beispiel fremd,
> Soeben erst vom Bahnhof kömmt,
> In der ihm unbekannten Stadt
> Gleich den bekannten Schiller hat.[8]

In der ironischen Zuspitzung zur Karikatur der zeitgenössischen Kunstvorstellungen war freilich auch ein Funktionswandel des Dichterdenkmals ins Bild gefaßt. Eisenbahn und Schiller-Denkmal bildeten schon Fixpunkte des Gewohnten im städtischen Leben, ja sie stiegen sogar zum Kennzeichen des neuen Kaiserreichs als einer poetisch verbrämten Industriegesellschaft auf: Beim Anschauen des Denkmals stand nun weder die Dichtererinnerung noch die Einübung der obrigkeitshörigen Unterwerfungsgeste im Mittelpunkt. Das Denkmal des »bekannten Schiller« fungierte vielmehr als Erkennungszeichen in mehr als einer Hinsicht. Einerseits geriet das Denkmal zum Erkennungsmal für die unterschwellige Verunsicherung, die nach festen Punkten im Gewohnten suchte. Nicht nur dem einzelnen Bahnreisenden in der »unbekannten Stadt« schien im fortgeschrittenen 19. Jahrhundert einiges »fremd« geworden zu sein. An-

die Allgegenwart von Denkmälern

Denkmal für den Heimatdichter Karl Stieler (1842–1885)
am Tegernsee von Friedrich von Thiersch
mit der Büste von Thomas Dennerlein, 1887
Der Naturdichter kommt in die freie Landschaft
zu stehen. Das Denkmal mit der Bank
lädt weniger zum Anschauen der Büste
als vielmehr zum Anschauen der Landschaft
vom Denkmal aus ein

dererseits stand das Schiller-Denkmal stellvertretend für die klassische Literatur, die dem Bürger schon so sehr zum Besitz geworden war, daß er sie in monumentaler Verkörperung als Leitfaden zur Orientierung im unbekannten Terrain benutzen konnte!
Die solchermaßen diagnostizierte ›Entfremdung‹ in der Gesellschaft des Kaiserreichs saß tief; sie fand ihre Kompensation in einer Monumentalisierung der Denkformen, erst recht wenn diese repräsentativen Zwecken dienen sollten. Das Titelblatt der vielgelesenen *Illustrirten Zeitung* von 1881 konnte sich die Visualisierung nationaler Werte gar nicht anders denn als eine Revue von Denkmälern vorstellen. Ein sinniger Zufall(?) war es, daß das Weimarer Goethe-Schiller-Denkmal in die Reihe der eher partikularistischen Kultursymbole zu stehen kam, während die Linie vom Kölner Dom abwärts die zentralstaatlich gemeinten Bauformen darstellte. Diese nationale Repräsentanz, in der die Dichterdenkmäler ihren festen Platz hatten, mag als die wichtigste Begründung dafür gelten, daß die Zahl der Dichter- und Gelehrtendenkmäler nach der Reichsgründung sprunghaft anwuchs. Um 1800 wurden 18 öffentlich aufgestellte Zivilistendenkmäler gezählt, um 1883 sollen es 800 gewesen sein[9]. Bis zur Jahrhundertwende stieg nicht nur die Zahl der errichteten Dichterdenkmäler; ihre inflationäre Verflachung ließ sich auch an der Tendenz ablesen, den Kreis der Denkmalwürdigen immer mehr zu erweitern. Der im Dichterdenkmal erstrebten Popularisierung von Literatur und der materiell gewordenen Versicherung ihres Besitzes entsprach die zunehmende Monumentalisierung des Zweitrangigen, Trivialen und literarisch Bedeutungslosen. Insofern spiegelt die folgende Liste in der absteigenden Rangfolge der Geehrten neben der verlorengehenden Funktion des Dichterdenkmals auch ein Stück praktischer Wirkungsgeschichte der Schriftsteller des 19. Jahrhunderts:

Denkmal als Denkform

Denkmal für den Schriftsteller Johann Gottfried Seume (1763–1810) in Teplitz von Wilhem Gerstner, in der Ausführung von Hermann Kühne, 1895

Denkmal für den Mineralogen und Mundartdichter Franz von Kobell (1803–1882) in München, von Benedikt König, 1896
Ein Kuriosum sind die Verse am Sockel:
»Ihm wurden die Geister des Wildwalds vertraut
Und die Edelstein hütenden Zwerge.
Seiner Lieder krystallklarer Jodellaut
Bleibt das Kronjuwel baierischer Berge.«

1872 Ludwig Uhland in Tübingen
1873 Melchior Meyr in Nördlingen
1874 Hans Sachs in Nürnberg
1878 Ferdinand Freiligrath in Cannstadt
1880 Eduard Mörike in Stuttgart
1881 Heinrich Zschokke in Aarau
      Friedrich Hölderlin in Tübingen
1882 Wilhelm Hauff in Stuttgart
      Karl von Holtei in Breslau
      Konrad Grübel in Nürnberg
1883 Wilhelm und Alexander von Humboldt in Berlin
1884 Johann Fischart in Straßburg
1886 Ulrich v. Hutten/Franz v. Sickingen in Bad Münster am Stein
1887 Karl Gutzkow in Dresden
      Karl Stieler in Tegernsee
      Anastasius Grün in Graz
1888 Adalbert von Chamisso in Berlin
1889 Franz Grillparzer in Wien
      Emanuel Geibel in Lübeck
      Walther von der Vogelweide in Bozen

1890 Max von Schenkendorf in Tilsit
      Heinrich Pestalozzi in Yverdon/Schweiz
1891 Joseph Viktor von Scheffel in Heidelberg
      Anastasius Grün in Wien
      Nikolaus Lenau in Wien
      Heinrich Hoffmann von Fallersleben auf Helgoland
1892 Max Schneckenburger in Tuttlingen
1893 Robert Hamerling in Kirchheim am Walde/Niederösterreich
      Fritz Reuter in Neubrandenburg
1894 Friedrich von Bodenstedt in Wiesbaden
      Richard von Volkmann in Halle
1895 Heinrich Laube in Sprottau
      Johann Gottfried Seume in Teplitz
1896 Brüder Grimm in Hanau
      Franz von Kobell in München
      Wolfgang Müller von Königswinter in Königswinter
      Annette von Droste-Hülshoff in Münster
1898 Ferdinand Raimund in Wien
      Novalis in Weißenfels

Denkmal-Inflation

*Denkmal für den Schriftsteller und Riesdichter
Melchior Meyr (1810–1871), 1873*

1898 Karl Gerok in Stuttgart
          Theodor Storm in Husum
1899 Nikolaus Becker in Geilenkirchen

Es lag natürlich nahe, diese Vervielfachung der Dichterdenkmäler mit den veränderten Denkgewohnheiten im neuen Deutschen Reich kurzzuschließen, wie dies der Kulturkritiker Max Schasler in seinen Betrachtungen über die moderne »Denkmalswuth« 1878 getan hat. Schasler steckte sich das Ziel, »die Gründe der heutigen Denkmalswuth näher zu beleuchten«, indem er sie in Verbindung mit dem »eigenartigen Charakter des modernen öffentlichen Lebens« brachte. Schasler wandte sich gegen »die bis zur Unwahrheit stilisirten Portraitdarstellungen« an öffentlichen Denkmälern. Der Sockel mit seinem plastischen Schmuck verlange »meist ein besonderes, gelehrtes Studium« und bleibe dennoch »dem Volke ebenso gleichgültig wie unverständlich«[10]. Schaslers »Erkenntnis des innern Widerspruchs, welcher der modernen Denkmalsform anhaftet«[11], nämlich die Exklusivität des Bildungsbesitzes mit populärer Zustimmung verbinden zu wollen, bildete den Ausgangspunkt für eine neue Bestimmung der Denkmalsfunktion. Dazu sollte vor allem die richtige Aufstellung des Denkmals beitragen. »Nicht die geräuschvollen Marktplätze und Straßenecken«[12], an denen das liberale Bürgertum des Vormärz seine Dichterdenkmäler errichtet hatte, sind für Schasler die idealen Standorte. Der städtische Verkehr, der bislang als Garant der öffentlichen Aufmerksamkeit und Wirksamkeit des Denkmals gegolten hatte, wurde jetzt als trivial und störend empfunden. Eine solche brutale Öffentlichkeit zerstöre, so Schasler, den idylleträchtigen Umgang mit der Denkmalfigur »mit seinem unharmonischen Geräusch«[13]. Schasler forderte daher um das Denkmal einen architektonischen oder gärtnerischen Rückzugsraum; der Betrachter solle »statt der geräuschvollen Mittelpunkte« »die fast überall vorhandenen Promenadenanlagen mit ihren, von fließenden Wassern umzogenen Bosquetts und von Baumgruppen beschatteten Plätzen, die an sich schon eine gesammeltere Stimmung zulassen«, genießen[14]. In diesem Raum, der die Atmosphäre um die Gartendenkmäler des 18. Jahrhunderts zu imitieren scheint,

könne der flanierende Bürger dann mit dem Denkmal umgehen, ohne mit dem »geschäftlich-trivialen Tagesverkehr« in Konflikt zu geraten[15].

Die Erbauer von Denkmälern waren skeptisch, ob eine solche Kosmetik des Umfelds den Verfall der Auffälligkeit der Monumente wettmachen konnte. Zu deutlich drückte sich das stetig geringer werdende Interesse der Öffentlichkeit an den Dichterdenkmälern in der erlahmenden Spendenbereitschaft aus. Dieser Niedergang sollte zum einen durch die vermehrte Aufstellung von Denkmälern aufgehalten werden. Da die Zahl der nationalrepräsentativen Dichter begrenzt war, wurde bald jeder lokalen Größe ein Denkmal gewidmet; dies traf besonders auf Heimatdichter und Gemeindepoeten zu, mit deren Hilfe sich unbekannte Kleinstädte für die Literaturgeschichte und den Fremdenverkehr zu profilieren suchten. So wurden vielerorts die *poetae minores* den Klassikern wenigstens in der Denkmalwürdigkeit gleichrangig zur Seite gestellt. In Nördlingen errichtete man dem anderswo unbekannten Ries-Dichter Melchior Meyr schon zwei Jahre nach seinem Tod 1873 ein Büstendenkmal.

Gellert-Denkmal in Leipzig von H. Knaur, 1865
Das einfache Denkmal des 18. Jahrhunderts
(vgl. S. 23) genügt nicht mehr;
man verlangt nach einer realistischen
Abbildung des Dichters

Nürnberg setzte 1882 dem Flaschnermeister und Mundartdichter Konrad Grübel ein Brünnlein und darin einen Barocksockel, auf dem Reliefs zu Figuren aus seinen Gedichten zu sehen waren. Damit sollte nicht etwa die poetische Originalität des Verseschmieds für die Nachwelt festgehalten werden, sondern »ein treffliches Bild bürgerlicher Ehrbarkeit und geistiger Bedeutung«[16] der Stadt, für deren Selbstdarstellung der dichtende Handwerker als eine Art Hans Sachs des 18. Jahrhunderts herhalten mußte. Das Denkmal für den 1886 gestorbenen Dichter populärer Wanderlieder, Joseph Viktor von Scheffel, das Adolf Heer 1889 für Heidelberg schuf, bildete Scheffel nicht nur in Kleidung und Ausrüstung als Wandersmann ab, sondern hatte selbst, da es ursprünglich für Scheffels Geburtsort Karlsruhe geplant war, eine Art Wanderschaft hinter sich, ohne daß die Denkmalaussage durch den Standortwechsel hätte geändert werden müssen. In Aalen fertigte Ernst Curfeß eine Büste zum 100. Todestag von Christian Friedrich Schubart, der hier seine Jugend verbracht hatte. Das lokale Entzücken galt der extrem realistischen Abbildung Schubarts, so daß die markante Darstellung seines »sinnlichen und rücksichtslosen Wesens« als besonders gelungen angesehen wurde[17]. Die Erinnerung an Schubart als politisch unbequemen Gesellschaftskritiker und kämpferischen Oppositionellen konnte hier vor Ort bis in die Gegenwart für den politischen Widerstand motivierend wirken. Zuletzt bewies das 1896 von Otto Lessing errichtete Denkmal für Wolfgang Müller, der sich nach seinem Herkunftsort Wolfgang Müller von Königswinter nannte, wie sehr die regionale Selbstdarstellung die Dichtererinnerung für ihre Zwecke einspannte. Schon die Spendenaufrufe für den »rheinischen Sänger« zitierten nur das »allbekannte und beliebte Lied« Müllers *Mein Herz ist am Rhein,* »und alsbald flossen Gaben von allen Seiten«[18]. Das Denkmal leitete denn auch sein Selbstverständnis nicht aus der Büste des Geehrten ab, sondern aus den Sockelreliefs, auf denen populäre Rheinromantik (»Lorelei, die verkörperte Poesie des Rheins«), -stereotype (»Vater Rhein mit Rebenschmuck«), -mythen (»Drachentöter, der auf das Lied des Waldvögleins lauscht«) und -geschichte (Reitergeneral Johann von Werth) dargestellt waren.

Ein zweiter Ansatz, die Aufmerksamkeit für die Dichterdenkmäler nicht verflachen zu lassen, entwickelte sich in erneuerten und neuerlichen Denkmalsetzungen für Dichter, die schon längst und mehrfach durch Denkmäler geehrt worden waren. So genügte den Leipzigern ihr aus dem 18. Jahrhundert stammendes Gellert-Denkmal (vgl. S. 23) nicht mehr; 1865 entstand im Rosenthal eine Gellert-Statue von H. Knaur, die den Schriftsteller im Kostüm des 18. Jahrhunderts mit Perücke und Buch vor einem Baumstumpf zeigte. Hinter dem Sterbeort durfte der Geburtsort Gellerts nicht zurückstehen. In Hainichen enthüllte man im selben Jahr ein Gellert-Standbild von W. Schwenk nach einem Entwurf von Rietschel, das dem »deutschen Fabel- und Liederdichter« gewidmet war. Gellerts Haltung und die Sockelinschriften »O Gott, wie muß das Glück erfreun, der Retter einer Seele sein« und »Auf Gott und nicht auf meinen Rath will ich mein Glück bauen«[19] meinten aber wohl eher den Dichter geistlicher Lieder und den Erzähler erbaulicher Weisheiten. Diese erneuernde Wiederholung von schon vollzogenen Denkmalsetzungen, die sich als Verbesse-

Denkmäler für poetae minores 111

*Schiller-Denkmal in Wiesbaden von Joseph Uphues, 1905
Das Denkmal ersetzt eine 1866 aufgestellte Büste,
die zu wenig lebensecht und monumental war*

*Schiller-Denkmal in Stuttgart von Adolf Donndorf, 1909
Als zeitgemäße »Verbesserung« von Thorvaldsens
Schiller-Denkmal von 1839, dem dantesken Lyriker,
gedacht; in dieser Zeit soll Stuttgart nicht weniger
als fünf Schiller-Denkmäler gehabt haben*

rung und Verstärkung verstand, gipfelte naturgemäß in den Denkmälern für Friedrich Schiller. In Wiesbaden wurde die seit 1866 bestehende Schiller-Büste von Johann Baptist Scholl d.J. entfernt und 1905 durch eine pathetische Schillerfigur mit Danneckerkopf von Joseph Uphues ersetzt. Für Stuttgart, wo es um 1900 nicht weniger als fünf Schiller-Denkmäler gegeben haben soll [20], modellierte Adolf Donndorf 1909 ein klassizistisches, lorbeerbekränztes und durch Leier und Rolle Lyrik und Drama betonendes Schiller-Denkmal. Die Aufstellung vor dem Staatstheater, wenige hundert Meter vom Schiller-Denkmal des Jahres 1839, die Stiftung durch einen Geheimen Komerzienrat und das verbesserte Dichterbild zielten nicht nur auf Thorvaldsens danteske Denkerpositur, sondern auch auf die politisch-emanzipatorische Inbesitznahme Schillers im Vormärz.

Eine dritte Möglichkeit, dem Verlust der Aufmerksamkeit für Denkmäler zu begegnen, sahen viele Denkmalkünstler in einer möglichst weitgehenden Historisierung, bei der ein ins Extrem getriebener Detailrealismus die Unverwechselbarkeit des Dargestellten garantieren sollte. Geisteshelden oder Klassiker wurden daher häufig mit angeblich charakteristischen Attributen ihrer Tätigkeit ausgestattet oder in minuziös rekonstruierte Kostüme gesteckt. Das 1870 gefertigte Standbild Albrecht von Hallers an der Fassade des neuen Museums in Bern versuchte den Arzt und Dichter durch eine historisch belegte und bis in die Einzelheiten exakte Kleidung zu charakterisieren. Das Leibniz-Denkmal von Ernst Hähnel, das 1883 in Leipzig enthüllt wurde, trieb diese Tendenz noch weiter. Es versteckte den Philosophen in eine solche Kostümfülle, daß der Kopf kaum mehr sichtbar war. Die Beschreibung hob ausdrücklich darauf ab, daß das »Costüm der Zeit nichts unwesentliches und bedeutungsloses« sei, da erst dadurch der »Ernst des Gelehrten und Denkers mit der Vornehmheit des Weltmanns und

Sitzstatue für den volkstümlichen Erzähler und Dichter des »Ihr Kinderlein kommet« Christoph von Schmid (1768–1854) in Dinkelsbühl von Max Widnmann, 1859

dem Charakter einer liebenswürdigen Humanität lebendig verbunden«[21] würde. Der Ausdrucksschwäche solcher Dichterfiguren konnte auf diese Weise allerdings nicht abgeholfen werden.

Als vierte Möglichkeit, die Bedeutsamkeit des Denkmals zu erhalten, kann der Versuch gelten, die poetische Aussage des Denkmals durch die Anlagerung zusätzlicher Inhalte zu steigern. Die herkömmlichen Attribute des Dichters wie Schreibheft, Feder, Rolle, Buch oder Lorbeerkranz galten längst als abgedroschen. Sockelinschriften, Werkverzeichnisse in Reliefform, allegorische Gestalten in Lebensgröße und zuletzt ganze Figurenszenerien zu Füßen des Dichters sollten bedeutungssteigernd wirken. Dadurch wurde die Figur des Dichters freilich noch weiter in den Hintergrund gedrängt; die allegorischen Figuren, oft in Überlebensgröße und schon deshalb das Standbild erdrückend, enthielten die eigentliche Aussage. Die Berliner Denkmäler für Schiller und Goethe, von denen im nächsten Abschnitt die Rede sein wird, bildeten in den Sockelallegorien noch die poetischen Schreibweisen der Dichter ab. Um die Jahrhundertwende personifizierten die Dichterdenkmäler Eberleins einzelne Werke in ganzfigurigen Gestalten, so daß sich wahre dramatische Szenen in Marmor zu Füßen des versteinerten Dichters abspielten. In der Folge nahmen die Beliebigkeit, Auswechselbarkeit und Schwammigkeit solcher sinnbildhafter Aussagen immer mehr zu, bis auch diese nur mehr als Zugabe des Dichterdenkmals angesehen und keiner weiteren Aufmerksamkeit gewürdigt wurden. Besonders beliebt waren diese Denkmalszenerien für Schriftsteller, die in ihrer Eigenschaft als Pädagogen gezeigt werden sollten. Schon 1859 hatte das Sitzdenkmal Max Widnmanns in Dinkelsbühl für Christoph von Schmid, den »Erzähler der Jugend« und Dichter des *Ihr Kinderlein kommet,* die genannten Kindlein gleich zu Füßen des Dichters auf einen Schemel gesetzt. Der Schweizer Pädagoge und Schriftsteller Heinrich Pestalozzi wurde in seinen Denkmälern in Yverdon (1890, von A. Lanz) und in Lugano (1907, von Guiseppe Chiattona) in ähnlicher Stellung abgebildet. Spätestens hier standen solche Denkmäler, die wie genrehafte Tableaus oder lebende Bilder wirkten, an der Kippe zur penetranten Süßlichkeit. Der 1901 vorgestellte Entwurf für ein Denkmal zu Ehren Heinrich Hoffmanns, des Schöpfers des *Struwwelpeter,* setzte zwei Kinder bei der Lektüre des berühmten Buches vor den Sockel, während darüber zwei Schwalben ihr Nest bauten. Bei den Denkmälern für Scheffel in Säckingen von Joseph Menges (1901) und für Karl Simrock in Bonn (1903) standen vor den Sockeln lebensgroße Figuren, von denen die belanglosen Dichterbüsten ihre Charakteristik erhielten. Der Titelheld aus Scheffels beliebtem Versepos *Der Trompeter von Säkkingen* setzte, in Landsknechtsmontur auf das im 17. Jahrhundert angesiedelte Werk anspielend, die bekannten Illustrationen in den Prachtbänden aus der Feder des Reichsmalers Anton von Werner in Bronze um[22]; dieser Trompeter posaunte nun Scheffels Ruhm in die Welt hinaus. Das Bonner Simrock-Denkmal zeigte den Germanisten und Nachdichter mittelalterlicher Literatur unter dreifachem Blickwinkel. Während der Standort im Bonner Hofgarten eine Anspielung auf den Dichter von Rheinliedern enthielt, huldigte die »die mittelalterliche Poesie verkörpernde germanische Frauengestalt«, die »dem Dichter den Lorbeer reicht«, »in er-

Idyllen in Stein und Erz   113

Denkmal für den Schweizer Aufklärer, Pädagogen und Schriftsteller Johann Heinrich Pestalozzi (1746–1827) in Yverdon von Adolf Lanz, 1890

Scheffel-Denkmal in Säckingen von Joseph Menges, 1901 Viel wichtiger als die Abbildung des Dichters ist das leibhaftige Auftreten des Titelhelden aus »Der Trompeter von Säkkingen«

ster Linie dem volkstümlichen Übersetzer des Nibelungenliedes«. Harfe, Helm und lorbeergeschmücktes Schwert, die zusätzlich am Sockel angebracht waren, meinten als »Symbole des kriegerischen Heldentums«[23] vermutlich die innige Verzahnung von literarischen Leistungen bei der Übersetzung mittelalterlicher Heldenepik und von poetischen Parteinahmen zu Zeitereignissen wie in Simrocks 1870 erschienenen *Deutschen Kriegsliedern*. Die Gipfelleistung bei der genrehaften Abbildung ganzer Werkszenen am Sockel lieferte indes das Denkmal für den Lokaldichter Karl Morre, das seine »Zeitgenossen« zu seinem 10. Todestag 1907 dem »Dichter und Volksmann« im Grazer Volksgarten errichteten. Der bekannte österreichische Denkmalplastiker Hans Brandstetter setzte Morres Büste auf einen schlichten Sockel, zu dessen Seiten zwei Bronzefiguren aus Morres Volksschauspiel *s'Nullerl* saßen. Spätestens hier zeigten sich die Grenzen des Detailrealismus, wenn nicht nur das halbgeknöpfte Hosenbein des Nullerl und der Flechtkorb zu seinen Füßen minuziös ausgearbeitet waren, sondern sich sogar eine Bronzeschnecke am Sockel emporwand!

Ernstzunehmender und zukunftsträchtiger schien der fünfte Lösungsversuch der Denkmalbauer, nämlich die abgedroschene Standpositur bei der Darstellung des Dichters aufzugeben und neue Abbildungsformen zu finden. Da das Reiterdenkmal für die fürstliche Selbstbedenkmalung reserviert und auch ohnedies für die Darstellung von Geistesgrößen untauglich war, blieb neben dem vielfach versuchten Rückgriff auf die Büste nur die Sitzfigur als originelle Haltung übrig. Auch die Sitzfigur stammte ja aus dem Formenschatz der Fürstendenkmäler, wenn es galt, den thronenden Herrscher abzubilden. Aber schon das bekannteste Sitzbild, das 1835 enthüllte Denkmal für Max I. Joseph in München von Christian Rauch, griff auf antike Philosophenstandbilder zurück. Rauchs Herrscherdarstellung hatte nicht nur durch die Sockelreliefs mit ihrer Verbildlichung des goldenen Zeitalters den thronenden Monarchen zum konstitutionellen König abgemildert, sondern auch ein kontemplatives Element in die Denkmalaussage eingebunden. Bei der Übernahme der Sitzhaltung ins Dichterdenkmal war es dann weniger der inspirierte Poet, der ins Bild ge-

114 *Denkmal-Szenerien*

*Denkmal für den Volksdichter Karl Morre (1832–1897)
in Graz von Hans Brandstetter, 1907*

*Denkmal für den Germanisten, Lyriker und Übersetzer
Karl Simrock (1802–1876) in Bonn von Litzmann
nach dem Entwurf von Albert Küppers, 1903*

bracht wurde, als vielmehr der grübelnde Geistesfürst. Diese Betonung der geistigen Herrschaft anstelle des poetischen Schaffensprozesses eignete sich nicht für jeden Dichter, erwies sich jedoch als ideale Präsentationsform für den gelehrten Dichter, den philologisch arbeitenden Schriftsteller und für jüngst Gestorbene, deren Ruhm noch nicht ganz gesichert war. Nach Christoph von Schmid 1859 in Dinkelsbühl (vgl. S. 113) war es der dichtende Handwerker Hans Sachs, den Johann Konrad Kraußer 1874 in Nürnberg in dieser Haltung zeigte. Wie Hans Sachs als Schuster, jedoch zusätzlich als »Seher« war der Mystiker Jakob Böhme in Görlitz 1898 auf den Denkmalsockel gekommen (vgl. S. 150). Die Sitzhaltung erlaubte es auch, eine »gewisse Verwandtschaft in prinzipiell gleichartiger künstlerischer Behandlung« vorzunehmen, wie dies an den 1883 enthüllten Berliner Denkmälern für Wilhelm (von Paul Otto) und Alexander von Humboldt (von Reinhold Begas) geschah. Da »es bei Männern der Wissenschaft überhaupt weniger darauf ankommt, ihre ganze Gestalt darzustellen«[24], erhielten die beiden Brüder ihre Unverwechselbarkeit durch

ihre Attribute und die Sockelreliefs. Das gleiche Prinzip wurde auch beim Denkmal für die Brüder Grimm in Hanau angewandt. Sowohl der mit dem 1. Preis ausgezeichnete Entwurf von Max Wiese (1889), der jedoch aus technischen Gründen nicht gebaut werden konnte, als auch das 1896 als »Nationaldenkmal« ausgeführte Monument des 3. Preisträgers Syrius Eberle charakterisierten die gleichgerichteten Bestrebungen der ungleichen Brüder durch eine Stand- und eine Sitzfigur. Die Problematik, die Zusammenarbeit der Brüder zugleich mit ihrer »Volkstümlichkeit« darzustellen, löste Wieses Entwurf durch die Hand-auf-die-Schulter-Geste des Älteren gegenüber dem Jüngeren, die an Rauchs Entwurf zum Goethe-Schiller-Denkmal in Weimar erinnerte. Um die »Gefahr eines genrehaften Anflugs zu vermeiden«[25], hatte Wiese den Schwerpunkt der Denkmalaussage in eine pathetische Bezugnahme der Figuren zueinander und in einen barockisierenden Sockel mit Karyatiden, Voluten, Reliefs und Inschriften gelegt. Demgegenüber betonte Eberle in seiner Figurenkomposition die Würde der Gelehrtenarbeit. In den Sockelreliefs hob er beson-

gewollte Volkstümlichkeit 115

Grimm-Denkmal in Hanau von Syrius Eberle, 1896
Eberles Entwurf wurde, obwohl nur mit dem 3. Preis ausgezeichnet, als »Nationaldenkmal« ausgeführt

nige Jahre nach seinem Tod erhalten hatte, setzte sich die Sitzhaltung vor allem bei Schriftstellern durch, deren literarischer Ruhm erst durch das Denkmal gefestigt werden sollte. Das 1893 enthüllte Denkmal für den niederdeutschen Erzähler Fritz Reuter in Neubrandenburg von Martin Wolff zeigte den jüngst Verstorbenen in entspannter Sitzhaltung beim Schreiben, als sei er noch unter den Lebenden; Reuter »blickt mitten in die verkehrsreiche Hauptstraße, als wolle er unter den Vorübergehenden Gestalten beobachten und auswählen«[28]. Noch besser eigneten sich daher Schriftsteller für die Sitzpositur, die sowohl als Zeitgenossen galten als auch einem denkerischen Beruf nachgegangen waren wie der 1889 verstorbene Arzt, Professor und Erzähler Richard von Volkmann-Leander, dem sein Neffe Artur Volkmann in Halle an der Saale 1894 ein Denkmal setzte. Auch das Denkmal für Heinrich Laube von Johannes Pfuhl in Sprottau (1895) zeigte einen Nachdenklichen, der auch Schriftsteller war. Folianten zu Füßen Laubes erinnerten an seine *Beiträge zur Deutschen Theatergeschichte*, strichen also den historischen Schriftsteller heraus; neben dem Werkverzeichnis verwiesen die Sockelreliefs zusätzlich auf sein »Wirken als Theaterleiter«[29].

Im Zuge der Inflationierung auch dieser Denkmalsform wurde die Sitzhaltung nicht bloß für Denker und Erfinder, sondern sogar für Wissenschaftler und Unternehmer verwendet, also für Geistesfürsten in einem sehr übertragenen Sinn. An der Potsdamer Brücke in Berlin entstanden Sitzbilder für naturwissenschaftliche Entdecker und technische Erfinder wie Siemens, Röntgen, Helmholtz und Gauß; in Berlin saßen Senefelder, der Erfinder der Lithographie (1892) und in München Gabelsberger, der Erfinder der Stenographie (1890) auf Denkmalsockeln. Ebenfalls in München war schon 1883 ein Denkmal für den Chemiker Justus von Liebig eingeweiht worden, das nur im kleinsten der beiden Sockelreliefs auf die eigentlichen Entdeckungen Liebigs einging. Der Künstler Michael Wagmüller zeigte im anderen Relief »die personificirte Erfahrung oder Weisheit, ein Greis, welcher der aufmerksam zuhörenden Jugend das Wachsthum und die ernährende Bedeutung der Aere erklärt«[30]; erst recht die Sitzhaltung auf einem Sockel, der an das Mark-Aurel-Denkmal erinnern sollte, der sinnende

ders die »Lehrtätigkeit der Brüder« hervor; sogar die das Märchen versinnbildlichende Alte war »dozierend« dargestellt[26]. Zusätzlich stellten die Sockelinschrift »Den Brüdern Grimm das deutsche Volk« und das Enthüllungsdatum (18. Oktober) die nationale Bedeutung noch einmal heraus.

Für weniger denkerische Schriftsteller stieß die relativ ungewöhnliche Sitzpositur gelegentlich auf Widerspruch wie im Fall des 1889 enthüllten Denkmals für Emanuel Geibel in seiner Geburtsstadt Lübeck von Hermann Volz. Den Einwand, daß Geibel »seiner Gesundheit wegen sich viel in der frischen Luft« bewegt und »gleich einem Peripatetiker seine besten Gedichte auf Spaziergängen« verfaßt habe, entkräftete »Meister Volz« mit der Behauptung, er habe »nicht den jugendlichen Sänger von Lenz und Liebe«, sondern »den ausgereiften ganzen Genius des Dichters« dargestellt[27]. Wie für Geibel, der sein Denkmal schon we-

116   *sitzende Dichter*

Denkmal für Emanuel Geibel (1815–1884) in Lübeck
von Hermann Voltz, 1889

Denkmal für den Dramatiker, Erzähler, Theaterkritiker
und -direktor Heinrich Laube (1806–1894) in Sprottau
von Johannes Pfuhl, 1895
Die Sitzhaltung soll neben dem Schriftsteller auch
den Theaterdirektor und -historiker charakterisieren

Blick über dem eingemerkten Buch und der Gelehrtenmantel ließen Liebig als Denker erscheinen. Als Liebigs Schüler, der Hygieniker Max von Pettenkofer 1906 unmittelbar gegenüber ein Denkmal erhielt, war diese Aussageverschiebung der Sitzfigur noch weiter getrieben. Der Plastiker Wilhelm Rümann kleidete Pettenkofer in einen togaartigen Talar und stattete ihn mit einer Rolle aus, so daß der Arzt und Apotheker wie ein antiker Philosoph dasaß.

Die Klassiker der Reichshauptstadt

Spätestens seit der Gründung des neuen Deutschen Reiches hatte die Reichshauptstadt Berlin einen erheblichen Nachholbedarf an Dichterdenkmälern aufzuholen, wollte sie gegen andere deutsche Hauptstädte wie Weimar, Frankfurt oder München nicht ins kulturrepräsentative Hintertreffen geraten. Zwar war schon 1859 im Rahmen der Schillerfeiern der Grundstein für ein Schiller-Denkmal vor dem königlichen Schauspielhaus gelegt und 1861 eine Konkurrenz ausgeschrieben worden, an der sich 25 Bildhauer beteiligten und aus der Reinhold Begas als Sieger hervorging. Obschon 1868 fertiggestellt, konnte sein Schiller-Denkmal, durch »Ränke und Intrigen« verzögert[31], erst 1871 enthüllt werden.

Diese lange Entstehungsdauer, so daß die Enthüllung unter gänzlich veränderten Zeitumständen stattfand, die Verwendung von Marmor für ein Kolossalstandbild und die außerordentlichen Kosten von 105 000 Mark stellten das Schiller-Denkmal in einen Bedeutungsrahmen, der seine Rechtfertigung aus dem übersteigerten Repräsentationsbedürfnis des neugegründeten Kaiserreichs ableitete. Für seine Denkmal-

*Zur Ausführung genehmigter Entwurf zum Schiller-Denkmal in Berlin von Reinhold Begas, 1866
Das 1871 enthüllte Schiller-Denkmal wurde 1935 schwer beschädigt und ist seit 1952 ohne Sockelfiguren in Berlin-Lietzensee aufgestellt*

Feier zur Enthüllung des Berliner Schiller-Denkmals am 10. November 1871. Ein erdrückendes Polizeiaufgebot demonstrierte die Macht des Staates.

sich hinsichtlich des in ihnen dargestellten Dichterbildes grundlegend. Thorvaldsen wollte Schiller als nachdenklichen Tragiker aufgefaßt wissen, der gerade beim Dichten beobachtet wurde. Stift und Notizbuch hatten dieses Dichten als spontane Notierung lyrischer Einfälle charakterisiert. Begas' Schiller hielt in der Rechten, die aus dem energisch gebauschten Mantel ragte, eine (Theater-) Rolle wie einen Feldherrnstab. Diese herrische Haltung zusammen mit dem Standort vor dem Theater konnte bei den Zeitgenossen den Eindruck hervorrufen, Schiller sei »vornehmlich als Dramatiker«[33], um nicht zu sagen als Theaterdirektor dargestellt!

Die große Pose des Berliner Schiller-Denkmals, in der sich das nationale Pathos der Reichsgründung wiederfinden konnte, wurde jedoch nicht ausschließlich durch die Dichterfigur hervorgerufen, auch wenn diese bald als »epochemachend« galt, obwohl oder gerade weil ihr noch etwas »Gelähmtes« anhaftete[34]. Am Sockel nämlich hatte Begas vier lebensgroße allegorische Figuren angebracht, die die Lyrik (mit Leier), das Drama (mit Maske), die Geschichte (mit Foliant) und die Philosophie darstellen sollten. An der rechten und linken Seite des Sockels befanden sich zudem noch zwei Flachreliefs, die Schillers »Poetenweihe« und seine »Aufnahme unter die großen Dichter der Vorzeit« abbildeten[35]. Durch diese Anordnung wurde Schiller wie im Denkmal Thorvaldsens als Geistesheros gefeiert, jedoch im Gegensatz zu diesem seiner poetischen Eigenschaften entkleidet, die an die Sockelzone gebunden blieben. Dieser Kontrast zwischen dem ruhigen antiken Theatermann und den »grandios bewegten« allegorischen Frauengestalten[36] beschrieb ein recht einprägsames Literaturverständnis: die ruhmesgewisse Person des Dichters erhebt sich aus seinen Werken.

Die Enthüllung des Denkmals an Schillers Geburtstag, dem 10. November 1871, bestätigte diese abgehobene Repräsentanz von Größe und zeigte offen ihre politisch-gesellschaftliche Dimension. Die pompösen Bauten des Gendarmenmarktes wurden als adäquate Umgebung empfunden, bildeten sie doch »gleichsam für das Denkmal eine mächtige offene Halle«. Der Standort schien symbolisch für die Feier zu sein; ein übertriebenes Polizeiaufgebot sorgte nicht nur für Ru-

figur hatte Begas offensichtlich das Stuttgarter Schiller-Denkmal von 1839 als Gegenmodell herangezogen. In seinem ersten Entwurf aus dem Anfang der 60er Jahre hatte Begas Schiller mit Schreibtafel und Stift in halbschreitender Bewegung dargestellt, die durch einen von den Schultern sinkenden Mantel noch gesteigert wurde. Ein Brunnen mit wasserspeienden Löwenköpfen sollte das Dichterdenkmal umgeben. Die »gänzliche Abweichung« des dann ausgeführten Modells in ein »ruhiges Dastehen« Schillers mit einem »weiten prächtig geworfenen Mantel«[32] übernahm von Thorvaldsen das Motiv des schon gekrönten Dichters, vermied aber die seit dem Vormärz so heftig kritisierte nachdenkliche Stellung. Die Körperhaltung Schillers und sein Gesichtsausdruck ähnelten vielmehr dem Weimarer Doppelstandbild. In der Kostümfrage hatte sich Begas zwar eindeutig auf das Stuttgarter Schiller-Denkmal bezogen, jedoch offensichtliche Abänderungen vorgenommen. Begas verzichtete auf den halbherzigen Kompromiß einer nur teilweise sichtbaren Kleidung und hüllte Schiller in einen weiten Theatermantel von neubarockem Faltenwurf. Die raffende Geste der Rechten zitierte ebenfalls eine Haltung des Stuttgarter Denkmals. Viel mehr als eine Anspielung konnte allerdings nicht gemeint sein, denn beide Schiller-Denkmäler unterschieden he und Ordnung, sondern demonstrierte zugleich die Macht des Staats. Dessen Repräsentanten, weder Frauen noch Schriftsteller oder Theaterleute waren eingeladen worden, wie der Berichterstatter kritisch vermerkte. Stattdessen bemühte sich die Festorganisation um eine harmlos gedachte Ausschmückung der Veranstaltung mit Schillers Poesie. Doch die Plakate mit Zitaten aus Schillers Werken wie »Es lächelt der See, er ladet zum Bade« oder »Wer wagt es, Rittersmann oder Knapp, zu tauchen in diesen Schlund?« erhielten im Jahr des mehr oder weniger freiwilligen Reichszusammenschlusses eine ungewollte politische Brisanz, wenn unter die Fahne Sachsens das *Wallenstein*-Zitat zu stehen kam: »Wär's möglich, könnt' ich nicht mehr, wie ich wollte? Nicht mehr zurück, wenn's mir beliebt?«[37]

Das 1880 enthüllte Goethe-Denkmal im Berliner Tiergarten von Fritz Schaper verdankte seine Entstehung der begeisterten Aufnahme des Schiller-Denkmals. Nach dessen Enthüllung war nämlich eine alte Idee von 1859 wieder aufgegriffen worden, dem Klassiker-Dreigestirn Goethe, Schiller und Lessing in Berlin Denkmäler oder sogar ein Drei-Dichter-Denkmal zu errichten und damit das Weimarer Doppelstandbild zu übertreffen. Ein Jahr nach der Enthüllung des Schiller-Denkmals lagen für das Goethe-Denkmal schon 50 Entwürfe vor. In dieser ersten Phase des Wettbewerbs hatte der spätere Konkurrenzsieger Fritz Schaper im ersten Entwurf einen jugendlichen Goethe im Zeitkostüm und im zweiten Entwurf einen etwas älteren, aber sitzenden Goethe vorgestellt. Bei dieser Sitzpositur konnte Schaper auf eine mittlerweile schon weit zurückreichende Bildtradition seit den Entwürfen Bettinas von Arnim und Thorvaldsens für Frankfurt (vgl. S. 74 und 75) zurückgreifen. Zudem war schon 1867 Goethes eigener Vorschlag eines Denkmals für die Frankfurter Bibliothek verwirklicht worden; Pompejo Marchesi setzte den Dichter in antiker Kleidung, mit offener Brust, mit Stift und Buch auf einen Thronsessel als nachdenklichen Olympier. Für die Berliner Konkurrenz hatte Rietschels »Lieblingsschüler« Adolf Donndorf 1874 einen sitzenden Goethe eingereicht, dessen Haltung den Betrachtern als »feiner Griff« erschien:

Den ruhigen Herrscher im Reiche des Geistes kann man sich nur sitzend denken, so allein wird und muß Goethe's Bild in der Phantasie des Volkes haften bleiben.«[38]

Das Standbild schien in der Tat die Idee des thronenden Geistesfürsten mit einer realistischen Gestaltung des Kostüms verbinden zu wollen. Darüber hinaus versuchte sich Donndorf an einer sinnbildlichen Dar-

*Goethe-Sitzstatue in der Frankfurter Bibliothek
von Pompejo Marchesi, 1867
Ein Abguß befindet sich heute in der Vorhalle des
Bibliotheksbaus des Deutschen Museums in München*

*Entwurf für ein Goethe-Denkmal für die Berliner
Konkurrenz von Adolf Donndorf, 1874
»Rietschels Lieblingsschüler« folgte mit der Darstellung
Goethes in Sitzpositur den Vorlieben der Zeit*

stellung von Goethes Werk und Leben. Vier Sphinxe an den Ecken des Postaments riefen das Inkomensurable der Poesie auf (»Ursprung und Anfänge allen Lebens und Dichtens sind Räthsel, die nur der Genius löst«); vier Sockelreliefs umschrieben Goethes Lebensweg in allegorischer Vereinfachung von der Kindheit (»eine weibliche Figur, die Phantasie, umgeben von Sternen und Schmetterlingen«) und der Jugend (»Der auf die Gruppe herabschwebende Genius greift in Goethe's Lyra«) über das Mannesalter (»Der kniende Goethe empfängt aus der Hand der Wahrheit, eine schwebende Frauengestalt, ›der Dichtung Schleier‹«) bis zum Alter (»Dem Greis wird von der Erkenntnis der Schleier vom Haupt gelöst«)[39]. Demgegenüber zeigte das seit 1873 in Ausführung begriffene Denkmal Schapers einen Goethe im mittleren Alter, dessen Kopf mit der berühmten Büste Rauchs »Porträtähnlichkeit« beanspruchte; Schapers Goethe war in Hoftracht und in einen weiten Mantel gehüllt, der durch den in die Hüfte gestützten linken Arm zurückgeschoben war. Diese originelle Geste erwies sich als gut übertragbar und wurde am Berliner Lessing-Denkmal von 1890 als seitenverkehrtes Zitat wiederholt (vgl. S. 123). In der Rechten trug Goethe eine Schriftrolle.

Auch hier errang Schaper die Anerkennung für sein Modell, mit dem er als Denkmalkünstler berühmt wurde, nicht zuvörderst durch die Dichterfigur, sondern durch die neuartige Lösung des Sockelbaus. Dieser bildete als zylindrischer Unterbau einen sinnfälligen Kontrast zum viereckigen Sockel des Schiller-Denkmals, dessen Ausstattung mit allegorischen Figuren Schaper aufgriff, jedoch entscheidend variierte. Die herkömmliche Aufteilung in vier Schaffensbereiche, die Begas durch den viereckigen Sockel vorgegeben war, konnte von Schaper durch die Rundform in

Goethe »kann man sich nur sitzend denken«

Goethe-Denkmal in Berlin von Fritz Schaper, 1880 enthüllt

eine triadische Gliederung aufgelöst werden. Im Gegensatz »zu den hergebrachten gleichgültigen Allegorien« der anderen Entwürfe lobte man an Schapers Modell, daß seine Sockelfiguren »unmittelbar aus sich selber verständlich«, »entzückend« und voll »lautern Reiz echter und keuscher Schönheit« seien[40]. In ihnen war einerseits die überkommene Struktur der Sockelallegorien wiederzuerkennen, andererseits vollzog die triadische Gliederung in Lyrik, Drama und Wissenschaft viel symbolträchtiger die Gepflogenheiten der zeitgenössischen Poetologie nach. Unter dem linken Fuß Goethes saß die jugendliche Gestalt der Lyrik mit einer Leier und legte den Arm um die nackte Gestalt eines geflügelten Genius mit Rose; auf der anderen Seite saß die dramatische Dichtkunst mit Stift und Rolle, mit verschleiertem Haar und sinnend in den Schoß blickend; an ihrer Schulter lehnte ein Genius, der in der Linken einen Lorbeerkranz, in der Rechten eine nach unten gerichtete erloschene Fackel hielt; auf der Rückseite saß die Wissenschaft mit aufgeschlagenem Buch im Schoß; neben ihr stand ein Genius mit der Fackel der Wahrheit. Diese triadische Durchgliederung von Goethes Werken nach jugendlicher Liebeslyrik, hoher Tragödie und hehrer Wissenschaft schrieb ein zwar bildnerisch höchst stimmiges, aber eben verkürztes Goethebild fest. Es entsprach der Einordnung durch die zeitgenössische Germanistik, die den Prosaschriftsteller nicht ernst nahm und den Politiker unterschlug. So fristete auch die Wissenschaft hinter dem Rücken des Dichters ein Schattendasein, während das Drama und die Jugendlyrik sich größter Bewunderung erfreuten.

Bei der Enthüllungsfeier des Denkmals am 2. Juli 1880 war dann die »Gleichgültigkeit und Theilnahmslosigkeit des großen Publikums« während der Entstehungszeit vergessen; die Gestalt Goethes wirkte »mit hinreißender Macht«, die Sockelfiguren »begeisterten die Menge«[41]. Aber nicht nur der Denkmalbau, auch die Gäste demonstrierten, daß ein so bereinigter Goethe zum unverzichtbaren Bildungsbesitz der Eliten des Kaiserreichs gehörte. Neben der kaiserlichen Familie und den Diplomaten ehrten die namhaftesten Staatskünstler und -gelehrte wie Theodor Mommsen, Adolph Menzel, Anton von Werner und Herman Grimm den Olympier als ihresgleichen.

Was in den Berliner Denkmälern für Schiller und Goethe tendenziell angelegt war, nämlich die Verlagerung der Denkmalaussage von einer schließlich immer gleichgültiger werdenden Dichterfigur auf den Sockel, setzte sich in den nächsten Jahren stetig fort, wie ein Vergleich der beiden Lessing-Denkmäler von Fritz Schaper in Hamburg (1881) und in Berlin von Otto Lessing (1890) belegt. Beim Hamburger Wettbewerb für ein Lessing-Denkmal hatte Fritz Schaper unter sieben ausgewählten Denkmalkünstlern 1878 den ersten Preis errungen, wohl auch deshalb, weil er als einziger eine Sitzfigur entworfen hatte und so dem unvermeidlichen Vergleich mit Rietschels berühmtem Braunschweiger Lessing-Denkmal ausweichen konnte. Trotzdem hatte es auch bei Schapers Modell »nicht an Widerspruch gefehlt«[42]. Schapers Denkmal stellte Lessing im Zeitkostüm des 18. Jahrhunderts als Sitzfigur auf einem mantelverhüllten Sessel mit vorgeschobenem linken Bein und in die Hüfte gestemmter Rechten dar; in der Linken, mit dem Ellenbogen auf die Lehne gestützt, hielt Lessing ein mit dem Finger eingemerktes Buch. Diese Haltung präsentierte Lessing nicht als Poeten, sondern ausdrücklich als den Verfasser der *Hamburger Dramaturgie,* der

*Lessing-Denkmal in Hamburg von Fritz Schaper, 1881
In der Sitzfigur versucht der Künstler
gegen die überwältigende Präsenz von Rietschels
Braunschweiger Lessing-Denkmal anzugehen*

in gesammelter Kraft in sich ruhend, die Erscheinungen der Bühne seinem prüfenden Auge vorüberziehen läßt, dabei aber bereit erscheint, in jedem Moment aufzuspringen und zürnenden Worts die künstlerische Verirrung in ihr Nichts zurückzuschleudern.[43]

Diese Positur, erst recht aber ihre Beschreibung als Bild einer kraftvollen Gespanntheit ließen das eigentliche Vorbild, Michelangelos berühmten Moses des Julius-Grabmals in Rom, durchscheinen! Als Moses der deutschen Aufklärungsliteratur saß Lessing auf einem Sockel, der im ursprünglichen Entwurf mit Reliefs der »Hammonia«, der »Poesie« und der »Kritik« ausgestattet werden sollte. In seiner Überarbeitung strich dann Schaper jedoch die Beziehungen Lessings zu Hamburg heraus, die der Aufstellungsort am Gänsemarkt, am ehemaligen Deutschen Nationaltheater, nahelegte. Die endgültige Sockellösung zitierte in ihren konvex geschwungenen Wangen und in den Eckvoluten barocke Motive und zeigte Bronzereliefs mit den Porträts des Schauspielers Conrad Ekhof und des Philosophen Reimarus, die beide mit Lessing und Hamburg verbunden waren. Durch Kostüm und Sokkel, die dermaßen historisierend angelegt waren, erschien Lessing als historische Gestalt, durch seine Sitzhaltung war er kaum mehr als Dichter wahrgenommen, sondern eher als Weltbeobachter oder gar als Theaterregisseur. Auf solche Weise in die Vergangenheit verschoben und seiner kritischen Leistungen entkleidet, konnte Lessing zum gefeierten Theaterklassiker aufsteigen.

Noch stärkere Historisierungsanstrengungen machte freilich das 1890 im Berliner Tiergarten aufgestellte Lessing-Denkmal:

Es ist von dem Urgroßneffen des Dichters, dem Bildhauer Otto Lessing, modelliert und steht da in Überlebensgröße, in Marmor ausgehauen, auf einem Sockel von rötlichem Granit. An der Vorderseite des Denkmals erhebt sich der in Bronze gegossene, geflügelte Genius der Humanität, welcher zu dem Dichter aufblickt. Auf der Rückseite des Denkmals ist die Kritik allegorisch dargestellt. Zur rechten von ihr sieht man eine Eule, auf Büchern und Pergamenten hockend, als Symbol der Wissenschaft. An der rechten und linken Seite des Postamentes sind die Reliefporträts von Moses Mendelssohn und von dem Dichter Ewald von Kleist angebracht. Die kräftig gedrungene Gestalt Lessings wirkt mächtig: er hat seine rechte Hand in die Seite gestützt, in der linken Hand hält er ein Buch, und sein Auge schaut sinnend in die Weite.[44]

Eine solche Fülle von Anspielungen auf die bisherige Geschichte des Dichterdenkmals, die das Standbild von Otto Lessing enthielt, erweckte die Begeisterung der Berliner Kritiker, deren Erwartungen noch immer durch »die für unsere Vorstellung fast typisch gewordene Rietschel'sche Statue« in Braunschweig und neuerdings von Schapers Hamburger Denkmal bestimmt wurden. Dem konnten die anderen Entwürfe, selbst von namhaften Bildhauern wie Eberlein (»groß und schwungvoll«, aber mit »zu imposant sich entwickelnden Idealfiguren des Sockels«), Hilger (»zu zierlich und elegant« für ein Lessing-Denkmal) oder Siewering (mit Reliefs in einer »kaum zugänglichen symbolischen Ausdrucksweise«), nicht gerecht werden[45]. Denn die Kontrastwirkung von drei Materialien, die unbemäntelte Rokokostümierung und der unschlagbare Vorteil Otto Lessings mit seiner weit

122   *Lessing »in gesammelter Kraft«*

Lessing-Denkmal in Berlin von Otto Lessing, 1890
Nach den Lessing-Denkmälern
in Braunschweig und Berlin
ist hier die Historisierung noch weiter getrieben

zurückreichenden Familienbeziehung historisierten den Dichter noch stärker als in Hamburg. Wer nichts von Lessings literarischen Leistungen wußte – am Denkmal konnte er sie nicht ablesen. Die zur »Humanität« verallgemeinerte Allegorie, die Kritik »auf der Rückseite des Denkmals« und die hausbackene Karikatur der Wissenschaft verzichteten endgültig darauf, das Poetische abbilden zu wollen.

Was Wunder, daß ein Beobachter wie Hermann Obrist, selbst ein bekannter Denkmalkünstler, diese Historisierung gerade bei Lessing bemängelte und gleichsam unter der Hand ein eigenes Lessing-Denkmal entwarf, das im Geist des Jugendstils konzipiert war:

Wenn wir das Lessingdenkmal im Berliner Tiergarten betrachten, so sehen wir auf einem bewegten Rokokosockel einen Mann in eleganter Rokokotracht in salonmäßiger Haltung stehen. Überall wimmelt es von Rokokokartuschen. Ein wildbewegtes Rokokogitter umschließt das Ganze. Wenn wir nicht mit einiger Mühe den Namen »Lessing« entzifferten, so würden wir ohne weiteres vermuten, daß hier ein eleganter Diplomat aus der Rokokozeit dargestellt würde oder ein Salonarzt aus der damaligen Zeit.
Und das soll ein Lessingdenkmal sein? Lessing ist ja gerade der Todfeind des Rokoko gewesen, der stahlharte, eisig nüchterne, rassigste Bekämpfer des Rokoko, ein spitzer diamantharter Gesteinsbohrer, ein trainierter gewandter Faustkämpfer, ein harter kalvinistischer sarkastischer Bauernkopf, der sich kein x für ein u vormachen ließ, ein Mann, der gerade den ganzen verschnörkelten Kulturaufbau, den wir hier in diesem Denkmal erblicken, unterminiert und gesprengt hat. Und justament diesen Mann stellt man in typische Rokokoplantage und läßt das Schmiedeeisen bacchantisch um ihn tanzen! Wie würde er selber sarkastisch höhnen, wenn er sich so sehen könnte!
Gab es denn gar keine andere Möglichkeit, ein Lessingdenkmal herzustellen, als gerade auf diese Art? Wir glauben, es wäre sehr gut möglich gewesen. Entweder man versinnbildlichte gerade den schneidigen Kampf dieses harten, wahren, deutschen Kopfes mit dem welschen Rokokogeiste des Jahrhunderts allegorisch, oder man hätte, was noch besser gewesen wäre, einen Denkmalsaufbau schaffen können, scharfkantig, hart, ernst, streng und doch leidenschaftlich in seinem Aufstreben. Darin die Büste Lessings, den Kopf groß genug, daß man ihn auch aus der Entfernung scharf unterscheiden konnte. Der Aufbau, die scharfe architektonische Gliederung, die harte kantige Plastik, das alles, das Leben dieser Formen hätte den Geist Lessings versinnbildlichen sollen, und zwar so stark und eindringlich, daß der Wanderer hätte stehen bleiben müssen, gefesselt von der sichtbar gemachten Persönlichkeit eines deutschen Mannes. So hätte man es machen können.[46]

Poetische Provinz im Kaiserreich

Die beiden Lessing-Denkmäler in Hamburg und Berlin verdienen noch unter einem anderen Aspekt Aufmerksamkeit. Beide hatten in ihren Sockelreliefs versucht, den Ortsbezug Lessings auf Hamburg und Berlin kräftig herauszustreichen und so das Dichterdenkmal einer spezifischen lokalen Benutzbarkeit dienstbar zu machen. Bislang war es bevorzugt der Geburtsort des Dichters, der sich durch die Denkmalsetzung gleichsam als Mittelpunkt der Dichterverehrung kundgab. Mit dem Ende des Jahrhunderts zeigte

*Büste Friedrich Rückerts (1788–1866)
im Freien Deutschen Hochstift Frankfurt
von Heinrich Schäffer, 1864
Die Büste sollte als Muster für ein Schweinfurter
Rückert-Denkmal dienen*

*Gedenktafel am Geburtshaus Rückerts in Schweinfurt
von Heinrich Schäffer, 1865*

sich vermehrt die Tendenz, die provinzielle Abgeschiedenheit mancher Kleinstädte durch ein monumentales Dichterdenkmal als städtisches Wahrzeichen aufzuwerten. In solchen kulturellen Randzonen des Kaiserreichs sollte ein Dichterdenkmal lokale Bezüglichkeiten herstellen, auch wenn diese bloß zufälliger Natur oder an den Haaren herbeigezogen waren[47]. Solche Poetisierungsversuche einer prosaischen Industriestadt mit Hilfe des Dichterdenkmals für einen großen Sohn der Stadt lassen sich sehr gut an der Entstehungsgeschichte des Rückert-Denkmals in Schweinfurt demonstrieren[48]. Friedrich Rückert, der 1788 mehr oder weniger zufällig in Schweinfurt geboren worden war und dort nur die ersten Jahre seiner Kindheit verbracht hatte, galt spätestens 1863 zu seinem 75. Geburtstag als der letzte große Dichter der klassischen Zeit. Seine Werke standen in direkter Klassikepigonie, sie umfaßten in ihren didaktischen oder orientalischen Themenstellungen Bereiche der Literatur, die dem fortgeschrittenen Zeitalter fremd waren und Rückert zu einem poetischen Anachronismus machten. Schon 1864 wollte der Bildhauer Gustav von Dornis aus Coburg, wo Rückert seit Jahren lebte, der Stadt Schweinfurt ein Rückert-Denkmal zum Selbstkostenpreis von 300 Gulden erstellen[49]. Daß der Schweinfurter Magistrat dieses Angebot abgelehnt hat, lag wohl eher in einer Rivalität des Geburtsortes Schweinfurt zu Rückerts damaligem Wohnort Coburg als in den angeblich zu hohen Kosten begründet. Denn als der Stuttgarter Bildhauer Heinrich Schäffer der Stadt Schweinfurt die Ausführung eines Rückert-Denkmals in Marmor für 480 Gulden anbot, war der Magistrat nicht abgeneigt. Aus Kostengründen entstand dann 1865 allerdings nur eine erzerne Gedenktafel am Geburtshaus Rückerts, die Schäffer für 100 Gulden anfertigte.

In Coburg, wo man sein Anrecht auf Rückert aus dessen Leben und Sterben ableitete, kam mit Rückerts Tod 1866 der Plan für ein Denkmal auf. Das Vorbild des Grabmals war für Coburg natürlich naheliegend:

Für einen so ächt deutschen Dichter gebührt sich auch ein Denkmal in deutschen (gothischen) Styl, und zwar in einem Bild- oder Betstock, mit dem lebensgroßen Medaillon des Dichters.
Der Bildstock wird von Sandstein und das Portrait von Cararamarmor. Unter letzteres kommt Name, Geburts- und Todesjahr des Dichters. Dieser Bildstock, der noch über den Kirchhof hinaus zu sehen sein würde – kommt zu Häupten des Grabes, und ein einfacher Grabstein *auf* dasselbe, an den 4 Ecken vielleicht mit Blumenvasen geziert[50].

Offensichtlich spielte aber auch die Konkurrenz zur Geburtsstadt Schweinfurt bei dem Coburger Projekt eine entscheidende Rolle:

Das Medaillon muß aber den Dichter *jung,* in voller Kraft und Schönheit darstellen, als den Dichter des Liebesfrüh-

124   *wem gehört Rückert?*

*Rückert-Büstendenkmal in Neuses bei Coburg
von Ernst Conrad, 1869
Der Sterbeort Neuses stellte bewußt den jungen Rückert
auf den Sockel*

lings und der geharnischten Sonette, und nicht als Greis, wie es leider und ärgerlicher Weise am *Jugendhaus* desselben in Schweinfurt geschieht[51].

Bei der Enthüllung dieses Rückert-Denkmals am 28. Oktober 1869 konnten die Festgäste im Park von Coburg schließlich ein ganz anderes Rückert-Denkmal bewundern: eine frei aufgestellte Rückertbüste von Emil Conrad, die mit dem Grabmal nichts mehr zu tun hatte. Zugleich war damit die für das Dichterdenkmal so fruchtbare Konkurrenz zwischen Coburg und Schweinfurt beendet; Coburg hatte Schweinfurt als Rückertstadt vorläufig überflügelt, das Interesse für ein eigenes Schweinfurter Rückert-Denkmal schlief ein.

Als 1874 die Pläne für ein Schweinfurter Rückert-Denkmal wieder auflebten, hatten sich die Bedingungen für die Errichtung eines Dichterdenkmals von Grund auf gewandelt. Die Verehrung Rückerts geriet von einer Schweinfurter heimattümlichen Privaterinnerung zum nationalen Anliegen. Ein einfaches Denkmal kam für eine solche Huldigung nicht mehr in Frage; andererseits reichten die in Schweinfurt gesammelten Spenden für eine monumentale Denkmallösung nicht aus. Die Gründung eines Schweinfurter Rückertkomitees 1877 und eines Rückertvereins 1881 sollten die jetzt überregional orientierte Rückert-Denkmal-Finanzierung institutionell absichern. Der Spendenaufruf von 1878 für den »vaterländischen Dichter Friedrich Rückert« galt schon nicht mehr für Schweinfurt und Unterfranken, sondern hatte ein gesamtdeutsches bildungsbürgerliches Publikum im Auge:

Wie aber Friedrich Rückert und sein Dichten *alle Deutsche* berührt und darum dieser Aufruf auch an *alle* Deutsche gerichtet ist, so hält es das Localcomité nicht für angemessen, daß es von sich allein aus diesen Aufruf erlassen, sondern es glaubt diejenigen Männer, welche in der deutschen Literatur die hervorragendsten Größen sind, bitten zu sollen und bitten zu dürfen, daß sie an die Spitze dieser Unternehmung treten, und dem deutschen Volke zurufen, immer seiner Ehrenpflicht gegen Friedrich Rückert eingedenk zu sein.

Im Gefolge dieser Verschiebung der Denkmalinitiative zur »Ehrenpflicht der Nation« vollzog sich auch ein Wandel des Rückertbildes. Rückert galt nun als Klassiker der Nation, nicht mehr als fränkischer Goethe-Epigone oder als sprüchereimender Hausvater. Diese nationale Klassizität spiegelte sich auch in den ersten Denkmalentwürfen. Seit Januar 1882 lag dem Schweinfurter Magistrat ein erster Entwurf des Berliner Bildhauers Gustav Eberlein vor:

ein circa 1 m hohes Modell, das den Dichter u. Denker Fr. Rückert auf hohem Postament darstellt, an welches sich vorne eine allegorische Figur, die Muse anlehnt, welche die Leyer spielend zu dem Dichter aufwärts den Blick erhebt, während der Dichter selbst, sinnend und gleichsam den Tönen lauschend, an einem Baumstamme lehnend, zur Muse niederschaut[52]

Dieser frühe Entwurf Eberleins erreichte noch nicht die neubarocke Monumentalität seiner späteren Denkmäler für Wagner oder Goethe, von denen im folgenden Kapitel zu handeln ist. Dennoch deutete Eberlein schon in diesem Entwurf sowohl Rückert als auch die Sockelfigur durch pathetisch gesteigerte Gesten. Dabei dominierte die Muse die Dichterfigur, so daß nicht so sehr Rückert als vielmehr der Prozeß des Dichtens als solcher abgebildet war.

1883 ging ein zweiter Denkmalentwurf in Schweinfurt ein, den der Dresdner Bildhauer Bruno Fischer vorlegte. Fischers Rückert erweckte in Haltung und zeitgenössischem Kostüm einen sehr viel konventionelle-

*Entwurf für ein Rückert-Denkmal in Schweinfurt
von Gustav Eberlein, 1882
Der neubarocke Schwung und die große Pose der Poesie
waren für eine Verwirklichung in der Provinz verfrüht*

ren Eindruck als Eberleins bewegtes Standbild mit übereinandergeschlagenen Beinen und ausdrucksstarkem Faltenwurf des antikisierenden Mantels. Dagegen legte Fischers Dichterfigur durch die Napoleongeste der rechten Hand und den altdeutschen, d.h. freiheitlichen Schillerkragen sowie durch die langen Hosen (Sansculotte!) den Akzent auf politische Konnotationen. Während in Eberleins Entwurf die leierspielende Muse den Dichter poetisch inspirierte, war in Fischers Modell ein erzener Engel mit Lorbeerkranz gerade dabei, Rückerts Namen in den Sockel einzugravieren. Eberlein versuchte also den Dichtungsprozeß einzufangen, Fischer hingegen betonte die Bedeutung des (nationalen und politischen) Nachruhms des Dichters.

Beinahe zur selben Zeit erhielt Schweinfurt einen dritten Entwurf zugesandt, der von dem als Reliefspezialist bekannt gewordenen Münchner Bildhauer Konrad Knoll stammte. Er zeigte Rückert

in historischem Rocke aus den Freiheitskriegen. Der Dichter steht da in sinnender Haltung, auf die Seite geneigt, an einen Eichenstrunk gelehnt, in der Rechten, welche auf dem Stamm ruht, hält er die Feder, in der Linken das Schreibbuch. Am Eichenstamm rankt sich ein Rosenstrauch empor. Auf demselben liegt ein von Meerwasser befleckter Reisemantel, der nach Angabe des Künstlers an die dem Dichter in teurer Erinnerung stehende Reise nach Neapel erinnern soll.[53]

Die Beschreibung der Sockelreliefs zu Gestalten aus Rückerts Dichtungen verwies deutlich genug auf das Frankfurter Goethe-Denkmal von Schwanthaler als Knolls Vorbild. Gegenüber Eberlein und Fischer präsentierte Knoll also eine kunsthistorisch längst überholte Lösung:

Die »geharnischten Sonette« Rückerts werden durch zwei ausschreitende geharnischte Jungfrauen versinnbildlicht, deren Helme mit einem Löwen und Adler bekrönt sind. Auf den »Liebesfrühling« des Dichters weist ein zweites Sockelrelief hin: ein Liebespaar, welches von Blumengewinden umrankt wird, die an die sechs »Sträuße«: »Erwacht«, »Geschieden«, »Gemieden«, »Entfremdet«, »Wiedergewonnen« und »Verbunden« in Rückerts kostbarer Sammlung erotischer Gedichte gemahnen sollen. Ein drittes Relief erinnert an Rückerts Lehrgedicht: »Weisheit des Brahmanen«. Es ist das bestcomponirte von den Reliefs und zeigt in edler Gruppierung einen Brahmanen, einen Jüngling und ein Mädchen, welche den Worten des indischen Weisen lauschen.[54]

Dazu kamen die Kosten. Während für Eberleins Entwurf 10 000 Mark, für Fischers 15 000 Mark veranschlagt wurden, legte Knoll eine Kostenaufstellung von 50 500 Mark vor. Dabei hatten die bisherigen Schweinfurter Sammlungen erst 13 000 Mark eingebracht, eine finanzielle Beteiligung der Stadt wäre kaum über dieselbe Summe hinausgegangen. Seit Januar 1884 verhandelte deshalb der Schweinfurter Landtagsabgeordnete Christian Sauerbrey im Auftrag des Magistrats mit dem bayerischen Kultusministerium über einen Zuschuß aus dem Fonds für Förderung

Entwürfe

*Entwurf für ein Rückert-Denkmal in Schweinfurt
von Bruno Fischer, 1882*

*Entwurf für ein Rückert-Denkmal in Schweinfurt
von Konrad Knoll, 1882*

und Pflege der Kunst in Höhe von anfangs 6 000 Mark, später von 15 000 Mark bzw. von 25 000 Mark. Eine so hohe finanzielle Staatsbeteiligung hatte zur Folge, daß das Ministerium ein Mitspracherecht bei der Denkmalplanung forderte. Dieser neue Abschnitt in der Geschichte des Schweinfurter Rückertdenkmals endete damit, daß das Ministerium schließlich die künstlerischen Rahmenbedingungen für das Denkmal bestimmte. Man erfuhr in Schweinfurt,

daß der Minister einem einfachen Denkmale abhold sei. Die »lange« Figur inmitten kleiner Häuser glaube der Minister vom öffentlichen Gesichtspunkte aus schlecht wirkend. Der Minister wünsche ein wirkliches Kunstwerk, weshalb sich eine allgemeine Concurrenz bayerischer Künstler empfehle.[55]

Der bayerische Kultusminister erläuterte sehr anschaulich, welche Denkmalvorstellungen staatlicherseits herrschten:

Seine Abneigung gegen diese »Männer- und Figurendenkmäler«, wie man sie allerorten finde, motivirte er weiter. »In München«, so fuhr er wohlwollend fort, »stehen so viel solcher Statuen zwecklos. Da vorne [...] stehen in geringer Entfernung von einander vier derselben, der Volkswitz nennt sie Mannd'l (Männlein). Wem nützen sie? dem Künstler? Kein Mensch kennt ihn. Dem Dargestellten? Keine Seele bekümmert sich um ihn. Der Kunst? Lächerlich, keine einzige große Idee ist zum Ausdruck gebracht, man hat diese Männd'l überall.[56]

Die Frage nach dem materiellen Nutzen eines Denkmals wurde bislang so nicht gestellt. Die Position des

»man hat diese Männd'l überall«   127

Sitzfigur Rückerts am Schweinfurter Denkmal
von Wilhelm Rümann, 1890
Der Dichter als Grübler

Ministers verwies schon auf die nächste Phase des Denkmalbaus, in der zunehmend Sinn und Zweck von Denkmälern bezweifelt wurden. Es überrascht daher nicht, daß die am 29. November 1886 auf Veranlassung des Ministeriums veröffentlichte Konkurrenzausschreibung festlegte, daß das Rückert-Denkmal nur in Verbindung mit einem nützlichen Brunnen für höchstens 45 000 Mark bis zum 16. Mai 1888, dem 100. Geburtstag Rückerts, zu erstellen sei; am Wettbewerb dürften zudem nur bayerische Künstler teilnehmen.
Von den 11 Entwürfen, davon sechs plastischen Modellen, siegte schließlich das Gemeinschaftswerk des Architekten Friedrich von Thiersch und des Bildhauers Wilhelm von Rümann unter dem Motto *Du bist die Ruh:*

Auf dem in einfacher würdiger Form gehaltenen Postament sitzt der Dichter auf einem großen geschlossenen Sessel, über welchen rückwärts sein Mantel fällt. Auf seinem Knie hält er ein aufgeschlagenes Buch in das er sinnend blickt. Der rechte Arm ruht auf dem Sesselrand. Auf der vorderen und hinteren Seite des Sockels befinden sich unten wasserspeiende Löwenköpfe von Schilf und Seerosen umrankt. Das Wasser fließt in kleinere Muscheln, von welchen es in das vorn und hinten angebrachte halbrunde Bassin mit mäßig hoher Fassung fällt. Rechts und links an den Sockeln sind allegorische weibliche Figuren gelehnt, dieselben sind sitzend dargestellt. Die linke Figur versinnbildlicht die Liebes- und Vaterlandsdichtung und hält Leier und Schwert, ihr zur Seite liegt ein Harnisch. Die rechte Figur veranschaulicht Forschungen des Dichters, sie hält ein Papierblatt, das sie liest. Auf dem Sitz liegt das Haupt einer orientalischen Götterstatue. [...] Das Modell macht in seiner Gesamtdarstellung den Eindruck eines *ruhigen, harmonischen* und *einheitlichen* Kunstwerkes. *Der Brunnen hat eine nur dekorative Bedeutung,* alle Teile des Denkmals nehmen eine innige Beziehung auf den Dichter. Die allegorischen Figuren verkörpern seine Haupttätigkeit. Dieser Entwurf überragt an künstlerischer Bedeutung alle übrigen, sowie die Ausführung des Kunstwerkes wohl unter allen Konkurrenzprojekten den größten Aufwand erheischt. Es würde eine großartige Zierde unseres Marktplatzes werden.[57]

Durch Verzögerungen konnte der Enthüllungstermin, der 100. Geburtstag Rückerts im Mai 1888, nicht eingehalten werden. Erst am 18. Oktober 1890, zum Völkerschlachtgedenktag, fand die feierliche Enthüllung des Schweinfurter Rückert-Denkmals statt.
Die Originalität des Schweinfurter Rückert-Denkmals lag sicherlich in dem Versuch, die Abbildung des alten Dichtergelehrten als Sitzfigur mit einem Denkmalbrunnen und mit allegorischen Sockelfiguren zu verbinden. Wichtiger und interessanter als der Nachweis der Vorbilder für Sitzfigur und Sockelallegorien ist freilich das Dichterbild, das durch das Denkmal vermittelt wurde. Die Sitzhaltung des in den Sessel versunkenen Rückert unterstützte die Breitenwirkung des Bauwerks und rief trotz seiner tatsächlichen Höhe den Eindruck eines horizontal ausgerichteten Denkmals hervor. Die frei vor dem Sockel sitzenden Allegorien und der Materialkontrast von Granit und Bronze betonten zusätzlich diese Breitenwirkung. In sinniger Übereinstimmung mit dem Motto *Du bist die Ruh* wurde daher ein Dichterbild festgeschrieben, das Rückert nicht so sehr als Dichter, sondern durch Haltung, Kleidung (Professorentalar) und Attribut (aufgeschlagener Foliant) viel eher als Gelehrten zeigte. Wer wollte, konnte sogar die drei Bronzefiguren auf dem steinernen Denkmalbrunnen in einer szenischen Reihenfolge lesen. Folgte man nämlich ausgehend von der Muse mit Leier und Schwert den Blickrichtungen

der Figuren, dann entwickelte sich vor den Augen des Betrachters ein poetisch-bildnerisches Programm zur biographischen und literarischen Einordnung des Rückertschen Werkes! Diese Reihenfolge begann mit der Erlebnisdichtung in Rückerts Jugend, die durch die Kriegs- und Liebeslyrik vertreten war. Das Aufblicken dieser Gestalt zur Dichterfigur wurde von dieser gleichsam durch die Stützhaltung des rechten Arms abgeblockt und durch die Drehung des Kopfes am Blickkontakt gehindert. Rückert blickte stattdessen über das Buch auf seinen Knien zur zweiten Muse herab, die diesen Blick aufnahm und zum archäologischen Überrest weiterleitete. Sogar die Attribute aller drei Figuren bildeten in dieser Reihenfolge die werkbiographische Entwicklung der Rückertschen Poesie ab (Schwert, Lyra, Pergament, archäologischer Überrest, Buch) und verbildlichten zugleich einen trivialisierten Dichtungsprozeß, der vom Erlebnis ausgeht und über philologische Studien beim fertigen Buch endet.

Damit war zugleich erklärt, warum der Geburtsort Schweinfurt den alten Rückert auf das Denkmals gesetzt hatte. Gemeint war nicht mehr der anti-napoleonische Kriegsdichter oder der sentimentale Erlebnislyriker, dessen Jugendwerke in der Figur der Kriegs- *und* Liebeslyrik zusammengezogen und damit in ihrer Bedeutung verkürzt wurden. Stattdessen thronte der Denker und Philologe über seinen Werken. Das Dichterdenkmal, das auf diese Weise eine biographische Genreszene mittels der Denkmalikonographie vorstellte, verschob die Gewichte: nicht mehr der Dichter als Person stand im Zentrum des Denkmals, sondern ein Erzählvorgang wurde abgebildet, der das Dichterdenkmal gleichsam zu einem versteinerten lebenden Bild werden ließ.

Wiener Dichterdenkmäler

An dieser Stelle ist ein Perspektivenwechsel angebracht, der sich des Bewußtseins versichert, daß auch nach 1871 die Geschichte des Dichterdenkmals nicht auf den Raum der kleindeutschen Reichsgründung beschränkt war. Auch in Österreich hatte die »Denkmal-Pest unserer Zeit« dieselben Auswüchse angenommen wie in Preußen-Deutschland, wie der Schriftsteller Ferdinand Kürnberger 1877 in zornigen Kommentaren bemerkte. Kürnberger, der sich wegen seiner Beteiligung an der Wiener Revolution von 1848 bis 1857 außerhalb Österreichs aufhalten mußte, war der erste Generalsekretär der Wiener Schillerstiftung, die unter anderem das Wiener Schiller-Denkmal von 1876 initiierte. Für Kürnberger war die Denkmalswut der Zeit ein Phänomen der Gründerjahre, in der das banausenhafte Besitzbürgertum sich anschickte, die ehemals emanzipatorischen Bildungswerte des Liberalismus in Beschlag zu nehmen. Kürnbergers Aufschrei, »Ein Grillparzer-Monument zu errichten unter der Leitung der Herren Rothschild, Schey, Wodianer, Todesco!«, galt der »Selbstbedenkmalungs-Arroganz« der Wiener Großfinanz, die mit dem Dichterdenkmal ganz handfeste Ziele verfolgte. Dieses »Wiener Verhältnis zwischen Literatur und Börse« wurde für Kürnberger zum Merkmal der reichgewordenen Spekulanten, die zuerst bloß nach dem Besitz von Geld, dann nach gesellschaftlichem Rang und endlich als Krönung »nach *Intelligenz* oder Schein von Intelligenz« strebten[58].

Den schlimmsten Auswuchs dieser parvenühaften Denkmalswut sah Kürnberger im »Denkmal-Bettel«, also der Sitte, durch Sammlungen und Benefizvorstellungen der Theater Gelder für immer weitere Denkmalbauten einzutreiben. Diesen »Ausstattungsschwindel neuester Art« bezeichnete Kürnberger sogar als »Terrorismus des Denkmal-Bettels«; die Denkmalsetzung sei schon längst keine »Nationalsache mehr, sondern nur noch ein Geschäft der »persönlichen Eitelkeit« der Denkmalsetzer[59]. Diese verkehrten sogar die Erinnerungsfunktion des Denkmals ins Gegenteil: »Man setzt Denkmäler, um unbekannte Größen bekannt zu machen!« Deshalb seien Denkmäler heute »das fünfte Rad« und eigentlich »überflüssig, zwecklos und in dieser Zwecklosigkeit rein unbegreiflich«[60]. Die Aufgaben des Denkmals, nämlich die Erinnerung an geistige Größe wachzuhalten und Ehre zu bezeigen, könne im modernen Zeitalter ein entwickeltes Schulsystem, der Buchdruck und das Konversationslexikon viel besser erfüllen.

Die Geschichte der Dichterdenkmäler an der Wiener Ringstraße nahm nicht ganz die Entwicklung, wie sie Kürnberger überzeichnet hatte. Am Anfang stand auch hier ein Schiller-Denkmal. Die Idee hierzu kam in Wien wie in anderen deutschen Städten im Gefolge der Schillerfeiern von 1859 auf. Doch die politischen Ereignisse der 60er Jahre überrollten alle Denkmalprojekte. Der *Aufruf für ein Schiller-Denkmal in Wien* von 1868, zwei Jahre nach dem preußischen Sieg bei Königgrätz, der Ausgrenzung Österreichs aus dem deutschen Reichsverband und der Umgestaltung der Donaumonarchie zum Dualismus, nannte zwar die »Ungunst der Zeitverhältnisse« beim Namen, versuchte jedoch die kulturellen Gemeinsamkeiten über die kleindeutsche Nationalstaatslösung hinüber zu retten:

Mag auch die folgenschwere Katastrophe seither die alten Marken des Vaterlandes verrückt haben, jener Gedanke doch blieb fest und tief im Bewusstsein des Volkes eingewurzelt und zwar um so tiefer und fester, je inniger es überzeugt ist und bleibt, dass vermorschende Grenzpfähle jenem geistigen Zusammenhange, welchem es sein Bestes, Edelstes und Heiligstes dankt, keinen Abbruch thun können und sollen![61]

Als Künder eines deutschen Nationalstaats war Schiller in Wien freilich nicht mehr zu vermitteln: daher unterstrich man jetzt die Gültigkeit der liberalen Ideen der Kulturnation für die ganze »Menschheit«:

Wenngleich der deutsche Stamm zunächst berufen sein mag, zu den Ehren seines nationalen Dichters mitzuwirken, so lebt doch in den Grenzen dieses weiten Reiches kein Volksstamm, dessen Geistesleben sich dem bewältigenden Einflusse jener Ideenwelt zu entziehen vermöchte, als deren würdigster Träger der grosse Dichter nicht einem Cultur-Volke allein, sondern der ganzen gesitteten Menschheit gelten darf.[62]

Über die neuen Nationalstaatsgrenzen hinweg erträumten die Unterzeichner des Aufrufs, von Anastasius Grün und Franz Dingelstedt bis zu Franz Grillparzer und Heinrich Laube, ein »vereintes Zusammenwirken«, auf daß »in nicht allzuferner Zeit« die gemeinsamen liberalen Anstrengungen »für Wahrheit und Schönheit, für Recht und Gesittung, für Bildung und Freiheit« verwirklicht sein möchten[63].

Schon bald gerieten diese Vertreter des bildungsbürgerlichen Lagers gegenüber den Exponenten des Finanzkapitals und der Wiener Großbourgeoisie ins Hintertreffen. Durch namhafte Spenden verschafften sich letztere die Entscheidungsbefugnis im Denkmalkomité, wie dies Kürnberger befürchtet hatte. Als das Wiener Schiller-Denkmal am 10. November 1876 in Anwesenheit des Kaisers vor der Akademie der bildenden Künste enthüllt wurde, konnte der politisch herrschende deutsche Bevölkerungsteil der Donaumonarchie zufrieden sein; das Schiller-Denkmal fand »in allen Schichten der deutschen Bevölkerung Österreichs den freudigsten und wärmsten Widerhall«[64] und bekräftigte noch einmal die Zugehörigkeit zum deutschen Kulturkreis. Ein Vergleich des Wiener mit dem Berliner Schiller-Denkmal macht dies deutlich. In Berlin war Schiller mit dem Anspruch auf nationalrepräsentative Monumentalität dargestellt worden. Das Wiener Denkmal wollte und sollte diesen Aufwand noch steigern. Unter 44 Entwürfen hatte die Jury aus namhaften Künstlern wie Gottfried Semper oder Ernst Hähnel und bekannten Kulturfiguren wie Anastasius Grün drei Sieger ausgewählt, unter denen der Dresdner Johannes Schilling den 1. Preis errang. Während in Berlin Schiller in antikisierender Manier und als Theaterdichter dargestellt worden war, zeigte Schilling in Wien den Dichter im unbemäntelten schwäbischen Schulmeisterrock und mit einer Kopfhaltung, die offensichtlich der Dannecker-Büste entliehen war. Positur und Gestik sollten Schiller nicht nur im »Flug der Gedanken« erfassen, sondern auch an die Schillerfigur des Weimarer Doppeldenkmals erinnern, so daß im Wiener Denkmal Schiller nicht bloß als Volksredner oder Prediger auftrat, sondern zugleich die wichtigsten Bildtraditionen der Schiller-Denkmäler in sich zusammenführte und den »dem deutschen Volk liebgewordenen Schillertypus« verkörperte[65]. In der Erfüllung solcher Erwartungen der Denkmalbetrachter war Schiller selbst als Zeuge zu benennen, da sein früher Tod nicht ohne Nutzen für die Nachwelt schien: »Daß Schiller früh hinwegschied, kommt auch uns zugute.« Denn gerade dadurch konnten Denkmal und Erinnerung ein Dichterbild vermitteln, das auf Ewigkeit gerichtet war: »Nun genießt er im Andenken der Nachwelt den Vortheil, als

Schiller-Denkmal in Wien von Johannes Schilling, enthüllt am 10. November 1876

ein ewig Tüchtiger und Kräftiger zu erscheinen.« Deshalb stellte Schilling in Schiller zugleich die »lichte Apotheose der Jugend« dar, die im Denkmal für die Ewigkeit aufgehoben schien: »Die Jugend des Genius aber währt ewig.«[66]

Über dieses apotheotische Dichterbild hinaus steigerte Johannes Schilling das Denkmal durch eine Verdreifachung des plastischen Schmucks an einem Sockel, dessen Grundstein, aus der Schillerhöhe in Marbach gebrochen, selbst schon Bedeutung trug. Erst zwei, dann nochmals drei Stufen waren zu überwinden, bevor der Betrachter den eigentlichen Unterbau des Denkmals erreichte. Dort erhob sich dann ein stufig sich verjüngender Sockel, der nicht nur durch seine Größe die Schillerstatue völlig dominierte. Vier lorbeer- und eichenlaubgeschmückte Medaillons auf den vier Seiten zeigten vorne den Pegasus, hinten einen Pelikan mit Jungen im Nest und an den Seiten einen Minerva- und einen Medusenkopf. Diesen vier traditionellen Allegorisierungen der Poesie waren in der oberen Sockelebene vier allegorische Figuren so zugeordnet, daß der Genius der Wahrheit auf die Frontseite des Denkmals, die Figur der Menschenliebe und der Dichtung auf die Rückseite sowie Wissenschaft und Lyrik auf die Seitenflächen zu stehen kamen. Zwischen diesen beiden Bildebenen saßen an den Kanten des Postaments noch weitere vier Erzfiguren, die Schillers *Lied von der Glocke* entnommen waren und die vier Lebensalter darstellen sollten, wobei die Mutter mit dem Kind und der Greis auf der Rückseite, der Jüngling und der Mann auf die Vorderseite des Denkmals ausgerichtet waren:

Wie von *einem* Gedanken beseelt, von dem dankbarer Verehrung, blicken diese vier Lebensalter zu Schiller auf, dessen Strebensrichtungen und geistige Bedeutung überhaupt sich in den vier idealen Gestalten offenbaren[67]

Las man diese sich überlappenden Aussagen aller drei Sockelebenen und die Schillerfigur zusammen, dann ergab sich ein Schillerbild zwischen gemütvoller Familienidylle und heroischem Dichterpathos. Eine solche Betonung des echt deutschen, gemütlich-bürgerlichen und zeitlos verjüngten Schiller einerseits und die monumentale Aufblähung des Denkmals im Sockelbereich andererseits konnten den Vergleich mit dem Berliner Schiller-Denkmal getrost aufnehmen. Auch darin bestätigte sich Österreichs Teilhabe an den literarischen Traditionen Deutschlands und damit der politische Herrschaftsanspruch der deutschen Bevölkerungsteile innerhalb der Donaumonarchie.

Als 1891 links und rechts neben dem Schiller-Denkmal die Büsten für Anastasius Grün und Nikolaus Lenau aufgestellt wurden[68], zeichnete sich eine allmähliche Verschiebung der nationalen Selbstdarstellung Deutsch-Österreichs hin zur Anerkennung der ethnischen Vielfalt der Monarchie ab. Beide Denkmalbüsten, Arbeiten des Bildhauers Karl Schwerzeck, ergänzten das nationaldeutsche Schiller-Denkmal

*Denkmalbüste für Nikolaus Lenau (1802–1850) in Wien
von Karl Schwerzeck, 1891
Die Aufstellung zusammen mit einer gleichartigen Büste
für Anastasius Grün rechts und links
des Schiller-Denkmals stellt beide Schriftsteller
in den Rahmen der Aktivitäten
des Schiller-Denkmalkomités und einer eigenständigen
österreichischen Literaturgeschichte*

durch eine eigenständige österreichische Literaturgeschichte: das Lenau-Denkmal galt zugleich dem ungarischen Adeligen wie dem deutschen Lyriker, das Grün-Denkmal meinte nicht so sehr den politischen Dichter Wiens als vielmehr das Mitglied des Schiller-Denkmalkomités, der zur Enthüllung auf *Schiller's Standbild* gedichtet hatte:

> Lodert ihr deutschen
> Herzen in Flammen!
> Schlaget zu Einem
> Brande zusammen!
>
> Daß sich das Auge
> Formend belebe!
> Daß sich des Dichters
> Bild draus erhebe!
>
> Riesig und glänzend,
> Tönend soll's ragen,
> Memon Germania's,
> Da es will tagen!
>
> Doch auch zu tönen
> Soll es bedacht sein,
> Bräch' einst in Deutschlands
> Herzen die Nacht ein!
>
> Dann in der Zwietracht
> Düstern Tagen
> Weit soll es dröhnen,
> Laut soll es sagen:
>
> Lodert ihr deutschen
> Herzen in Flammen!
> Schlaget zu Einem
> Brande zusammen![69]

Das 1889 enthüllte Denkmal für den »größten vaterländischen Dichter« Franz Grillparzer hatte diese Entwicklung vorgezeichnet; es verstand unter dem Vaterland nicht mehr bloß die deutschen Teile des Staates, sondern die Summe aller in »Österreich-Ungarn geborenen oder daselbst dort ansässigen« Personen[70]. Das Denkmal bildete einen architektonischen Halbkreis (von Carl von Hasenauer), in dessen Mitte sich die Sitzfigur Grillparzers (von Carl Kundmann) vor einer portalähnlichen Nische in der Form einer antiken Exedra befand; die Architekturformen zitierten klassizistische Theaterfassaden und wichen »erfreulicherweise vollständig ab von der gewöhnlichen Statuenschablone«. Eine »antik stilisirte Marmorbank« lud »zum Verweilen in der lauschigen Nische ein« und forderte »zur vertraulichen Annäherung und zum behaglichen Genießen« des Denkmals auf. Denn statt wie bisher »die Beschauer in respectvoller Entfernung« zu halten, erstrebte das Grillparzer-Denkmal eine intime und zugleich weihevolle, eine kühle und zugleich populäre Dichtererinnerung:

Die weihevolle Abgeschlossenheit und gleichzeitige freie Zugänglichkeit der weißen Marmorhalle, welcher der Himmel als Decke dient, symbolisirt die Eigenart des Dichters, der in verbitterter Zurückhaltung dahinlebte, jede Berührung mit der Oeffentlichkeit scheute und doch durch seine Schöpfungen auf die weitesten Kreise seines Volkes zu wirken strebte und in der That auch gewirkt hat.[71]

Dieses Dichterbild, das Grillparzer mit Buch und in Sitzpositur sowohl als Denker wie als den »hervorragendsten Dramatiker Deutsch-Österreichs« und als

*Denkmal für Franz Grillparzer (1791–1872)
in Wien von Carl Kundmann, 1889
Der Dichter sitzt in einer antiken Exedra inmitten
seiner Werke in großformatigen Reliefs*

den »größten der Epigonen der deutschen Classiker«[72] zeigte, wurde eingerahmt durch je drei Reliefs (von Rudolf Weyr) zur rechten und linken Seite der Sitzfigur. Diese Reliefs bildeten Szenen aus Grillparzers Werken ab, nämlich aus *Der Traum ein Leben, Medea, Sappho, Die Ahnfrau, König Ottokars Glück und Ende* sowie *Des Meeres und der Liebe Wellen*. Diese Werkauswahl mit ihrer Betonung der »patriotischen Tendenz« und der Bevorzugung der »historischen Dramen« konnte sich erst im Verlauf der Planungsgeschichte gegen Reliefs zu *Weh' dem, der lügt* und der *Jüdin von Toledo* durchsetzen[73]. *Der Traum ein Leben* spielte außerdem zum Verständnis der gesamten Anlage eine Schlüsselrolle. Auf ausdrücklichen Wunsch des Denkmalkomités und mit Unterstützung Kaiser Franz Josephs wurde unter dieses Relief eine persische Inschrift angebracht, die nicht nur »merkwürdig sinngetreu die künstlerische Darstellung in Worte kleiden« sollte, sondern auch Grillparzers Poesie des geringsten Wirklichkeitsbezuges entkleidete:

> Du liegst im Schlaf, dein Seh'n ist Traumgebild,
> Was immer du gesehn, es ist nur Phantasie;
> Erwachst am frühen Morgen du, wirst wissen dann,
> Daß alles dies Einbildung sei und Wahn.

Text und Relief bezogen sich auf die »eigenthümliche Phantasie« weniger des Grillparzer-Dramas als seiner Rezeption: »Auch wer das Drama nicht kennt, begreift sofort, daß es sich um einen traumhaften Vorgang handelt.«[74] Auch die anderen Reliefs bemühten sich um die Darstellung dramatischer Exzessivität wie das Relief um die »erschütternde Schlußscene« aus *Sappho*, das eine »Gruppe von hoher plastischer Wirkung« zeigte und in der Sappho sogar »die Züge der größten heute lebenden Sappho-Darstellerin« abbildete! Hier, wo die Reliefkunst bis zu ihren materialgegebenen Grenzen geführt werden sollte (»wie wun-

»Dein Seh'n ist Traumgebild«

Relief am Grillparzer-Denkmal in Wien, 1889
II. Akt »Der Traum, ein Leben« von Rudolf Weyr

Relief am Grillparzer-Denkmal in Wien, 1889
»Des Meeres und der Liebe Wellen« von Rudolf Weyr
Das Relief zeigt den dramatischen Höhepunkt,
die Anspülung des toten Geliebten

dervoll elegisch beredt ist der Marmor«), entstanden versteinerte Szenen, die dramatische Spannung auf ihrem Höhepunkt einfangen wollten: »Noch wenige Augenblicke und Sappho wird sich in die tröstenden Arme des Meeres stürzen«[75]. So verwundert es kaum, daß schon die Zeitgenossen Weyrs Reliefs als »Marmorgemälde« auffaßten und als in Stein gehauene Literaturillustrationen lasen, die ihre Herkunft aus den Prachtausgaben nicht verleugnen konnten, dorthin zurück wollten und »wol den Weg in eine dereinstige illustrirte Ausgabe der Grillparzer'schen Werke finden« werden[76].

So deuteten die Reliefs das Grillparzer-Denkmal zu einer Szenenfolge um, in der ein genrehaftes Literaturverständnis sich mit historisierenden Theatervorstellungen mischte. Zugleich wurden dynastische Traditionen poetisch erinnert und ein klassizistisch verbrämtes Österreichbild vermittelt. Der Dichter Grillparzer thronte gleichsam über dieser Szenerie, mit der er wenig zu tun hatte. Was die dynastiestützende und klassisch-aristokratische Relieffolge angedeutet hatte, zeigte sich bald schon im organisatorischen Bereich der Denkmalplanung. Die bürgerlichen Kräfte, die bislang die Errichtung von Dichterdenkmälern betrieben hatten, traten zugunsten der Aristokratie zurück[77]. Die Aufstellung des Grillparzer-Denkmals im Volksgarten, also im Bereich der Hofburg, war schon ein Indiz für das allmähliche Abflachen der bürgerlichen Denkmalinitiativen in Österreich-Ungarn.

Ganz anders sah Hugo von Hofmannsthal in seinem Gedicht *Denkmal-Legende* 1891 das Grillparzer-Standbild:

Kennt ihr den Mann? Nicht wahr, ihr kennt ihn nicht?
Den alten Mann mit seiner scheuen Pein,
Und doch trägt dies selbe vergrämte Gesicht
Der eure auch, gehauen aus weißem Stein.

Doch um ihn schimmert, den er tönend schuf,
Der marmorweißen Geisteskinder Chor,
Und seines Genius reichumkränzter Ruf
Schlägt tausendzüngig heut an jedes Ohr.

*Denkmal für Ferdinand Raimund (1790–1836) in Wien
von Franz Vogl, 1898
Form, Anspruch und Benutzbarkeit des Denkmals
kündigen ein abgesenktes Pathos an*

Das ist, was wahllos diese Welt verleiht,
Was tosend durch das Reich der Zeiten wallt;
Des Namens hallende Unsterblichkeit,
Wie Erz so unvergänglich und so kalt.

Der Name, den der Enkel sinnlos nennt,
Wie wir Vergangnes sinnlos mit uns tragen,
Der Formelwahn, der ehrt, was er nicht kennt:
Das könnt ihr geben, das könnt ihr versagen.

Doch was mich rührt und mich verwandt ergreift,
Wobei mir unbewußt die Tränen kamen,
Was dämmernd mir vertraut im Innern reift:
Das lebt, und wüßt auch keiner seinen Namen.

Aus unsern eignen Schmerzen sprichts uns an,
Mitleidend können wir auch mitverstehen:
Das ist mein Wort für jenen alten Mann:
Es lebt der Schmerz, der Marmor wird vergehen.[78]

Wie im Vorgriff auf die im 20. Jahrhundert registrierte Unsichtbarkeit von Denkmälern bezweifelte Hofmannsthal den Erkenntniswert von Poesie mit Hilfe des Dichterdenkmals. Die »hallende Unsterblichkeit« von Dichter und Dichtung schien ihm »wahllos«; eine solche Traditionsbewahrung, die Hofmannsthal als »sinnlos« ansah, führte dagegen zur poetischen Seelenverwandtschaft zwischen dem versteinerten Dichter und dem Denkmalbetrachter, der sich ebenfalls als Dichter verstand. Diese eigene Erfahrung der dichterischen Existenz, durch Mit-Leiden auch mitzuverstehen, erneuerte die Erinnerung an den Dichter über dessen Denkmal hinaus: »Es lebt der Schmerz, der Marmor wird vergehen.«

Die beiden vor und nach 1900 enthüllten Wiener Denkmäler für Ferdinand Raimund und Ludwig Anzengruber gehören zwar schon der nächsten Phase der Denkmalgeschichte an, müssen aber an dieser Stelle herangezogen werden, um die Entwicklung der Ringstraßendenkmäler zu vervollständigen. Das 1898 ursprünglich vor dem Volkstheater, heute dahinter im Weghuberpark aufgestellte Raimund-Denkmal von Franz Vogl kündigte noch deutlicher als das Grillparzer-Denkmal die Absenkung des Denkmalpathos an. Im Unterschied zum liberal-nationalen Schiller-Denkmal und zum vaterländisch-österreichischen Grillparzer-Denkmal galt das Raimund-Denkmal dem »größten österreichischen Volksdichter«[79]. Das Denkmal versuchte, »die monumentale Plastik von den bisher festgehaltenen Formen loszulösen und sie mehr malerisch und genrehaft auszugestalten«; es wollte »in seiner leichten Faßlichkeit und Formschönheit eine anmuthige Wirkung auf die Masse der Beschauer« ausüben, »die in der Regel an den auf hohen Sockeln gespreizt dastehenden Heroen vorübergeht, ohne ihnen einen Blick zu schenken, und dem schwerverständlichen symbolischen und allegorischen Beiwerk ängstlich aus dem Weg geht«. Ohne »Statuengrandezza«[80] zeigte das Denkmal den Dichter in nachdenklicher Stellung auf einer Ruhebank sitzend, hinter ihm die Frauengestalt der Phantasie mit Libellenflügeln. Dieses zwar lebensgroße, aber durch den die Distanz abschwächenden Unterbau zur intimen Betrachtung einladende Denkmal verlangte nach einer populärwienerischen und nicht mehr nationalen Dichterhuldigung. Das Festgedicht Ferdinands von Saar zur Enthüllungsfeier betonte denn auch die »Innigkeit« der Dichterehrung für einen »Sohn des Volkes«:

Raimund als Volksdichter   135

Denkmal für Ludwig Anzengruber (1839–1889) in Wien von Johann Scherpe, 1905
Auch das Denkmal unterlegt eine kitschige Rezeption Anzengrubers: »ein Stück Salontirol«

ein Dreigestirn«[82]. Diese Konstruktion eines österreichisch-volkstümlichen Trios im Kontrast zu den Weimarer Dioskuren ist denn auch der gemeinsame Nenner und die neue Perspektive des Dichterdenkmals. Die Liste der Unterzeichner zeigte eine interessante Mischung der renomierten Wissenschafts- und Literaturkoryphäen mit den Vertretern einer neuen Richtung. So stehen einträchtig nebeneinander: Hermann Bahr, Otto Brahm, Felix Dahn, Marie v. Ebner-Eschenbach, Ludwig Ganghofer, Herman Grimm, Klaus Groth, Ernst Häckel, Max Halbe, Otto Erich Hartleben, Gerhart Hauptmann, Paul Heyse, Hugo v. Hofmannsthal, Wilhelm Jordan u.a. Diese Klassizität des Volkstümlichen verkörperte das Anzengruber-Denkmal, das in einer Höhe von fünfeinhalb Metern eine »populäre Genrescene« darstellte:

Anzengruber steht auf dem Rande eines Steinbruches und schaut hinab auf seinen Steinklopfer-Hans, der unten im Geröll sitzt und mit dem Hammer schwere Stein- und Gedankenbrocken klein macht. Der Dichter ist in einen langen Flaus geknöpft, hält den Schlapphut in der Hand, die sich eng am Leibe auf den Wanderstock stützt; in der vor die Brust gehobenen Rechten hält er den Zwicker. Die Figuren sollen Bronze werden, das übrige Stein, und der Platz umher keine obligate Blumenanlage, sondern ein Stück Steinbruchlandschaft mit Kraut und Unkraut und einem Föhrenhain.[83]

Die Vollerinnerung weckt er an Alt-Wien –
An jenes traute und umengte Wien,
Das unsre Wiege war. Erwachsen sind
Wir ihr – und doch: der Jugend ganzer Zauber
Weht aus den Bildern jener Zeit uns an,
Die, ach, so viel versäumt – auch gegen ihn! –
Das neue, große Wien, es tilgt nunmehr
Die Ehrenschulden der Vergangenheit.[81]

Saar feierte im Namen Raimunds das »Alt-Wien« des Biedermeier und die eigene Jugendzeit innerhalb der noch vorhandenen Stadtbefestigung (das »umengte Wien«) – wahrlich eine sinnige Anspielung bei einem Ringstraßendenkmal!
Die Abkehr von der nationalen und liberalen Öffentlichkeit als Ort bürgerlicher Kultur und damit als Aufstellungsort für Dichterdenkmäler zeigte sich noch deutlicher, als 1905 auf dem Schmerlingplatz das Denkmal für Ludwig Anzengruber enthüllt wurde. Schon der Aufruf zur Errichtung des Denkmals, von Peter Rosegger 1899 verfaßt, hatte das Volkstümliche im Leben und Werk Anzengrubers, des Meisters des Volksstücks, besonders hervorgehoben. Die Errichtung eines Anzengruber-Denkmals erschien nun notwendig, denn »Anzengruber war ein Wiener Kind und bildet mit Franz Grillparzer und Ferdinand Raimund

Nicht nur die Denkmalikonographie zwischen rustikalem Originalitätsanspruch und kitschiger Natürlichkeit, auch die Aufstellung »zwischen dem Asphalttrottoir und dem Mörtelputz des Theaters wie ein Stück Salontirol«[84] deuteten auf ein neues Denkmalverständnis voraus, das auf intime Wirkung größeres Gewicht legte als auf die Präsentation im städtischen Straßenlärm.
An sein Anzengruber-Denkmal konnte der Bildhauer Hans Scherpe 1905 mit dem Entwurf für ein Denkmal anknüpfen, das Robert Hamerling in Wien aufgestellt werden sollte. Die Idee, den Dichter in der Zwiesprache mit Figuren aus seinen Werken darzustellen, erwies sich als tragfähig genug, um nach Anzengrubers Volkstümlichkeit auch Hamerlings *Germanenzug* und damit »das nationale Empfinden«auszudrücken, das die »deutsch-österreichischen und reichsdeutschen

Verehrer« des Dichters als »Bollwerk deutschen Volkstums im vielsprachigen Österreich« mit dem Denkmal aufrichten wollten[85]. Diese offene, da zugleich heroische wie allgemeinverständliche Denkmalpose hatte Louis Ernest Barrias 1902 für sein Pariser Denkmal zu Ehren Victor Hugos eingeführt. Zwei riesige Sockelallegorien, die Hugos dramatische und lyrische Werke versinnbildlichten, sowie allerlei allegorisches Beiwerk umgaben den ins Grübeln versunkenen Dichter. Für Nikolaus Lenau, der 1891 in Wien nur durch eine Büste neben dem Schiller-Denkmal und damit als dessen Epigone geehrt worden war, benutzte der Bildhauer Béla Radnai 1904 eine dem Wiener Raimund-Denkmal ähnliche Bauform. Der Standort, Lenaus Geburtsort Csatád in Ungarn, brachte sich über die Ikonographie des Denkmals sinnig in Erinnerung: der Lenau »umarmende Genius zeigt ihm das auf der gegenüberliegenden Straßenseite befindliche und noch gut erhaltene Geburtshaus«[86]. Die erste Strophe des in den Sockel eingemeißelten Lenau-Gedichts *Einst und jetzt* konnte offenlassen, ob den die Kosten des Denkmals aufbringenden »Deutsch-Ungarn« der ungarische Adelige oder der deutschsprachige Lyriker näher am Herzen lag:

> Möchte wieder in die Gegend,
> Wo ich einst so selig war,
> Wo ich lebte, wo ich träumte,
> Meiner Jugend schönstes Jahr.

Das Goethe-Denkmal, das schon im Jahr der Enthüllung des Schiller-Denkmals für Wien projektiert, aber erst 1900 enthüllt wurde, führte die Entwicklungslinien der Ringstraßendenkmäler zusammen und leitete in die nächste Phase der Denkmalgeschichte über. Der vom Burgtheaterdirektor Heinrich Laube verfaßte Aufruf des Wiener Goethe-Vereins von 1882 hatte Goethe noch den »grössten Dichter deutscher Zunge« genannt, dessen Denkmal hinter demjenigen Schillers nicht zurückstehen dürfe. Aber schon damals reichte die kulturnationale Legitimation nicht mehr aus, so daß Laube zusätzlich betonte, inwiefern Goethe »deutsche Nationalliteratur und Weltliteratur allumfassend vermählte«[87]. Die Planungsgeschichte machte dann deutlich, daß ein Wiener Goethe-Denkmal keinen nationaldeutschen Dichter wie Schiller auf den Sockel heben würde. Ein Entwurf wie der schon 1881 entstandene von Otto Wagner skizzierte einen antikisierend gekleideten sitzenden Goethe, zu dem eine allegorische Sockelfigur den Lorbeerkranz erhob. Sein mehr als konventionelles Denkmal dachte Wagner jedoch von einem funktionslosen, nur dekorativen Säulenhalbrund umfangen, das sich auf einer Terrassentreppe erhob, die an barocke Gartenanlagen erinnerte. Selbst die neuartige Idee einer Pergola als Umbauung eines Dichterdenkmals konnte nicht darüber hinwegtäuschen, daß Goethe auf diese Weise nicht als zeitloser Klassiker und Olympier abzubilden war. Schon die Wahl des Aufstellungsorts, »der nach menschlicher Voraussicht für Jahrhunderte vor Veränderungen durch Umbau geschützt bleiben wird«, nämlich gegenüber dem Burgtheater und in einem Dreieck zwischen Universität, Rathaus und Parlament, kündete von über die Zeit hinausreichender Bezüglichkeit: »Die treffende Bedeutsamkeit des gewählten Platzes bedarf wol keiner Erörterung.«[88] Goethe konnte und sollte zwischen die Kultur- und Herrschaftssymbole Österreich-Ungarns eingepaßt werden, gerade weil sich zwischen Goethe und Wien keine biographische oder literarische Beziehung herstellen ließ:

Der Künstler hat sich bei dieser Darstellung insbesonders von der Erwägung leiten lassen, dass speciell ein Goethe-Denkmal für Wien, eine Stadt, mit der Goethe in seinem äusseren Lebenslauf so wenig in Relation getreten ist, ihn auf dem Höhepunkte seines Künstlerdaseins aufweisen müsse, den grossen, alten Goethe, der, von jeder Relation abgesehen, ein unschätzbares Besitzthum der ganzen Nation geworden ist.[89]

Die Enthüllung des Denkmals am 15. Dezember 1900 tilgte dann auch noch die letzten Erinnerungen an Deutschland. Das Festgedicht von Ferdinand von Saar rief zum »Anblick des Gewaltigen« auf und hob ausdrücklich zuerst die lokale, dann die österreichische und schließlich die internationale Bedeutung des Denkmals hervor:

> Ein Schmuck für Wien,
> Ist dieses Denkmal für ganz Österreich,
> Gehört der Welt es und der Menschheit an,

Goethe in Wien

In der »Nachempfindung der olympischen Züge« Goethes sollte sich die Funktion des Denkmals freilich nicht erschöpfen. Die Aufstellung in der repräsentativen Öffentlichkeit der Stadt diente nun zur pädagogischen Wirkung auf das Volk:

Wir wissen, wer er war und ist – und ewig sein wird!
Doch nein: wir wissen es nicht alle!
Wie vielen von den Tausenden, die hier
Im Drang des Tages vorübereilen werden,
Ist selbst der Name fremd! Und ach, wie vielen,
Die diesen Namen kennen, ist das Werk
Des Dichters noch ein Buch mit sieben Siegeln!

Darum auch ragt es jetzt in Sichtbarkeit,
Ein mahnend Zeichen, auf ... »Lernt Goethe kennen!«[90]

Im Deutschen Reich mit seinen protzigen Kolossaldenkmälern im Geist des Wilhelminismus wurde ein solches Denkmal und sein ungewöhnlicher Standort nicht verstanden und im Geist herkömmlicher Denkmalserwartungen heftig kritisiert:

In einem kleinen, unansehnlichen Winkel, der nicht einmal einen Namen hat, auf einem unregelmäßigen Dreieck, das zwischen der Fassade des Palais Schey und dem Kaisergarten gleichsam übrig geblieben ist, das ein als Durchgang geöffnetes Gitter und die Mauer des Kaisergartens abschließt erhebt sich das Goethe-Denkmal, eine schöne, groß gedachte, künstlerische Arbeit, die hier aber durchaus nicht an ihrem Platze ist.
[...] – mitten im Häusermeer mit dem Ausblick auf die unmittelbar zu seinen Füßen vorüberfahrende elektrische Trambahn! [...]
Der einzige Grund, welcher für die Aufstellung des Denkmals an diesem Platz geltend gemacht werden kann, ist, daß auf eine Entfernung von etwas über 100 Schritt Goethe gegenüber Schillers Statue sich befindet. Welch prächtigen Platz aber hat Schiller! Mitten in einem grünen Park mit schönen Rasenplätzen und schattigen Bäumen, der noch zwei Denksteine beherbergt, umgeben von einem prachtvollen Rechteck von palastähnlichen Gebäuden, steht dieser im schwäbischen Schulmeisterrock auf hohem Sockel – ein Geistesheros, wie man ihn nicht schöner darstellen kann. Wie auf eine Pygmäe sieht er auf den im entlegenen Winkel sitzenden Goethe herab.[91]

Dieses Goethe-Denkmal von Edmund Hellmers brach in der Tat mit allen gewohnten Vorstellungen vom Dichterdenkmal:

Die Bronzefigur Goethes, sitzend 2.93 Meter hoch, ist – von dem reliefartigen Schmuck der Ruhebank abgesehen, von welchem ich im weiteren Verlaufe noch werde zu sprechen haben – das einzig Bildnerische am Denkmale. Keine Ne-

Goethe-Denkmal in Wien von Edmund Hellmer, 1900

Modell des Wiener Goethe-Denkmals im Atelier des Künstlers Edmund Hellmer Inszenierung des Olympiers auf dem Thron durch Präsentation, Größenkontrast und Lichtführung; auch der Künstler nimmt eine Art Denkmalshaltung ein

benfigur sollte hier nach der Intention des Künstlers die Höhe und Heiligkeit der Stimmung stören, auf alles Architektonische, jede Ornamentik nach Thunlichkeit verzichtet sein. Ein Denkmal, einfach, klar und majestätisch, wie das einzige Wort, das die Vorderseite des Sockels in erhabenen Bronzelettern aufweist: *Goethe*. Das sollte es sein.[92]

Goethe war als alter Mann gleichsam in einem unbeobachteten Augenblick erfaßt, kein thronender Olympier, sondern ein in Erschöpfung Ausruhender, wenngleich die halbliegende Sitzhaltung und die ungeordneten Kleider »innere Gelassenheit« und die »möglichst bedeutsame Gestalt des Dichters« unter »Vermeidung jeden decorativen oder allegorischen Beiwerks« abbilden sollten:

Gleichsam wie aus einem Augenblick tiefer Versunkenheit erwachend, schaut er mit großen, klaren Augen ruhig und beherrschend vor sich ins Weite. Es liegt eine wundervolle innere Ruhe und Größe über dieser Gestalt.[93]

Die besondere Begeisterung der Zeitgenossen galt indes dem Gesichtsausdruck der Statue, die nicht bloß die geistige Lebendigkeit Goethes zeigen sollte, sondern auch den »denkbar höchsten Grad individueller Charakteristik«[94]. Anhand der verfügbaren authentischen Goethe-Bildnisse und -Totenmasken hatte Hellmers versucht, Goethes eigenes Diktum *Das beste Monument des Menschen ist der Mensch* in die plastische Form umzusetzen. In seinen gesteigerten Charakterisierungsbemühungen legte Hellmers besonderen Nachdruck auf die plastische Ausarbeitung von Goethes Händen, die denn auch an der Sitzfigur einen herausragenden Stellenwert erhielten. Hellmers versinnbildlichte in ihnen die »Schöpferhand« schlechthin, so als handle es sich »thatsächlich um Goethes Hände«[95]!

Das Relief auf der Rückseite des Sessels, »die Familie, das Volk, die Menschheit huldigt dem Genius Goethes«[96], und die Inthronisation des Dichters auf einem Stuhl, der an den Marmorthronsessel Karls des Gro-

ßen in Aachen erinnern sollte, beabsichtigten eine Heroisierung des Klassikers, Dichterfürsten und Olympiers. Doch gerade diese Darstellung Goethes »an der Schwelle des Greisenalters« in »ruhiger Großartigkeit« und »Einfachheit«[97] verstärkte den Eindruck, daß eine solche Thronpositur unfreiwillig ironisch und dennoch nicht lächerlich wirkte. Nichts könnte den mentalen Gegensatz an der Jahrhundertwende zwischen Österreich-Ungarn und dem Deutschen Kaiserreich trefflicher abbilden als eine Gegenüberstellung des Wiener Goethe-Denkmals mit den gigantomanischen Denkmälern des Wilhelminismus, wie sie Gustav Eberlein erstellte (vgl. S. 142 ff.). Im Titelblatt der Festschrift zur Enthüllung des Wiener Goethe-Denkmals, das das Relief auf der Rückseite des Throns abbildete, signalisierte die Jugendstilornamentik und die neoklassizistische Figurengestaltung ein Dichtungsverständnis, zu dem die reichsdeutschen Denkmäler erst mit jahrelanger Verspätung vorstießen.

Denkmalkritik
und kritisches Denkmal
(1890–1914)

Wenn ihr uns nur wolltet lesen!
Was haben wir von dem Denkmalwesen?
Ach, wonach wir gedarbt im Leben,
Jetzt könnt ihr es so leicht uns geben:
Ein wenig Liebe. Der Tod macht uns billig.
Kauft uns. Aufs Denkmal verzichten wir willig.
Mehr freut uns, wenn ihr ein Lied von uns kennt,
Als wenn unser Bild in der Sonne brennt.
Eure Liebe sei unser Postament.
GUSTAV FALKE

Wir bekommen die Denkmäler, die wir verdienen.
HERMANN OBRIST

»Wie wir unsere Dichter ehren sollten«

Im Deutschen Reich kam es um die Jahrhundertwende zu einem letzten und heftigen Aufbäumen des Neubarock. Den äußerlichen Anlaß hierfür bildete Goethe, dessen 150. Geburtstag 1899 mit zahlreichen Denkmal-Enthüllungen und -Feiern begangen wurde. So vermittelte die Huldigungsfeier 1899 vor dem Frankfurter Goethe-Denkmal den »Charakter des Pompösen« und zugleich »jenen frischen Zug echter Popularität«, obwohl ein »kräftiger Gewitterregen« die Veranstaltung empfindlich störte. Die anwesenden Vertreter von mehr als 300 Vereinen feierten Goethe als »vornehmsten Bannerträger« des »durch die Kunst geadelten Menschenthums«. Einer solch edlen Größe konnte ein einfaches Fest wie dasjenige 1844 zur Enthüllung des Denkmals (vgl. S. 79f.) nicht mehr gerecht werden. Für die Feier der neuen Zeit war deshalb die gesamte Umgebung umgebaut und ein »lichter säulentragender Rundtempel mit Rundbögen und hoher Kuppel« um das Denkmal errichtet worden. Über die Festtage hinaus sorgte »eine bleibende gärtnerische Anlage von hohem Reiz« für eine wirkungsvollere Einstimmung, denn »die früher den Platz einfassenden Alleebäume sind gefallen«; noch im Tonfall der Beschreibung erhob das bescheidene Pflanzenarrangement den Anspruch barocker Füllligkeit (»üppige Staudenpflanzen, prächtige Sommerblüten und sattes Rasenwerk«)[1].

Diese in der Tendenz sichtbare Neigung zum Aufgebauschten steigerten die Dichterdenkmäler des Berliner Bildhauers Gustav Eberlein bis ins Extrem[2]. In seinem 1904 enthüllten Goethe-Denkmal für Rom, ein Geschenk Kaiser Wilhelms II. an die ewige Stadt, trieb Eberlein das Dichterdenkmal in Größe und bildnerischem Aufwand auf die Spitze. Zwar verwendete Eberlein auch für dieses Denkmal die traditionellen Motive und Bildformen, setzte diese jedoch ins Gigantische gesteigert und gleichsam überreizt ein. Zugleich erstrebte er eine möglichst präzise Ausrichtung des Denkmals auf die biographische Situation von Goethes Italienreise, so daß der monumentale Charakter des Denkmals zugleich etwas Genrehaftes erhielt. Eberlein stellte Goethe als jugendlichen Mann dar; im ersten Entwurf war sogar eine noch jugendlichere Gestalt vorgesehen gewesen. Goethes Bekleidung war nicht nur als Zeitkostüm, als »malerische Kleidung der Empirezeit« charakterisiert, sondern spielte noch deutlicher auf Rom an, da nämlich »die tief herabhängende Weste mit dem Jabothemd« »infolge der Wärme des Südens geöffnet ist«[3]. Das herkömmliche Motiv des Eichenstamms, sowohl Zeichen der Deutschheit als auch Stütze der Denkmalfigur und Lichtabdeckung des Hintergrunds, war gegen einen Olivenbaum ausgetauscht, der eine sinnige Anspielung auf den südlichen Aufstellungsort beinhalten sollte.

Ein genauer Vergleich der Goethefiguren in Entwurf und fertigem Standbild könnte zeigen, daß Eberlein den ursprünglich fast kindlichen Goethe in der Endfassung um ein Jahrzehnt älter und füller bildete. Darüber hinaus war jetzt der Mantelwurf um den Olivenstamm auffälliger zu einer Theaterdekoration aufgeblasen und der aufwendige barocke Faltenwurf noch stärker herausgearbeitet worden. Dadurch erzielte Eberlein eine Stauchung der Denkmalshöhe und eine stärkere Betonung der Breitenwirkung, wie man an der Überarbeitung des Unterbaus und der Sockelfiguren ablesen konnte. Eberlein hatte die Goethefigur auf ein riesiges Säulenkapitel mit korinthischen Akanthusverzierungen gestellt und dieses Kapitel wiederum auf einen Sockel gesetzt, »der aus zwei gewaltigen Bruchstücken antiker Tempelarchitektur zusammengefügt ist und aus einem dreistufigen Un-

*Feier zu Goethes 150. Geburtstag
vor dem Goethe-Denkmal in Frankfurt, 1899
Die Monumentalität des Denkmals allein genügt
nicht mehr; tempelartige Umbauungen sollen
diesen Eindruck steigern helfen*

terbau hervortritt«[4]. Die dadurch hervorgerufene Wirkung ungewöhnlicher Massigkeit verband sich mit Motiven der Ruinenarchitektur, wie man sie aus den Architekturhandbüchern der Renaissance und des italienischen Barock kannte.

Die eigentliche Besonderheit waren jedoch die Sockelfiguren, die, wenn man sie mit dem Berliner Goethe-Denkmal vergleicht, sowohl durch ihre Überlebensgröße als auch durch ihre weite Entfernung vom Sokkel auffielen. Dadurch entstand der Eindruck beinahe selbständiger Standbilder zu Füßen der Goethefigur, so daß die Denkmalanlage als Ensemble gleichrangiger Figurengruppen angesehen werden kann. Drei Figurenpaare sollten nicht nur »die lyrische und dramatische Poesie« und Goethes »philosophische Gedankenwelt« darstellen[5]; alle Figuren hatten zudem den engen Bezug auf Goethes Biographie gemeinsam und erhielten »mehrfache symbolische Bedeutung«:

wenn man will, kann man in den drei Gruppen auch noch Hinweise auf die drei Länder Italien, Griechenland und Deutschland sehen, die ihren Anteil an der Bildung des vielseitigen und harmonischen Dichtergenius haben.[6]

Auf der Vorderseite rechts war eine hochdramatische Szene verbildlicht: der von den Furien gejagte Orest warf sich, als summarisches Sinnbild für alle dramatischen Werke Goethes, zu Füßen seiner Schwester Iphigenie nieder. Auf der linken Seite saß der Harfner in trauernder Haltung, wobei er die linke Hand über die Schulter Mignons legte. Diese Sockelgruppe sollte alle lyrischen und epischen Werke zugleich symbolisieren. Auf der Rückseite schließlich saß Faust, stellvertretend für den Philosophen Goethe, als grübelnder Forscher über einem Folianten, während ihm der nackte Mephistopheles einflüsterte. Alle drei Gruppen personalisierten möglichst theatralische Szenen aus

monumentales Genre 141

*Entwurf zu einem Goethe-Denkmal in Rom
von Gustav Eberlein, 1902
Vom deutschen Kaiser Wilhelm II. als dem Stifter
des Denkmals zur Ausführung genehmigt*

*Goethe-Denkmal am Pincio in Rom,
von Gustav Eberlein, 1904
Gesamtansicht, heutiger Zustand*

einzelnen Werken und gaben diese als repräsentativ für Goethes Gesamtwerk aus. Noch eindeutiger als im Berliner Goethe-Denkmal, das in der Sockelzone das Werkverzeichnis in eine Gattungstriade zusammengezogen hatte, reduzierte Eberlein Goethes Werk auf die handfest-klassische Trias von *Faust, Iphigenie* und *Wilhelm Meisters Lehrjahre*. Dies geschah vorrangig mit dem Ziel, die durch die Italienreise direkt beeinflußten Werke besonders herauszustreichen. Daneben schufen Eberleins dramatische Sockelszenen mit ihrer Neigung zur Genrehaftigkeit aber auch »nicht unabsichtlich« ein Goethe-Denkmal, bei dem sich »klassische und moderne Elemente« mischten[7]. Diese Stilmischung transportierte ein zweigesichtiges Goethebild, das zwischen dem von Rom inspirierten Dichter und dem Olympier aus Weimar hin- und herschwankte. Zuletzt überhob die als besonders glücklich gewählt geltende Inschrift des Sockels, das latei-

nische »urbi et orbi vixit«, den deutschen Klassiker Goethe der nationalen Literatur und seiner eigenen Zeit. Goethes Werk gab sich international wie das römische Papsttum, dessen Segensformel »urbi et orbi« es aufnahm. Die Fülle der ›welschen‹ Formzitate (Olivenstamm, korinthisches Kapitel, Goethes »Empirekleid«, das klassische Kostüm der Sockelfiguren, die lateinische Inschrift) schienen dies zu bekräftigen. Andererseits ließ der gigantische Denkmalbau keinen Zweifel an seinem reichsoffiziösen Geschenkcharakter, wie die Inschrift auf der Rückseite »Donum Imperatoris Germaniae« belegte. Bei der Enthüllungsfeier »an einem strahlenden römischen Sommerabend« und »in Gegenwart des Königs von Italien« erhielten die Deutschen den »Ehrenplatz« neben dem königlichen Festpavillon. Als schließlich sogar *Heil dir im Siegerkranz* gesungen wurde, zeigten die auch diplomatisch-militärisch mit Rom verbundenen Deutschen

Goethe »urbi et orbi«

Entwurf zu einem Denkmal »Der sterbende Goethe«
von Gustav Eberlein, 1904
Der (zum Scheitern verurteilte) Versuch, Letztgültiges mit
den Mitteln des Dichterdenkmals darzustellen

– der Dreibund bestand seit 1882 –, daß nicht Goethe, sondern der Denkmalstifter Kaiser Wilhelm II. den eigentlichen Mittelpunkt bildete. Daran konnte auch die Festrede des römischen Bürgermeisters nichts mehr ändern, der an Goethes *Römische Elegien* erinnerte und im Gegenzug den Dichter für Rom als »einen seiner trefflichsten Adoptivsöhne« in Besitz nehmen wollte[8].

Aber nicht nur mit seinem doppelgesichtigen Goethebild stand das Denkmal Eberleins an einem Punkt, an dem die gigantomanische Größe in die kritische Form umkippte. Die Figur des jugendlichen Goethe und die Frauengestalten trugen bei aller marmornen Monumentalität bereits Züge eines gewandelten Stilempfindens. In ihnen ging, weniger in der Figur der Iphigenie als in der Mignons, die große Pose des Neubarock in die schöne Linie des Jugendstils auf.

Auf dem Boden des Deutschen Reiches war ein solches Verständnis von Literatur, soweit es die offiziöse Kunst betraf, noch nicht bewußt geworden. Nur so ist es zu erklären, daß Gustav Eberlein im selben Jahr der Enthüllung seines römischen Goethe-Denkmals dieses bildnerisch zu übertreffen suchte. Hatte Eberlein Goethe dort in der »Blüte seiner Jahre« und am »Wendepunkt« seines Lebens dargestellt, so rang er jetzt mit »der Weisheit letztem Schluß«, indem er »ein höchstes Symbol schuf, das Zeit und Ewigkeit in sich faßt.« Gemeint war der nie ausgeführte Entwurf, die angeblich letzten Worte Goethes *Mehr Licht!* in einer Sitzstatue darzustellen:

Gewiß ist das ein Vorwurf, wie ihn ein deutscher Künstler nicht herrlicher und großartiger sich stellen kann. Es spricht sich darin ein höchstes Ideal aus.[9]

An diesem selbst gestellten Anspruch, den Gipfel der Bildhauerkunst zu erklimmen, so wie schon Goethes Ausspruch »das Leben des Dichters in herrlicher Weise krönt«, mußte die Realisierung scheitern.

Im hoffähig gewordenen Wagnerkult stand den Deutschen ein geeigneteres Identifikationsobjekt zur Verfügung, in dem sich das Zeitbedürfnis nach monumentaler Tragik und heldischem Kunstempfinden wiedererkennen konnte. Zudem bestanden zwischen den Vorstellungen des sich ja als Tondichter begreifenden Wagner und den neubarocken Gesamtkunstwerksansprüchen mancher Denkmäler geheime Affinitäten, so daß Richard Wagner gleichsam als ideales Denkmalobjekt gelten konnte. Andererseits rangen besonders die Wagner-Denkmäler – auch die Wagner-Statue von Gustav Kietz, deren Kopf 1881, also noch zu Lebzeiten Wagners modelliert worden war – mit dem altbekannten Bildnisproblem, daß »die äußere Erscheinung nicht zum Prinzip, das sich in ihr inkarniert, passen will.« Gerade Wagner hatte man als »Mensch mit banalen Menschlichkeiten« noch gut in Erinnerung; sein Kopf sei »eher grotesk als imposant« gewesen. Eine photographische Porträtähnlichkeit konnte also nicht angestrebt werden, da einer Gestalt wie Wagner der »Zug ins Monumentale in ihrer Erscheinung« abgehe. Hier mußte es darauf ankommen, »das Zeitlose einer Persönlichkeit, das Dauernde, Ewige, das Kulturprinzipielle zu erfassen.«[10] In welcher Form das zum abstrakten Prinzip erhobene

»Mehr Licht!«

zeitlose Genie dennoch in einem Personendenkmal dargestellt werden konnte, hatte Max Klinger mit seiner polychromen Innenraumstatue Beethovens gezeigt[11]. Klingers Denkmal, das seit 1885 in Arbeit war und bei seiner Ausstellung 1902 in Leipzig und in der Wiener Sezession allgemeines Aufsehen erregt hatte, verzichtete völlig auf die allegorische Erläuterung durch pompöse Sockelfiguren oder läppische Sinnzeichen für die Musik. In der Zwiesprache des nackten, kraftstrotzenden, göttergleich thronenden und jeder Wirklichkeit entrückten Beethoven mit dem Adler zu seinen Füßen sollten die Spannungen des künstlerischen Schaffensprozesses eingefangen werden. Die begeisterte Zustimmung machte Klingers Beethoven-Denkmal zum Vorbild für alle zukünftigen Darstellungen von Geistesgröße. Für den Entwurf zu einem Wagner-Denkmal in Leipzig hatte Klinger es 1905 nicht einmal mehr nötig, an einer Konkurrenz teilzunehmen; der Hinweis auf sein Beethoven-Denkmal genügte vollauf. Auch beim Leipziger Wagner-Denkmal ergab sich wie beim Beethoven-Denkmal die Schwierigkeit der »nicht ganz glücklichen Figur des Lebenden«[12]; dennoch wich Klinger nicht in die problemlose Sitzfigur aus, sondern charakterisierte Wagner durch eine bislang unbenutzte Geste des unter dem Mantel abgewinkelten Arms.

Vor diesem Hintergrund war das Ergebnis der Konkurrenz für ein Richard-Wagner-Denkmal in Berlin zu beurteilen, das 1901 mit Gustav Eberlein als Sieger vorlag. Obwohl die 60 eingereichten Entwürfe das Formenrepertoire der Denkmalplastik ausschöpften und zu jeweils ganz unterschiedlichen Lösungen gelangten, war die Darstellung Wagners »als sitzende Figur« so gut wie unbestritten. Eine Ausnahme machte Hans Dammann, dessen Wagner-Herme zwar als »sehr gefällige plastische Erfindung« gelobt, aber auch heftig kritisiert wurde, da es »kein erschöpfendes Denkmal Wagner's« darstelle und »kaum die Tiefe und leidenschaftliche Kraft des Tondichters wiederzugeben vermag«[13]. Der Entwurf von Eduard Beyrer – übrigens der einzige Nicht-Berliner, der in die engere Auswahl kam – setzte einen unruhigen Wagner auf einen mit geometrischen Flachreliefs verzierten Sockel; hier lobte man, daß der Entwurf »lebendige Charakteristik mit ausdrucksvoller Stimmung und stark decorativer Wirkung« verbinde. Ernst Wenck legte einen Entwurf mit gleicher Grundstruktur vor, löste die Würdeformen des Sockels jedoch »in ein bewegtes

Sitzstatue für Ludwig von Beethoven von Max Klinger, 1885–1902, heute in Leipzig
Das bei seiner Ausstellung höchstes Aufsehen erregende Denkmal galt als musterhaft geglückte Darstellung des künstlerischen Genies ohne abgedroschene Attribute und Allegorien

Entwurf von Ernst Freese zur Berliner Konkurrenz für ein Wagner-Denkmal, 1901
Der mit dem 2. Preis ausgezeichnete Entwurf wurde heftig kritisiert, aber auch wegen »großer Einfachheit« und seines »ernsten und strengen Gepräges« wegen gelobt

Gedränge« auf. Franz Metzner schließlich entwarf eine Denkmalanlage, die »durchaus fertig wirkt«. Den Mittelpunkt bildete die nachdenkliche Sitzgestalt Wagners, an den Seiten versammelten sich rundplastische Gestalten aus seinen Opern. Freilich bezweifelte man, ob die »meisterlich geschlossene Einheitlichkeit der Erfindung« »den Beifall weiterer Kreise finden wird«[14]. Die zeitgenössische Kunstkritik fand allerdings auch harte Worte für die Ergebnisse des Wettbewerbs. Man sprach von einer »Bankerotterklärung der deutschen Plastik«; durch den »riesigen Bedarf an langweiligen Denkmälern« der letzten Jahrzehnte zeige sich »das Gestaltungsvermögen der Bildhauer erschöpft«. Am Entwurf von Hermann Hosäus, der mit dem 3. Preis ausgezeichnet worden war, kritisierte man die mangelnde Beziehung zwischen dem Flügelroß, auf dem ein Ritter in goldener Rüstung sitzt, und der Büste Wagners an einem Sockel, vor dem zwei Opferschalen aufgestellt waren. Über den 2. Preisträger spottete der Kritiker:

Den zweiten von 1500 M. erhielt *ERNST FREESE* für seinen geheimrätlichen Wagner, der fürsichtig seinen unteren Menschen in einen warmen Mantel oder eine wollene Reisedecke gehüllt hat. Die zweieckige Bank, die das Denkmal umgibt und von dem Architekten *WILH. BRÜREIN* herrührt, hat bei den Preisrichtern vermutlich freundliche Erinnerungen an die zweiunddreissig im gleichen Sinne verwendeten Bänke der Denkmäler in der Siegesallee erweckt und ihre Entschliessung erleichtert.
Wie gewöhnlich ist *GUSTAV EBERLEIN* in dieser Hinsicht allen Mitbewerbern vorausgewesen. Sein Vorrat an allegorischen Universalfiguren und Theater-Helden und Heldinnen ist unerschöpflich. Ihm fiel daher mühelos – er wartete mit drei figurenreichen Entwürfen, von denen einer immer öder ist als der andere, auf – der erste Preis von 2500 M. zu.[15]

In seinem preisgekrönten Entwurf hatte Eberlein das gewohnte Verhältnis von Dichterstatue und Sockelfigur in einer »sehr originellen Weise« auf den Kopf gestellt: auf dem Denkmalsockel stand eine weibliche Gestalt mit Schwan und Maske, während Wagner zu ihren Füßen thronte. Den Sockel umstanden Figuren aus Wagners Opern: auf der linken Seite Tannhäuser im Pilgergewand, hinter ihm Lohengrin und Elsa dahinter Ortrud, vor der Rückseite Alberich zwischen den Rheintöchtern, rechts vom Sockel schließlich Parzifal »ebenfalls in heroischer Nacktheit«[16].

erschöpfte Denkmäler

*Entwurf von Gustav Eberlein zur Berliner Konkurrenz
für ein Wagner-Denkmal, 1901
Der mit dem 1. Preis ausgezeichnete Entwurf konnte in
dieser Form – auf Einspruch des Kaisers – nicht
realisiert werden*

*2. und endgültiger Entwurf Gustav Eberleins
für das Wagner-Denkmal in Berlin, 1902*

Die Ausführung dieses Entwurfs scheiterte jedoch am Einspruch Kaiser Wilhelms II., der zwar schon den Südwestrand des Tiergartens als Aufstellungsort des Denkmals bestimmt hatte, jedoch einen zweiten Wettbewerb verlangte. In der Umarbeitung seines Entwurfs setzte Eberlein den Dichterkomponisten in herrischer Haltung, mit schräg nach oben gerichtetem Blick und in einen weiten Mantel gehüllt wieder auf seinen angestammten Platz. Mit einer Partitur ausgestattet und vom Thronsessel Besitz ergreifend war Wagner auf dieser Höhe nun den am Sockel angebrachten Figuren entrückt. Im Vergleich mit dem ersten Entwurf wirkte dieser Sockel auf dem mehrstufigen Unterbau stärker in die Breite gezogen; er zitierte jetzt romanische Rundbögen und Doppelsäulen, die den zeitentrückt thronenden Meister von seinen historisierend gekleideten Gestalten abhoben. Auch für die Sockelfiguren hatte Eberlein eine andere Auswahl getroffen. Auf dem Unterbau saß nun links Kriemhild, die den sterbenden Siegfried im Arm hielt; rechts sah

man den zusammengesunkenen Tannhäuser, an der Rückseite schließlich den Zwergenkönig Alberich mit dem Nibelungenhort und einer der Rheintöchter. Dieses auf die mittelalterlichen Stoffe verkürzte Wagnerœuvre fand seinen Höhepunkt in der Standfigur an der Frontseite des Denkmals, die den jugendlichen Wolfram von Eschenbach als Minnesänger mit der Leier darstellte. Diese Figur, die in Eberleins erstem Entwurf noch nicht vorgesehen war, dort tauchte Parzival auf, ging auf eine persönliche Anregung Kaiser Wilhelms II. zurück, der die Figur bei der Begutachtung der Entwürfe selbst skizziert hatte. Kritische Zeitgenossen haben diese allerhöchste Mitarbeit am Wagner-Denkmal zum Anlaß einer grundlegenden Auseinandersetzung mit dem protzigen Kulturbetrieb der Jahrhundertwende genommen:

Auch davon kann man nur in höherer Laune sprechen. Der Kaiser hat dem Entwurf eigenhändig eine Figur hinzugefügt und darüber berichten viele Zeitungen im bewundern-

Sockelfigurengruppe vom Wagner-Denkmal, Berlin 1903
Kriemhild weint über den toten Siegfried

Sockelfigur Wolfram von Eschenbach
vom Wagner-Denkmal, Berlin 1903
Die Figur war von Kaiser Wilhelm II. höchstpersönlich
skizziert worden

den Ton. Was für ein Kunstwerk muss das sein, wo willkürlich Figuren hinzugefügt werden können, was für ein Künstler, der die Korrektur eines Dilettanten submissest anerkennt! Dieses Monument von unserer Zeiten Schande ist ganz der Posse würdig, als welche die ganze Wagnerfeier sich abgespielt hat.[17]

Karl Scheffler, der 1907 so urteilte, stellte noch eine viel direktere Relation zwischen der Denkmalkunst und den politischen Verhältnissen seiner Zeit her:

Die Denkmalmanie unserer Tage ist eine Folge des politischen Konstitutionalismus; sie äussert sich um so stärker, je mehr die Machtverteilung zwischen Krone und Volk noch streitig ist.[18]

In der Tat kann von der Figur Wolframs und ihrer geistigen Urheberschaft aus nicht nur das Berliner Wagner-Denkmal, sondern auch das Kunstverständnis der Epoche aufgeschlüsselt werden. Wolfram von Eschenbach, die mit Abstand größte der Figuren und

als einziger stehend dargestellt, ist weit vom Sockel weggerückt, um den Betrachter mit der ausgestreckten Rechten auf den thronenden Wagner hinzuweisen. Diese Geste, welche nur an dieser Stelle die architektonische Distanz zwischen der Künstlerfigur und dem Unterbau überwindet, kann unschwer verstanden werden: Wolfram von Eschenbach diente Wagner ja tatsächlich als Vorlage und fungiert daher mit Recht als eine Art Vermittler zwischen den mittelalterlichen Stoffen und dem 19. Jahrhundert. Die Zeigelinie, ausgehend von Wolframs Minnesangharfe über eine Geste, die auch als Anbieten des Stoffes an Wagner verstanden werden kann, endet genau in der Partitur, die Wagner unter seiner Faust hält, als erhebe er einen Rechtsanspruch darauf! Darf man dieses Arrangement auch von oben nach unten lesen? Die imperiale Positur des thronenden Meisters ist herrisch, kraftvoll und abgehoben von aller Welt. Geschichte und literarische Traditionen, auf denen der Thronende aufsitzt, haben sich unterworfen, so wie Wolfram von Eschen-

*Enthüllung des Wagner-Denkmals in Berlin
am 3. Oktober 1903
Ölgemälde von Anton von Werner, 1906*

bach fraglos die Höhe Wagners akzeptiert oder gar anpreist. Die tragischen Stoffe der Vorzeit liegen indes zu beider Füßen auf der Gesichtshöhe des Denkmalbetrachters.

Nicht nur Denkmalaussagen dieser Art verbündeten sich mit den kaiserlichen Kunst- und Literaturvorstellung. Erst recht die Enthüllungsfeiern solcher Großprojekte inszenierten Schaustellungen einer repräsentativen Gesellschaftselite. Der Maler des berühmten Reichsgründungsgemäldes, Anton von Werner, tat dies mit einer malerischen Virtuosität, die jeden photographischen Realismus übertraf. Zitate aus der französischen Freiluftmalerei in den Bäumen (Watteau!) und die Kulissenrotunde bildeten den Kontrasthintergrund zum in gleißendes Licht getauchten Wagner-Denkmal. Auch hier verstand es der Panorama- und Schlachtenmaler Werner, dem großen Augenblick durch Komposition und Lichtführung tiefere Bedeutung einzuhauchen. Im Mittelpunkt des Gemäldes standen vor dem Kaiser der Denkmalstifter Leichner, hinter ihm der Künstler Eberlein. In der Gestalt des Kaisers kreuzten sich jedoch die (neu-)barocken diagonalen Kompositionslinien des Bildes dergestalt, daß die eine die gesellschaftlichen Stützen des Reiches durchschnitt, die andere hingegen den Kaiser in eine Reihe zwischen Richard Wagner, Wolfram von Eschenbach und den kleinwüchsigen Dynastiemaler Adolf von Menzel stellte. So eingebunden bildete der Kaiser das Zentrum einer Gesellschaft, die sich nicht zum wenigsten als Träger eines Kulturstaats begriff. Steigerbar war eine solche Selbstdarstellung nur noch in den allerhöchst geförderten Denkmalprojekten des Reiches, so im Kaiser-Wilhelm-Denkmal an der Porta Westfalica (1896) oder dem Kyffhäuser-Denkmal aus dem gleichen Jahr, dem Kaiser-Wilhelm-Nationaldenkmal in Berlin (1897), dem Kaiser-Wilhelm-Denkmal am Deutschen Eck in Koblenz (1897) und anderen provinzielleren Kaiserdenkmälern. In seinem Roman *Der Untertan* hatte Heinrich Mann die buchstäblich ins Wasser gefallene Enthüllung eines solchen Denkmals zum zentralen Motiv erhoben und der Lächerlichkeit preisgegeben. Doch unter der Oberfläche dieser nationalen Gigantomanie hatte die Gegenbewegung längst eingesetzt. Schon 1895 war Jakob von Falke in einem Aufsatz *Die Kunst auf Straßen und Plätzen* diesem übersteigerten Leerlauf in der Denkmalkunst entgegengetreten. Denkmäler wurden von ihm ganz nüchtern danach befragt, welche optischen Eindrücke sie beim Betrachter hinterließen, ob sie aus Marmor oder aus Bronze gefertigt und vor welcher Naturkulisse aufgestellt werden sollten, so daß der Farbkontrast von grün und weiß den günstigsten Eindruck hervorrufen könne. Andere Aufstellungsweisen wurden ebenfalls unter diesem impressionistischen Gesichtspunkt beurteilt: »Es ist immer besser, es bildet die Architektur den Hintergrund als der Himmel, denn dieser blendet das Auge des Betrachtenden.« Daher favorisierte Falke auch Denkmalformen wie den Brunnen oder die Marmorbüste wegen ihrer impressionistischen Wirkung: »Wir brauchen mehr Wasser, mehr Marmor, mehr Phantasie und mehr Effekt«[19].

Die verflachende Wirkung ungünstig aufgestellter Denkmäler änderte freilich nichts an der weiter wachsenden Zahl von Enthüllungen. Dieser Widerspruch bestimmte auch die viel grundsätzlichere Kritik, die Ernst Schultze 1902 in seiner Abhandlung *Wie wir unsere großen Dichter ehren sollten. Ein Wort über Dichter-Denkmäler und anderes* übte. Mit »anderes« meinte Schultze die deutsche Schiller-Gedächtnis-Stiftung, der er als Kassenwart angehörte und die er als eine zeitgemäßere Form der Schriftstellerehrung ansah. Für Schultze war das Dichterdenkmal weit mehr noch als für Wilhelm Busch zwei Jahrzehnte zuvor zur Selbstverständlichkeit im Erscheinungsbild der bürgerlichen Lebenswelt geworden und reichte bis in die eigene Sprachverwendung hinein, so daß Schultze davon sprach, daß sich das Dichterdenkmal »so stark eingebürgert« habe[20]!

Das »pilzartige Wuchern« der Dichterdenkmäler nahm Schultze zum Anlaß für einen historischen Rückblick:

Vor einem Menschenalter oder mehr, als die Strassen unserer Städte noch einem langsamen und behaglichen Verkehr dienten, als es noch kaum Pferdebahnen, geschweige denn dahinsausende elektrische Bahnen gab, mochten wohl auch in den Hauptstrassen Plätze gefunden werden, an denen man Denkmäler ohne die Befürchtung setzen konnte, dass ihre Betrachtung durch den Lärm und die Gewalt des Verkehrs unmöglich gemacht werde. – Wie aber sieht es heute damit aus? Nur wenige Dichterdenkmäler stehen noch so, dass sie ohne Störung und mit Musse betrachtet werden können; ich nenne als Beispiel das Geibel-Denkmal in Lübeck. Bei den meisten unserer Strassendenkmäler dagegen ist es unmöglich, einen Standpunkt zu finden, von dem aus man sich ihrer Betrachtung hingeben kann, ohne durch den Lärm des Strassenverkehrs aus aller Stimmung und von eiligen Menschen und Wagen vom Platze gerissen zu werden.[21]

Die Aufstellung des Dichterdenkmals als bürgerliches Sich-In-Szene-Setzen von ehemals iritierte und wurde nun infrage gestellt; öffentliches Leben und privater Denkmalgenuß sollten wie im 18. Jahrhundert wieder getrennt sein und in einer stimmungsgeladenen Ausnahmesituation jenseits der prosaischen Lebenswelt vonstatten gehen. In der geschäftsmäßig orientierten und von der Geschwindigkeit dominierten Alltagswelt war die Straße »lediglich für den Verkehr«, das Denkmal hingegen »in erster Linie zum Anschauen bestimmt«[22]. Für die Zukunft befürchtete Schultze, daß die Erinnerungsfunktion des Dichterdenkmals ins Gegenteil verkehrt würde, wenn nämlich der Wald nicht mehr von lauter Bäumen zu sehen wäre:

In Deutschland werden jetzt Jahr für Jahr mehr als fünfzig Strassendenkmäler gesetzt, allem Anschein nach wird diese Zahl in den nächsten Jahren sogar noch steigen. Wenn wir so fortfahren, werden unsere Nachkommen in einem Walde von Denkmälern wandeln, sie werden auf jedem Platze, an jeder Strassenecke einen steinernen oder metallenen Mann finden, und sie werden in der Masse dieser Denkmäler – keines mehr beachten.[23]

Um diese Denkmalwälder zu verhindern, schlug Schultze vor, Dichterdenkmäler entweder aus der Öffentlichkeit in die »gärtnerischen Anlagen« und ins Innere öffentlicher Gebäude zurückzuziehen oder den ansonsten nutzlosen Denkmälern eine Nutzfunktion als »Monumentalbrunnen« oder als Aussichtsturm anzulagern. Beide Lösungsvorschläge verkürzten freilich die Ehrung der Schriftsteller zur bloßen »Verschönerung unserer Städte«[24].

Denkmal für den schlesischen Mystiker Jakob Böhme (1575–1624) in Görlitz von Johannes Pfuhl, 1898

*Entwurf zu einem Goethe-Denkmal in Leipzig von Karl Seffner, 1897
Der Entwurf zeigt die Historisierungsbemühungen, die in der Ausführung des Denkmals nicht mehr auftauchen*

Goethe-Denkmal in Leipzig von Karl Seffner, 1903

Kritische Formen gegen den Denkmalüberdruß

Tatsächlich wiesen die um die Jahrhundertwende aufgestellten Dichterdenkmäler in eine ähnliche Richtung. Der übersteigerte Neubarock nach dem Geschmack des Kaisers schien um 1900 Denkmalstiftern wie -betrachtern gleichermaßen unerträglich geworden. Im Rückgriff auf die Denkmalbüste versuchte man sich an bewährt einfachen Formen der Vergangenheit; Marmor trat wieder an die Stelle von Bronze. Doch die andauernde inflationäre Vervielfachung konnte weder durch gärtnerische Umrahmungen abgemildert noch durch die vorgeschlagene Anlagerung eines Nutzwerts aufgehalten werden. Brunnenbauten, deren Wasserspiele sich unter impressionistischer Perspektive als effektvolle Belebung erwiesen hatten, verloren bald ihren Reiz der Neuartigkeit und galten dann als ebenso konventionell wie die üblichen Dichterstandbilder. Denn Dichterdenkmäler in Verbindung mit einem Brunnen waren bisher zwar nicht sonderlich häufig gebaut worden, aber der Gedanke war auch nicht ganz neu, wenn man sich an das 1861 enthüllte Wolfram-Denkmal in Wolframs-Eschenbach (vgl. S. 102 f.) erinnerte. In Straßburg hatte der Verschönerungsverein 1884 einen Sandstein zu Ehren des hier geborenen Schriftstellers Johann Fischart aufgestellt. Mehr noch als die eingelassene Bronzebüste des Satirikers enthielt der Brunnenunterbau und das darüber befindliche Relief die Aussage des Denkmals, bezog es sich doch auf eine historische Episode des Jahres 1576, die Fischart seiner Reimdichtung *Das glückhafft Schiff von Zürich* zugrunde gelegt hatte. Demgegenüber hatte das Denkmal für Friedrich Rückert in Schweinfurt 1890 (vgl. S. 128), das Büstendenkmal für Friedrich Hofmann in Ilmenau 1892 oder das Denkmal für Friedrich Stoltze in Frankfurt 1895 keinen so unmittelbaren Zusammenhang zwischen dem Motiv des fließenden Wassers und dem abgebildeten Lokalpoeten in ihren Brunnenbauten herstellen können wie etwa der 1894 errichtete Frankonia-Brunnen in Würzburg (vgl. S. 182). Dort saß neben dem Maler Mathias Grünewald und dem Bildhauer Tilman Riemenschneider Walther von der Vogelweide auf dem Brunnensockel. Gemeint war weniger der Minnesänger als der politische Lyriker, denn Walthers Sitzhaltung bezog sich nicht nur auf den berühmten Reichsspruch *Ich saz ûf eime steine*, sondern durch das fließende Brunnenwasser auch auf *Ich hôrte ein wazzer diezen*. Das 1898 in Görlitz enthüllte Denkmal für Jakob Böhme von Johannes Pfuhl setzte den schlesischen Mystiker, als Schuster gekleidet und durch die Bibel als Theologe gekennzeichnet, auch deshalb ins Zentrum einer Brunnenanlage, weil im Denkmal auch Böhmes literarische Ergüsse »aus freier Phantasie« und nicht nur der »Grübler« oder »Geisterseher« dargestellt werden sollten[25]. Noch das 1912 enthüllte Denkmal für den niederdeutschen Erzähler Klaus Groth in Kiel von Heinrich Mißfeldt bediente sich der Brunnenanlage zur sinnigen Anspielung auf das literarische Werk des Geehrten, da vor genau 60 Jahren Groths *Quickborn* zum erstenmal erschienen war! Neue Denkmalformen wie der Brunnen, insbesondere im Zusammenhang mit dem geforderten Rückzug aus der Öffentlichkeit des Straßenverkehrs, versprachen eine wirkungsvolle Antwort auf den Denkmalüberdruß der Zeit. Diese Entwicklung konnte sich jedoch nur allmählich durchsetzen. So verwendete das 1903 von Carl Seffner errichtete Goethe-Denkmal in Leipzig auf den ersten Blick nichts weiter als die herkömmlichen Denkmalmotive und setzte die übliche Dichterfigur auf den Sockel. Und in der Tat hatte der erste Entwurf Seffners aus dem Jahre 1897 noch einen Rokokodichter auf einen barockisierenden Sockel gestellt, der lebhaft an den Kostümhistorismus etwa des Berliner Lessing-Denkmals (vgl. S. 122 f.) erinnerte. In der Überarbeitung stattete Seffner den Dichter zwar weiterhin mit Rokokokleidung sowie mit Dreispitz, Haarbeutel und Degen aus, paßte diese Stilzitate und damit die Goethefigur jedoch viel stärker dem *genius loci* Leipzigs an. Nicht nur durch sein Alter und die Spaziergängerhaltung war Goethe als Leipziger Student gekennzeichnet und damit gleichsam seiner Dichterfürstlichkeit entkleidet, so daß die gewünschte »intime Erscheinung« und bloß »bescheidene Monumentalität« zustande kam[26]. Vor allem der auf einfache Linien zurückgeführte Sockel mit zwei Reliefs von Goethes Jugendlieben Kätchen Schönkopf und Friederike Oeser betonte den Orts- und Jugendbezug. Allerdings verlangte ein solches Denkmal mehr als nur oberflächliche goethebiographische Kenntnisse, um als anspielungsreiches Dichterdenkmal verstanden zu werden. Das repräsentative und allgemeine Verbindlichkeit beanspruchende Bild vom Dichterfürsten, das das 19. Jahrhundert im Dichterdenkmal so gerne darstellen wollte, konnte damit freilich nicht mehr vermittelt werden.

Konnte sich Leipzig als literarische Kinderstube Goethes feiern, so durfte sich Straßburg als Geburtsstätte des wahren poetischen Genius des Dichters betrachten. Diese Rivalität der beiden Goetheorte bestimmte nicht zum wenigsten die Planungs- und Entstehungsgeschichte des Straßburger Goethe-Denkmals. Im Unterschied zu Leipzig kam in Straßburg noch der deutschnationale Empfindungswert des Aufstellungsorts hinzu, so daß die Errichtung des Denkmals »in deutschem Interesse«[27] einen politischen Anspruch enthielt. Viel stärker fielen jedoch die Anspielungen auf Goethes Straßburger Aufenthalt ins Gewicht. Ins-

*Entwurf von Ignatius Taschner für die Straßburger
Konkurrenz zu einem Goethe-Denkmal, 1900
Der Entwurf erhielt den 3. Preis*

besondere standen seine Sesenheimer Gedichte, diese sowieso schon populärsten, weil am unmittelbarsten als poetische Ausmünzung biographischen Erlebens verstehbaren Texte, für eine noch populärere Illustration zur Verfügung. Sie wurden zum Zentrum des Denkmals.

Als die Denkmalkonkurrenz im Frühjahr 1900 begann, hatte die Jury unter dem Vorsitz eines Unterstaatssekretärs 71 Entwürfe zu prüfen und die »enorme Schwierigkeit der gestellten Aufgabe« zu würdigen, da Goethe durch den unmittelbaren Standortbezug, als ein Zwanzigjähriger und im Kostüm des 18. Jahrhunderts darzustellen war. Die Gutachter bemängelten, daß mancher Künstler sich bei der Meisterung dieser Schwierigkeit »mit der Anbringung von Sphinxen beholfen hat, die wirklich zu dem jungen Goethe am allerwenigsten passen«. Andererseits wurde bedauert, daß nur wenige Entwürfe mit Gestalten aus Werken Goethes aufgewartet hatten, obwohl diese doch »jedem Deutschen zum unveräußerlichen Besitzthum seines Empfindungsvermögens geworden sind«[28]. Ein Entwurf wie derjenige von Gustav Eberlein, der jedoch nur mit vier anderen Künstlern den 4. Preis erhielt, hätte dieser Einstellung am ehesten zusagen müssen. Eberlein setzte bei seinem Modell, das er in nur geringfügig abgewandelter Form für sein Goethe-Denkmal in Rom wiederverwandte (vgl. S. 142), auf die »ungewöhnlich starke malerische Wirkung«. Zu Füßen der »nicht sehr glücklich wirkenden ionischen Säule« und auf den Stufen tummelten sich Figurengruppen aus Goethes Werken, so vorne rechts Gretchen mit dem einflüsternden Mephisto oder links Mignon mit dem Harfner. Dazu kamen noch die Personifikationen der lyrischen, tragischen und erotischen Dichtungen, so daß der Eindruck entstand, Eberlein biete »des Guten wol zu viel«. Andererseits erfreute sich gerade Eberleins Entwurf »bei dem großen Publikum« »sehr lebhafter Sympathien«[29]. Im Gegensatz zu Eberleins Figurenpanorama hatte der Gewinner des 3. Preises, Ignatius Taschner aus München, die Goethefigur in den Mittelpunkt seines Entwurfs gestellt. Während an Eberleins Goethe die »technisch sehr gut gearbeitete, sieghaft gedachte, aber etwas theatralisch wirkende Gestalt« herausgehoben wurde, lobte man an Taschners Modell die »streng stilisirte Figur«, bemängelte jedoch die »ungewohnte, stark betonte Perücke« und die Haltung des Kinnstützens, die Goethe »sehr wenig jugendlich« aussehen lasse. Die Figuren rechts und links des Sokkels folgten dagegen einem »nicht verständlichen Gedankengange«. Die Goethefigur mit verschränkten Armen und »nicht frei von Pose« des 2. Preisträgers Eduard Beyrer entsprach nicht den Vorstellungen, die die Gutachter von einem Dichter wie Goethe hatten. Man kritisierte auch die »nicht ganz durchgearbeitete Architektur« der Anlage, lobte aber die Verbindung zwischen Standbild und Brunnen als »originell und wirksam«[30].

Spätestens an dieser Stelle wird offensichtlich, warum Eberleins monumentale Figurenarrangements als überholt angesehen wurden und gerade für ein Goethe-Denkmal in Straßburg unakzeptabel waren. Denn hier verlangte der Ortsbezug und die Betonung der Jugendlichkeit des Dichters nach einer Denkmalform, die einer neuen Vorstellung vom Dichter angepaßt war. Im Zeichen des Jugendstils hatte sich die Wertschätzung Goethes als Klassiker und Olympier über-

*Entwurf für das Goethe-Denkmal in Straßburg
von Ernst Wägener, 1901
Das Modell wurde (unter 71 Entwürfen)
mit dem 1. Preis ausgezeichnet*

*Goethe-Denkmal in Straßburg von Ernst Wägener, 1904
heutiger Zustand*

»malerische Wirkungen«

Goethe-Tempel in Darmstadt von Architekt Adolf Zeller und Bildhauer Ludwig Habich, 1903
Das im Geist des Jugendstils erbaute Denkmal verstand sich eher als »Heimatkunst« denn als Dichterhuldigung

Denkmal für den Dichter Gottfried Schwab auf der Darmstädter Mathildenhöhe von Ludwig Habich, 1905

lebt und das Interesse zum jugendlichen Erlebnislyriker der Empfindsamkeit und des Sturm-und-Drang verschoben. Dieses Goethebild verkörperte am eindeutigsten der Siegerentwurf des Begas-Schülers Ernst Wägener. Obwohl das Straßburger Denkmal in stark veränderter Form ausgeführt wurde, galt Wägeners Modell als »am glücklichsten gelungen«. Die »vornehme, einfache Haltung« der Dichterfigur zeigte »frappante Lebensähnlichkeit«; sie betonte die Jugendlichkeit Goethes und wies zugleich voraus: »Das stark geprägte Profil des Kopfes läßt schon die kommende Größe des Olympiers ahnen«[31]. Diese erwünschte Aussage steigerten zwei Reliefs, die an den Seiten des Sockels angebracht waren und auf der einen Seite Goethe mit den Schwestern Brion, auf der anderen Seite Goethe zu Pferd zeigen sollten. Dieses letztere Bild enthielt mit der Anspielung auf Goethes berühmtes Gedicht *Willkommen und Abschied* und dessen erster Verszeile »Es schlug mein Herz, geschwind zu Pferde!« mehr als genug Erinnerungsstoff für den gebildeten Betrachter. Die dann tatsächlich ausgeführten Reliefs, im Stil von Graphiken des 18. Jahrhunderts und in einem »gewissen malerischen Schwung« gehalten, gaben dem »Sesenheimer Idyll« mit »Goethes Abschied von Straßburg« eine »tatsächliche Scene« bei[32]: Goethe, umgeben von Herder, Lenz, Salzmann und Jung-Stilling, schwingt auf dem Turm des Straßburger Münsters den Pokal!
Der strenge Entwurf, wie ihn Wägener ursprünglich konzipiert hatte, erfuhr auf diese Weise eine Belebung, wie die Jury bereits angedeutet hatte; Wägeners Unterbau sei »merkwürdig nüchtern und mit zwei nichtssagenden Sphinxen ausgestattet«, deren Ausführung »nicht ernstlich in Betracht kommen könne«[33]. Im Geiste seines veränderten Reliefs arbeitete Wägener den gesamten Unterbau um. Anstelle der Sphinxe, die vermutlich das Inkomensurable von Goethes Person und seinen Werken hatten darstellen sollen, schuf Wägener einen Halbkreisbau mit zwei weiblichen, vom Dichter abgewandten Sitzfiguren, die die tragische Muse (»gleich einer Sybille durch schwere Gewandung verhüllt«) und die lyrische Muse mit einer Lyra versinnbildlichten.

Ein solcher Begriff von Literatur, der sich der bildungsbürgerlichen Verfügung entziehen wollte, in den biographischen Spuren von Goethes Jugend aufging und nur eine gefühlsmäßig und privat erfahrbare Poesie zuließ, stand auch stillschweigend im Hintergrund eines Goethe-Denkmals im Darmstädter Herrengarten, das der Architekt Adolf Zeller und der Bildhauer Ludwig Harich 1903 fertigten. Schon die Zeitgenossen charakterisierten das Bauwerk als »kleine Monumentalanlage von besonderer Eigenart«; es sei »eigentlich kein Goethe-Denkmal, sondern vielmehr ein Mal der Erinnerung an jene überschäumenden Gärungstage der deutschen Seele«[34]. Die Dichterfigur war darin ganz, die Huldigung an die Dichtung beinahe zurückgenommen. Eigentlich ehrte das Denkmal eine geniale Jugendfreundschaft, in der die Lokalbezüge dominierten. Der architektonische Bau verwendete zum einen »die leicht antikisierende Architektur des Tempelbaus« als Formzitat, zum anderen benutzte er die Pergola als ein Motiv, das auch andere Jugendstilarchitekten gern einsetzten, um einen Zwischenraum zwischen Architektur und Landschaft zu definieren. In den gleichzeitigen Gartenstadtmodellen tauchte die Pergola als programmatische Bauform des Antiurbanismus häufig auf. Auch am Darmstädter Goethe-Denkmal war »die lärmende Straße« bewußt vermieden:

Das Ganze ist »hinein empfunden« in die Stimmung der weichen Parklandschaft und soll sich mit ihr in eins verschmelzen können[35].

154   *Dichterdenkmäler des Jugendstils*

Der Denkmalbau diente zur Aufnahme eines lebensgroßen Jünglings aus Bronze, »eine der feinsten, anmutigsten plastischen Skulpturen, die wir in Deutschland an öffentlichen Denkmälern besitzen«, der den Genius darstellen sollte. Die Erinnerung an Goethe kam dagegen nur in sehr reduzierter Form vor. Dieser erschien als Medaillon auf der Vorderseite des Sockels, nämlich nach einer Silhouette aus seiner Darmstädter Zeit (1770) und eingerahmt von zwei Medaillons an den Seiten, die seinen Freund Johann Heinrich Merck und Karoline Flachsland, die spätere Frau Herders, darstellten. Gemeint war also eine Erinnerung an die »Werther-Zeit« und den Kreis der sogenannten Darmstädter Empfindsamen um Merck, die auch ohne Goethe einer Würdigung für wert erachtet wären[36]. Einen genaueren Hinweis auf das, was das Denkmal tatsächlich überliefern sollte, gab eine zwar von Goethe stammende, aber auf der Rückseite des Sockels angebrachte Inschrift:

> Verhülle mir das wogende Gedränge,
> Das wider Willen uns zum Strudel zieht;
> Nein, führe mich zur stillen Himmelsenge,
> Wo nur dem Dichter neue Freude blüht,
> Wo Lieb und Freundschaft unsres Herzens Segen
> Mit Götterhand erschaffen und erpflegen.

Liebe und Freundschaft im Geist der Empfindsamkeit des 18. Jahrhunderts bildeten also den richtigen Verständnisrahmen der hier gefeierten Poesie. Erst der Rückzug aus dem »Gedränge« in die Stille der privaten Erbauung erlaubte das »lyrische Versenken in die heimatliche Erinnerungswelt«, die erst den tieferen Sinn des Denkmals entschlüsselte: » Aber das will gefühlt sein!« Das Goethe-Denkmal verlangte daher zu seiner Identifizierung als Dichterdenkmal erhebliche Vorkenntnisse, sonst konnte es der Betrachter nur als Stimmungsträger, als l'art-pour-l'art-Kunstobjekt oder als beides zugleich aufnehmen: »Das Ganze ist ein Werk echter, feinster ›Heimatkunst‹«[37]. Im Grunde handelte es sich gar nicht mehr um ein personenzentriertes Denkmal, sondern um das ausgangs des 19. Jahrhunderts von der Kritik gelegentlich geforderte Ereignisdenkmal. Dieses Ereignisdenkmal der Literaturgeschichte feierte eine lokal-poetische Situation, die es enthistorisierte und zugleich transzendierte, wie die Geniusgestalt und das Goethegedicht kundgaben.

Die Verknüpfung der Geselligkeitspoesie des 18. Jahrhunderts mit der Jugendstilbewegung ergab sich nicht zuletzt aus dem Aufstellungsort Darmstadt; dort war gleichzeitig in den Anlagen auf der Mathildenhöhe ein Mekka der neuen Kunst entstanden. Hierfür schuf der Bildhauer des Darmstädter Goethe-Denkmals, Ludwig Habich, einer der bedeutendsten Denkmalplastiker der Künstlerkolonie »Mathildenhöhe«, 1905 das Denkmal für den Dichter Gottfried Schwab. Auch hier entstand »ein eigenartiges Denkmal«, »kein prunkendes Monument«, sondern »nur ein schlichtes Erinnerungszeichen«. Das Motiv des nackten Bronzejünglings »in erhabener Begeisterung« als

»Heimatkunst« auf der Mathildenhöhe   155

Goethe-Denkmal in Görlitz, 1902
Die Goethe-Büste von Johannes Pfuhl, das Brunnenmotiv und der Lokalbezug enthielten den verschlüsselten Hinweis auf den anderen Goethe: auf dem Görlitzer Friedhof befand sich das von Pfuhl gestaltete Grab Minna Herzliebs, der Ottilie aus Goethes Roman »Die Wahlverwandtschaften«

»Adorant« und als Sinnbild des »Genius der Kunst« war wieder aufgenommen. Dazu traten andere Zitate der neuen Denkmalkunst, wie die Rundbauanlage vom Straßburger Goethe-Denkmal mit zwei Reliefs an den Ecken, nämlich links das Wikingerschiff für Schwabs 1900 entstandenes bekanntes *Flottenlied* und rechts der Pegasus am Kastalischen Quell, darunter das Dichterwort: »Ich weiß eine Quelle wunderhell«[38]. Das Medaillon des Dichters kam auf die Front des Sockels zu stehen, eine Ruhebank diente dem Spaziergänger zur Erleichterung bei seiner besinnlichen Rast.

Dieser Formenwandel des Dichterdenkmals im Geist des Jugendstils entsprach den veränderten Vorstellungen von Literatur und ihrer Bedeutung für die Nachwelt. Leser und Literaturwissenschaft um 1900 bevorzugten den Erlebnislyriker, die naiven Dichter und die Heimatpoeten, nicht mehr die Klassiker und Dichterfürsten. Man liebte den Reiz der unausgereiften Jugendwerke, nicht die abgeklärten Meisterwerke. Diese veränderte Rezeption von Literatur schlug sich im Formenwandel des Dichterdenkmals dergestalt nieder, daß die Denkmalidee nirgends grundsätzlich infragegestellt, sondern nur mit neuen Formen aufgefüllt wurde. Ein Denkmal wie die 1902 in Görlitz enthüllte Brunnenanlage des örtlichen Maurermeisters und Stadtverordneten Grosser mit der Bronzebüste Goethes von Johannes Pfuhl diente einer Dichterhuldigung, die nicht den klassischen Dramatiker oder Lyriker, sondern dem Verfasser irritierender und gerne ausgegrenzter Werke galt. In der »originellen Anlage« eines Brunnens zu Füßen der Goethe-Büste versteckte sich ein Hinweis auf Goethes umstrittensten Roman: auf dem Görlitzer Friedhof befand sich seit 1889, ebenfalls von Johannes Pfuhl gestaltet, das Grab Minna Herzliebs, der Ottilie der *Wahlverwandtschaften!*[39]

Im Franzensbad entstand zwischen Salzquelle und Musentempel 1906 ein Goethe-Denkmal »in Form einer Brunnenanlage«, die das Dichterdenkmal fast vollständig in poetisch empfundene Jugendstilsymbolik und -ornamentik auflöste. Der Bildhauer Karl Wil-

156   *Goethe in Görlitz*

*Goethe-Denkmal in Franzensbad
von Karl Wilfert, 1906*

fert entwarf einen »einfachen, aber stilvollen Bau«, der die »Bronzemaske Goethes in vierfacher Lebensgröße« zwar im Zentrum anbrachte, jedoch durch »zwei nackte symbolische Gestalten«, eines Jünglings als »Sinnbild der Wahrheit« und einer Frau als »Sinnbild der Schönheit«, einrahmte. Diese sehr abstrakten Zuschreibungen für die literarische Orientierung wurden von zwei Reliefs in Carraramarmor begleitet, die einen ebenfalls sehr abgehobenen Begriff des Poetischen darstellten:

die Lyrik, die durch ein Flügelroß, ein Liebespaar und spielende Kinderfiguren dargestellt ist, und das Drama, symbolisiert durch einen Jüngling im Kampf mit einem Kentauren und eine danebenstehende weibliche Gestalt[40]

Ein solches auf die harmlose Liebeslyrik und das antikisierende Drama reduziertes Dichterbild konnte und wollte nicht mehr den Anspruch erheben, den ganzen Goethe gemeinverständlich darzustellen. Umgekehrt konnte Goethe mit einem anderen, unpoetischen Teilaspekt seines Lebenswerks in die Denkmalikonographie eingehen, wie das 1907 von Harro Magnussen entworfene und für Jena gedachte Denkmal der Naturforschung bewies. Die Büsten von Goethe und Darwin »mehr im Hintergrund der Nische versinnbildlichen die beiden Höhepunkte des neunzehnten Jahrhunderts«, wobei Goethe nicht als Dichter, sondern als Naturforscher wie auch als »Schutzherr der Universität Jena« gemeint war. Denn »augenfällig in den Vordergrund gerückt« war die Büste des in Jena geborenen Ernst Haeckel, dem das Naturforschungsdenkmal eigentlich galt. Zusammen mit Leonardo da Vinci verkörperte Haeckel »das A und O, Anfang und Endpunkt der gestalteten Welt«; in ihm konzentrierte sich die moderne Naturwissenschaft zum »Menschheitsgedanken«, sein Denkmal stellte eine »Tat des Heroenkults« dar! Wie bei den Darmstädter Dichterdenkmälern versammelte der Bildhauer die Essenz seiner Huldigung in einem nackten Genius, dessen in militärische Metaphern gekleidetes Pathos die ungebrochene Fortschrittsbegeisterung des neuen Jahrhunderts transzendierte:

nackt und symbolisch

Denkmal der Naturforschung
von Harro Magnussen, 1907
Goethe als Büste im Hintergrund neben Darwin

an der Spitze des geistigen Heereszuges von drei Jahrhunderten den Genius, der die Fackel hebt und frank und frei den Affenschädel zur Strecke bringt. Wie leuchtet das Auge des jugendfrischen und greifbar lebendigen Weibes noch heller als Sternenlicht und Fackelschein! Der Genius schwebt und schreitet unaufhaltsam in das Morgenrot der Jahrhunderte und Jahrtausende, und wie im Morgenwind fliegt das Haar. So heldenhaft wie die Gedanken der vier Forscher in das Dunkel vordringen, so schreitet der Genius zum Sieg.[41]

Selbst an dieser scheinbaren Abschweifung zeigte sich wie im Brennspiegel zusammengefaßt das gewandelte Verständnis von zeitüberdauernder Größe, die die Voraussetzung für jede Form der Denkmalsetzung sein mußte. Auf der anderen Seite hatte das Dichterdenkmal mit einem Literaturbegriff operiert, der einen weniger universalen Anspruch erhob und sich mit der Erinnerung an ausschnitthafte Werkaspekte zufriedengab. Dieser Linie folgte der Minnesängerbrunnen in der Nürnberger Rosenau von Friedrich Kittler aus dem Jahre 1905. Schon der auf übersichtliche Größe reduzierte Bau, der Brunnen als impressionistisches Motiv wie als nützliches Objekt und nicht zuletzt die Aufstellung des Denkmals als Privatstiftung der Nürnberger Bürgerin Babette Bach[42] belegten das neue Denkmalverständnis. Die doppelte Brunnenschale und die vier Putten mit Tritonenfüßen, die Musikinstrumente spielten, ließen das Brunnenmotiv über den literarischen Gegenstand triumphieren. Besonders diese Tritonen wurden als »köstliche, humorvoll aufgefaßte Erscheinungen«, also gleichsam als immanente Selbstironie des Denkmals und als »die Orchesterbegleitung zur Musik des über ihnen thronenden Sängers« aufgefaßt. Der heitere, jeder tieferen Aussage abholde Singsang war denn auch der Inhalt des am Brunnenrand als »höchst sinniges Ornament« zitierten Minnelieds aus dem 13. Jahrhundert:

> Sie ist so gar an argelist,
> An zuht und eren ir nit gebrist;
> Sie ist auch aller tugend voll;
> Was sie hat, das ziemt ir wol;
> Sie ist so tugendlich und fein
> Und leucht recht als der sonnenschein,
> Sie gleicht auch wol dem hellen tag,
> Kein mensch ir lob schön preisen mag.
> Sie hat ein rosenfarben mund,
> Zwei wänglein fein zu aller stund,
> Sie hat ein schönes goldfarb haar,
> Zwei äugelein lauter und klar.[43]

Der »rosenfarben mund« der Besungenen und der Denkmalstandort in der Rosenau, erst recht die Brunnesäule mit dem »Kranz breitblättriger stilierter Rosen aus Bronze« führten zu der Figur des Sängers hinauf, der »mit güldenem Rosenkränzlein geschmückt« war. Sein Erscheinungsbild mit dem »lockigen Haupt« und den »weichen Linien des anmutigen Gesichts« spiegelte sich also in der Frauenbeschreibung des Minnelieds und verwischte die Geschlechtsunterschiede. Dabei war die Figur des jugendlichen Minnesängers zusätzlich auf eine hohe Säule entrückt und dem natürlichen Blickwinkel des Betrachters entzogen; sie wirkte nur mehr als ornamentale Bekrönung des Brunnenzentrums. Dieser Minnesänger verkörperte zudem kein Dichterindividuum mehr, sondern eine ganze Gattung, die noch dazu historisch sehr verschwommen definiert war, handelte es sich doch um

*Minnesänger-Brunnen in Nürnberg
von Friedrich Kittler, 1905
Der jugendliche Sänger changiert zum Mädchen
und bildet eine ganze Gattung,
keine einzelne Person mehr ab*

ein Minnesang-Denkmal in der »Stadt der Meistersänger«! So war in dieser Figur die Historisierung des Dichters auf eine zeittypische Weise zurückgenommen, da die Brunnensäule einen rosigen Liebesliedsänger präsentierte und damit den literarischen Vorlieben des Poesiealbums folgte. Zuletzt erinnerte die Figur des lautespielenden Sängers stark an die aufkommende Wandervogelromantik! Das Mittelalter und seine Literatur konnten in diesem Denkmal nicht abgebildet werden, schon eher der Antiurbanismus der Epoche.

Mit solchen Bauten waren die Grenzen eigentlich schon überschritten, die das Dichterstandbild als exemplarische Kunstform des 19. Jahrhunderts gezogen hatte. Die neuen Denkmäler hatten einen veränderten Objektcharakter, sie galten der Vergegenwärtigung der Poesie, nicht der Erinnerung an den Poeten. Wenn dem Dichter als Person überhaupt ein Andenken gewidmet wurde, dann sollte es möglichst kunstlos und natürlich vonstatten gehen; ein im Denkmal festgeschriebenes und Verbindlichkeit beanspruchendes Dichterbild war nicht mehr gefragt. Für die Freiräume zur persönlicheren Zwiesprache mit dem Dichter und seinem Werk eignete sich besonders der Gedenkstein als Reduktionsform des Dichterdenkmals, der allerhöchstens durch ein Medaillon als Dichterdenkmal gekennzeichnet war. Diese Rückkehr zum Totengedenken des Grabmals, aus dem sich ja eine der Entwicklungslinien des Dichterdenkmals ableitete, war programmatisch gemeint und dokumentierte sich in immer neuen Setzungen von Denkmalsteinen um 1900. Ein bescheidener Gedenkstein war darüber hinaus noch so kostengünstig, daß neben den bekannten Größen der Literaturgeschichte auch die weniger bedeutenden Schriftsteller und Lokalpoeten zu ihrem Denkmal kommen konnten:

1882 Hainbund in Göttingen
1895 Gustav Schwab in Friedrichshafen
       Joseph Viktor von Scheffel in Mürzzuschlag/Steiermark
1896 Joseph Viktor von Scheffel in Ilmenau
1897 Friedrich von Hagedorn in Hamburg
       Joseph Viktor von Scheffel in Olevano/Italien
1898 Ludwig Steub in Brixlegg/Tirol
1902 Georg Herwegh in Liestal bei Basel (Grabstein)
1903 Gottfried August Bürger in Wolmerswende
       Karl von Holtei in Obernik
       Heinrich Hoffmann von Fallersleben in Höxter
1904 Johann Karl Moscherosch in Willstätt
1905 Friedrich Schiller in Würzburg
       Hermann Allmers in Rechtenfleth bei Bremen
       Bernhard Thiersch in Kirchscheidungen
       an der Unstrut
1912 Anton von Perfall am Spitzingsee
1913 Joseph Viktor von Scheffel
       am Dreiherrenstein/Thüringen
       Albert Lindner in Rudolstadt

Das Denkmal für Friedrich von Hagedorn, 1897 im Eichenpark in Harvestehude bei Hamburg errichtet, knüpfte ganz offensichtlich an die Denkmalentwürfe in Hirschfelds *Theorie der Gartenkunst* vom Ende des 18. Jahrhunderts an (vgl. S. 15–18). Der Park, den der Dichter bei Lebzeiten häufig besucht haben soll, bildete den Weiheraum für eine private Dichtererinnerung. Das Denkmal zeigte vor allem in seiner Beschreibung, wie die alten Motive des monumentalen Dichterdenkmals in der neuen Formensprache aufgingen:

Denksteine statt Denkmäler

Denkmal für den barocken Satiriker Johann Michael Moscherosch (1601–1669), der auch unter dem Pseudonym Philander von Sittewald bekannt war, in Willstädt am Rhein von E. Kron, 1904/05

Das Denkmal bildet ein etwa 4 Meter hoher unbehauener Granitblock, der mit einer Anzahl von kleinen Blöcken vereinigt und mit Moos, Blattpflanzen und Rosensträuchern verziert ist. Der gewaltige Stein trägt an seiner dem Harvestehuder Wege zugekehrten Seite eine Bronzereliefplatte mit dem Bildnis des Dichters in ganzer Figur. Hagedorn sitzt auf einer Bank, die ganz in der Nähe des Alsterufers unter einer hohen Linde steht. Er hält in seiner Linken ein Buch, in der Rechten den Griffel. Sein Blick schweift über die Alster; zu Füßen des Dichters liegen Hut und Wanderstock. Die Unterschrift lautet:
      hier dichtete Hagedorn;
      1708–1754.[44]

Man sieht, wie das Dichterstandbild im ganzfigurigen Relief als Schwundform weiterlebt und wenigstens in der Beschreibung auf sich selbst Bezug nimmt. Stärker wirken freilich der Landschaftshintergrund, die lokalen Anspielungen und die verkürzte Aussage des gewaltigen Steins.

Denkmalsteine wurden aber nicht nur für Dichter gesetzt, die schon in der Vergangenheit durch Denkmäler geehrt worden waren, wie das Würzburger Schiller-Denkmal von Arthur Schleglmünig (1905). Schillers 100. Todestag war hier der Anlaß, eine Plakette des Dichters wirkungsvoll in die beliebten Spazierwege des Ortsrandes zu setzen. Die darunter eingemeißelte Sentenz: »Nichtwürdig ist die Nation, die nicht Ihr Alles freudig setzt an ihre Ehre!« konnte die Dichtererinnerung im Landschaftsidyll zugleich der nationalstaatlichen Konditionierung der Betrachter dienstbar machen. Noch besser als für Schiller waren die naturbelassenen Gedenksteine für diejenigen Schriftsteller geeignet, deren Werke der Naturdichtung oder der Heimat- und Volksliteratur zugeordnet wurden. Ihnen, denen eine Huldigung als Dichterfürst oder als Klassiker sowieso unangemessen gewesen wäre, wurde die privatere, kleinformatige und heimatbezogene Denkmalsetzung am ehesten gerecht. Der Erfolgsautor der Gründerzeit, Joseph Viktor von Scheffel, hatte zwar am Ende des 19. Jahrhunderts durchaus monumentale Denkmäler gewidmet bekommen (vgl. S. 111–114); aber erst der preiswerte und die Art des Gedächtnisses standardisierende Gedenkstein an möglichst vielen auf den Wanderschaften besuchten Orten schuf eine Denkmalform, die dauerhafte Präsenz sicherte. Zum Gedenken an Scheffels dortigem Aufenthalt 1873 entstand in Mürzzuschlag auf der steirischen Seite des Semmering 1895 ein Gedenkstein mit dem Medaillon des Dichters, wodurch die verblaßende Erinnerung an Scheffels Besuch in feste Form gefaßt war.

Die Jahreszahl erinnert an Scheffel's Aufenthalt in der lieblichen Sommerfrische, der durch ein launiges Verslein im Fremdenbuch des Gasthauses zur Post von der Hand des Poeten documentarisch beglaubigt ist.[45]

In Olevano in Italien war 1897 ein Scheffel-Denkmal enthüllt worden, das den Dichter im Relief, umgeben von zwei auf einen Napf loszüngelnden Schlangen und vier Versen aus Scheffels *Abschied von Olevano* zeigte. Im Eichenhain, der den Gedenkstein umgab, war schon zwei Jahre zuvor ein Relief Kaiser Wilhelms II. angebracht worden, »um sichtbar zu betonen, daß der kleine Eichenhain – dem Deutschen Reich gehöre«![46] Wie Eberleins Goethe-Denkmal in Rom, so be-

*Scheffel-Denkmal in Olevano in Italien,
von Prof. Gerhardt, 1897
Die Aufstellung in einem Eichenhain,
der dem Deutschen Reich gehört, enthält auch
einen Schuß nationalen Chauvinismus*

*Denkmal für den Alpenwanderdichter Ludwig Steub
(1812–1888) in Brixlegg/Tirol von Ernst Pfeifer
nach dem Entwurf von Friedrich von Thiersch, 1898
Die monumentale Wandgestaltung dient
weniger der Dichtererinnerung
denn als Hintergrund für den Gebirgsblick
im Geist von Steubs Literatur*

stätigte auch Scheffels Medaillon in Olevano, wiewohl auf einer bescheideneren Ebene, das in die Weite ausgreifende Bündnis des deutschen Kaisertums mit der nationalen Literatur.

Als Musterbeispiel für die Anpassung des Gedenksteins an die lokalen Gegebenheiten kann das 1898 enthüllte Denkmal für den volkskundlichen Schriftsteller und Wanderdichter Ludwig Steub bei Brixlegg in Tirol gelten. Nach dem Entwurf Friedrich von Thierschs wurden 50 qm Felswand bearbeitet; die »technische Schwierigkeit dieser Massenbewältigung« orientierte sich am Vorbild des Luzerner Löwens, »die weltbekannte Felssculptur« Bertel Thorvaldsens von 1821. Einen ähnlich hohen Anspruch erhob auch das Steub-Denkmal. Das Porträt des Alpenwanderers nach der Büste auf seinem Münchner Grab, eingemeißelt in eine Steinwand von sechs bis acht Meter Höhe, bildete zusammen mit eigens angelegten Wanderwegen, Bänken und einem Plateau eine kunstvolle Naturkulisse, in der Steubs Werke nacherlebt und seine Art des Dichtens nachempfunden wer-

den sollten. Viel gewichtiger als der Denkstein war daher die Aussicht vom Denkmalort auf die Landschaft. Mit dem Dichterrelief im Rücken konnte der literarische Bergwanderer einen »unvergleichlichen Ausblick« auf ein Gebirgs-»Panorama« mit »über 30 Spitzen« der Alpen auf eine Entfernung bis zu 70 km genießen[47]!

Ähnliche Ziele mit einem bescheideneren Aufwand verfolgte die Anbringung einer Gedenkplatte für Anton von Perfall noch im Todesjahr an seiner Wirkungsstätte, nämlich am Ostufer des oberbayerischen Spitzingsees. Das Relief in Bronze galt »dem Menschen, Dichter und Weidmann« und band das Dichtergedenken an einen Wanderrundweg um den See mit malerischer Aussicht.

Eine andere Möglichkeit, gegen die abnehmende Auffälligkeit von Dichterdenkmälern anzugehen, bestand in der Schaffung sinnstiftender oder bedeutungserhöhender Zusammenklänge zwischen mehreren Denkmälern. Man konnte dabei auf die Denkmalensembles des 18. Jahrhunderts zurückgreifen, in denen die Aus-

große Steine für kleine Dichter 161

Denkmal für Anton von Perfall (1853–1912)
am Spitzingsee/Oberbayern, 1912
Zum Denkmal für den Menschen, Dichter und Jäger
gehört auch der vorbeiführende Wanderweg
und die malerische Aussicht

sagekraft des einzelnen Denkmals nicht nur gesteigert war, sondern durch anspielungsreiche Zuordnungen zu anderen Denkmälern in sinnige Querbezüge eingebettet wurde. Auch die Pantheonidee, die Ludwig I. in seiner deutschen Walhalla und seiner bayerischen Ruhmeshalle durchgesetzt hatte, war als Vorbild zu nennen. 1862, mit dem Tode seines Vaters Justinus Kerner, hatte Theobald Kerner auf der Burg Weibertreu bei Weinsberg eine Art Privatpantheon eingerichtet. Am Äolsharfenturm wurden die Namen von fast 50 mit Kerner verbundenen Schriftsteller eingraviert, eine umfangreiche Liste, die sich nicht auf die Dichter der schwäbischen Schule beschränkte, sondern beinahe die gesamte Literaturgeschichte des 19. Jahrhunderts umfaßte. Dazu kam noch ein »Steinernes Album«, das in Stein gehauene romantische Verse von Kerner, Lenau, Geibel, Thomson und Uhland zur Burg-, Äolsharfen- und Windmotivik enthielt[48].

Auch den Denkmälern der Wiener Ringstraße unterlag ein ähnliches, wenngleich erheblich monumentaler gedachtes Konzept des Pantheons. Doch die Idee eines städtischen Denkmalgürtels mit vielfältigen Querverweisungen zu den schon vorhandenen Bauten stieß, wie das Wiener Beispiel zeigt, schon von Beginn der Planung an auf Kritik und Ablehnung. Der Lärm und das Getriebe des großstädtischen Straßenverkehrs wurde im letzten Jahrzehnt des 19. Jahrhunderts zunehmend als Belästigung des Denkmalgenusses empfunden. Im kleinstädtischeren Stuttgart störte zur gleichen Zeit die Stadtöffentlichkeit erheblich weniger. Hier entstand seit den späten 60er Jahren eine Serie von Denkmalbüsten für die Dichter einer schwäbischen Literatur des 19. Jahrhunderts. Im sogenannten Liederhallegarten Stuttgarts waren 1865 die Büste Ludwig Uhlands (vgl. S. 106) und 1869 diejenige Gustav Schwabs aufgestellt worden. In den kleinen Parkanlagen um die Hasenbergsteige wurden in den folgenden Jahren weitere Büstendenkmäler aufgestellt. So entstand 1880 das erste Denkmal für Eduard Mörike. Die Büste des Dichters, davor eine Rolle und Rosenblätter, stand auf einem Sockel, dessen Relief die Allegorie der Lyrik beim Rosenstreuen darstellte. Mörike hatte dieses Denkmal sogar selbst entworfen[49]. Während dieser Aufstellungsmodus und die Sockelikonographie Mörike als empfindsamen Natur- und Stimmungslyriker präsentierten, erschien ein Abguß derselben Büste unweit davon entfernt an der Fassade des Hauses Mörikestraße 54 in einem völlig anderen Kontext. Die unter der Büste angebrachte Schrifttafel zitierte nur die zweite Strophe aus Mörikes bekanntem Gedicht *Gebet* (»Herr! schicke, was du willst«) und rezipierte damit den Dichter als Verfasser biedermeierlich-erbaulicher Lebensweisheiten. In geringer Entfernung dazu wurde 1882 schließlich das vom Stuttgarter Verschönerungsverein gestiftete Denkmal für Wilhelm Hauff enthüllt, bei dem die Büste des Dichter auf einem Sockel vor einem grabmalartigen Hinterbau mit einer Sitzbank zu stehen kam. 1900 folgte ebenfalls in der Nähe und als Abschluß des Ensembles das Büstendenkmal für den

Denkmalensembles

*Büste für den Schriftsteller Gustav Schwab (1792–1850)
von Zell, 1869
Heute am Haus Hasenbergsteige 22, Stuttgart*

*Mörike-Büste
am Haus Mörikestraße 54 in Stuttgart, 1880
Die darunter angebrachte Tafel mit einer Strophe
aus Mörikes »Gebet« rückt die Büste und den Dichter
in die Perspektive betulicher Spruchweisheiten*

Schriftsteller und Schillerfestredner Johann Georg Fischer.

Ein Ensemble mit der gleichen Zielrichtung einer gesteigerten Wirkung des einzelnen Denkmals, jedoch mit einer ganz anderen Aussage bildeten die seit 1890 im Viktoriapark in Berlin-Kreuzberg aufgestellten Hermen für Dichter der Befreiungskriege. Durch das Kreuzberger Denkmal von Karl Friedrich Schinkel zur Erinnerung an diese Befreiungskriege (1821) und die Benennung der umliegenden Straßen nach siegrichen Feldherrn und gewonnenen Schlachten im Kampf gegen Napoleon war der Rahmen für ein Gesamtkunstwerk des patriotischen Städtebaus schon abgesteckt. Die Dichterhermen für Max von Schenkendorf, Theodor Körner, Heinrich von Kleist, Ernst Moritz Arndt, Friedrich Rückert und Ludwig Uhland sollten bei aller schematischen Grundstruktur individuelle Züge tragen. Die Herme Max von Schenkendorfs von Alfred Reichel erschien im Waffenrock des Lützowschen Freikorps und war mit einer Rolle als Dichter gekennzeichnet; hierin sollte »die geistige Spannung des jugendlichen Dichters« ausgedrückt werden. Heinrich von Kleist hatte in diesem Aufstellungszusammenhang zwar sein erstes Denkmal überhaupt gefunden, freilich nur als patriotischer Dichter, als der Verfasser der *Hermannschlacht* und des ausgebeuteten Schlußverses »In Staub mit allen Feinden Brandenburgs« aus *Der Prinz von Homburg*, also als Verherrlicher Preußens. Auch Kleist war mit einem Manuskript, jedoch in nachdenklicher Haltung dargestellt, wodurch der Bildhauer Karl Pracht vermutlich Kleists Selbstmord und die Bedeutung seines Tragödienwerks besonders betonen wollte. Im Sockelrelief, einem Lorbeerzweig, einer Mohnblume und einer züngelnden Schlange, schien ebenfalls eine solche Anspielung enthalten zu sein. Allerdings gelang es nicht, in der Denkmalherme »eins der größten poetischen Genies der Zeit« abzubilden; denn obwohl die Darstellung in ihrer »Composition schlicht und einfach« gehalten war, mangelte es ihr doch an »Ausdruckskraft«. Die Herme Friedrich Rückerts von Ferdinand Lecki blieb ebenfalls auf die standardisierten Attribute des Dichters beschränkt; auch Rückert stand »mit Buch und Feder in den Händen sinnend und grübelnd« da und hinterließ einen wenig überzeugenden Eindruck »in der Hervorhebung bezeichnender Einzelzüge«. Die Herme Theodor Körners von Ernst Wenck zeigte den Dichter als Soldaten und Freiheitssänger, der Säbel und Manuskriptrolle gleichzeitig gefaßt hielt. Der Uniformmantel, der das Sockelrelief mit einem leierspielenden Putto sichtbar ließ, betonte das Gleichgewicht von Poesie und Militär. Obwohl der

sogar Mörike und Kleist

*Denkmalherme
für Max von Schenkendorf
(1783–1817) in Berlin-Kreuzberg
von Alfred Reichel, 1899*

*Denkmalherme
für Heinrich von Kleist
(1777–1811)
in Berlin-Kreuzberg
von Karl Pracht, 1891*

*Denkmalherme
für Friedrich Rückert (1788–1866)
in Berlin-Kreuzberg
von Ferdinand Lecki, 1899*

Künstler aus Hähnels Dresdner Körner-Denkmal (vgl. S. 104) nicht nur »Rundung und Fülle« entlieh, sondern die bekannte Ikonographie aller Körner-Denkmäler einfach wiederholte, blieb seine Charakterisierung flach. Die Herme Ludwig Uhlands von Max Kruse setzte einen bürgerlichen Juristen im Frack auf den Sockel, wie die Rolle mit der Aufschrift »Das alte Recht« belegte. Diese ins Konservative und Staatstragende umgebogene Deutung wurde der wahren liberalen Position Uhlands weder für 1813 noch für 1848 gerecht. Zudem war für die poetischen Leistungen Uhlands kein Ausdruck gefunden, wie der Vergleich mit den Uhland-Denkmälern in Süddeutschland (vgl. S. 105–107) zeigen kann, auch wenn die Berliner Kritik lobte:

Einzelzüge verbinden sich bei einer Betonung von fast herber Schärfe doch wieder zu einer innerlich meisterhaft ausgeglichenen Harmonie.[50]

Die Herme Ernst Moritz Arndts von Hans Latt stand auf einem Sockel, der wie bei Rückert und Körner mit dem Namen des Dichters versehen und von Eichenlaub umflochten war. Der Bildhauer bemühte sich um die Darstellung des Gegensatzes von Ruhe und Bewegung, um

die Einfachheit des Wesens mit der Idealität des Strebens, die gemüthliche Liebenswürdigkeit des Alters mit einem noch nicht erloschenen Pathos der Jugend[51]

zu verbinden. Auf dem Sockel der Dichterbüste mit Gänsekiel und Manuskript war zudem der Anfang eines der bekanntesten Arndtlieder zu lesen: »Der Gott, der Eisen wachsen ließ, der wollte keine Knechte.« Eine weitere Möglichkeit, den Verfall des öffentlichen Interesses an Dichterdenkmälern aufzuhalten und zugleich das Denkmal einer sinnvollen Verwendung zuzuführen, bot sich in der Anlagerung einer Zusatz-

164   *Panorama der Befreiungskriege ...*

*Denkmalherme
für Theodor Körner (1791–1813)
in Berlin-Kreuzberg
von Ernst Wenck, 1898*

*Denkmalherme
für Ludwig Uhland (1787–1862)
in Berlin-Kreuzberg
von Max Kruse, 1899*

*Denkmalherme
für Ernst Moritz Arndt
(1769–1860)
in Berlin-Kreuzberg
von Hans Latt, 1899*

funktion an das Standbild. Die Denkmalbauer hatten seit den 80er und 90er Jahren den Brunnen wegen seiner impressionistisch auflockernden Wirkung und wegen seines materiellen Nutzens bevorzugt. Aber auch dieses ursprünglich belebend wirkende Brunnenmotiv war sehr bald ebenfalls abgedroschen; es erwies sich zudem für Denkmäler, die Ruhe ausstrahlen oder Besinnlichkeit wecken sollten, als ungeeignet. Seit den 90er Jahren und verstärkt um die Jahrhundertwende kam daher die Idee auf, in der Verbindung des Denkmals mit einer Ruhebank Denkmal und Betrachter im Wortsinn ruhigstellen zu können. Am Wiener Raimund-Denkmal von 1898 (vgl. S. 135) war jedoch schon der Wendepunkt erreicht, wenn der Dichter auf der Bank zu Füßen seines eigenen Denkmals Platz nehmen konnte! Das Schiller-Denkmal im Nürnberger Stadtpark des Architekten Carl Sattler mit dem Relief von Adolf von Hildebrandt, 1905 im Zeichen eines erneuten Auflebens der Denkmalbegeisterung zu Schillers 100. Todestag geplant und 1909 fertiggestellt, plazierte eine umfängliche Architektur in die stadtgärtnerisch kultivierte Landschaft. Schalenbrunnen an den Enden des Baus, Pflanzen- und Maskenornamente und das Jugendstilrelief eines sitzenden Schiller ließen den architektonischen Bau über die plastische Aufgabe dermaßen triumphieren, daß nur noch verkleidete Restformen der Dichterikonographie erhalten blieben. Die Verzierungen an den beiden begrenzenden Brunnen bildeten unterschiedliche Aspekte des Poetischen ab: Der vom Betrachter aus rechte Brunnen war mit zwei Masken sowie mit Schwert, Steinschloßpistole und Eichenlaub geschmückt. Er bezog sich, man denke an die sogenannten Mantel- und Degenstücke, offensichtlich auf Schillers deutsche Stoffe seiner dramatischen Werke. Das Schiller-Relief wandte übrigens diesem Brunnen den

Rücken zu. Auf der anderen Seite versinnbildlichten zwei Masken mit der Panflöte und Weinlaub die klassische Seite von Schillers Dichtungen. Die Begünstigung des Klassischen fand ihre Entsprechung im Relief, in dem der Dichter nicht zufällig dieser Seite sein Gesicht zukehrte; sogar der Tisch, an dem Schiller sitzt, ruht auf einem klassisch kannelierten Säulenstumpf. Nimmt man noch den das Relief krönenden Segmentaufsatz mit Lyra und Lorbeerzweigen hinzu, dann ist offenkundig, welches Schillerbild hier vermittelt werden sollte. Es galt weniger dem im 19. Jahrhundert so hochgeschätzten Dramatiker und Sentenzenlieferanten, sondern dem klassische Stoffe in deutsche Dichtung verarbeitenden Lyriker. In Schillers *Spaziergang,* wenn denn dieser stellvertretend für eine solche Werkreduzierung gemeint wäre, böte sich eine innige Bezugnahme des Dichterdenkmals auf die Stadtgartenanlage und die Benutzbarkeit als Ruhebank an. Seit 1913 mußte das Schiller-Denkmal allerdings in einem weiteren Zusammenhang aufgefaßt werden. Ganz in der Nähe und noch im Stadtpark war nämlich ein heute nicht mehr vorhandenes Denkmal König Ludwigs II. – für Franken eher ungewöhnlich – entstanden. Der Bildhauer Max Heilmeier hatte hierfür den Aufbau des Schiller-Denkmals übernommen und nur das Relief gegen ein Bronzestandbild und die poetischen Attribute gegen zwei herrscherliche Tugenden symbolisierende Putten ausgewechselt. Der poetische Idylliker Schiller und der als jugendlicher Held vor seiner angeblichen Umnachtung dargestellte König spiegelten sich jetzt in gegenseitiger Bezugnahme.

Weitere Dichterdenkmäler als Ruhebänke, bevorzugt in Parkanlagen, lösten im Laufe der Zeit die Denkmalfunktion von der Erinnerung an die Person des Dichters ab. Die Goethe-Bank im Heidelberger Schloßpark aus dem Jahre 1921 mit eingemeißelten Versen aus Goethes *West-östlichem Diwan* schuf für jedermann einen Rastplatz, nur dem literarisch Eingeweihten gab sie mehr. Diesem bot sie neben der Ruhemöglichkeit eine literarische Anspielung auf den Park als Ort der Liebesidylle und des ungestörten Genusses der Freiheit von gesellschaftlichen Zwängen. Ein Dichter kam, selbst für den belesensten Rastplatzbenutzer, allerdings nicht mehr vor.

Die anderen Dichter

Das neue Denkmalverständnis, das sich um die Jahrhundertwende herausbildete, hatte das traditionelle Dichterbild zumindest infrage gestellt: die Betrachtung des Dichters in seinem Standbild genügte nicht mehr. Ein tatsächlicher Nutzen, sei es als Brunnen oder als Bank, oder der Rückzug aus dem Straßenverkehr in die Grünanlagen konnte den Schwund des öffentlichen Interesses nur verzögern, nicht wirklich aufhalten. Diesem Wandel der Denkmalformen im Zeichen des Jugendstils entsprach die Relativierung der bildungsbürgerlichen Literaturnormen. Das hatte zu Folge, daß die Frage der Denkmalwürdigkeit nach veränderten Kriterien beurteilt wurde. So parodierte Christian Morgenstern 1910 in seinem Gedicht *Denkmalswunsch* aus seiner Gedichtsammlung *Palmström* zwar die Denkmalsetzerei, behielt aber die Hoffnung auf die Dichtererinnerung nach dem Tode bei:

> Setze mir ein Denkmal, cher,
> ganz aus Zucker, tief im Meer.
>
> Ein Süßwassersee, zwar kurz,
> werd ich dann nach meinem Sturz;
>
> doch so lang, daß Fische, hundert,
> nehmen einen Schluck, verwundert.–
>
> Diese ißt in Hamburg und
> Bremen dann des Menschen Mund.–
>
> Wiederum in eure Kreise
> komm ich so auf gute Weise,
>
> während, werd ich Stein und Erz,
> nur ein Vogel seinen Sterz
>
> oder gar ein Mensch von Wert
> seinen Witz auf mich entleert.[52]

Aber nicht nur die Idee des Dichterdenkmals wurde in ironischer Brechung gesehen. Auch der Anspruch der Klassiker oder derjenigen, die dafür gelten sollten, auf ein Denkmal wurde in Zweifel gezogen. Zwar waren schon während des gesamten 19. Jahrhunderts neben Goethe und Schiller und ihren Wegbereitern auch Schriftsteller durch ein Denkmal geehrt worden, die entweder für patriotisch-politische Zwek-

*Winckelmann-Denkmal in Stendal
von L. Wichmann, 1859*

ke zu vereinnahmen waren oder in der epigonalen Klassikernachfolge standen. Nunmehr begann man bei der Durchsicht der Dichterdenkmäler zu fragen, ob nicht bisher eine höchst einseitige Literaturgeschichte verewigt worden war, die weniger mit dem literarischen Wert der Dargestellten als mit ihrer popularisierbaren Rezeption zu tun hatte. Ernst Schultze schrieb 1902:

Zwar besitzen wir Goethe und Schiller in Stein und Bronze in schwerer Menge; überschauen wir aber im übrigen die Denkmäler für deutsche Dichter, so müssen wir doch fragen, wo denn die Denkmäler für Fritz Reuter, für Gottfried Keller, für Conrad Ferdinand Meyer, für Hebbel, für Bürger und andere sind? [...] Oder sind die genannten Dichter weniger bedeutend wie z.B. Christoph v. Schmid, Immermann, Hölty, Scheffel? Und doch haben diese Denkmäler erhalten, jene aber meines Wissens nicht.[53]

Auch wenn sich Schultze mit dem einen oder anderen Namen seiner Aufzählung der Unbeachteten irrte – jetzt wurden die anderen Dichter, d.h. die schwierigen Schriftsteller, die sperrig in der Literaturgeschichte standen und nicht so leicht auf einen Begriff zu bringen waren, denkmalwürdig. Dabei folgten die fälligen Neu- und Aufwertungen solcher bislang vernachläßigter Schriftsteller natürlich den Vorlieben und Wertschätzungen der zeitgenössischen Literaturwissenschaft.

Zwei Traditionslinien waren hierbei zu unterscheiden. Während die eine die Literaturgeschichte nach Verschütteten und Vergessenen, erst jüngst Verstorbenen oder gar noch lebenden Schriftstellern durchforstete, knüpfte die andere an die altbekannten monumentalen Dichterstandbilder an, widmete diese jedoch auch Schriftstellern, die bisher nicht denkmalwürdig waren, weil ihre Literatur den Maßstäben klassizistischer Dramatik, empfindsamer Lyrik oder biedermeierlicher Erzählprosa nicht entsprach. Schon 1828 war dem bedeutendsten neulateinischen Lyriker des 17. Jahrhunderts, Jakob Balde, ein Denkmal errichtet worden, hergestellt übrigens vom Schrobenhauser Maurermeister Joseph Lenbach, dem Vater des späteren Malerfürsten Franz von Lenbach. Freilich handelte es sich nur um eine bildlose Gedenktafel, über der eine lorbeerkranzgeschmückte und vergoldete Leier angebracht war. Die Widmung an den »Dichter und Jesuiten« und die Anbringung im Innern der Neuburger Hofkirche machten deutlich, daß einer populären Monumentalisierung Baldes sowohl sein Jesuitentum als auch die Sprachbarriere des Lateinischen im Wege stand. Auch das Büstendenkmal für den Anakreontiker Uz im Ansbacher Hofgarten (vgl. S. 101), schon 1825 aufgestellt, hatte in Form, Widmung und Standort ausdrücklich auf eine Breitenwirkung verzichtet. Johann Joachim Winckelmann war zwar als kunsttheoretischer Wegbereiter der deutschen Klassiker, kaum jedoch als eigenständiger Schriftsteller in die Literaturgeschichte eingegangen; zudem hatte ihn sein Tod – er wurde 1768 in Triest ermordet – dem deutschen Denkmalgedächtnis entrissen. Winckelmanns Grabdenkmal in Triest, 1851 vom venetianischen Bildhauer Antonio Bosa verfertigt, brachte Winckelmanns Genius »als sitzende, fast nackte Figur« mit dem Medaillon des Verstorbenen auf dem Sarkophagdeckel an. Eine würdige Erinnerung im Geist der deutschen Nationalliteratur konnte davon nicht ausgehen, so daß schon 1859 in Winckelmanns Geburtsstadt Stendal gleichsam ein verbessertes Denkmal errichtet wurde. Die Ikonographie des antik verkleideten und mit ebensolchen Attri-

*Büste für Johann Christoph Gottsched (1700–1766)
für die Gottsched-Gesellschaft in Leipzig,
von Emil Hundrieser, 1902*

*Denkmal für den protestantischen Liederdichter
Paul Gerhardt (1607–1676) von Friedrich Pfannschmidt,
für Lübben geplant,
1911 in Gräfenhainichen aufgestellt*

buten umgebenen Schriftstellers in Denkerpositur konnte das deutsche Element nur durch die Enthüllung am 18. Oktober, dem Tag der Erinnerung an die Leipziger Völkerschlacht, hereinholen!
Wie Winckelmann hatte auch der Ästhetikprofessor, Kunstkritiker und Dramendichter Johann Christoph Gottsched seinen Platz in einer deutschen Literaturgeschichte. Gottscheds Leistungen zur Reform des deutschen Theaterwesen konnten jedoch gegen die stürmische Kritik einer jüngeren Generation von Aufklärern nicht aufkommen. Ein Denkmal bekam der mehr gescholtene als verehrte Gottsched erst 1902 durch die Büste von Emil Hundrieser und auch nur deshalb, weil der Künstler selbst Mitglied der auftraggebenden Gottsched-Gesellschaft in Leipzig und das Denkmal nicht für eine öffentliche Aufstellung gedacht war[54]. Paul Gerhardt, der bedeutendste protestantische Kirchenlieddichter des Barock, kam 1911 nicht als Dich-

ter, sondern als Prediger auf den Sockel. Diese Zielrichtung arbeitete der Bildhauer Friedrich Pfannschmidt durch die hinter der Statue angebrachte Kanone und die Ähren besonders heraus. Der Sockel zitierte zudem die ersten vier Verse aus Gerhardts berühmten Glaubenslied »Befiehl du deine Wege ...« und betonte damit Gerhardts Funktion innerhalb der protestantischen Kirche.
Theodor Fontane, dessen Popularität als Romancier zwar nach seinem Tod 1898 größer denn je war, mußte seine Denkmalwürdigkeit jedoch erst gegen den stillschweigenden Vorwurf der bloßen Unterhaltungsschriftstellerei durchsetzen. Fontane erhielt die letzten Dichterdenkmäler des monumentalen Typus. In Neuruppin setzte 1907 Max Wiese den Schriftsteller auf »eine antik geformte Bank«, »wie man sie in den Parkanlagen unserer Schlösser findet«; Fontane zeigte seinen »schönen Kopf mit dem im Alter noch vollen

168 *wo sind ihre Denkmäler?*

*Denkmal für Theodor Fontane in Neuruppin
von Max Kruse, 1907
Schloßbank und Kostüm meinen den Verfasser
der »Wanderungen«, nicht den Romancier*

Lockenhaar, der edeln Stirn, den lebhaften Augen, dem Schnurrbart und den sprechenden Partien um Kinn und Wangen« und saß da, »als ob er sich nach einem längeren Spaziergang ausruhen wollte«[55]. Damit war eindeutig festgelegt, daß Fontane als Autor der *Wanderungen durch die Mark Brandenburg* und als altpreußischer Heimatdichter, nicht als Verfasser bedeutender realistischer Romane gemeint war. Als Wanderer mit Hut und Stock war Fontane auch im 1910 enthüllten Marmordenkmal von Max Klein dargestellt und damit sowohl seinem altpreußischen Geschichtswerk als auch dem zur Promenade einladenden Aufstellungsort im Berliner Tiergarten angepaßt.

Die Denkmalwürdigkeit Adalbert Stifters, der 1868 gestorben war, setzte sich beinahe gleichzeitig mit seiner Anerkennung durch die Literaturgeschichtsschreibung durch. Der bildlose Obelisk am Plöckensteiner See im Böhmerwald aus dem Jahre 1899 sowie die Denkmäler von Hans Rathausky 1902 in Linz und von Karl Wilfert 1906 in Oberplan galten dem Landschaftsschilderer und hoben einen eng begrenzten Heimatbezug einzelner Novellen hervor. Darin berührten sie sich mit den Fontane-Denkmälern. So zeigte das Linzer Denkmal Stifter, »offenbar von einer Fußwanderung ausruhend, in der Stellung sinnender Betrachtung auf einem Felsblock sitzend«. Darüber hinaus war das Bronzedenkmal mit seinem Felsblock noch in ein künstliches Naturarrangement, einen »Waldboden mit Farnkräutern, Schlehdorn und anderen Gebirgspflanzen sowie ein Nadelholzhalbrund« umgeben. Damit sollte ein Stifter gezeigt werden, wie

weitaus die meisten ihn sich so und nicht anders gedacht haben: den aus dem lärmenden, drängenden Alltagsleben der Menschen in die Einsamkeit der Wälder und Felder, der Berge und Thäler fliehenden Philosophen.[56]

Fontane als Wanderer

Entwurf zu einem Eichendorff-Denkmal in Ratibor
von Johannes Boese, 1909
Eichenstamm und Dichterattribute verkünden zugleich
das deutsche Wesen der Poesie
an einem Vorposten des kulturellen Deutschtums

Denkmal für Adalbert Stifter in Oberplan
von Karl Wilfert, 1906

In Oberplan nahm der Bildhauer Karl Wilfert diese ausufernde Genrehaftigkeit in die strengen Formen eines schmucklosen Sockel- und Sitzbaus zurück. Aber auch hier war Stifter mit Hut, Reisemantel und Buch dargestellt, »als ob er, von einem Spaziergange kommend, von dieser Stelle aus sein Auge sinnend auf die geliebten Bergwälder richtet«[57]. Auch das Standbild Stifters im Wiener Türkenschanzpark von C. Philipp sah den Dichter mit langem Reisemantel und Hut als Durchwanderer österreichischer Landschaften, lehnte sich aber in der Zuordnung von Sockel und Standfigur an die Struktur der Dichterdenkmäler der Ringstraße an. Das Sockelrelief zeigte ein kniendes Kinderpaar und deutete Sifter biedermeierhaft und idyllisch; thematisiert war wohl eine Erzählung wie *Bergkristall*, wodurch Stifter zum Kinderautor oder Familienerzähler verharmlost war. Die jüngste Ehrung in Form eines Denkmals erfuhr Adalbert Stifter mit der Aufstellung seiner die Gesichtskonturen betonenden Büste von Herbert Hajek 1954 in der Walhalla.

Wie bei Stifter kündeten auch die Denkmalsetzungen für Joseph von Eichendorff von einem verkürzten Werkverständnis. Das erste Denkmal für Eichendorff, eine Büste im Sterbeort Neiße, fertigte 1888 Ernst Se-

ger an. Im Rahmen dieses Heimatbezuges charakterisierte man den Dichter ganz schematisch mit den herkömmlichen Attributen der Papierrolle und der Harfe am Sockel. 50 Jahre nach Eichendorffs Tod entstand im Scheitniger Park in Breslau ein ganzfiguriges Standbild von Alexander Kraumann, das 1911 enthüllt wurde. Es stellte den Dichter mit Hut und Stock als Wanderer dar und brachte am Sockel Reliefs aus seinen Werken an. Nur aus dem Namenszug am Sockel konnte der Kundige entnehmen, daß es sich um ein Dichterdenkmal handelte, so dominant war die Spaziergängerpose. Ein zwei Jahre früher entstandenes und in Eichendorffs Geburtsstadt Ratibor aufgestelltes Denkmal hatte den Lyriker durch die poetische Ausstrahlung seiner Sitzfigur darstellen wollen. Der »Dichter so männlich schön und vom Genius verklärt« saß »in zeitgemäße Biedermeiertracht« gehüllt mit Buch und Stift auf einem Eichenstamm und lauschte der Muse. Das Sitzbild von Johannes Boese galt den Betrachtern als »eins der schönsten und edelsten Dichterdenkmäler« und wollte Eichendorff nicht nur als Naturlyriker charakterisieren, sondern im Antlitz des Dichters zugleich »die ganze deutsche Innigkeit der Eichendorffschen Poesie« ausdrücken, auf die die Aussage des Denkmals zugeschnitten war:

*Denkmal für Friedrich Hölderlin (1770–1843) in Tübingen
von Emmerich Andresen, 1881
Ein frühes Hölderlin-Denkmal gelang nur, weil man
den Dichter auf den »Sänger«, das »Lichtreich«,
die »Griechentöne« und den »Genius« reduzierte
und seiner Problematik auswich*

Auf irgendwelche Allegorien konnte verzichtet werden, da der Eichenstumpf [!] und vor allem die Gestalt des Dichters selber alles besagt, was das Andenken des Dichters verklärt.[58]

Die besondere Betonung des deutschen Elements an diesem Denkmal ging weit über die kalauernde Anspielung (Eichendorff-Eichenstumpf) hinaus; die Aufstellung im oberschlesischen Ratibor deutete auf die Funktion des Dichterdenkmals als Hilfsmittel zur kulturellen Abgrenzung der deutschen von den polnischen Bevölkerungsteilen. So wurde gerade Eichendorff als Kernstück deutschen Wesens und deutscher Poesie dann aufgerufen, wenn der schlesische Heimatbezug wachgehalten werden mußte. Das zum 100. Todestag Eichendorffs 1957 aufgestellte Büstendenkmal von Robert Bednorz in Unterpfaffenhofen-Germering bei München war von der örtlichen schlesischen Landsmannschaft in Auftrag gegeben worden und enthielt den Anspruch, die eigenen kulturellen Traditionen auch in den neuen Vertriebenenansiedlungen der Bundesrepublik weiterpflegen zu wollen. Als im gleichen Jahr Eichendorffs Marmorbüste in die bayerische Walhalla aufgenommen wurde, galt diese Ehrung nicht nur einem großen deutschen Dichter, sondern zugleich den schlesischen Vertriebenen als Bayerns viertem Stamm.

Solche traditionsgebundenen Dichter konnten relativ leicht von der Denkmalkunst in den Griff bekommen werden, wenn man problematische Werkaspekte ausklammerte: Stifters *Nachsommer* oder sein *Witiko*, Eichendorffs Romane oder seine Literaturgeschichtsschreibung kamen in den Denkmälern nicht vor. Exzentrische und widersprüchliche, gebrochene und zwiespältige Dichterpersönlichkeiten boten den Denkmalsetzern dagegen schier unüberwindliche Schwierigkeiten. Friedrich Hölderlin hatte zwar schon 1881 im botanischen Garten Tübingens ein Denkmal erhalten, doch war der Künstler Emmerich Andresen der Problematik von Hölderlins Werk und Biographie in die Allegorie ausgewichen. Das Denkmal stellte nicht Hölderlin dar, sondern den »Genius des Ruhms«, der einen »Lorbeerkranz über ein Kenotaphium« hielt. Die teilweise verhüllte nackte Gestalt des Genius stützte sich auf eine abgebrochene dorische Säule und setzte den linken Fuß auf ein Felsstück; so sollten vermutlich Hölderlins griechische Themen und der erhabene Ton seiner Hymnen und Oden versinnbildlicht werden. Zuletzt federte das auf dem Sockel zitierte Huldigungsgedicht des Grazer Poeten Robert Hamerling die Problematik Hölderlins durch eine bezeichnende Sakralisierung noch weiter ab:

> Dem hohen Sänger, der durch Wolkennacht
> Emporgestrebt zum Lichtreich ew'ger Schöne,
> Verschwisternd mit dem Reiz der Griechentöne
> Des deutschen Sanges wortgewalt'ge Macht,
> Ihm sei aus Geniushänden dargebracht
> Der ewiggrüne Stirnschmuck der Kamöne.[59]

Für Heinrich von Kleist fand sich, obwohl sein Tod von 1811 schon weit zurücklag, lange kein Denkmal. Wie bei anderen Dichtern, deren Tod nicht sofort durch ein Denkmal monumentalisiert worden war, ging auch das Interesse an einem Kleist-Denkmal vom Dichtergrab aus. Gottfried Keller, dessen Ruhm mit seinem Tod 1890 im aufkommenden Naturalismus verblaßte, erhielt beispielsweise erst 1901 auf dem Züricher Zentralfriedhof ein Grabdenkmal, dessen Mitte eine Aschenkiste zur Aufnahme der Urne bildete. Ein rosafarbener Marmorobelisk mit dem Porträtmedaillon

*Grab Heinrichs von Kleist am Wannsee bei Potsdam
Das Grabmal, ehemals kaum beachtet,
erhielt mit gestiegener Anerkennung des Dichters
den Charakter eines Wallfahrtsorts und eines Denkmals*

des Dichters trug einen verborgenen Hinweis auf die Schweizer Nationalliteratur und -geschichte: Der Grabmalkünstler Richard Kißling war auch der Bildhauer des Altdorfer Tell-Denkmals von 1894 gewesen, so daß sich damit eine Linie zum glühenden Schillerverehrer Gottfried Keller ziehen ließ. Auch Georg Herwegh, der als radikaldemokratischer 1848-Lyriker 1875 vergessen im Schweizer Exil gestorben war, als die Deutschen ihr neues Kaiserreich bejubelten, erhielt erst 1902 ein Grabdenkmal aus Natursteinen mit seinem Bildnis in Hochrelief, umgeben von einem Lorbeerkranz. Kleists gemeinsames Grabmal mit Henriette Vogel am Wannsee bei Potsdam, ein schmuckloser Granitsockel mit den eingravierten Lebensdaten, war in den ersten Jahrzehnten nach Kleists Tod nur selten von stillen Verehrern aufgesucht worden. Doch spätestens seit Kleists 100. Geburtstag war das Grab zu einer Pilgerstätte geworden, was sich vielleicht weniger durch die Erstaufführung von Kleists schon 1808 verfaßtem Drama *Die Hermannsschlacht* im Jahre 1839 erklären ließ, wie mancher Zeitgenosse meinte, sondern wohl eher durch die Enthüllung von Bandels Hermann-Denkmal 1875 im Teutoburger Wald:

Während früher des unglücklichen Dichters Grab, das keine sorgfältige Pflege verriet, nur von Eingeweihten aufgesucht und gefunden wurde, ist namentlich seit der Aufführung der »Hermannschlacht« das Interesse für den Schöpfer des »Kätchens von Heilbronn« ein reges und an den Sonn- und Festtagen die Stätte ein Wallfahrtsort für viele Berliner. Nicht mehr Disteln wachsen auf der Stelle, sondern Kränze schmücken jetzt das Grab eines unserer größten Dichter.[60]

An diese verspätete nationale Indienstnahme knüpfte die 1890 im Berliner Viktoriapark aufgestellte Herme (vgl. S. 164) an, da sie mit dem patriotischen Freiheitsdichter und dem Verherrlicher von Preußens Gloria

*Entwurf zu einem Denkmal für Heinrich von Kleist
in Frankfurt a. d. Oder von Gottlieb Elster, 1909
Das 1911 enthüllte Denkmal
verweigerte sich einer Abbildung des Dichters*

*Kleist-Büste für das Hoftheater Meiningen
von Otto Lessing, 1911*

nur einen winzigen Werkausschnitt herausgriff. Den Anspruch, Gesamtwerk und -persönlichkeit Kleists abzubilden, konnte dieses Denkmal nicht erheben. Erst mit der Wiederentdeckung Kleists durch die Germanistik nach 1900 und den frühen Expressionismus fand der Dichter zu seinem Denkmal. Als der berühmte Berliner Germanist Erich Schmidt 1911 in Frankfurt an der Oder ein Kleist-Denkmal von Gottlieb Elster einweihte, war dies kein realistisches Dichterabbild, sondern ein trauernder Jüngling mit einer Harfe in halbliegender Stellung auf dem Sockel. Das Denkmal wollte an Kleists frühen Dichterselbstmord erinnern und dadurch seine poetische Existenz definieren. Der bekannte Denkmalplastiker Otto Lessing faßte im gleichen Jahr Kleist sehr viel realistischer und zugleich konventioneller auf. Die für den Theatersaal des Herzoglichen Hoftheaters in Meiningen bestimmte Marmorbüste spielte im gesenkten Haupt des Dichters gleichfalls auf dessen Selbstmord an. Diese Kopf-

»*der unglückliche Dichter*«

*Grabmal Heinrich Heines (1797–1856)
auf dem Pariser Friedhof Montmartre
von Louis Hasselriis, 1901*

haltung war jedoch kein originelles Ausdrucksmittel, denn sie entstammte der Berliner Kleist-Herme von 1890. Der angedeutete Mantelschwung enthielt eine Anspielung auf den Aufstellungsort und die dramatischen Werke Kleists.

Zuletzt spiegelt die Entstehungsgeschichte eines Denkmals für Heinrich Heine, die im 19. Jahrhundert viel eher die Geschichte einer Denkmalverhinderung war, die Schwierigkeiten der Denkmalkunst mit einem problematischen und ungeliebten Dichter. Selbst ein Grabmal erhielt Heine, der auf dem Pariser Friedhof Montmarte begraben ist, erst 1901 und das eher zufällig. Die Spendensammlung eines Wiener Männergesangvereins für eine Kranzniederlegung an Heines Grab hatte so unerwartet hohe Beiträge ergeben, daß der dänische Bildhauer Hasselriis, der schon eine Heine-Statue für die Kaiserin Elisabeth von Österreich geschaffen hatte, ein Grabmal entwerfen konnte. Das Grabmal zeigt die Büste des alten Heine in trauernder Haltung; auf dem Deckstein und am Sockel sind die herkömmlichen Dichterattribute in weiter ausgreifende Sinnbezüge eingefügt, die alle um das Totengedenken kreisen:

Unter der Büste tritt eine Lyra hervor, deren Saiten ein Kranz von Rosen umflicht: junge Knospen und volle, immer größer und größer werdende Rosenblüten, bis zwei der größten einander wie zu einem Kusse entgegenstreben. Über der Leier selbst schwebt ein Schmetterling, ein Symbol der Unsterblichkeit Heines; darunter ist das verhauchte Leben verbildlicht. Da läuft das Stundenglas ab, und von seiner Mitte biegen sich zwei Palmenblätter friedevoll abwärts über sein Grab. Aber dazwischen wachsen zwei Lilien empor. Diese bedeuten die Auferstehung... Das Stundenglas wird von einer Pinienfrucht, dem Zeichen der Liebe, gekrönt, und an den beiden Ecken des Marmorblocks stehen kleine Totenlampen.[61]

Trotz solcher Sinnbildlichkeiten wird Heine nur als Liederdichter gewürdigt. Die auf dem Grabmal aufgeschlagenen steinernen Manuskripte nennen ausdrücklich nur den Verfasser vaterländisch deutbarer Verse oder spätromantischer Lyrik, so das *Buch der Lieder* und die *Neuen Gedichte*. Das eingemeißelte Gedicht Heines verknüpft diese Rezeption mit der Grabmalikonographie:

Wo wird einst des Wandermüden
Letzte Ruhestätte sein?
Unter Palmen in dem Süden
Unter Linden an dem Rhein?

Werd' ich wo in einer Wüste
Eingescharrt von fremder Hand?
Oder ruh' ich an der Küste
Eines Meeres in dem Sand?

Immerhin! Mich wird umgeben
Gottes Himmel, dort wie hier,
Und als Totenlampen schweben
Nachts die Sterne über mir.

Seit 1899 stand in New York ein Loreley-Brunnen von Ernst Herter, der ursprünglich als Heine-Denkmal für Düsseldorf gedacht war. Der Brunnen enthielt Heine nur als Sockelrelief nach dem bekannten Medaillon von David d'Angers. Drei Nixen als Allegorien von Heines exotischer Lyrik, satirischer Kritik und seines Weltschmerzes verbanden die »geniale Idee dieses Monumentalbrunnens« mit weiteren Anläufen, das dichterische Werk am Brunnensockel zu charakteri-

Heine-Grab und Heine-Denkmäler

Heine-Denkmal in New York von Ernst Herter, 1899
Ursprünglich als Heine-Denkmal für Düsseldorf geplant,
entstand ein Loreley-Brunnen mit lockerem Heine-Bezug
und als Ausrichtungspunkt
für die ausgewanderten Deutschen

sieren: »ein auf einem Schwan reitender zur Lyra singender Amor mit Schellenkappe« sollte Heines Humor, eine Psyche, »an eine Sphinx geschmiegt«, »des Dichters Neigung zum romantischen Mysticismus« darstellen! Den »Hauptschmuck« des Denkmals bildete jedoch die Figur der Loreley, »die volkstümlichste seiner poetischen Gestalten«: »Das ist mehr als eine Statue, das ist ein gemeißeltes Gedicht!«[62] Ein solcher Denkmalaufbau konnte, erst recht an seinem Aufstellungsort, kaum als Heine-Denkmal gelten, sondern mußte als Erinnerungsmal für das populäre Deutschlandgedächtnis der Auswanderer um Rheinromantik und sentimentalen Singsang aufgefaßt werden. Denn als 1899 ein Attentäter mit dem »Schlaghammer« zwei der Sockelfiguren verstümmelte, fand sich genau diese Gruppe in ihren tiefsten Empfindungen getroffen, ohne daß »bestimmte Kreise für die Schandtat verantwortlich zu machen waren«: »Die Stimmung in der deutsch-amerikanischen Bevölkerung ist aufs höchste erbittert.«[63]
In Deutschland hingegen konnte sich ein Heine-Denkmal nur gegen heftigste Widerstände durchsetzen.

1887 hatte der Schriftsteller Paul Heyse vorgeschlagen, Heine in seiner Geburtsstadt Düsseldorf ein Denkmal zu setzen. Der dafür angefertigte Entwurf von Ernst Herter, der dann als New Yorker Loreley-Brunnen ausgeführt wurde, fand sogar die Zustimmung und Unterstützung der Kaiserin Elisabeth von Österreich, die den romantischen Liebeslyriker Heine schwärmerisch verehrte und der Stadt das Denkmal schenken wollte. Doch die Stadt Düsseldorf lehnte ab; sie wollte eine Auseinandersetzung um den politisch mißratenen Sohn der Stadt vermeiden, erreichte jedoch genau das Gegenteil. Der Dichter Karl Henckell spottete darüber:

> Ein Kaiserdenkmal hat jeder lieb
> Im Düsseldorfer Senat wohl,
> Was ein Düsseldorfer Jude schrieb,
> Geniert den christlichen Staat wohl.
>
> Der Stumpfsinn kann den Geist nicht verdauen
> Zu Düsseldorf am Rheine,
> Er wird sich selber ein Denkmal bauen,
> Anstatt dem Heinrich Heine.[64]

Die Diskussion um das Düsseldorfer Heine-Denkmal erreichte um 1893 ihren Höhepunkt. Zwar kam wiederum kein Denkmal zustande, doch verschärften Kontrahenten wie Franz Mehring, Peter Rosegger oder Adolf Bartels den Tonfall der Auseinandersetzungen. Einerseits galten Heines literarische Leistungen mittlerweile unbezweifelt, andererseits wurden ihm Verrat an der deutschen Nation und Bonapartismus, erotische Schlüpfrigkeiten in seinen Versen und seine politisch radikale Gesinnung vorgeworfen. Zuletzt und vor allem war es der gegen Ende des Jahrhunderts immer stärker aufkommende Antisemitismus, der den »Judengenossen« Heine von einem deutschen Denkmal ausschließen mußte[65]. Mittlerweile hatte die Heineverehrerin Elisabeth für ihre Villa Achilleion auf Korfu längst ihr privates Heine-Denkmal errichten lassen. Der Bildhauer Louis Hasselriis stellte darin den »kranken Dichter« dar,

der seinen Schmerz in Verse verwandelt. Ein elegischer Hauch liegt über dieser Poetengestalt mit dem vorgeneigten Haupt. Das Gesicht hat einen leidenden und nachdenklich träumerischen Zug, der anziehend wirkt. Weniger ge-

mit dem Schlaghammer gegen Heine

Heine-Denkmal auf der Insel Korfu
von Louis Hasselriis
Ikonographie des Grabmals mit der Sitzpositur verknüpft

lungen ist die Art, auf welche der dänische Bildhauer die in Heine's Gedichten vorherrschende Selbstironisierung zu charakterisieren strebte. Er verlieh ihm die Attribute der tragischen und der komischen Muse. Dieselben lassen wol auf einen dramatischen Dichter, keinesfalls auf einen Lyriker schließen.[66]

Sitzhaltung, antikisierende Gewandung und erst recht die Aufstellung im Zentrum eines Monopteros innerhalb eines Privatparks entfernten Heine und sein Denkmal in mehrfacher Weise aus dem öffentlichen Streit. Heine unterlag hier den Verehrungsformen eines empfindsamen Lyrikers des 18. Jahrhunderts jenseits aller politischen, sozialen oder literarischen Aktualisierbarkeit. Trotz dieses Rückzugs in die Harmlosigkeit blieb auch dieses Heine-Denkmal brisant. Nach der Ermordung Elisabeths 1898 ließ ihr Erbe, Kaiser Wilhelm II., das Heine-Denkmal sofort entfernen!

Die Diskussion um ein öffentlich aufzustellendes Heine-Denkmal ging indes weiter. Eine Heine-Büste, die in der Düsseldorfer Stadtbibliothek aufgestellt wurde, hatte nicht die Wirkung eines öffentlichen Denkmals, sondern vermittelte eher den Eindruck, als sei Heine dort »interniert«[67]. Auch anderenorts konnte sich die Heineverehrung nur dann problemlos verwirklichen, wenn sie im halböffentlichen Bereich blieb. In Berlin wurde am Haus Taubenstraße 32, wo Heine 1823 gewohnt hatte, eine Relieftafel (von Hugo Berwald-Schwerin) enthüllt, die Heine in der typischen Denkmalhaltung mit dem in die Hand gestützten Kopf zeigte und durch ein Heinezitat als Inschrift einen Beleg für die nationale Gesinnung des Dichters zu konservieren schien:

> Deutschland hat ewigen Bestand,
> Es ist ein kerngesundes Land.

Doch das Zitat war entstellend aus dem Zusammenhang gerissen; es entstammte Heines Gedicht *Nachtgedanken* von 1843 mit dem bekannten Anfang:

> Denk ich an Deutschland in der Nacht,
> Dann bin ich um den Schlaf gebracht

– Heines nationale Kernfestigkeit war also ironisch gemeint gewesen! In Hamburg wurde schließlich 1898 am Haus des Heine-Verlegers Julius Campe eine Bronzeplakette angebracht und 1960 in einen Natursteinblock eingefügt, nachdem sie 1934 von der Fassade entfernt werden mußte[68].

Das erste in Deutschland wirklich öffentlich aufgestellte Heine-Denkmal entbehrte wie die Gedenktafeln noch der monumentalen Form der Dichterdenkmäler und entsprang der Privatinitiative des Lehrers Arthur Fitger, der es durchsetzen konnte, daß in Bremen eine Bank mit Heines Porträtmedaillon und zwei Platten mit Gedichttexten aufgestellt wurde. Die Darstellung Heines mit aufgestütztem Kopf charakterisierte diesen eher als Denker denn als Dichter; dies und die Wahl des schwermütig-bitteren Gedichts »Ich hatte einst ein schönes Vaterland« waren wohl der Grund, daß die Bank lange Zeit unauffällig existieren konnte. Nach dem Ersten Weltkrieg wurde die Bank durch Antisemiten zerstört, das Medaillon gestohlen; erst 1924 gelang wiederum durch die Privatspende eines Heineverehrers die Restaurierung. Da die Bronzetafeln 1933 vor den Nationalsozialisten in Sicherheit gebracht werden konnten, war die Wiederaufstellung

Heine-Denkmal in Frankfurt von Georg Kolbe, 1913
Ruhende und Schreitender

1969 möglich, allerdings jetzt anstelle der ehemaligen Jugendstilbank auf einer alten und unschönen Steinbank in ungünstiger Lage[69].

Nach der Jahrhundertwende, zum 50. Todestag Heines, wurde noch einmal die Initiative zu einem Denkmal ergriffen. 1912 enthüllte der Heinrich-Heine-Bund, ein »Verein, dem hauptsächlich junge Leute angehören«, in Halle an der Saale das erste in Preußen aufgestellte Heine-Denkmal. Die Büste von Paul Schönemann auf einem mit den herkömmlichen Dichterattributen reliefierten Sockel zeigte Heine in seinen letzten Lebensjahren und griff mit seiner Formensprache weit ins 19. Jahrhundert zurück. Eine zeitgemäße Auseinandersetzung mit der Denkmalproblematik oder dem Werk Heines konnte mit diesem Denkmal nicht geleistet werden. Diese Auseinandersetzung suchte das Heine-Denkmal von Georg Kolbe für die Frankfurter Taunusanlagen. Das 1913 aufgestellte Monument war zwar nicht, wie seine Stifter erhofften, das erste öffentliche Heine-Denkmal in Deutschland, es suchte aber einen eigenständigen Zugang zur Person des Dichters. Heine, dessen Plakette auf der Vor-

derseite des Sockels angebracht war, sollte den Vorgaben gemäß nicht als Porträtfigur, sondern durch den »Stimmungsgehalt« des Denkmals charakterisiert und ausdrücklich nur als »Dichter«, nicht als »Kämpfer« dargestellt werden. Kolbe wollte die Figurengruppe eines Schreitenden und einer Liegenden als »plastischen Ausdruck Heine'scher Dichtung« verstanden wissen[70]. Nach diesem innovatorischen Durchbruch entstand im Hamburger Stadtpark 1926 ein Heine-Denkmal von Hugo Lederer, eine Wand aus Steinplatten mit dem Profilmedaillon Heines in Riesengröße. Als sich im gleichen Jahr auch die Düsseldorfer zu einem Heine-Denkmal durchgerungen hatten, rollten die Wogen der Zeit über sie hinweg. Aus dem Wettbewerb war Georg Kolbe 1932 als Sieger hervorgegangen; die Aufstellung eines Denkmals wurde jedoch 1933 nicht mehr zugelassen. Auch das Hamburger Heine-Denkmal wanderte nach der Machtübernahme durch die Nationalsozialisten vom Stadtpark in den Schuppen[71].

So war denn am Ende des bürgerlichen Zeitalters die Abrechnung mit der monumentalen Denkmalkunst mehr als überfällig. Kurt Tucholsky reimte 1918:

Denkmalsschmelze

Da steht nun Gustav der Verstopfte,
aus Eisenguß, die Hand am Knauf.
Jedwedes brave Herze klopfte
und schlug zu jenem Standbild auf.

Und da —? Er wackelt auf dem Sockel,
man gab ihm einen kräftigen Schub.
Die Adler, seine Ruhmesgockel,
das kommt nun alles hin zu Krupp.

Ein kleiner Hund ist der Entenntne
vermutlich brüderlich gesinnt.
Er schnuppert an dem Postamente
und hebt das Bein. Die Träne rinnt.

Doch plötzlich sieht sein Aug nach oben.
Der Fürst ist weg! Wer weiß da Rat?
Sein Hinterbein bleibt zwar erhoben,
doch tut er nicht mehr, was er tat.

Du kleiner Hund, sei nicht verwundert.
Man kanns verstehn. Du bist verduzt.
Denn seit dem Jahre siebzehnhundert
hat ER zum ersten Mal genutzt.[72]

Aber trotz aller kritischen oder hämischen Stimmen hatte sich die „Denkmalswuth" aus dem letzten Jahrhundert nicht leergelaufen, sondern war zu einer „Denkmalseuche" angeschwollen, wie Richard Muther schon im ersten Kriegsjahr 1914 befürchtet hatte:

Kaum ist ein Denkmal gesetzt, kaum der Enthüllungsspeech geredet, da sammeln ehrenwerte Männer, denen es um Kunst und Dekoration – besonders ihres Knopfloches – zu tun ist, schon wieder Geld für ein neues. Wie lange wird die Seuche noch wüten? Soll aller Ungeschmack des vergangenen Jahrhunderts in das neue geschleppt werden?[73]

Zwar mischte sich in den Spott über das denkmalsetzende Bürgertum, das seine liberalen Ideale vom Anfang des 19. Jahrhunderts an dessen Ende den Machthabern unterworfen hatte, die Frage nach den wirklichen Erfordernissen der Gegenwart, an denen die Denkmäler vorbeigingen:

Große, ganz neue Probleme warf das neue Zeitalter auf. Die Welt arbeitete, litt und kämpfte. Unerhörte Umwälzungen auf allen Gebieten des geistigen, industriellen und sozialen Lebens kamen. Die Bourgeoisie wagte es nicht, in ihren Denkmälern von all diesen Großtaten des Jahrhunderts zu künden, von all den Schmerzen und Hoffnungen, die unsere Zeit bewegen. Nein, sie fuhr fort, das »Heil dir im Siegerkranz« mechanisch auch dann noch herunterzuleiern, als gar kein Anlaß zum Enthusiasmus mehr vorlag. Es kam ihr nicht in den Sinn, daß die Plastik anderes vermöge, als die Liebe zum angestammten Fürstenhaus, die Segnungen des Militärdienstes zu besingen. Und aus diesem Arbeiten mit toten Gedanken, die keinen Hund, geschweige einen Bildhauer vom Ofen lockten, ergaben sich alle weiteren Miseren.[74]

Doch selbst bei Schriftstellern, die nichts mit Denkmälern im Sinn hatten, diente das Denkmal als Begriffshülse zur Formulierung der eigenen Befindlichkeit. In Frank Kafkas Tagebüchern verzeichnet der Eintrag vom 9. Mai 1912 mit Bezug auf den Roman *Der Verschollene*:

Wie ich mich gegen alle Unruhe an meinem Roman festhalte, ganz wie eine Denkmalfigur, die in die Ferne schaut und sich am Block festhält.[75]

Kafkas Definition des eigenen Ausnahmezustands durch den Vergleich mit bekannten Sehgewohnheiten läßt schließlich sogar die Denkmalfigur zu einer problematischen Gestalt mit gebrochenem Bewußtsein werden. Auf einer ganz anderen Ebene, jedoch mit derselben Zielsetzung hatte Richard Muther an den Denkmälern »jene Steigerung des Maßstabes ins Ungeheuerliche, die stets zu aufgeblasener Hohlheit führt«, aus der Bildhauerei ins moderne Denken überführt. Der große Mann war ihm nicht nur im Denkmal brüchig und in seiner Größe zweifelhaft geworden. Muther redete einer Relativitätstheorie das Wort, die auch für andere Bereiche Gültigkeit beanspruchen konnte:

Ist ein Mensch groß? Das kann ich nicht sagen, wenn er allein, auf vierzig Schritte Distanz im Felde steht. Ich sehe es erst, wenn ich mich neben ihn stelle, oder wenn ein anderer noch kleinerer in der Nähe auftaucht![76]

Die Vereinzelung der Menschen relativiert diese vorerst nur als Kunstobjekte, weil »jedes Vergleichsobjekt zur Bemessung ihrer Größe fehlt«. Wer jedoch zwischen 1914 und 1918 »im Felde steht«, wird bald andere Maßstäbe als die bisher gültigen brauchen.

Das Ende des Dichterdenkmals

Auf dem Grundsockel erhebt sich
der Sockel, auf dem das Denkmal
aufgebaut ist; auf diesem Sockel
steht der richtige Sockel, und
auf diesem der Untersockel, worauf
sich der Denkmalsockel erhebt.
KURT TUCHOLSKY

Das mindeste, was man verlangen müßte,
um die Aufmerksamkeit zu erregen, wären
bewährte Aufschriften wie »Goethes Faust
ist der beste!« oder »Die dramatischen Ideen
des Dichters X. sind die billigsten!«
ROBERT MUSIL

Auf dem Weg zum unbemerkten Denkmal

Die bloße Relativierung der bürgerlichen Wertordnung Europas genügte nicht. Spätestens mit dem Ende des Ersten Weltkriegs waren nicht bloß diese Werte obsolet geworden. Mit ihrem Ende verlor auch das Dichterdenkmal seine Legitimation, verbindliche Normen für den Umgang mit Literatur auf Ewigkeit setzen zu können. Über das »Ende des Denkmals« ist gehandelt worden[1]; jedenfalls entstanden von nun an nur noch solche Dichterdenkmäler, die eine persönliche Stellungnahme zur Literatur ausdrückten und damit den Verbindlichkeitsanspruch der Dichterhuldigung der Beliebigkeit preisgaben. Die Dichterdenkmäler wurden dadurch unauffällig, gleichgültig und blieben bald unbemerkt. An den Denkmälern für Walther von der Vogelweide kann dieser Wandel vom Monumentalbau zum unbemerkt herumstehenden Verkehrshindernis gut verfolgt werden. Das 1889 in Bozen enthüllte Walther-Denkmal von Heinrich Natter stand noch ganz im Zeichen eines ungebrochenen Selbstverständnisses deutscher Kulturleistungen, wie sie die Ergebnisse der biographisch-positivistischen Literaturwissenschaft zutage förderten. Seit den 60er Jahren war der in der Nähe des südtirolischen Lajen gelegene Vogelweide-Hof zur Heimat des Minnesängers erklärt worden, so sehr sich auch andere deutsche Regionen um eine Eingemeindung Walthers bemüht hatten. In einer groß angelegten Walther-Feier wurde dort 1874 eine Gedenktafel mit dem bekannten Erinnerungsspruch Hugo von Trimbergs enthüllt:

> Her Walther von der Vogelweide
> Swer des vergaeze, der tet mir leide.[2]

Aus diesen Festlichkeiten ging die Gründung eines Vereins hervor, dessen Ziel es war, der Welt und der Nachwelt Walthers südtiroler Herkunft unumstößlich zu beweisen. Diese Priorität der Heimatfrage prägte die Planungsphase des Denkmals, wie Martin Greifs Festspiel von 1874 *Walthers Heimkehr in die Heimat* schon im Titel ankündigte. Darin kehrte Walther vom Kreuzzug ins Eisacktal zurück, doch keiner konnte ihm den Weg zum Vogelweide-Hof weisen. Erst der auftretenden Muse gelang es, den resignierenden Sänger mit dem Hinweis zu trösten:

> Ja, währen wird und dauern bis in die fernste Zeit
> Das Denkmal hohen Dankes, das dir dein Volk geweiht.[3]

Diese Heimatfixierung wich im Laufe der Entstehungsgeschichte mehr und mehr einer kulturnationalen Selbstdarstellung der Tiroler. Schon die Sammlungen, die in ganz Deutschland stattfanden, nannten Bozen »die letzte vorgeschobene feste Grenzwand des Deutschtums«[4] und dokumentierten sinnfällig diesen Anspruch, den die Ikonographie des Denkmals ganz ausschöpfte. Heinrich Natter hatte Walther nur notdürftig durch das Attribut der Fiedel als Sänger dargestellt; die Haltung der Figur mit umklammertem Schwert zeigte vielmehr einen »Markwart« in unübersehbarer Rolandspositur! Diese Deutung Walthers als »streitbarer Sänger« verstärkten die übrigen Bauteile des Denkmals: »Löwen als Schildhalter halten die Wappen der engeren und weiteren Heimat: Tirols und des deutschen Reiches«[5]. Die mittelalterlichen Bauformen (romanische Säulen, Kapitelgrotesken und Arabesken), die Wassermotivik des Brunnenbaus und das Motto in freier Anlehnung an Walthers berühmten Reichsspruch *Ich hôrte ein wazzer diezen* stützten ein deutschnationales Territoriumsdenken »an der germanisch-italienischen Grenzscheide«, das sich gegen Rom und das Welsche schlechthin richtete. Aus dieser Sicht galt das Walther-Denkmal dem

*Entwurf zu einem Denkmal
für den Minnesänger Walther von der Vogelweide
in Bozen von Heinrich Natter, 1889
Kein Sänger, sondern ein deutscher Roland
an der Sprachgrenze zu Italien*

*Denkmal für Dante Alighieri (1265–1321) in Trient
von Cesare Zocchi, 1896
Anti-Walther-Denkmal zur Verteidigung Italiens
gegen die deutsche kultur-touristische Invasion*

»größten deutschen Lyriker des Mittelalters« und habe »keinen lokalen Charakter«, sondern repräsentiere »alle deutschen Gaue«[6].

Daß diese politische Verteidigungshaltung des Walther-Denkmals verstanden wurde, zeigte das 1896 in Trient enthüllte Dante-Denkmal von Cesare Zocchi. Auch wenn in deutschen Blättern beschönigend davon die Rede war, daß die »8 000 Reichsdeutschen, die als gewaltige Völkerflutwelle alljährlich Tirol durchstreifen«, das Denkmal nur als »neue Sehenswürdigkeit« aufzufassen brauchten, gewidmet »dem Dichter des stammverwandten Nachbarvolkes, dessen Schöpfungen längst zum Gemeingut aller Völker und Nationen geworden« – Dante reckte dennoch die Rechte abwehrend nach Norden. Die italienische Sockelinschrift galt »dem Vater des Trentino unter dem Beifall und der Mithilfe der Nation«; Tridentiner Wappen und Bandschleifen »in römischen Lettern« (S. P. Q. T. = Senatus populusque Trid.) kehrten die Bildformen aus dem Walther-Denkmal im italienischen Sinne um und machten aus Dante einen Anti-Walther[7]. Wer wollte, konnte in den Sockelfiguren aus dem 5. Gesang von Dantes *Göttlicher Komödie* sogar mit Minos auf dem Drachen und Dante mit Virgil, darüber die Allegorie des Paradieses, noch differenziertere Anspielungen auf das Walther-Denkmal entdecken. Als Südtirol schließlich 1919 an Italien abgetreten werden mußte, geriet das Bozener Walther-Denkmal in die Schußlinie des italienischen Nationalismus. Die Faschisten demontierten es 1935; erst 1981 konnte es auf seinen angestammten Platz im Zentrum Bozens zurückkehren[8].

Diese Symbolhaftigkeit der Benutzungsgeschichte des Denkmals, wie sie erst im 20. Jahrhundert mit politischem Sprengstoff geladen werden sollte, war schon 1889 außerhalb Südtirols nicht verstanden worden. Martin Greif, der doch als Festspieldichter von 1874 in der Materie bewandert war, verzichtete in seinem

Enthüllungsgedicht auf die nationale Ausdeutung des Minnesängers zugunsten eines sentimentalisierten Heimatlobs. Greif zitierte in der ersten Strophe sein eigenes Festspiel und begnügte sich mit einer Werkcharakteristik, in der die politische Lyrik Walthers ausgegrenzt oder in die »beblümten Auen« versetzt war. Nur wenige Anspielungen (»Kerngestalt«, Schild) nahmen auf die Denkmalikonographie überhaupt Bezug:

> Hört, was euch wird wohlgefallen:
> Unser Walther ist nicht tot!
> Gestern noch sah ich in wallen,
> Als er ließ sein Lied erschallen,
> zugewandt dem Abendrot.
>
> Hätt' ich ihn auch nicht gewahret
> Und erkannt die Kerngestalt,
> Der das Alter blieb erspart,
> Hätten mir ihn offenbaret
> Seine Weisen mannigfalt.
>
> Auf die eine, froh und scherzend,
> Folgt' die andre, trüb und bang,
> Ja, wie traut ihr Wehe herzend,
> Doch, ob linde oder schmerzend,
> Er nur sprach aus jedem Klang.
>
> Und er sang das Lob der Frauen,
> Die er nirgends holder fand,
> Nirgends auf beblümten Auen
> Minniglicher anzuschauen
> Als im deutschen Vaterland.
>
> Und er sang des Lenzes Wonnen
> In der Vöglein Melodei,
> Doch, von ihm, der schnell verronnen,
> Stieg er auf zum Himmelsbronnen,
> Dem entspringt ein ew'ger Mai.
>
> Und er sang des Mannes Stäte,
> Der nun lebt der Pflicht zu Dank
> Und dem Tod entgegenträte,
> Ehe daß er übel täte,
> Und den Schild nicht hielte blank.
>
> Doch das höchste seiner Lieder
> War der Heimat Ruhm geweiht,
> Die, vom Firn zum Meere nieder,
> Stets ihm lauscht von neuem wieder
> Und bis in die fernste Zeit.[9]

Diese sentimentalisierte und so gut wie ohne nationale Nebentöne gehaltene Sicht auf Walther entsprach den Intentionen Würzburgs, das seine Ansprüche auf Walther mit dessen vermutlicher Grablege im Würzburger Lusamgärtlein begründete. Die Würzburger Denkmalsetzungen für Walther von der Vogelweide stellten daher neben der städtischen Einverleibung diesen Aspekt besonders heraus. Schon 1843 hatte der Historische Verein von Unterfranken und Aschaffenburg am Würzburger Neumünster eine Gedenktafel mit einer Schale, aus der sich Vögel Futter holen, aufgestellt, die heute ironischerweise durch ein Netz von der Verunreinigung durch eben diese Vögel geschützt wird! Die lateinische Inschrift, nach der Überlieferung von dem Würzburger Historiker Michael de Leone aus dem 14. Jahrhundert, entzog Walther der mittelalterlichen, deutschsprachigen und politischen Lyrik. Das Denkmal betonte demgegenüber die bischöflich-katholischen und lateinisch-antiken Traditionen der Stadt; Walthers Texte waren im Wortspiel mit seinem Namen entpolitisiert und vor allem von den erotischen Begriffen des Minnesangs gereinigt:

Der Du der Vögel Weide im Leben, o Walther gewesen,
Blume der Rede und Pallas Mund, du bist uns geschieden.
Daß die himmlische Krone nun deine Tugend erlange,
Spreche, wer dieses liest: O Gott, erbarme sich seiner.[10]

Fast zur gleichen Zeit war Walther von der Vogelweide in Ludwigs Walhalla als deutschester der Minnesänger aufgenommen worden!
In Würzburg gelangte Walther indes auf noch andere Weise ins Denkmal, nämlich in den 1894 enthüllten Frankoniabrunnen neben dem Bildhauer Tilman Riemenschneider und dem in Würzburg geborenen Maler Mathias Grünewald. Der neubarocke Brunnenbau des Architekten Gabriel von Seidl mit den Figuren von Ferdinand von Miller d. J., eine Stiftung des Prinzregenten Luitpold und vor der Residenz aufgestellt, rückte Walther neben den Maler und den Bildhauer in die Reihe »berühmter Männer aus der Vergangenheit Frankens«; als Teil-Dichterdenkmal war der Brunnen »gleichzeitig ein Denkmal deutscher Kunst« und ein »Zeugniß von der Liebe der Franken zu ihrem Regenten«[11]. In diesem sowohl lokalpatriotischen als

auch staatsbayerischen Geschichtszusammenhang war Walther in unverkennbarer Anlehnung an die bekannte Sitzhaltung nach Walthers Reichsspruch *Ich saz ûf eime steine* abgebildet, die die Manessische Bilderhandschrift vermittelt hatte. Walther konnte damit nicht nur in Würzburger Bezüge auf seinen Alterssitz und seinen Tod, sondern auch in Bilderinnerungen eingebunden werden, die in zahllosen Abbildungen zum Gemeingut geworden waren[12].

Alle drei Formen der Deutung Walthers, die politische Ausmünzung als südtiroler Roland oder die beiden lokalpatriotischen, sowohl die katholisch-betuliche Indienstnahme als auch die Berufung auf literaturgeschichtliche Bilderinnerungen, waren ein Beleg dafür, daß das Dichterdenkmal seine Funktion einer einheitlichen und einheitsstiftenden Sinndeutung von Literatur verloren hatte. Alle drei Denkmäler erlaubten, ja erstrebten eine Beliebigkeit in der Vermittlung des Dichterbilds für ihre je eigenen Zwecke. Dadurch begann sich auch die Aussagekraft des Denkmals in dem Maße abzuschwächen, als die angehängten Nebenbedeutungen die Oberhand gewannen. Diese Entwicklung lief daher mit einer gewissen Konsequenz auf ein merkwürdiges Denkmal zu, bei dem man mehrmals hinsehen muß, um es überhaupt als Dichterdenkmal zu erkennen. Gemeint ist der sogenannte Perathoner- oder Südtirol-Stein, der 1927 in München-Harlaching aufgestellt wurde[13]. Die Setzung fügte sich nahtlos in eine großflächige Konzeption eines Gartenstadtmodells ein, das sich bis heute erhalten hat; seine politische Sinngebung aus dem Geist der 20er Jahre läßt sich noch an den Straßennamen ablesen (Autharioplatz, Theodolindenplatz, Tirolerplatz, Dolomitenstraße, Bozener Straße, Säbener Straße usw.). Schon die Vorgeschichte des Denkmals beinhaltete politische Brisanz und führte auf die Benutzungsgeschichte des Walther-Denkmals in Bozen zu. Julius Perathoner, der ›deutsche‹ Bürgermeister Bozens, war nach der Abtretung Südtirols an Italien 1922 durch einen italienischen Staatskommissar amtsenthoben worden. Ein Münchner Freundeskreis ließ nach einem Entwurf des Architekten Willy Erb von dem Würzburger (!)

Frankonia-Brunnen vor der Würzburger Residenz, von Ferdinand von Miller und Gabriel von Seidl, 1894 Walther neben Tilman Riemenschneider und Mathias Grünewald als berühmter Franke

Perathoner- oder Südtirol-Stein in München, 1927 Ein Dichterdenkmal, das auf den ersten Blick nicht als solches zu erkennen ist

Bildhauer Ludwig Sonnleitner eine bronzene Gedenktafel anfertigen, die 1923 an Perathoner übergeben wurde. Diese Tafel trug die Inschrift:

Herrn Dr. Julius Perathoner, dem wackeren Bürgermeister von Bozen und Hüter deutschen Wesens unseres »Ostermünchens«, von dankbaren Münchnern aus Anlaß seiner gewaltsamen Verdrängung vom Amte gewidmet. Ostern 1923.

Über dieser Inschrift war Walther von der Vogelweide in der bekannten Sitzhaltung aus der Manesse-Handschrift als Reichsspruchsänger abgebildet. Darunter zog sich ein Spruchband mit einem Zitat aus dem für Walther-Denkmäler bevorzugten Reichsspruch *Ich hôrte ein wazzer diezen* entlang: »So wê dir, tiutschiu zunge, wie stêt dîn ordenunge!« Dieses Band wurde auf der einen Seite von einem Münchner Kindl mit dem bayerischen Rautenwappen, auf der anderen Seite von einem Tiroler Buben mit dem Tiroler Wappen gehalten.

Diese Aussage einer engen bayerisch-tirolerischen Verbindung im Geist deutscher Ordnung, zu deren Wächter Walther von der Vogelweide eingespannt war, fand ihre architektonische Steigerung 1926, als nach dem Tod Perathoners die Gedenktafel an die Stifter zurückfiel.

Der Münchner Stadtrat entsprach deren Antrag, die Tafel durch die Errichtung eines Gedenksteins würdig zu präsentieren. Der Architekt August Blössner entwarf dafür einen mehr als drei Meter hohen quadratischen Stein aus Huglfinger Tuff, der ursprünglich mit Brixlegger Schindel gedeckt war und dessen spitz zulaufendes Dach an die Wegzeichen Südtirols erinnerte. Die weitere Ausgestaltung des Steins verschärfte dann die schon in der Tafel angelegte Geschichtskonzeption. Die restlichen drei Seiten des Steins trugen drei Hochreliefs des Bildhauers Ludwig Dasio aus Muschelkalk: Maria, die Schutzherrin Bayerns; Joseph, der Landespatron Tirols; und Korbinian, der erste Bischof Freisings, der bei Meran lebte und dort starb. Vier Inschriftentafeln unter diesen Reliefs verdeutlichten diese Beziehungen zwischen Bayern und Tirol noch weiter. Aus der Verzahnung von Relief, Schrifttafel und Himmelsrichtung ergab sich eine selbstbezügliche und allumspannende großbayerisch-tirolerische Kulturidee, der auch Walther von der Vogelweide eingeordnet war. Die nach Nordosten, also nach Freising gerichtete Schrifttafel unter dem Bildnis Korbinians lautete:

Skt. Korbinian, der Gründer des Bistums Freising-München, wurde durch Herzog Grimoald 717 von Obermais bei Meran nach Freising berufen. Er starb in Obermais 730.

Der nordwestlich ins Bayernland zeigenden Tafel war Maria, die Patronin Bayerns, mit dem folgenden Text zugeordnet:

Herzog Tassilo II stiftete im Jahre 769 auf einem bayerischen Landtag zu Bozen das Kloster Innichen im Pustertal.

Auf der Südwestseite, an der sich Joseph als Patron Tirols befand und die nach Tirol zeigte, stand:

Bischof Zacharias von Säben, nun das Bistum Brixen, fiel mit Markgraf Luitpold dem Schyren im bayerischen Heerbann gegen die Ungarn 907.

Südtirol in München

Die nach Südosten zeigende Inschrift unter der Gedenktafel für Walther lautete schließlich:

Bald nach ihrer Einwanderung in Rätien überschritten um die Mitte des 6. Jahrhunderts die Baiwaren den Brenner und besiedelten das Land im Gebirge an der Etsch, am Eisack und an der oberen Drau.

Es ist offensichtlich, welches Geschichtsbild hier gemalt wurde. Aufgerufen war ein frühes, vorwittelsbachisches Mittelalter und eine katholisch-universale Perspektive auf Herrschaft. Während sich im gleichen Jahr 1927 Benito Mussolini und Gustav Stresemann um den Verbleib des Bozener Walther-Denkmals ein Rededuell im Zeichen der jeweils eigenen Nationalismen lieferten[14], zementierte der Perathoner-Stein gleichsam die Position derjenigen Kräfte, die der sich abzeichnenden europäischen Versöhnungspolitik mit Abscheu entgegenstanden: da war ein von den Erfüllungspolitikern in Berlin regiertes Reich, das seit dem Scheitern des Hitler-Putsches Bayern zu einem bloßen Bundesland herabdrücken wollte; da gab es eine Außenpolitik, die seit Locarno darauf abzuzielen schien, die Grenzziehungen des Schanddiktats von Versailles de facto anzuerkennen; da existierte ein auf Miniaturgröße reduziertes Stück der ehemaligen Donaumonarchie, das seine neue nationale Identität suchte, aber wirtschaftlich nicht lebensfähig war; schließlich brannte die dem Selbstbestimmungsrecht widersprechende Abtretung Südtirols an Italien als dauernd offene Wunde.

In unserem Zusammenhang ist der Perathoner-Stein als Schlußpunkt einer Entwicklung wichtig, an deren Ende die vollständige Unauffälligkeit des Dichterdenkmals steht. Die Aufstellung des Steins in bewußt bescheidener Bauform und seine Funktion als Wegzeichen oder gar als Marterl in der Großstadt leisteten der Gewöhnung der Passanten an das Nichterkennen Vorschub, so daß das Denkmal heute niemand mehr auffällt.

Genau an dieser Gefahr für das Denkmal, unbemerkt zu bleiben oder übersehen zu werden, setzte die Denkmalkritik an. Ein kleiner Aufsatz von Robert Musil aus dem Jahr 1927 über *Denkmale* zeigte schon durch die Verwendung des Plurals, daß das Denkmal nur noch als Gattung von Interesse war. Das bloße Vorhandensein von Denkmälern, wenn man sie aus ihrem Funktionszusammenhang herausbricht, wirkt schon wie eine Parodie auf den Denkmalkult des 19. Jahrhunderts:

Denkmale haben außer der Eigenschaft, daß man nicht weiß, ob man Denkmale oder Denkmäler sagen soll, noch allerhand Eigenheiten. Die wichtigste davon ist ein wenig widerspruchsvoll; das Auffallendste an Denkmälern ist nämlich, daß man sie nicht bemerkt. Es gibt nichts auf der Welt, was so unsichtbar wäre wie Denkmäler. Sie werden doch zweifellos aufgestellt, um gesehen zu werden, ja geradezu, um die Aufmerksamkeit zu erregen; aber gleichzeitig sind sie durch irgend etwas gegen Aufmerksamkeit imprägniert, und diese rinnt Wassertropfen-auf-Ölbezug-artig an ihnen ab, ohne auch nur einen Augenblick stehenzubleiben.[15]

Aus Musils Sicht erschienen die überkommenen Denkmalfunktionen des Anschauens und des Erinnerns verdreht, so daß sich ein Widerspruch zwischen der statischen Kunstform und der bewegten Welt auftat. In dieser Verkehrung konnten die statischen Denkmäler sogar einen sekundären Nutzen erhalten:

Man muß ihnen täglich ausweichen oder kann ihren Sockel als Schutzinsel benutzen, man bedient sich ihrer als Kompaß oder Distanzmesser, wenn man ihrem wohlbekannten Platz zustrebt, man empfindet sie gleich einem Baum als Teil der Straßenkulisse und würde augenblicklich verwirrt stehen bleiben, wenn sie eines Morgens fehlen sollten: aber man sieht sie nie an.[16]

Im »Zeitalter des Lärms und der Bewegung« können Denkmäler nur noch die »Kulisse unseres Bewußtseins« abgeben. In dieser Kulissenmetapher Musils steckt das Wissen um die Unaufdringlichkeit des Statischen in einer dynamischen Welt: »Alles Beständige büßt seine Eindruckskraft ein.« Insofern erwächst aus der Einsicht, »wie rückständig unsere Denkmalskunst ist«, ein ironischer Vorwurf an die modernen Denkmalbauer:

Sie verstehen, wie es scheint, nicht unser Zeitalter des Lärms und der Bewegung. Wenn sie einen Herrn in Zivil darstellen, so sitzt er reglos auf einem Stuhl oder steht da, die Hand zwischen dem zweiten und dritten Knopf seines

*Goethe-Denkmal in Chicago von Hermann Hahn, 1914
Überdimensionale Nippesfigur
ohne sichtbaren Goethe-Bezug*

Rockes, auch hält er zuweilen eine Rolle in der Hand, und es zuckt keine Miene in seinem Gesicht. Er sieht gewöhnlich aus wie die schweren Melancholiker in den Nervenheilanstalten.[17]

Den Vergleich mit dem Kino als dem Medium der Bewegungsaufzeichnung oder mit der Reklame als der Erinnerung des Vorbewußten kann das Denkmal natürlich nicht aufnehmen. In Kino und Reklame aber haben die alten Denkmalfunktionen des Anschauens und Erinnerns einen zeitgemäßeren Ausdruck gefunden. Das Denkmal als Kino und Reklame des 19. Jahrhunderts? Eine solche Pointe läge nahe. Doch Musil entweicht ihr in ein viel sprechenderes Bild, das belegt, daß sich das statische Denkmal dennoch in Bewegung versetzen läßt, wenn es nur genügend durch Geschichte beschwert wird:

Was aber trotzdem immer unverständlicher wird, je länger man nachdenkt, ist die Frage, weshalb dann, wenn die Dinge so liegen, gerade großen Männern Denkmale gesetzt werden? Es scheint eine ganz ausgesuchte Bosheit zu sein. Da man ihnen im Leben nicht mehr schaden kann, stürzt man sie gleichsam mit einem Gedenkstein um den Hals, ins Meer des Vergessens.[18]

Dichterdenkmäler der Gegenwart

Diese Lust an der spurlosen Versenkung der Vergangenheit mit Hilfe des Denkmals sprach in unterschiedlicher Weise aus den bedeutenderen Dichterdenkmälern, die nach dem Ersten Weltkrieg errichtet wurden. Sie alle ließen etwas von dieser Irritation verspüren oder kündeten zumindest von dem Bewußtsein, ein konventionelles Standbild nicht mehr ertragen zu können. Auch die Goethe-Denkmäler von Hermann Hahn, die noch am stärksten den Traditionen des 19. Jahrhunderts verhaftet waren, enthielten genügend Anzeichen des neuen Denkens. Hahns Goethe-Denkmal für Chicago von 1914 war als Entwurf schon 1910 entstanden und schneiderte die deutsche Monumentalplastik auf amerikanische Verhältnisse zu, indem es sie ins Gigantische übersteigerte. Eine Gestalt, die Apollo und den jungen Goethe zugleich darstellen sollte, wirkte nicht nur in ihren Ausmaßen unglaubwürdig und überzogen. Das Goethe-Zitat auf dem Sockel, das dort genannte geheimnisvolle Aufschauen, bildete den letzten Sinnbezug zwischen der historischen Person des Dichters, der ehemaligen Funktion des Denkmals und dem antiken Gebaren der Apollofigur. Nicht erst in der Ausführung des Denkmals, bei der dieser Sockelbau dann entfiel, erschlug die monumentale Größenordnung die ursprüngliche Aussageabsicht, »den jungen Goethe als Genius, während der geistige Höhenflug des Dichters durch einen Adler versinnbildlicht ist«, darzustellen[19]. Hier war die Grenze zur überdimensionierten Nippesfigur schon überschritten. Eindringlicher wirkte Hahns Goethe-Denkmal von 1919 vor dem Museum in Wiesbaden, wo der Dichter als Wächter der Kunst über den Besuchern thronte und der Sitzhaltung des Wiener Goethe-Denkmals stark ähnelte. Die antikische Nacktheit des Oberkörpers galt hier keiner Idealgestalt mehr, sondern erweckte eher Peinlichkeit, die Barfüße verbreiteten Badezimmeratmosphäre. Die Sitzhaltung, vom Betrachter aus der Untersicht wahrzunehmen, ließ den Thronenden als Baal- oder Buddhafigur erscheinen und relativierte Goethes Genius.

Wie unterschiedlich die Formensprache neuerer Denkmäler für ein und denselben Dichter ausfallen

*Entwurf zum Schiller-Denkmal in Dresden
von Selmar Werner und Oswin Hempel, 1908
Eine monumentale Lösung,
die zwar nicht verwirklicht werden konnte,
aber den Auftrag für das tatsächlich
errichtete Denkmal einbrachte*

kann, illustriert der Vergleich der beiden Schiller-Denkmäler in Dresden und Leipzig aus demselben Jahr 1914. In Dresden war 1905 ein Denkmalausschuß entstanden; 40 Modelle lagen vor:

Wohl dem Umstand, daß der mit dem ersten Preis ausgezeichnete Entwurf Döhler-Hirschmann vor allem in reizvoller Form den Platz der Denkmalsidee zugänglich zu machen versucht, hat dieser Entwurf die Bevorzugung gegenüber allen übrigen zu danken.[20]

Die Platzgestaltung, kaum die waghalsige Idee eines sitzenden Schiller in »antiker Gewandung« hatte für diese Entscheidung den Ausschlag gegeben. Den 2. Preis erhielt das Modell von Peter Pöppelmann, das die gestellte Aufgabe »im rein Bildhauerischen« »glücklicher, künstlerisch reizvoller gelöst« hatte. Gelobt wurde vor allem die Darstellung des Dichters im zeitgenössischen Kostüm, so daß die Erfüllung konventioneller Erwartungen einerseits und die Verbindung der Standfigur mit zwei Sitzbänken andererseits einen raumfüllenden Kontrast bildeten. Angekauft, jedoch nicht prämiert wurde das Modell von Richard König, dessen »sehr schön durchgebildete Gestalt des Dichters« den Gutachtern ins Auge stach und zugleich ihre Kritik provozierte: »Nur wäre zu wünschen, daß der Künstler eine andere Ideenverbindung als die dargestellte gefunden hätte«; jetzt fehle noch »der Zug der Originalität«. Auch bei diesem Urteil spielten wohl die Erwartungshaltungen im Sinn des neubarocken Figurenpanoramas eine Rolle, so daß zwar die heroische Szene an sich, nicht aber deren »Ideenverbindung« des nach dem Licht strebenden Schiller geschätzt werden konnte. Angekauft wurde auch ein Modell des Bildhauers Selmar Werner und des Architekten Oswin Hempel, »ein 10 m hohes monumentales Ehrentor«, das im Giebel den Kopf Schillers, darüber aber die Statue eines antik nackten Genius mit der Leier zur Rechten und vorausdeutend ausgestreckter Linker zeigte. An eine Aufstellung war am vorgesehenen Standort, vor dem königlichen Schauspielhaus in der Dresdner Neustadt, nicht zu denken; ansonsten würde das Tor »den würdigsten Denkmalsschmuck darstellen, den man Schiller in Dresden geben könnte«[21]. Nach dieser zwar unrealisierbaren, aber neuartigen Lösung muß das Schiller-Denkmal, das die beiden Künstler schließlich bauen durften, als der sehr viel konventionellere und restaurative Versuch gewertet werden, die Erneuerung des Dichterdenkmals unter Rettung der alten Denkmalidee anzugehen. So band das Schiller-Denkmal denn auch unterschiedliche Zitate zusammen: einen Kopf nach Dannecker, die Körperhaltung nach Rietschel, die Linienführung des antiken Kostüms und den Sockelschmuck als klassizistische Anleihen. Ein Rundbau mit Reliefs nach Schillers Werken umschloß das Standbild und verwandelte die Anlage zum Intimraum. Funktional übernahmen die Reliefs an den Innenwänden des Rundbaus die Aufgabe des traditionellen Sockelschmucks. Inhaltlich machten sie die Dichterbegegnung sehr viel intensiver, da in der Abgeschlossenheit konzentrierter. Im Umschreiten des Dichterstandbilds mußte der Betrachter eine Haltung einnehmen, die derjenigen in einer Kunstausstellung,

Schiller-Denkmal in Dresden von Selmar Werner und Oswin Hempel, 1914 enthüllt

oder weniger ästhetisch: in einem Pissoir glich, bis sich die Außenwelt wieder auftat.

Einen sehr persönlichen Zugang suchte das ausdrucksstarke Leipziger Schiller-Denkmal von Johannes Hartmann. Schon der Entwurf mit der Verbindung einer Büste auf hohem Sockel und zwei daran geschmiegten Figuren ließ eine originelle formale Neuerung erahnen. In der Ausführung verschärfte das Denkmal diesen Aspekt; es problematisierte Dichterdenkmal und Dichterbild. Die provozierende Höhe und Ornamentlosigkeit des Denkmalsockels, etwa im Vergleich mit der Neigung zur ornamentalen Füllung von Leerräumen am Dresdner Schiller-Denkmal, setzte sich in der Hohlheit des Blickes eines hohlwangigen Schillerkopfes fort, der in der Tradition der Schillerbildnisse kein Vorbild hatte. Lebensnähe, diese griffige Scheidemünze der bisherigen Denkmalkunst, war nirgends angestrebt, wohl eher die plastische Umsetzung der Jugendstil-Graphiken eines Gustav Klimt. Das Ringende als zentrales Moment des dichterischen Schaffensprozesses sollte von den beiden Sockelfiguren verkörpert werden, deren Nacktheit auf das allgemein Menschliche ohne antikisierende Geschlechtslosigkeit abzielte. Während das Dresdner Schiller-Denkmal eine Sammlung des Altbewährten wie im Museum bot, versuchte das Leipziger Schiller-Denkmal eine Provokation des Denkmalbetrachters und ein Infragestellen des geläufigen Dichterstandbilds. Dem Künstler ging es um die Auseinandersetzung mit dem ringenden Menschen, der keinen poetischen Glorienschein mehr besitzt.

Solche Dichterdenkmäler, die den Willen zu einer radikal neuen Formensprache in sich trugen, blieben freilich auch nach dem Ersten Weltkrieg der Ausnahmefall. Die Denkmalkunst definierte sich altertümlich, konventionell und rückwärts gewandt. So war

Schiller im Museum

*Entwurf zu einem Schiller-Denkmal in Leipzig
von Johannes Hartmann, 1912
Der Entwurf erhielt den 1. Preis der Konkurrenz*

*Schiller-Denkmal in Leipzig
von Johannes Hartmann, 1914
Die Ausführung verschärfte das Dichterbild
des Entwurfs noch weiter*

auch bei neueren Dichterdenkmälern das Bestreben zu verspüren, mit den alten Mitteln neue Ausdrucksformen eher zu simulieren als wirklich zu wollen. Aus dem unglaubhaften Pathos und dem hohlen Monumentalismus des 19. Jahrhunderts sahen viele die Rettung in einer bemühten Heimattümelei. Es entstanden nun Dichterdenkmäler unter zumeist kulturkonservativen Rahmenbedingungen; die Standbilder selbst gaben sich wertebewahrend oder ausdrücklich antimodern. Die Grenze zum bloßen Kitsch wurde nicht selten überschritten. Fast immer spiegelte sich in solchen Dichterdenkmälern ein zumindest rückständiges oder gar revanchistisches Literaturverständnis der Denkmalsetzer. Entsprechend war auch die Auswahl der zu verewigenden Schriftsteller, wobei es nicht ohne gewaltsame Werkverkürzung abging. Der große Realist Wilhelm Raabe kam zum Beispiel nur als gemütvoller Erzähler heimatlich eingefärbter Stoffe in Betracht. Sein in den 20er Jahren in Eschershausen bei Holzminden, dem Geburtsort des Dichters, aufgestelltes Denkmal war am wenigsten als eine

Zwischen Ausdruckskunst und Heimatkitsch

*Denkmal für Joseph Viktor von Scheffel
in Gössweinstein, 1933
Regional verspätete Ehrung
für den Wanderdichter Scheffel,
so daß das Jahr 1933 ohne Bedeutung bleibt*

Wiedergutmachung an den bisher durch kein Standbild gewürdigten Schriftsteller gemeint, obwohl Raabe die Begeisterung für die Schiller-Denkmäler von 1859 zum Hintergrund seines Romans *Der Dräumling* gemacht hatte. Eher verstand sich das Denkmal, neben einem Raabe-Stein, einem Raabe-Brunnen und einem Raabe-Turm im näheren Umkreis, als literatouristische Attraktion eines Provinznests. Das Denkmal zeigte einen grämlich dreinblickenden Mann mit den Händen tief in den Taschen seines langen Mantels. Neorealistische Anklänge sind zu spüren, helfen aber über die belanglose Aussage des Denkmals nicht hinweg. Kaum origineller war das Brunnendenkmal für den Lyriker Hermann Lingg vor seinem Geburtshaus in Lindau am Bodensee mit dem Profilmedaillon des Dichters in Bronze, aufgestellt zum 100. Geburtstag 1920. Demgegenüber verriet das Hermann-Löns-Denkmal von 1929 in Tietlingen bei Fallingbostel altpatriotische Gesinnung mit einem Schuß Lokalstolz. Der bildlose Gedenkstein wurde in einem Wacholderhain aufgestellt, noch bevor die Gebeine von Löns, der 1914 bei Reims gefallen war, 1934 »heim ins Reich« gebracht und 1935 beigesetzt waren[22].

Die genaue Rekonstruktion der Beweggründe bei der Aufstellung des Denkmals für Joseph Viktor von Scheffel durch den Fränkischen Schweiz-Verein 1933 in Gössweinstein ist erheblich schwieriger. Die Ehrung galt, wie die drei eingemeißelten Strophen des bekannten Scheffel-Wanderliedes *Ausfahrt* auf drei Seiten des Sockels und die Widmung »Dem unsterblichen Sänger der Fränkischen Schweiz« beweisen, nur einem Teilbereich des Scheffelwerks, soweit nämlich dieser für den Wander- und Ausflugsort von Interesse ist. Der lautespielende Jüngling, eine Sitzfigur mit offenem Kragen, kurzen Hosen und Bändern am Lautehals beschwor reichlich verspätet die schon ausgeronnene Wandervogelbewegung. Das bronzene Scheffel-Medaillon auf der Vorderseite des Sockels zeigte dagegen den alten Dichter mit Brille und Bart. Das Denkmal lebte aus dieser Spannung zwischen der Beschwörung jugendlichen Wanderlebens in Sitzfigur und Wanderlied einerseits und der Erinnerung an den ruhmbeladenen Dichter andererseits, dessen Liederwerk die Grundlage für die wanderfrohe Begeisterung erst lieferte.

Monumentaldenkmal für den Liederdichter und Verfasser von »Die Wacht am Rhein«, Max Schneckenburger (1819–1849), in Tuttlingen, von A. Jahn, 1892
Das Bauwerk stellte die konventionelle Denkmalstruktur auf den Kopf und hob die schwertziehende Allegorie der Germania auf den Sockel; für das Bildnis des Dichters war nur mehr ein Medaillon übrig

Dieses Denkmal und viele andere Setzungen in der entlegenen Provinz mochten mancher Kleinstadt eine kulturelle Attraktion hinzufügen. Das lokalpatriotische, oftmals tourismus- oder andenkenverkaufsfördernde Sich-Schmücken mit einem Dichterdenkmal gab sich gern als bescheidener Beitrag von Geburts-, Wohn- oder Sterbeorten zur Literaturgeschichte. Solche nachgeschobenen Ehrungen konnten indes die Literaturgeschichte unter heimattümelndem Aspekt nur noch aufblasen; den allgemeinen Überdruß am Denkmal hielten sie nicht auf. Während Kurt Tucholsky 1927 in der Glosse *Gedenkmäler* gefordert hatte, auch »einmal das Andenken der bösen Menschen wie: Generäle, Reichspräsidenten, Könige, Kaiser, Professoren« zu feiern und nicht immer nur »lobende Denkmäler«, sondern auch »solche voller sanften Tadels« aufzustellen[23], war das monumentale Dichterdenkmal der Hauptstadt schon längst dem »Volkswitz« ausgeliefert[24]. Platte Scherze gegen die ehemals geheiligten Bildungswerte paarten sich darin mit popularisierten Realismusvorstellungen, an denen die großen Gesten des 19. Jahrhunderts gemessen wurden. Vom Volkswitz zum gesunden Volksempfinden war indes nur ein kleiner Schritt. Schon bald feierte das noch größere und falschere Pathos seine Wiederauferstehung. Architektur mit Denkmalcharakter, so weiß man, war im Nationalsozialismus gefragt, nicht so das Dichterdenkmal. Literatur in allen Formen lag dem Dritten Reich fern, die Mehrzahl der zu Ehrenden in Vergangenheit und Gegenwart war ohnehin verdächtig. Die nationalsozialistische Bewegung lehnte das öffentlich aufgestellte Figurendenkmal wegen seiner italienisch-antiken Herkunft rundweg ab, da es als Ausdruck eines falschen Individualismus im Widerspruch zur Idee der Volksgemeinschaft und »immer in dem Verdachte des Verführungswillens zur Menschenvergötterung« stehe[25]. Dagegen wurde ein deutsches Nationaldenkmal als Ereignisdenkmal propagiert, das nicht Personen, sondern heldenhafte Geschehnisse verewigen sollte und stilistisch aus germanischen, d.h. aus architektonischen Symbolformen abzuleiten wäre. Hier sollte dann die Denkmalplastik in die monumentale Baukunst des Dritten Reiches einmünden. So blieben nationalsozialistische Dichterdenkmäler Einzelfälle. Der mittelalterliche Chronist und Verfasser des *Sachsenspiegels*, Eike von Repgow, wurde 1937 in Magdeburg von Hans Grimm auf einen altarartigen Sockel gesetzt. Die Ausstattung Eikes mit einem Schwert verstärkte diese Sitzposition, so daß der Schriftsteller und Begründer einer mittelniederdeutschen Prosaliteratur gar nicht gemeint war, sondern der im NS-Geist gestählte Streiter für das germanische Recht[26]. In Tuttlingen entstand ein Denkmal für Max Schneckenburger, den Dichter von *Die Wacht am Rhein*, als Ersatz für das 1892 von A. Jahn errichtete Monumentalstandbild einer das Schwert ziehenden Germania, an deren Sockel sich ein Medaillon des Dichters befand. 1937 stellte die Stadt eine Plastik von Fritz von Graevenitz »Zum Gedächtnis an Max Schneckenburger« und mit ausdrücklicher Nennung der *Wacht am Rhein* auf. Der

*Denkmal für den Liederdichter Max Schneckenburger in
Tuttlingen von Fritz v. Graevenitz, 1937
Die umgewidmete Reitergruppe dient als Ersatz
für das 1892 errichtete Schneckenburger-Denkmal;
es hat keinen Bezug zum Dichter*

aus einem Block herauswachsenden Gruppe dreier nackter Reiter zu Pferde ermangelte freilich jeder Bezug auf den Schriftsteller, wollte man nicht die nationale Erregung aus Schneckenburgers Gedicht zur Rheinkrise 1840 in den bewegten Formen des Denkmals wiederfinden.

Nach 1945 waren die Reste verbindlicher Sinngehalte von Bau- und Bildformen nicht mehr vorbehaltlos benutzbar. Der *Verlust der Mitte*, den Hans Sedlmayr für die moderne Kunst schlechthin konstatierte und der zum Schlagwort der kulturellen Restauration im Nachkriegsdeutschland verkommen ist, hinderte viele Künstler daran, eine öffentliche plastische Literaturvermittlung im Dichterdenkmal überhaupt zu wagen. Dennoch entstanden zwischen 1945 und 1980 in der Bundesrepublik und Westberlin mehr als 30 Dichterdenkmäler[27]. Doch in einem pluralistischen System waren das offizielle Bedürfnis zu gering und die gesellschaftlichen Zwänge zu schwach, als daß ein verbindliches Dichterbild hätte vorgeschrieben und in monumentalen Dichterdenkmälern vorgesetzt werden können. Die heutige Dichterhuldigung als individuell verantwortete Zwiesprache mit dem Schriftsteller und seinem Werk bedarf keines Denkmals mehr. Als sinnfälliger Ort einer solchen privaten Auseinandersetzung fungiert das Dichtergrab, das zur Kult- oder Wallfahrtsstätte literarischer Erinnerung werden kann[28]. Das Dichtergrab übernimmt Teile der Funktion, die ehemals das Dichterdenkmal innehatte. Es verbürgt die letzte Authentizität der Erinnerung, läßt diese jedoch so offen, daß jedermann nach seinen Bedürfnissen die Auseinandersetzung mit dem Verstorbenen führen kann. Dadurch sichert es die Einmaligkeit des einzelnen Erinnerungserlebnisses, die ein öffentliches Denkmal niemals bieten könnte.

So blieb den neueren und neuesten öffentlich aufgestellten Dichterdenkmälern wenig mehr, als durch ihre Existenz die Fragwürdigkeit der Denkmalidee zu dokumentieren. Oftmals sprachen sich in ihnen nur noch die kulturellen Gruppeninteressen der Denkmalsetzer aus, so in der Büste für den jesuitischen Liederdichter Friedrich von Spee, die Willi Hoselmann 1959 in Düsseldorf aufstellte[29] und die aus dem Geist katholisch-rheinländischer Restauration der 50er Jahre zu verstehen ist. Mit verwandter Intention entstand auch das Medaillondenkmal für Berthold Auerbach, den einstmals weltberühmten Verfasser der *Schwarzwälder Dorfgeschichten*, das A. Haendler 1951 anfertigte. Es ersetzte das aus dem Jahre 1909 stammende Büstendenkmal von Volz, das im Zweiten Weltkrieg eingeschmolzen worden war. Wie diese symbolische Wiedergutmachung darf wohl auch die Büste für den in Schlesien gestorbenen Gerhart Hauptmann in dem nach ihm benannten Park in Berlin-Wilmersdorf aufgefaßt werden: als Besitzwahrung deutscher Kultur im politisch verlorenen Osten.

Das Brunnendenkmal für Karl Valentin auf dem Münchner Viktualienmarkt, von Ernst Andreas Rauch 1953 aufgestellt, verdient eine genauere Betrachtung, da es sich mit der Funktion eines stadtverschönernden Brunnenbaus nicht begnügte. Schon der Aufstel-

Brunnendenkmal für den Volksschauspieler,
Komiker und Schriftsteller Karl Valentin (1882–1948)
auf dem Münchner Viktualienmarkt
von Ernst Andreas Rauch, 1953
Das benutzte Denkmal
als volkstümlich akzeptiertes Denkmal

Valentin-Denkmal in München-Planegg, 1985
Kaum mehr als eine Wiederholung
des Brunnendenkmals auf dem Viktualienmarkt

lungsort und die später dazu gekommenen Brunnendenkmäler für Münchner Volkssänger und Originale wie den Weiss Ferdl (von Josef Erber) 1953, Liesl Karlstadt (von Hans Osel) 1961, für Ida Schumacher oder den Roider Jackl, den »Förstergstanzlsänger und Levitenleser« (von Hans Osel) nach 1978, inszenierten ein fremdenverkehrswirksames Münchenbild der Gemütlichkeit. Dahinter verschwand die durchaus vorhandene Denkmalaussage des Ensembles wie der einzelnen Standbilder. So zeigte der Brunnenaufbau Karl Valentin in einer labilen Balance auf einer Kugel, wodurch das permanent gefährdete Gleichgewicht des Komikers zwischen plumper Spaßmacherei und beißender Gesellschaftskritik ausgedrückt war. Dazu umgaben ihn die Köpfe der von ihm so häufig verkörperten Figuren. Die Ausschmückung des Valentin-

Denkmals durch frische Blumen und andere Gaben zeugt zudem von der Bereitschaft, ein solches Denkmal als Teil des Lebenskreises anzunehmen und mit ihm umzugehen. Das jüngste Valentin-Denkmal auf dem neugestalteten Marktplatz in Planegg bei München von 1985 imitierte stilistisch die beliebte Ikonographie des Viktualienmarkt-Brunnens. Sogar das Brunnenmotiv war, obwohl an dieser Stelle eher störend, in die Darstellung Valentins als Spritzbrunnenaufdreher eingegangen.

Parallel und gleichzeitig in kontrastiver Bezugnahme zum populären Brunnenensemble des Viktualienmarkts entstanden in München-Schwabing ebenfalls zwei Denkmalbrunnen für den Dramatiker Frank Wedekind von Ferdinand Filler 1959 und den bekannten Theaterprofessor Arthur Kutscher von Lothar Dietz

*Brunnendenkmal für Liesl Karlstadt (1892–1960),
der Volksschauspielerin und Partnerin von Karl Valentin,
auf dem Münchner Viktualienmarkt
von Hans Osel, 1961*

*Brunnendenkmal für den Dramatiker
Frank Wedekind (1864–1918) in München
von Ferdinand Filler, 1959*

1968. Beide Denkmäler trugen ihre Aussage größtenteils in ihren Standorten; sie verwiesen dort vom bloß Münchnerischen auf die Schwabinger Bohème, an der beide Dargestellten zu Lebzeiten teilhatten. Das Wedekind-Denkmal knüpfte sehr viel deutlicher an die Denkmaltradition des 19. Jahrhunderts an. Eine weibliche Gestalt mit einer stilisierten Leier saß auf einem Sockel, an dessen Rückseite Theatermasken angebracht waren. Dieses Übergewicht des Lyrikers gegenüber dem Dramatiker Wedekind, was der öffentlichen Wirkung eindeutig widersprechen mußte, wurde durch die Widmung des Denkmals gestützt, die ausdrücklich »Dem Andenken des Dichters« galt. Die Sockelinschrift auf der Vorderseite verharmloste den bissigen Gesellschaftssatiriker Wedekind ins erstaunlich Zufällige:

Seltsam sind des Glückes Launen,
wie kein Hirn sie noch erfand,
daß ich doch vor lauter Staunen
lachen nicht noch weinen kann.

Das 1962 enthüllte Münchner Goethe-Denkmal von Elmar Dietz ersetzte das 1869 errichtete und im Zweiten Weltkrieg eingeschmolzene Goethe-Denkmal von Max Widnmann (vgl. S. 97f.). Es versuchte im doppelten Wortsinn eine Erneuerung des konventionellen Dichterstandbilds. In stilisierter Hoftracht und mit einem Orden auf der Brust blickte Goethe eher betroffen als beherrschend von seinem Sockel.

Eine Scheu vor der Darstellung der Person des Dichters, die sich mit zunehmender Gegenwartsnähe noch verschärfte, stellte sich als der gemeinsame Nenner

Frank Wedekind als Lyriker

Goethe-Denkmal in München von Elmar Dietz, 1962
Als Ersatz für das 1869 aufgestellte und im
Zweiten Weltkrieg eingeschmolzene Goethe-Denkmal
von Max Widnmann

der neueren Dichterdenkmäler heraus. Immer häufiger wurde daher die Kitzligkeit des Dichterstandbilds durch den Ausweg umgangen, die Abbildung des Schriftstellers ganz zu vermeiden und stattdessen das Denkmal auf einzelne Werke, Werkaspekte oder Titelhelden zu reduzieren, so daß man eigentlich nicht mehr von Dichterdenkmälern, sondern von spezifischen Literaturdenkmälern sprechen müßte. Im Bamberger Luisenhain bildete ein Gedenkstein E.T.A. Hoffmann in der Begegnung mit dem *Hund Berganza* aus der gleichnamigen Erzählung ab; vor dem Eichendorff-Museum in Wangen im Allgäu gelangte 1930 der Titelheld des *Taugenichts* stellvertretend für den Dichter auf den Sockel; und in Holzminden zeigte ein Brunnendenkmal den zum literarischen Helden gewordenen, ursprünglich aber realhistorischen Baron Münchhausen in der berühmten Episode mit dem halbierten Pferd. Der Denkmalbrunnen für den 1970 verstorbenen Stefan Andres im Trierer Schulzentrum stellte Motive aus Andres' Roman *Der Knabe im Brunnen* dar. Die Verkürzung des Andreswerks war wohl durch die thematische Beziehung auf den Brunnenbau ausgelöst. Das Denkmal für Friedrich Rückert in Rodach bei Coburg, das 1977 entstanden war, zeigte in seiner ganzen historischen Verspätung und regionalen Randverschiebung die endlose Beliebigkeit mancher Denkmalsetzungen. Keramische Schmuckornamente auf einem Stein, der die (nebenbei: zu vernachlässigende) Bedeutung Rodachs für das Leben Rückerts anmahnte, waren als biederes Kunsthandwerk zu symbolhafter Bedeutsamkeit aufgeblasen. Sie sollten kulturkonservative »Möglichkeiten der Orientierung« in einer verflachenden Zeit angeblich im Geiste Rückerts hervorrufen, ohne daß gesagt wurde, wie denn »religiöse Toleranz und Denken in größeren Zusammenhängen« durch ein solches Denkmal geweckt werden könnten[30].

In Ansbach machte der örtliche Lions Club 1982 noch einmal Kaspar Hauser zur Denkmalfigur. Im Gegensatz zum schon vorhandenen Gedenkstein von 1833 (vgl. S. 100f.), der ohne Bildnis geblieben war, erschien jetzt Kaspar Hauser leibhaftig als lebensgroße Bronzefigur ohne Sockel im Straßenbild der Stadt. Das hinzugesetzte, nicht ganz korrekte Zitat aus Schillers *Don Carlos* erhob die vom Sockel der Vergangen-

alte Dichter neu

*Denkmal auf die Begegnung E. T. A. Hoffmanns
(1776–1822) mit dem Hund Berganza
aus seiner gleichnamigen Erzählung,
Luisenhain Bamberg*

*Denkmal für Clemens Brentano (1778–1842)
in München von Angelika Fazekaj, 1981
Figuren aus Brentanos Märchen
»Gockel, Hinkel und Gackeleia«*

heit ins alltägliche Leben der Gegenwart geholte Gestalt zum mahnenden Exempel im Umgang mit dem Menschlichen:

> [Sie haben] umsonst
> Den harten Kampf mit der Natur gerungen,
> Umsonst ein großes königliches Leben
> [Zerstörenden Entwürfen] hingeopfert.
> Der Mensch ist mehr, als Sie von ihm gehalten.
> Des langen Schlummers Bande wird er brechen
> Und wiederfordern sein geheiligt Recht.

Ein Jahr zuvor hatte die Kreissparkasse Tuttlingen den Handwerksburschen aus Johann Peter Hebels *Kannitverstan* in Bronze vor ihre Tür gestellt. Weitere Bronzefiguren lehnten sich vom Dach des Gebäudes herab und illustrierten die Moral dieser Kalendergeschichte, die in Tuttlingen ihren Ausgang nahm und nicht wenig mit der denkmalstiftenden Sparkasse zu tun hatte, ging es doch auch um die Bedeutung von Reichtum und Selbstbescheidung. Im selben Jahr entstand in München, wo er 1833 bis fast zu seinem Tode 1842 gewohnt hatte, ein Denkmal für Clemens Brentano. Die Künstlerin Angelika Fazekaj verschränkte Tierfiguren aus Brentanos Märchen *Gockel, Hinkel und Gackeleia* zu einer bildhaften Struktur, die eine Atmosphäre harmloser Idyllik ausstrahlte, jedoch dem Werk des späten Brentano kaum gerecht werden konnte.

Beinahe ein ganzes Kapitel der jüngsten Denkmalgeschichte ist Heinrich Heine zu widmen, dessen im 19. Jahrhundert verhinderte Denkmäler mittlerweile ins Gegenteil einer forcierten Wiedergutmachung umge-

Romantik im Denkmal 195

schlagen sind. So entstand 1953 in Düsseldorf ein Heine-Denkmal, nämlich eine Treppenanlage mit der Bronzeplakette Heines von Ivo Beucker und der Inschrift:

Das sichtbare Werk spricht harmonisch den unsichtbaren Gedanken aus. Daher ist auch Lebekunst die Harmonie des Handelns und unserer Gesinnung.

Die daneben stehende unvollendete Bronzeskulptur der Harmonie von Aristide Maillol sollte die deutsch-französische Aussöhnung im Zeichen Heines versinnbildlichen – wahrlich eine »konstruierte Beziehung« und kaum mehr als eine »gutgemeinte Notlösung«[31]. Wenig später, 1958, hatte die DDR im Berliner Volkspark am Weinberg ein Bronzedenkmal Heines von Waldemar Grzimek enthüllt. Die Sitzfigur des Dichters in stilisierter Arbeitertracht fällt durch ihre heftige Gestik auf, die das lebhafte Temperament Heines ausdrücken soll. Der Sockel trägt Reliefs aus Heines Werken. Darin und in der realistischen Figurendarstellung war ein Heinebild verbreitet, das 100 Jahre nach dem Tod des Dichters die Bemühungen der DDR um das kulturelle Erbe des fortschrittlichen Deutschland veröffentlichte. Im Sockelrelief war ein Heinezitat eingelassen, das den Dichter als den geistigen Vorläufer des Sozialismus erscheinen ließ:

Wir ergreifen keine Idee, sondern die Idee ergreift uns und knechtet uns und peitscht uns in die Arena hinein, daß wir wie gezwungene Gladiatoren für sie kämpfen.[32]

Die Stoßrichtung eines solchen Heinebildes lag offensichtlich in den bürgerlichen Heine-Denkmälern des 19. und beginnenden 20. Jahrhunderts, in denen bevorzugt der unpolitische und romantische Lyriker gefeiert worden war. Noch das im Münchner Finanzgarten 1962 aufgestellte Heine-Denkmal von Toni Stadler setzte dieses gereinigte und beschönigende Heinebild in die Gegenwart fort. Eine Abbildung des Dichters wurde bewußt ausgeklammert. Auf einer bronzenen Bank mit der Aufschrift »Heinrich Heine zum Gedächtnis / 1797–1856« sitzt eine Frauengestalt, das Sitzende Mädchen Stadlers, das nun als Muse oder Quellnymphe umzuinterpretieren war[33]. Eine gegenüber angebrachte Tafel trägt die Inschrift:

Die Rose
Die Lilie
Die Taube
Die Sonne
Die liebt ich
einst alle

Buch der Lieder.

Zwischen Tafel und Frauengestalt zeigt ein dünner Wasserstrahl an, daß es sich hier um einen Brunnen handeln soll. Das gesamte Arrangement ist zudem in die Ruinen der ehemaligen Sternwarte eingefügt, so daß das Denkmalensemble wie eine künstliche Grotte wirkt und das Heinegedächtnis, nicht zuletzt durch das wuchtige Abschlußgitter, gleichsam einkerkert. Zudem ist offensichtlich, welches reduzierte und entpolitisierte Heinebild zwischen läppischer Albumpoesie und weltentrückter Landschaftsidylle vermittelt werden soll.

Als unmittelbare Antwort auf das Düsseldorfer Heine-Denkmal von 1953 und zugleich als Experiment des Denkmalbaus verstand sich das 1981 ebenfalls in Düsseldorf zum 125. Todestag Heines aufgestellte begehbare »Vexiermonument«, eine überdimensionale Totenmaske des Dichters von Bert Gerresheim. Die Scheu vor der Person des Dichters war für die Begeher dieses Dichterdenkmals im doppelten Wortsinn überwindbar geworden, weil Gerresheim das Denkmal zugleich als »Fragemal« wie als »Vexierbild« verstanden wissen wollte. So war einerseits der Fetisch des Denkmalbaus des 19. Jahrhunderts, die Porträtähnlichkeit, in der Vorlage der Totenmaske aufgegriffen. Andererseits arbeitete der Künstler mit assoziativ aneinander gereihten Versatzstücken aus Heines Werk und Leben: das umgebende, kastenartige Gestänge als Hinweis auf Heines »Matratzengruft«, eine Trommel mit den Parolen der Französischen Revolution als Anspielung auf das *Buch Le Grand,* Damenschuhe und Schuhspanner für Heines Lebensgefährtin Mathilde, die Schuhverkäuferin war[34].

In Bonn entstand schließlich 1982 ein ironisches Heine-Denkmal, ein Sockel ohne Denkmal, bei dem sechs Granitblöcke eine Tafel mit dem bloßen Namenszug umrahmten. Der Künstler Ulrich Rückriem hatte das Objekt auf der 7. Dokumenta in Kassel als Vorschlag

196   *Heine – politisch oder idyllisch?*

Begehbare Totenmaske als Denkmal für Heinrich Heine
in Düsseldorf von Bert Gerresheim, 1981
Die zentrale Forderung der traditionellen
Denkmalkunst nach Porträtähnlichkeit wird hier
zugleich karikiert und eingelöst

für ein Hamburger Heine-Denkmal ausgestellt; die Hamburger entschieden sich jedoch für eine konventionell gehaltene, nachdenkliche Dichterfigur.

Sind also in der Gegenwart wieder Dichterdenkmäler möglich? Fast scheint es so, wenn man sich beispielsweise den 1977 eingeweihten Denkmalbrunnen für den Barockdichter Grimmelshausen in Renchen am Rhein betrachtet. Das Standbild für den »Dichter und Schultheiß dieser Stadt« zeigte die Bronzefigur Grimmelshausens in Landsknechtstracht, mit Buchrolle und Degen in der Hand und mit dem Hut grüßend. Der Brunnensockel trug auf der Rückseite Verse Grimmelshausens mit dem in der Epoche beliebten Vanitasmotiv, das zusätzlich eine Verbindung zum Brunnenbau schlug:

> Das Wasser rinnt
> die Zeit verfleugt,
> Bedenk, o Mensch
> der Wahn betreugt.

Vielleicht hatte sich der bekannte Künstler Giacomo Manzù auch deshalb für die Dichterabbildung entschieden, weil wenige Meter entfernt schon seit 1879 ein bildloses Grimmelshausen-Denkmal stand, ein Sandsteinobelisk, dessen Inschriften die berühmteste Romanfigur Grimmelshausens, seinen Simplicissimus, zur Inkarnation des deutschen Volkes erklärt hatten: »Deutsch Volk, du warst, den er geschildert, der arme Simplicissimus!«[35]

Ein anderer bekannter italienischer Bildhauer, Arnaldo Pomodoro, hatte hingegen beim ersten Denkmal für Georg Büchner 1974 in Darmstadt auf die Personendarstellung verzichtet und die einfache, symbolisch geometrische Form zugrundegelegt. Nach langer Vorgeschichte bis 1955 zurück[36] entschied sich die Stadt zum Ankauf des »Grande Disco« Pomodoros, einer überdimensionalen, an verschiedenen Stellen aufgebrochenen Bronzescheibe, die durch eine Sockelinschrift »Für Georg Büchner/1813–1837/Land Hessen/Stadt Darmstadt/Darmstädter Bürger«

begehbarer Heine

*»Grande Disco« von Arnaldo Pomodoro als Denkmal
für Georg Büchner (1813–1837) in Darmstadt, 1974
Nur durch die Widmungstafel ist diese freie Plastik
als Dichterdenkmal zu identifizieren*

*Denkmal für Justinus Kerner (1786–1862)
in Weinsberg, 1986
Das Denkmal zur Feier des 200. Geburtstags
ergänzt das 1865 vor dem Kernerhaus aufgestellte
Denkmal mit dem Medaillon des Arztes und Dichters*

zum Dichterdenkmal umgewidmet wurde. Das Objekt war unbeabsichtigt und gleichsam zufällig zum Denkmal geworden; daß es so problemlos zu einem Büchner-Denkmal werden konnte, zeigte freilich auch, wie wenig man vor Ort mit dem Dichter anzufangen wußte.

Im Denkmal für Friedrich Engels in Barmen, das im strengen Sinn kein Dichterdenkmal ist, obwohl Engels ursprünglich Dichter hatte werden wollen, versuchte der Bildhauer Alfred Hrdlicka 1980 den Geist des revolutionären Schriftstellers und die Wirkung seines Werks zugleich sichtbar zu machen. Das Denkmal verschlang drei oder vier kettensprengende Männer und Torsi so ineinander, daß sich aus jeder Perspektive ein anderes Bild ergab. Was jedoch von allen Seiten jederzeit sichtbar war, war die Darstellung des Engels-Satzes: »Ihr habt nichts zu verlieren als eure Ketten!«[37]

Solchen fortgeschrittenen Kunstformen standen viele Dichterdenkmäler der Gegenwart fern. Vor allem die Klassiker kamen immer wieder neu in den altbekannten Formen auf den Sockel. In Oggersheim bei Ludwigshafen erhielt Schiller 1955 eine Büste von Theo Riegle mit dem Hinweis: »In den Mauern unserer Stadt fand Friedrich Schiller 1789 Zuflucht«, nachdem sich die Stadt schon seit längerem mit einem Denkmal für den Schillerfreund Andreas Streicher geschmückt hatte. In Weinsberg, dem Wohn- und Sterbeort Justinus Kerners, wurde erst 1986 ein neues Kerner-Denkmal enthüllt, obwohl oder gerade weil in wenigen Metern Entfernung vor dem Kernerhaus bereits das 1865 errichtete Denkmal von Eduard Herdtle stand. Das neue Kerner-Denkmal stilisierte das Porträt des Gefeierten und die Attribute des Arztes und Dichters in Anspielung auf das Denkmal von 1865, das ebenfalls beide Seiten Kerners gleichwertig gewürdigt hatte.

Zu seinem 90. Geburtstag erhielt schließlich Bertolt Brecht 1988 ein Denkmal vor dem Ostberliner Theater am Schiffbauerdamm. Der Künstler Fritz Cremer knüpfte mit der Bronze-Sitzfigur Brechts ganz offensichtlich an das Heine-Denkmal von 1958 an und verlängerte eine ›sozialistische‹ Denkmalpositur über die ebenfalls sitzenden Denkmalfiguren Marx und En-

198 *Kunst und Kitsch*

Denkmal für Bertolt Brecht (1898–1956) vor dem Theater am Schiffbauerdamm in Ostberlin von Fritz Cremer, enthüllt am 9. Februar 1988

*Goethe-Denkmal in Frankfurt von Eduardo Chillida, 1986
Das Denkmal sucht die Erinnerung an Goethe über bildlose und architektonische Formen*

gels, die zur 750-Jahr-Feier in Ostberlin enthüllt wurden, bis zu seinem Denkmal für Galileo Galilei in Karl-Marx-Stadt, das die Gesichtszüge Brechts trug. Man hat mit einigem Recht die Positur des Berliner Brecht-Denkmals als »Arme-Sünder-Haltung auf einem Küchenstuhl« charakterisiert und die »ruhende Pose« Brechts als »Rentner in Bronze« bezeichnet[38].

Sogar in Italien hinterließ Goethe eine breite Spur seiner Denkmäler. Nicht nur in Rom (vgl. S. 140ff.), auch an weniger bedeutenden Stationen seiner italienischen Reise wurde er durch Denkmäler präsent gehalten. In Torbole am Gardasee entstand im Anschluß an ein Goethe-Brünnlein des Wiener Goethe-Vereins von 1899 eine moderne Bronzebüste ohne besondere Auffälligkeit. Jenes hatte eine ganz konkrete Situation, nämlich Goethes Aufenthalt in einem bestimmten Haus des Ortes (»in questa casa dimoro Goethe«) und die Fertigstellung der *Iphigenie* »im Angesichte« des Gardasees erinnert; dieses enthielt in der Büste des jungen Goethe im Kostüm des 18. Jahrhunderts und im Wappen am Sockel nur sehr allgemeine Hinweise auf die Zeit der Italienreise. Nicht weit davon entfernt, in Malcesine, ebenfalls am Ostufer des Gardasees und ebenfalls in Erinnerung an die Italienreise entstand eine weitere Goethe-Büste. Die Aufstellung vor dem (Goethe)-Turm, den der Dichter durch eine Zeichnung verewigt hatte und der schon seit längerem durch eine Tafel gekennzeichnet war, sicherte den Ortsbezug. Die Darstellung Goethes mit einem breitkrempigen Hut zitierte Tischbeins berühmtes Gemälde *Goethe in der Campagna,* so daß die Anspielungen auf die Italienreise noch verstärkt wurden.

Zuletzt entstand durch Eduardo Chillida in der Goethestadt Frankfurt ein monumentales bildloses Goethe-Denkmal, ein vielfach durchbrochener und von Bögen überwölbter kapellenartiger Raum von sechs Metern Länge und fast vier Metern Höhe. Das »Haus für Goethe«, 1982 als Modell entworfen und 1986 in Betonguß errichtet, knüpfte durch seinen Aufstellungsort in den Taunusanlagen bewußt an Frankfurts zahlreiche Denkmäler in der Nachbarschaft an. Der ellipsenförmige Grundriß des Bauwerks sollte Goethes polares Denken versinnbildlichen, die Bögen sowohl einen Triumphbogen als auch ein »Heiligtum« evozieren[39]. In einem solchen Denkmal, auch wenn der Dichter nicht leibhaftig vorkommt, kann sich die Erinnerungsfunktion des Dichterdenkmals erneuern; es ist nicht mehr nur Stadtschmuck, Wegweiser oder Verkehrshindernis, sondern gibt wieder Anstoß zur Auseinandersetzung mit Autor und Werk.

sitzender Rentner oder »Heiligtum«

Anmerkungen

Einleitung

1 *Schrade* (1934), S. 26 f.; auch: *Nipperdey* (1968), S. 534.
2 *Raabe* (1968).
3 Vgl. *Lämmert* (1971).
4 Dafür liegt jetzt vor: *Vogt-Leppla* (1981 f.).
5 Zum Begriff vgl. *Zimmermann* (1982).
6 Dies ist gegen *Lurz* (1985) gesagt, der in seinem Drang nach Vollständigkeit sogar eine demographische Repräsentativität (S. 19 ff.) anstrebt. Eine quantifizierende Analyse ist an dieser Stelle keinesfalls gewollt!
7 Vgl. *Maertens* (1893), *Abshoff* (1904); speziell zum Dichterdenkmal: *Sier* (1904) und *Weddigen* (1904).
8 *Hofmann* (1906).
9 *Keller* (1954), *Scharf* (1983), *Hammerbacher* (1975). – Kritisch, aber anekdotisch: Wallfahrtsstätten der Nation (1971).
10 *Schnabel* (1939).
11 *Nipperdey* (1968).
12 Ebd. S. 530.
13 Ebd. S. 551 ff.
14 Denn genau für unseren Zeitraum trifft diese Tendenz nicht zu, vgl. *Nipperdey* (1969), S. 583: »nur in der Zeit des historisch geprägten Individualdenkmals und des nichtarchitektonischen allegorischen Denkmals, [...] treten diese kultisch mythischen Züge zurück oder werden in den Historismus aufgehoben;« – Neben den Nationaldenkmälern stehen heute v.a. die Kriegerdenkmäler im Zentrum des Forschungsinteresses, vgl. die auf 6 Bände angelegte Sammlung von *Lurz* (1985).
15 *Mittig/Plagemann* (1972).
16 Stellvertretend seien genannt: *von Simson* (1976), *Bischoff* (1977), *Stolz* (1977), *Lankheit* (1979), *Traeger* (1979).
17 *Boockmann* (1977).
18 *Hess* (1977), S. 132 f.: »Panorama und Denkmal erweisen sich als erstaunliche Konstanten, die jenseits aller ästhetischen und weltanschaulichen Positionen das Auge von Lesern und Betrachtern, von Zuschauern und Reisenden über politische und industrielle Revolutionen hinweg auf eine ganz bestimmte Optik von ›Ansichten‹ und Beleuchtungen fixieren.«
19 *Scharf* (1984). – Der jüngste Versuch einer theoretischen Grundlegung von *Lipp* (1987) holt zu weit aus und stellt eher die Entstehung des Geschichtsbewußtseins dar; nicht nur die metasprachliche Anlage ist dafür verantwortlich, daß man sehr wenig Konkretes über das Denkmal erfährt.
20 *Huse* (1984). – Zur Inventarisierung aller Baudenkmäler vgl. die vom Bayerischen Landesamt für Denkmalpflege herausgegebene Reihe »Denkmäler in Bayern«, dessen 1. Band 1985 erschienen ist und der von einem erheblich weiter gefaßten Denkmalbegriff als dem hier angesprochenen ausgeht.
21 *Ohlbaum* (1986), *Lex* (1986).
22 *Raabe* (1968, 1970).
23 Jörg *Gamer*, Goethe-Denkmäler – Schiller-Denkmäler, in: *Mittig/Plagemann* (1972), S. 141–162.
24 *Kapner* (1973), *Munz* (1976), »...in Dichters Lande...« (1981), *Arndt* (1975, 1983, 1984). – Zuletzt: *Schuchard/ Claussen* (1985).

Denkmal und Landschaft

1 *Schneider* (1975), S. 39 f.
2 Vgl. hierzu und im folgenden: *Schepers* (1980), S. 259 f.
3 Chr. *Hussey*, English Gardens and Landscapes 1700–1750. London 1967. S. 102.
4 Vgl. *Bloch* (1980), S. 282.
5 Beschreibung von »Rousseau's Grabmale«, in: Journal des Luxus und der Moden, April 1786, S. 156 f.
6 Ebd. S. 154.
7 Vgl. Promenade ou Itinéraire des Jardins d'Ermenonville. Paris 1788. S. 37 f.
8 *Arndt* (1983) nennt als Beispiele eine Emilia-Galotti-Insel im Park des Schlosses von Donaueschingen (S. 175) sowie eine Herder-Insel als Nachahmung der Rousseau-Insel im Park von Wörlitz (S. 176).
9 Beide Zitate nach: August *Rode*, Beschreibung des Fürstlichen Anhalt-Dessauischen Landhauses und Englischen Gartens zu Wörlitz. Neu bearb. u. hrsg. v. L. Grote. Dessau 1928. S. 59.
10 *Hirschfeld* (1779–1785). – Das Rousseau-Denkmal ist abgebildet in Band II, S. 59 und nochmals in Band V, S. 262.
11 Ebd. Band II, S. 60.
12 *Schneider* (1975), S. 17.
13 *Raabe* (1968), S. 415.
14 Johann Christoph *Gottsched*, Reden, Vorreden, Schriften. Leipzig 1974. S. 206.
15 Ebd. S. 208 f.
16 Hier und im folgenden alle Zitate aus: Johann Georg *Sulzer*, Allgemeine Theorie der Schönen Künste, Stichwort »Denkmal«, S. 596–600.
17 *Hirschfeld* (1779), Vorbericht S. X. – Zu Hirschfeld vgl. *Gerndt* (1981), bes. S. 43 ff.; zuletzt: *Kehn* (1985).

18 *Hirschfeld* (1779), I. Band, S. 156.
19 Ebd. II. Band, S. 60 f.
20 Beide Beschreibungen aus: *Hirschfeld*, Gartenkalender (1782), nach S. 259.
21 *Hirschfeld* III. Band, S. 139.
22 Ebd. III. Band, S. 142 f.
23 Ebd. III. Band, S. 146.
24 Ebd. III. Band, S. 148.
25 Ebd. III. Band, S. 148.
26 *Hirschfeld*, Gartenkalender (1783), S. 265.
27 Ebd. S. 268.
28 *Hirschfeld*, Gartenkalender (1782), nach S. 259.
29 *Hirschfeld* III. Band, S. 149.
30 Ebd. III. Band, S. 149.
31 Ebd. III. Band, S. 150.
32 *Arndt* (1983), S. 171.
33 *Nau* (1967), S. 121. – Plan des Gartens bei *Gerndt* (1981), S. 139, da auch das Haller-Denkmal.
34 Vgl. dazu *Gerndt* (1970).
35 *Atzel*, Wirtembergisches Repertorium der Litteratur (1782), S. 217–224, hier S. 222.
36 Ebd. S. 223 f.
37 Ebd. S. 224.
38 Goethes Verse lauten:
»Wenn zu den Reihen der Nymphen, versammelt in heiliger Mondnacht,
Sich die Grazien heimlich herab vom Olympus gesellen:
Hier belauscht sie der Dichter und hört die schönen Gesänge,
Sieht verschwiegener Tänze geheimnisvolle Bewegung,
Was der Himmel nur Herrliches hat, was glücklich die Erde
Reizendes immer gebar, das erscheint dem wachenden Träumer.
Alles erzählt er den Musen, und daß die Götter nicht zürnen,
Lehren die Musen ihn gleich bescheiden Geheimnisse sprechen.«
(zit. nach: Gärten in Wielands Welt. Bearb. v. Heinrich *Bock* und Hans *Radspieler*. Marbacher Magazin 40/1986. Sonderheft. S. 36).
39 Vgl. dazu *Menzel* (1966) und *Meßner* (1984).
40 Vgl. dazu: *Raabe* (1968), S. 420, sowie: Paul *Fechter*, Das Seifersdorfer Tal, in: Süddeutsche Monatshefte 6, Bd. 2 (1909), S. 654; Otto H. *Brandt*, Das Seifersdorfer Tal – ein Denkmal der Empfindsamkeit, in: Neues Archiv f. sächs. Gesch. u. Altertumsk. 42 (1921), S. 92.
41 Wilhelm Gottlob *Becker*, Das Seifersdorfer Tal. Leipzig 1792. Mit 40 Kupfertafeln. S. 164 f.

42 Zit. nach: *Gerndt* (1981), S. 138.
43 Gedichte *Ludwigs des Ersten, Königs von Bayern*. Vierter Theil. München 1847, S. 186.
44 Zit. nach: *Gerndt* (1981), S. 48.
45 *Hirschfeld*, III. Band, S. 147.
46 *Gamer*, in: *Mittig/Plagemann* (1972), S. 143.
47 *Goethe*, Poetische Werke I. Berlin 1976. (= Berliner Ausgabe 1), S. 377.
48 Zit. nach: *Raabe* (1968), S. 419, Fußnote 10.
49 *Weddigen* (1904), S. 86.
50 *Lessing*, Werke. Hrsg. v. Paul Stapf, Bd. 1. Berlin, Darmstadt, Wien 1965. S. 49.
51 *Hirschfeld*, Gartenkalender (1783), S. 269 f.
52 Zur genaueren Analyse vgl. *Arndt* (1983), S. 168 ff. – Zur Frage, ob die Ikonographie des Denkmals Rückschlüsse auf eventuelle Reinkarnationsvorstellungen zuläßt: man sollte eher an eine Dominanz von Sinnbildern der Freimaurerei denken, z. B. den Schmetterling. Die Zeitgenossen waren sich dessen übrigens bewußt; Spendenaufrufe für das Lessing-Denkmal in Wolfenbüttel wurden besonders häufig an »Frey-Maurer« gerichtet (Journal des Luxus und der Moden, Mai 1791, S. 283).
53 *Hirschfeld*, Gartenkalender (1783), S. 270.
54 Vgl. dazu jetzt: *Arndt* (1983), S. 177 ff.
55 Zit. nach: *Butzmann* (1982), S. 23.
56 Journal des Luxus und der Moden, April 1794, S. 178.
57 Ebd. 1807, S. 628.
58 Ebd. S. 628.
59 Abraham Gotthelf *Kästner*, Gesammelte poetische und schönwissenschaftliche Werke. Bd. I. (1841): Athenäum Reprints Frankfurt 1971. S. 93.
60 Adolph Freiherr von *Knigge*, Ueber Schriftsteller und Schriftstellerey. Hannover 1793. S. 89.
61 *Raabe* (1968), S. 420.
62 Journal des Luxus und der Moden, Oktober 1790, S. 565–569.

Geistesgröße in großer Zeit

1 *Weibezahn* (1972), S. 216.
2 Ebd. S. 196 f.
3 Ebd. S. 199 f.
4 Vgl. im folgenden *Arndt* (1975), S. 125.
5 Zit. nach: ebd. S. 126.
6 Hier im Gegensatz zu ebd. S. 126, wo es heißt: »Deutschland trauert um *seinen* Dichter!«
7 Vgl. *Neumeyer* (1938/39), S. 161.

8 Journal des Luxus und der Moden, Januar 1794, S. 29.
9 Ebd. S. 33 f.
10 Ebd., März 1796, S. 117–136.
11 Vgl. *Schlaffer* (1986), S. 120–122.
11a *Weddigen* (1904), S. 90.
12 Journal des Luxus und der Moden, 1807, S. 229–233.
13 Ebd. S. 499 f.
14 »Wenn hier im Sturm nicht mehr die Eiche rauschet,
Keine Lispel mehr wehn von dieser Weide,
Dann sind – Lieder noch, die von Herzen kamen
Gingen zu Herzen«
Vgl. auch: *Raabe* (1968), S. 421.
15 Beschreibung des Jugendfreunds Scharffenstein, zit. nach: Christian von *Holst*, Johann Heinrich Dannekker. Der Bildhauer. (= Katalog der Ausstellung in der Stuttgarter Staatsgalerie 1987). S. 206.
16 Ebd. S. 210.
17 Brief Danneckers an seinen Schwager Wilhelm von Wolzogen vom Mai 1805, zit. nach: ebd. S. 463.
18 Ders. an dens. vom 14. Oktober 1805, in: ebd. S. 464.
19 Journal des Luxus und der Moden, 1807, S. 498–501.
20 Carl Christian Ernst Graf von *Bentzel-Sternau*, Schillers Feier. Mit einem Bericht vom Fortgang des Planes, dem verewigten Schiller ein Denkmal der National-Dankbarkeit zu stiften. Gotha 1806. – Zu Weinbrenner vgl. *Lankheit* (1979).
21 Erik *Thomson*, Das älteste Schillerdenkmal, in: Ostdeutsche Monatshefte 22 (1956), S. 606.
22 Clemens *Brentano*, Werke. Hrsg. v. Wolfgang *Frühwald* u. Friedhelm *Kemp*. Bd. II. München 1963. S. 98. – Vgl. dazu auch: *Meixner* (1967).
23 Ebd. S. 232.
24 Ebd. S. 295 f.
25 Ebd. S. 302 f.
26 Mainz in napoleonischer Zeit. Ausstellungskatalog des mittelrhein. Landesmuseums Mainz 1982, S. 80.
27 *Eickemeyer* (1820), Vorrede S. I.
28 Ebd. S. 43.
29 Vgl. *v. Simson* (1976).
30 Brief Goethes vom 14. Januar 1820, zit. nach: *Holst* (1987), S. 27.
31 Brief Goethes vom 16. Juli 1820, zit. nach: ebd. S. 88.
32 Zit. nach: *Goethe*, Schriften zur Kunst. 2. Teil. München 1962. (= dtv-Goethe Bd. 34), S. 5.
33 Vgl. dagegen: Adolf Max *Vogt*, Das architektonische Denkmal – seine Kulmination im 18. Jahrhundert, in: *Mittig/Plagemann* (1972), S. 39.
34 Dazu grundlegend: *Heckscher* (1962), S. 35–51.
35 Zit. nach: ebd. S. 36.
36 Das zeigt ebd. S. 38 ff. in erschöpfender Fülle.

37 »Der steinerne Würfel symbolisiert die jedem Menschen angeborene Wesensart, seine festgelegte Individualität. Die Kugel dagegen versinnbildlicht die Gunst der äußeren Umstände, das Glück« – so die heutige Erläuterung in: *Meßner* (1984), S. 72.
38 *Goethe*, Vermischte Schriften. Berlin und Darmstadt 1956. (= Werke Band 4), S. 1223.
39 Ebd. S. 1221.
40 Ebd. S. 1220: »Die ungeheuren Massen dieses Steins flößten Gedanken zu ungeheuren Werken den Ägyptiern ein.«
41 Ebd. S. 1221.
42 Zit. nach: *Goethe*, Denkmale, in: Goethe, Berliner-Ausgabe Bd. 19, S. 442 f.
43 Zum Begriff vgl. *Holst* (1987), S. 45 und S. 178–182.
44 *Goethe*, Denkmale S. 443.
45 Die Pointe besteht darin, daß Goethe selbst durch »An- und Einkritzeln« eine Art Literaturdenkmal geschaffen hatte, das unaufhörlich vom »Wetter« und vom »Mutwillen« bedroht war. Gemeint ist jenes berühmte Gedicht *Ein gleiches* (»Über allen Gipfeln ist Ruh«), das Goethe 1780 mit Bleistift auf die Bretterwand des Kickelhahn-Häuschens geschrieben hatte und das, mehrfach verunstaltet und restauriert, zu einem literarischen Wallfahrtsort geworden war (vgl. Wulf *Segebrecht*, Johann Wolfgang Goethes Gedicht »Über allen Gipfeln ist Ruh« und seine Folgen. Zum Gebrauchswert klassischer Lyrik. München 1987 = Hanser Literatur-Kommentare 11).
46 *Goethe*, Die Wahlverwandtschaften. I. Teil, 6. Kap., nach: Berliner-Ausgabe Bd. 12, S. 56.
47 Ebd. II. Teil, 1. Kap., S. 139.
48 Ebd. S. 139 f.
49 Ebd. S. 142.
50 Ebd. S. 144–146.
51 *Goethe*, Kampagne in Frankreich, nach: Berliner-Ausgabe Bd. 15, S. 71: »Da mir bekannt war, wie glücklich die Alten ihre Gebäude und Denkmäler zu setzen wußten«.
52 Ebd. S. 167.
53 Ebd. S. 168 f.
54 *Nipperdey* (1968), S. 551 ff. – Letzte Zusammenfassung: *Puschner/Paul* (1986).
55 Pantheon der Deutschen. Erster Theil. Chemnitz 1794; Zweiter Theil. Chemnitz 1795; 3. Theil. Leipzig 1800.
56 Brief Ludwigs an Johannes von Müller vom Oktober 1808, zit. nach: Walhalla. Amtlicher Führer. Hrsg. v. Landbauamt Regensburg. Regensburg 1979, S. 5.
57 Vgl. dazu auch im folgenden: *Stolz* (1977), *Traeger* (1979).

58 Grundlegend: *Stolz* (1977), S. 24 ff.
59 Leopold von *Klenze*, Entwurf zu einem Denkmale für Dr. Martin Luther. Mit drei erläuternden Kupfertafeln. Zum Besten des Denkmals. Braunschweig 1805. – Klenzes Walhalla-Rundbau-Entwurf ist abgebildet bei *Traeger* (1979), S. 24.
60 Brief Ludwigs vom 26. November 1820, zit. nach: *Ettlinger* (1965), S. 62.
61 Zit. nach: ebd. S. 62.
62 Vgl. *v. Simson* (1976).
63 Vgl. *Loers* (1979).
64 Vgl. *Loers* (1978) und ders. in: *Traeger* (1979).
65 Ebd. S. 75 f.
66 *Traeger* (1979), S. 31 f.
67 *Ettlinger* (1965), S. 69.
68 Zur Kritik von Ludwigs Kunstpolitik jetzt: *Nerdinger* (1987).
69 *Loers*, in: Traeger (1979) und *Loers* (1978).
70 *Hess* (1977), S. 131.
71 E. v. *Schenk*, Rede zur feyerlichen Grundsteinlegung Walhallas am 18. Oct. 1830, zit. nach: Hermann *Glaser*, Ein deutsches Mißverständnis. Die Walhalla bei Regensburg, in: Wallfahrtsstätten der Nation (1971), S. 72.
72 *Traeger* (1979), S. 33.
73 Aus der Festschrift »Ratisbona und Walhalla«, zit. nach: *Ettlinger* (1965), S. 69.
74 Heinrich *Heine*, Sämtliche Schriften in 12 Bänden. Hrsg. v. Klaus *Briegleb*. München 1976. Band 7. S. 459.
75 Zit. nach: Biedermeiers Glück und Ende. ...die gestörte Idylle 1815–1848. Hrsg. v. Hans *Ottomeyer*. (= Katalog der Ausstellung im Stadtmuseum) München 1987. S. 696. – In seinen »Aufzeichnungen« formulierte Heinrich Heine noch schärfer: »König Ludwig nimmt den Luther nicht auf in Walhalla – man darfs ihm nicht verübeln, er fühlt im Herzen, daß, wenn Luther eine Walhalla gebaut hätte, er ihn als Dichter nicht darin aufgenommen hätte –« (Heinrich *Heine*, Sämtliche Werke in 12 Bänden. Hrsg. v. Klaus *Briegleb*. München 1976. Band 11. S. 658).
76 Ebd. Band 7, S. 563.
77 Walhalla's Genossen, geschildert durch *König Ludwig den Ersten von Bayern,* den Gründer Walhalla's. München 1942, S. V. – Dieser patriotische Scheinradikalismus erscheint umso aufgesetzter, wenn man weiß, daß der Nürnberger Buchhändler und Verleger Johann Philipp Palm, auch er ein Bayer, wegen der von ihm verbreiteten Schrift »Deutschland in seiner tiefen Erniedrigung« 1806 auf Napoleons Befehl erschossen wurde!
78 Ebd. S. VI f.
79 Vgl. *Frühwald* (1980/81).
80 Es wäre ein eigenes Kapitel, welche Büsten geplant und nicht ausgeführt oder nicht in der Walhalla aufgestellt wurden. Für die Schriftsteller läßt sich infolge der langen Entstehungszeit der Walhalla ein Geschmackswandel des Königs ablesen: seine Abwendung von überschätzten Jugendvorlieben (Iffland), von nicht genügender Klassizität (Stollberg), von politisch Befrachtetem (Kotzebue 1819 ermordet!) oder von nur regional Gültigem (Hans Sachs in die Ruhmeshalle). – Vgl. dazu den Anhang »Verzeichnis der für Walhalla bestimmten Büsten«, in: *Puschner/Paul* (1986), S. 491–495.
81 Walhalla's Genossen S. VII.
82 Ebd. S. VII.
83 Ebd. S. 1
84 Ebd. S. 78.
85 Ebd. S. 80.
86 Ebd. S. 89.
87 Ebd. S. 132.
88 Ebd. S. 213.
89 Ebd. S. 219.
90 Ebd. S. 232.
91 Ebd. S. 236.
92 Ebd. S. 238.
93 Ebd. S. 240 f.
94 Ebd. S. 244 f.
95 Ebd. S. 245.
96 Ebd. S. 250.
97 Vgl. zu Ludwigs Goethebild: *Hess* (1983).
98 Walhalla's Genossen S. 267.
99 *Hess* (1983), S. 304.
100 Walhalla's Genossen S. 268.
101 Auch abgebildet in: Ratisbona und Walhalla. Eine Denkschrift auf die Tage vom 16ten bis 19ten October 1830. Regensburg 1831.
102 Gottfried *Keller,* Sämtliche Werke. Hrsg. v. Jonas *Fränkel.* 13. Band. Bern und Leipzig 1939, S. 142.
103 »Fernab von den großen Mittelpunkten des Weltlebens, von den sausenden, klirrenden Straßen des Weltverkehrs, fernab auch von den Bahnen des landläufigen Touristenschwarmes liegt sie – man kann wol sagen einsam –« (Illustrierte Zeitung, Leipzig, Nr. 2461 v. 30. August 1890).

Klassiker und liberale Nation

1 Vgl. Wilhelm *Weber,* Luther-Denkmäler – Frühe Projekte und Verwirklichungen, in: *Mittig/Plagemann* (1972), S. 200.
2 Zur historischen Einordnung: *Raabe* (1968), S. 422.
3 Hermann *Schröter,* Das Denkmal Justus Mösers in Osnabrück, in: Osnabrücker Mitteilungen 66 (1954).
4 Aus dem Gutachten Rauchs, zit. nach: ebd. S. 251.
5 Ebd. S. 251 f.
6 Ebd. S. 252.
7 Günter *Hess,* Panorama und Denkmal. Erinnerung als Denkform zwischen Vormärz und Gründerzeit (1977), S. 132 f.
8 Ludwig Friedrich von *Froriep,* Ueber öffentliche Ehrendenkmäler. Weimar 1836. – Zum Schiller-Denkmal heißt es S. 11: »Das Schiller-Denkmal kann wichtig werden den Künstlern, die es entwerfen und ausführen, den Kunstfreunden, die sich daran erfreuen, den Künstlern, denen es selbst wieder zu weiterer Ausbildung förderlich ist, und der Stadt Stuttgardt. Für Schiller's Gedächtniß, in abstracto, ist es gewiß weniger wichtig.«
9 Arthur *Schopenhauer* an das Comité für ein Goethe-Denkmal in Frankfurt S. 491.
10 Ebd. S. 492.
11 Ebd. S. 494.
12 Ebd. S. 495.
13 Ebd. S. 494.
14 Ebd. S. 495.
15 Ernst *Förster,* Ueber die Errichtung neuer Denkmäler in Deutschland, in: Schorns Kunst-Blatt Nr. 38, 20 (1839), S. 149.
16 Ebd. S. 150.
17 Ebd. S. 150.
18 Vgl. Eugen *Munz,* Dem Dichter ein Denkmal. Schillerverehrung in Marbach 1812–1876. Marbach 1976, S. 11 f.
19 Ebd. S. 73.
20 Gustav *Schwab,* Gedichte. Erster Band. Stuttgart und Tübingen 1828, S. 147–150.
21 *Munz* (1976), S. 27.
22 Sylvia *Heinje,* Zur Geschichte des Stuttgarter Schiller-Denkmals von Berthel Thorvaldsen (1977), S. 401.
23 Thorvaldsen 1838, zit. nach: ebd. S. 402.
24 Gedicht unter dem Pseudonym *Bentivoglio* im Intelligenzblatt zu den Hallischen Jahrbüchern Nr. 5 (1839), zit. nach: *Heinje* (1977), S. 409.
25 Zit. nach: ebd. S. 402.
26 Franz *Dingelstedt,* Sämtliche Werke. Band I. Berlin 1877. S. 164–166.
27 Thorvaldsen, zit. nach: *Heinje* (1977), S. 402.
28 Schorns Kunst-Blatt vom 21. Mai 1839, Nr. 41, S. 162.
29 Ludwig *Döry,* Der lange Weg zum Goethedenkmal (1978), S. 289.
30 *Goethe,* zit. nach: ebd. S. 292.
31 Betrachtungen über ein dem Dichter Goethe in seiner Vaterstadt zu errichtendes Denkmal, in: *Goethe.* Berliner-Ausgabe. Band 16. S. 429–433.
32 Ebd. S. 431.
33 Brief des Komitees an Boisserée vom 29. Juni 1821, zit. nach: *Döry* (1978), S. 295.
34 *Boisserée,* Vorschlag zu einem Denkmal für Goethe. Frankfurt am Main 28. August 1819, zit. nach: ebd. S. 292 f.
35 Ebd. S. 293.
36 Knebel an Isaak Freiherr von Gerning vom 2. Dezember 1821, zit. nach: ebd. S. 294.
37 Betrachtungen über ein dem Dichter Goethe in seiner Vaterstadt zu errichtendes Denkmal (Anm. 31), S. 432.
38 Zit. nach: *Döry* (1978), S. 293.
39 Ebd. S. 294.
40 Ein deutlicher Fingerzeig dafür findet sich in einer Beschreibung der Denkmalaktivitäten: »Das Komitee bestand zum Teil aus vortrefflichen Männern, war jedoch ein echt altstädtisches Komitee, in der Zusammensetzung cliquenhaft, in seinem Verhalten ungeschickt und unvolkstümlich. Die exklusive vornehmtuende Art, wie der Goethe-Kultus in solchen Kreisen betrieben ward, mußte dazu beitragen, die Abneigung Börnes und anderer zu verschärfen.« (Theodor *Creizenach* 1878, zit. nach: ebd. S. 293).
41 Heinrich *Heine,* Briefe aus Berlin, zit. nach: Heinrich *Heine.* Sämtliche Schriften in 12 Bänden. hrsg. v. Klaus *Briegleb.* Band 3. München 1976. S. 35 f.
42 Jörg *Gamer,* Das Goethedenkmal der Bettine von Arnim, in: Kunstchronik 21 (1968), S. 401.
43 Brief Goethes an Ludwig Friedrich Schultz vom 3. Juli 1824, zit. nach: Hannelore *Schlaffer,* Klassik und Romantik (1986), S. 242 f.
44 Illustrierte Zeitung (Leipzig) Nr. 570 vom 3. Juni 1854.
45 Ebd. Nr. 239 vom 29. Januar 1848. Der Interpret betont des weiteren den »Gegensatz zwischen äußerer und innerer Aufregung, zwischen einer gewissen gemüthlichen Nachlässigkeit und einem erhabenen Schwung, zwischen bewußtem Handeln und dem Reichthum der vom Willen unabhängigen Phantasie«. Der »Bildnisähnlichkeit« einerseits entspreche andererseits der besonders schöne Stimmungseindruck »namentlich im Schimmerlichte des Vollmondes«!

46 Vgl. Ernst *Förster* (1839), S. 151. – Zu Schwanthaler vgl. Frank *Otten,* Ludwig Michael Schwanthaler 1802–1848. Ein Bildhauer unter König Ludwig I. von Bayern. München 1970.
47 Das Goethe-Denkmal in Frankfurt a.M. Frankfurt 1844, S. 31 f.
48 Ebd. S. 32.
49 Ebd. S. 33.
50 Ebd. S. 33.
51 Illustrierte Zeitung (Leipzig) Nr. 72 vom 16. November 1844.
52 Das Goethe-Denkmal in Frankfurt a.M. Frankfurt 1844, S. 28.
53 Illustrierte Zeitung (Leipzig) Nr. 82 vom 25. Januar 1845.
54 Das Goethe-Denkmal in Frankfurt a.M. Frankfurt 1844. S. 46 f.
55 Ebd. S. 46 f.
56 Illustrierte Zeitung (Leipzig) vom 22. September 1849.
57 Ebd.

Versteinerte Literaturgeschichte

1 Illustrierte Zeitung (Leipzig) vom 15. September 1849.
2 Franz *Kugler,* Kleine Schriften und Studien zur Kunstgeschichte. 3. Teil. Stuttgart 1854. S. 336.
3 Ebd. S. 723.
4 Ebd. S. 723 f.
5 D. Georg *Rietschel,* Das Goethe-Schiller-Denkmal in Weimar (1904), S. 99 f.
6 Hofrat Schöll an Rietschel, 1849, in: *Rietschel* (1904), S. 101.
7 Ebd. S. 101.
8 So *Rietschel* 1849, zit. nach: ebd. S. 102.
9 Ebd. S. 102.
10 So Ernst Förster im Auftrag König Ludwigs I. an Rietschel, in: ebd. S. 103.
11 Ebd. S. 103.
12 Vgl. hier und im folgenden jetzt: *Arndt* (1984).
13 Zit. nach: Andreas *Oppermann,* Ernst Rietschel. Leipzig 1863, S. 248.
14 Ebd. S. 241.
15 Vertragstext, zit. nach: *Rietschel* (1904), S. 107.
16 Brief Försters an Rietschel vom 1. Februar 1853, zit. nach: ebd. S. 435.
17 Brief Rietschels an König Ludwig I. vom Januar 1853, zit. nach: ebd. S. 435.
18 Brief König Ludwigs I. an Rietschel vom 26. Januar 1853, zit. nach: ebd. S. 436.
19 Brief Ferdinand von Millers an Rietschel vom 27. Januar 1857, zit. nach: ebd. S. 442.
20 Brief Rietschels an Hofrat Schöll vom 22. Januar 1853, zit. nach: Werner *Deetjen,* Die Entstehung des Goethe-Schiller-Denkmals in Weimar (1935), S. 20.
21 Brief des Großherzogs an Rietschel vom 2. Februar 1857, zit. nach: *Rietschel* (1904), S. 444.
22 *Deetjen* (1935), S. 24.
23 Zit. nach: *Rietschel* (1904), S. 447.
24 Berthold *Auerbach,* Vor dem Schiller- und Goethe-Denkmal von Ernst Rietschel, in: Morgenblatt für gebildete Leser vom 1. Februar 1857, S. 97.
25 Vgl. zum gesamten Komplex: Eberhard *Lämmert,* Der Dichterfürst (1971).
26 Gedicht von Küster Frommhagen aus Läsikow im Anzeigenteil einer Berliner Zeitung zur Schillerfeier 1859, zit. nach: *Klingenberg* (1984), hinteres Vorsatzblatt. – Dort auch noch weiteres Material zu den Schillerfeiern 1859, z.B. eine Schiller-Speisekarte.
27 Jacob *Grimm,* Rede auf Schiller. Berlin 1859, zit. nach: *Raabe* (1970). S. 80.
28 Vgl. dazu: Julius *Ziehen,* Die Standbilder Schillers (1898).
29 Illustrierte Zeitung (Leipzig) Nr. 1013 vom 29. Oktober 1862.
30 Ebd. Nr. 977 vom 22. März 1862.
31 Ebd. Nr. 984 vom 10. Mai 1862.
32 Dabei handelt es sich wohl um eine Geste, die aus einem anderen Denkmalzusammenhang übernommen worden ist, vgl. *Gamer,* in: *Mittig/Plagemann* (1972), S. 378.
33 Akten zur Enthüllungsfeier des Schiller-Denkmals in München vom 9. Mai 1863, Stadtarchiv München, ungedruckt. S. 139.
34 Ebd. S. 139.
35 Ebd. S. 142.
36 Ebd. S. 143.
37 Ebd. S. 143.
38 Ebd. S. 145.
39 Vgl. die Texte in: Schiller-Denkmal (1860), sowie zum theoretischen Hintergrund: Rainer *Noltenius,* Dichterfeiern in Deutschland (1984).
40 Martin *Greif,* Gesammelte Werke. 1. Band. Leipzig ²1909, S. 217 f.
41 Jacob *Grimm,* Rede auf Schiller (1859), zit. nach: *Klingenberg* (1984), S. 237 f.
42 Illustrierte Zeitung (Leipzig) Nr. 612 vom 24. März 1855.
43 Beschreibung bei: *Weddigen* (1904) S. 187.

44 Illustrierte Zeitung (Leipzig) Nr. 610 vom 10. März 1855.
45 *Weddigen* (1904), S. 188.
46 Illustrierte Zeitung (Leipzig) Nr. 820 vom 19. März 1859.
47 Ebd.
48 Vgl. Birgit-Verena *Karnapp,* Hohenschwangau. Zur Geschichte und Ideenwelt eines romantischen Schlosses, in: Oberbayerisches Archiv 109. Band, 2. Heft (1984). S. 133–145.

»Denkmalswuth« und gesteigerte Bedeutung

1 *Weddigen* (1904), S. 94.
2 *Mielsch* (1980), S. 21.
3 Illustrierte Zeitung (Leipzig) Nr. 2944 vom 4. Mai 1899.
4 Ebd. Nr. 3342 vom 18. Juni 1907.
5 Ebd. Nr. 3595 vom 22. Mai 1912.
6 *v. Simson,* Schaper (1976), S. 154.
7 Illustrierte Zeitung (Leipzig) Nr. 1571 vom 9. August 1873.
8 Wilhelm *Busch,* Maler Klecksel. 1884. 1. Kap. Vers 85–92.
9 Zit. nach: *Nipperdey* (1968), S. 559.
10 Max *Schasler,* Ueber moderne Denkmalswuth. Berlin 1878, S. 4f.
11 Ebd. S. 26.
12 Ebd. S. 35.
13 Ebd. S. 37.
14 Ebd. S. 39.
15 Ebd. S. 5.
16 Illustrierte Zeitung (Leipzig) Nr. 2034 vom 24. Juni 1882.
17 Ebd. Nr. 2520 vom 17. Oktober 1891.
18 Ebd. Nr. 2768 vom 18. Juli 1896.
19 Ebd. Nr. 1168 vom 18. November 1865.
20 *Gamer,* Goethe-Denkmäler – Schiller-Denkmäler, in: *Mittig/Plagemann* (1972), S. 152.
21 Illustrierte Zeitung (Leipzig) Nr. 2104 vom 27. Oktober 1883.
22 Vgl. *Selbmann* (1982), S. 187 und S. 250. – Das Denkmal wurde zwar 1941 abgerissen, lebte aber in Einzelteilen weiter: die Büste kam auf einen modernen Sockel im Stadtpark zu stehen, die schon 1876 geschaffene Trompeterfigur an der Außenseite des Säckinger Schlosses (Abb. in: Badische Heimat 66 (1976), S. 220–222).
23 Illustrierte Zeitung (Leipzig) Nr. 3135 vom 30. Juni 1903.
24 Ebd. Nr. 2088 vom 7. Juli 1883.
25 Ebd. Nr. 2384 vom 9. März 1889.
26 Ebd. Nr. 2782 vom 24. Oktober 1896.
27 Ebd. Nr. 2291 vom 28. Mai 1887.
28 Ebd. Nr. 2607 vom 17. Juni 1893.
29 Ebd. Nr. 2727 vom 5. Oktober 1895.
30 Ebd. Nr. 2105 vom 3. November 1883.
31 *Ingwersen* (1967), S. 73. – Zu den Berliner Dichterdenkmälern jetzt: *Schmitz* (1987) (freundl. Hinweis von Dr. Uwe Schweikert).
32 Illustrierte Zeitung (Leipzig) Nr. 1184 vom 10. März 1866.
33 *Weddigen* (1904), S. 156.
34 Illustrierte Zeitung (Leipzig) Nr. 1184 vom 10. März 1866.
35 *Weddigen* (1904), S. 156.
36 Illustrierte Zeitung (Leipzig) Nr. 1184 vom 10. März 1866.
37 Ebd. Nr. 1483 vom 2. Dezember 1871.
38 Ebd. Nr. 1618 vom 4. Juli 1874.
39 Ebd.
40 Ebd. Nr. 1757 vom 3. März 1877.
41 Ebd.
42 Ebd. Nr. 1963 vom 12. Februar 1881.
43 Ebd.
44 *Weddigen* (1904), S. 108.
45 Illustrierte Zeitung (Leipzig) Nr. 2287 vom 30. April 1887.
46 *Obrist* (1901), S. 150–152.
47 Vgl. *Raabe* (1970), S. 87.
48 Vgl. *Selbmann,* Der Dichter und seine Vaterstadt. Die Wirkungsgeschichte Friedrich Rückerts in Schweinfurt, in: Rückert-Studien IV. Schweinfurt 1982. S. 119–140; *ders.,* Friedrich Rückert und sein Denkmal. Eine Sozialgeschichte des Dichterkults im 19. Jahrhundert. Würzburg 1988; die folgenden Ausführungen stützen sich darauf. Hier nicht nachgewiesene Zitate stammen aus Archivmaterial des Stadtarchivs Schweinfurt und sind in den beiden genannten Arbeiten nachgewiesen.
49 Zur Vorgeschichte des Rückert-Denkmals vgl. Hans Horst *Lehner,* Zur Vorgeschichte der Erinnerungstafel am Geburtshaus Friedrich Rückerts in Schweinfurt, in: Gedenkjahr der Stadt Schweinfurt 1954. Zerstörung u. Wiederaufbau in sieben Jahrhunderten. Wissenschaftl. Festgabe: 700 Jahre Stadt Schweinfurt 1254–1954. Beitr. z. Kultur u. Geschichte einer fränkischen Reichsstadt. Schweinfurt 1954 (= Neujahrsblätter hrsg. v. d. Gesellsch. f. fränk. Gesch. H. 24) S. 141 ff.
50 Coburger Tagblatt Nr. 254 v. 30. Oktober 1866.

51 Ebd.
52 Sitzungsprotokoll des Schweinfurter Magistrats v. 6. Januar 1882.
53 Bericht der Commission zur Besichtigung und Prüfung der Entwürfe für das Rückertdenkmal in Schweinfurt. München 14. März 1888.
54 2. Beil. z. Allg. Zeitung München Nr. 7 v. 7. Januar 1886.
55 Brief an den Schweinfurter Magistrat v. 18. März 1885.
56 Ebd.
57 Bericht der Commission ... (vgl. Anm. 53).
58 *Kürnberger* (1877) S. 313–317.
59 Ebd. S. 330–337.
60 Ebd. S. 342.
61 Aufruf für ein Schiller-Denkmal in Wien vom 21. März 1868, zit. nach: *Kapner* (1973) S. 106.
62 Ebd. S. 106.
63 Ebd. S. 106.
64 Illustrierte Zeitung (Leipzig) Nr. 1744 vom 2. Dezember 1876.
65 Ebd.
66 Ebd. Nr. 1569 vom 26. Juli 1873.
67 Ebd. Nr. 1744 vom 2. Dezember 1876.
68 Vgl. *Hrdlicka* (1959).
69 Zit. nach: Dichter und Dichtung. Eine Anthologie von Ferdinand *Freiligrath*. Dessau 1854. S. 604.
70 *Kapner* (1973), S. 44.
71 Illustrierte Zeitung (Leipzig) Nr. 2252 vom 28. August 1886.
72 Ebd.
73 Vgl. *Kapner* (1973), S. 44.
74 Illustrierte Zeitung (Leipzig) Nr. 2396 vom 1. Juni 1889.
75 Ebd.
76 Ebd. Nr. 2252 vom 28. August 1886.
77 *Kapner* (1973), S. 45.
78 Hugo von *Hofmannsthal*, Gedichte und Dramen I. Frankfurt 1979 (= Gesammelte Werke in 10 Einzelbänden), S. 101.
79 *Kapner* (1973), S. 45.
80 Illustrierte Zeitung (Leipzig) Nr. 2868 vom 16. Juni 1898.
81 Ferdinand von *Saar*, Festgedicht zur Enthüllung des Goethe-Denkmals, zit. nach: *Kapner* (1973), S. 187.
83 Aufruf, zit. nach: ebd. S. 202.
83 Ludwig *Hevesi* 1899, zit. nach: ebd. S. 206ff.
84 Ebd. S. 208.
85 Illustrierte Zeitung (Leipzig) Nr. 3249 vom 5. Oktober 1905.
86 Ebd. Nr. 3187 vom 28. Juni 1904.
87 *Kapner* (1973), S. 192.
88 Ebd. S. 199.
89 Festgabe zur Enthüllung des Wiener Goethe-Denkmales. Wien 1900, S. 12.
90 Ebd. S. 4f.
91 *Weddigen* (1904), S. 40.
92 Festgabe (1900), S. 8.
93 Illustrierte Zeitung (Leipzig) Nr. 2999 vom 20. Dezember 1900.
94 Festgabe (1900), S. 8.
95 Ebd. S. 10ff.
96 Ebd. S. 12.
97 Illustrierte Zeitung (Leipzig) Nr. 2999 vom 20. Dezember 1900.

Denkmalkritik und kritisches Denkmal

1 Illustrierte Zeitung (Leipzig) Nr. 2931 vom 31. August 1899.
2 Vgl. das Werkverzeichnis Eberleins von *Grimm* (1983).
3 *Weddigen* (1904), S. 46.
4 Ebd. S. 46.
5 Ebd. S. 46f.
6 Illustrierte Zeitung (Leipzig) Nr. 3184 vom 7. Juli 1904.
7 Ebd.
8 Ebd.
9 Ebd. Nr. 3191 vom 25. August 1904.
10 Dr. G. J. *Wolf*, Richard-Wagner-Denkmäler, in: ebd. Nr. 3646 vom 15. Mai 1913.
11 Vgl. dazu jetzt: *Cadenbach* (1986), bes. S. 13ff.
12 Illustrierte Zeitung (Leipzig) Nr. 3224 vom 13. April 1905.
13 Ebd. Nr. 3025 vom 20. Juni 1901.
14 Ebd.
15 Hans *Rosenhagen*, Das Berliner Richard Wagner-Denkmal, in: Die Kunst, 5. Bd., 17. Jg. (1902), S. 136.
16 Illustrierte Zeitung (Leipzig) Nr. 3046 vom 14. November 1901.
17 *Scheffler* (1907), S. 145.
18 Ebd. S. 128.
19 *Falke* (1895), S. 236.
20 *Schultze* (1902), S. 4.
21 Ebd. S. 6f.
22 Ebd. S. 17 und S. 7.
23 Ebd. S. 18.
24 Ebd. S. 19.
25 Illustrierte Zeitung (Leipzig) Nr. 2769 vom 25. Juli 1896.

26 Ebd. Nr. 2991 vom 25. Oktober 1900.
27 *Weddigen* (1904), S. 43: »Diesen Mann hat das *Deutsche Reich Euch* geschenkt!«
28 Illustrierte Zeitung (Leipzig) Nr. 2987 vom 27. September 1900.
29 Ebd.
30 Ebd.
31 Ebd. Nr. 3174 vom 31. März 1904.
32 Ebd.
33 Ebd. Nr. 2987 vom 27. September 1900.
34 Ebd. Nr. 3132 vom 9. Juli 1903.
35 Ebd.
36 Zu Mercks Gartenkonzeption vgl. *Gerndt* (1981), S. 71 ff.
37 Illustrierte Zeitung (Leipzig) Nr. 3132 vom 9. Juli 1903.
38 Ebd. Nr. 3235 vom 29. Juni 1905.
39 Ebd. Nr. 3077 vom 19. Juni 1902.
40 Ebd. Nr. 3299 vom 20. September 1906.
41 Ebd. Nr. 3331 vom 2. Mai 1907.
42 *Häußler* (1977).
43 Illustrierte Zeitung (Leipzig) Nr. 3253 vom 2. November 1905.
44 *Weddigen* (1904), S. 59.
45 Illustrierte Zeitung (Leipzig) Nr. 2728 vom 12. Oktober 1895.
46 Ebd. Nr. 2816 vom 17. Juni 1897.
47 Ebd. Nr. 2908 vom 23. März 1899.
48 Vgl. Kurt *Seeber,* Führer durch die Burg Weibertreu. Weinsberg ³1977.
49 Vgl. Abbildung in: »... in Dichters Lande ...« (1981), S. 229.
50 Illustrierte Zeitung (Leipzig) Nr. 2944 vom 4. Mai 1899.
51 Ebd.
52 Christian *Morgenstern,* Gesammelte Werke in einem Band. München 1965, S. 299.
53 *Schultze* (1902), S. 6.
54 Illustrierte Zeitung (Leipzig) Nr. 3058 vom 6. Februar 1902.
55 Ebd. Nr. 3337 vom 13. Juni 1907.
56 Ebd. Nr. 3021 vom 23. Mai 1901.
57 Ebd. Nr. 3298 vom 13. September 1906.
58 Ebd. Nr. 3456 vom 23. September 1909.
59 Ebd. Nr. 1993 vom 10. September 1881.
60 Ebd. Nr. 1766 vom 5. Mai 1877.
61 *Weddigen* (1904), S. 68.
62 Illustrierte Zeitung (Leipzig) Nr. 2391 vom 27. April 1889.
63 Ebd. Nr. 2946 vom 14. Dezember 1899.
64 Zit. nach: *Marcuse* (1946), S. 13f. – Vgl. auch: *Bloch* (1980), S. 315 und *Zimmermann* (1982), Band II, S. 68–76.
65 Vgl. Karl Theodor *Kleinknecht,* Heine in Deutschland. Dokumente seiner Rezeption 1834–1956. (= Deutsche Texte 36). Tübingen und München 1976, bes. S. 91 ff.
66 Illustrierte Zeitung (Leipzig) Nr. 1667 vom 17. Juni 1875.
67 *Marcuse* (1946), S. 133.
68 Vgl. *Zimmermann* (1982), Band II, S. 3d. – Auch an Heines Geburtshaus in Düsseldorf entstand eine Gedenktafel, die das Berliner Relief imitierte (Ill. Zeitung Leipz. Nr. 3691 vom 24. März 1914).
69 *Mielsch* (1980), S. 35f.
70 Zit. nach: *Zimmmermann* (1982), Band I, S. 74.
71 *Marcuse* (1946), S. 134.
72 Kurt *Tucholsky,* Gesammelte Werke Band I. Reinbek 1985. S. 221 f.
73 *Muther* (1914), S. 59.
74 Ebd. S. 63.
75 Zit. nach: Franz *Kafka,* Tagebücher 1910–1923. Hrsg. v. Max *Brod.* Frankfurt 1975. S. 198.
76 *Muther* (1914), S. 65.

Das Ende des Dichterdenkmals

1 *Bloch* (1977).
2 Vgl. hier und im folgenden jetzt: *Mühlberger/Tapparelli* (1985), S. 29ff.
3 Martin *Greif,* Gesammelte Werke. 2. Band. Leipzig ²1909, S. 235.
4 *Weddigen* (1904), S. 184.
5 Ebd.
6 Illustrierte Zeitung (Leipzig) Nr. 2393 vom 11. Mai 1889.
7 Ebd. Nr. 2783 vom 31. Oktober 1896.
8 *Mühlberger/Tapparelli* (1985), S. 36ff.
9 Martin *Greif,* Gesammelte Werke. 1. Band. Leipzig ²1909. S. 242f.
10 Zit. nach der Übersetzung bei: *Vogt-Leppla* (1981), Band I, S. 98.
11 Illustrierte Zeitung (Leipzig) Nr. 2658 vom 9. Juni 1894. – Vgl. auch: Burkard v. *Roda,* Der Frankoniabrunnen auf dem Würzburger Residenzplatz, in: Jb. f. fränk. Landesf. 43 (1983), S. 195–214.
12 Vgl. *Hess* (1979), S. 500–546.
13 Beschreibung und Abb.: München und seine Bauten nach 1912. München 1981, S. 98; *Alckens* (1973), S. 136.
14 Vgl. *Mühlberger/Tapparelli* (1985), S. 38.
15 *Musil* (1978), S. 506.

16 Ebd. S. 507.
17 Ebd. S. 507f.
18 Ebd. S. 509.
19 Illustrierte Zeitung (Leipzig) Nr. 3666 vom 2. Oktober 1913.
20 Ebd. Nr. 3378 vom 26. März 1908.
21 Ebd.
22 *Vogt-Leppla* (1981), Band I, S. 67.
23 Kurt *Tucholsky,* Gesammelte Werke, Band 5, Reinbek 1985, S. 176.
24 *Fidow* (1933).
25 *Schrade* (1934), S. 38.
26 Vgl. *Grabau* (1938).
27 Zählung nach: *Zimmermann* (1982), die insgesamt 164 Nummern zum Persönlichkeitsdenkmal aufführt.
28 Vgl. *Raabe* (1968), S. 426. – Beispiele: *Vogt-Leppla* (1981).
29 *Maes/Houben* (1976).
30 Egbert *Friedrich,* Friedrich Rückert und Rodach. Zur Denkmals-Enthüllung am 27. März 1977. Rodach bei Coburg 1977 (= Schriften des Rodacher Rückert-Kreises 2).
31 *Zimmermann* (1982), Band I, S. 71.
32 *Ingwersen* (1967), S. 99.
33 *Zimmermann* (1982), Band I, S. 75f.
34 Vgl. ebd. S. 83 und 144.
35 Illustrierte Zeitung (Leipzig) Nr. 1888 vom 6. September 1879.
36 Vgl. Ursula Maria *Ott*/Jürgen *Schneider,* Ein Denkmal für Georg Büchner in Darmstadt, in: Georg Büchner. Revolutionär, Dichter, Wissenschaftler 1813–1837. Katalog der Ausstellung Mathildenhöhe Darmstadt. Basel und Frankfurt 1987. S. 412–416.
37 Vgl. *Hiepe* (1980). S. 18ff.
38 Beschreibung und Abb.: Süddeutsche Zeitung vom 31. 3./1. 4. 1988.
39 Vgl. Eduard *Beauchamp,* Ein Haus für Goethe. Eduardo Chillidas Frankfurter Monument, in: Frankfurter Allgemeine Zeitung Nr. 277 vom 29. November 1986.

Literaturverzeichnis

Fritz Abshoff: Deutschlands Ruhm und Stolz. Unsere hervorragendsten vaterländischen Denkmäler in Wort und Bild. Unter Mitwirkung von zahlreichen Behörden, Vereinen und Vaterlandsfreunden. Berlin (1904).

August Alckens: München in Erz und Stein. Gedenktafeln, Denkmäler, Gedenkbrunnen. Mainburg 1973.

Karl Arndt: Denkmäler in Göttingen. Dichter und Gelehrte, in: Göttinger Jahrbuch 1975. S. 107–143.

Ders.: Denkmaltopographie als Programm und Politik. Skizze einer Forschungsaufgabe, in: Ekkehard Mai/Stephan Waetzoldt (Hrsg.): Kunstverwaltung, Bau- und Denkmal-Politik im Kaiserreich. Berlin 1981. (= Kunst, Kultur und Politik im Deutschen Kaiserreich 1). S. 165–191.

Ders.: Lessings Denkmal in Braunschweig und seine Vorläufer. I. Die Vorläufer, in: Niederdeutsche Beiträge zur Kunstgeschichte 22 (1983) S. 163–185.

Ders.: Lessings Denkmal in Braunschweig und seine Vorläufer. II. Der Weg zu Rietschels Standbild, in: Niederdeutsche Beiträge zur Kunstgeschichte 23 (1984) S. 175–207.

J. A[tze]l: Schreiben über einen Versuch in Grabmälern nebst Proben, in: ders. u. a.: Wirtembergisches Repertorium der Literatur. Eine Vierteljahr=Schrift. Zweites Stück. Auf Kosten der Herausgeber. 1782. S. 217–224.

Joachim Behrens: In Erz gegossen, in Stein gehauen. Denkmäler und Gedenktafeln in Coburg. Coburg 1969.

Ulrich Bischoff: Denkmäler der Befreiungskriege in Deutschland 1813–1815. (2 Teile). Diss. FU Berlin 1977.

Peter Bloch: Das Kreuzberg-Denkmal und die patriotische Kunst, in: Jahrbuch Preußischer Kulturbesitz 11 (1973) S. 142–159:

Ders.: Vom Ende des Denkmals, in: Festschrift Wolfgang Braunfels. Hrsg. v. Friedrich Piel und Jörg Traeger. Tübingen 1977. S. 25–30.

Ders.: Heroen der Kunst, Wissenschaft und Wirtschaft. Zierbrunnen und »freie« Kunst, in: Kunst des 19. Jahrhunderts im Rheinland in 5 Bänden. Hrsg. v. Eduard Trier und Willy Weyres. Band 4: Plastik. Düsseldorf 1980. S. 281–348.

Hartmut Boockmann: Denkmäler. Eine Utopie des 19. Jahrhunderts, in: Geschichte in Wissenschaft und Unterricht 28 (1977) S. 160–173.

Hans Butzmann: Lessings Denkmal in Wolfenbüttel. Ein Vorspiel zur Geschichte der Lessingverehrung. Wolfenbüttel 1982. (= Wolfenbütteler Hefte 11).

Rainer Cadenbach: Mythos Beethoven. Katalog zur Ausstellung des Vereins Beethoven-Haus Bonn. Laaber 1986.

Elfriede Corr/Wolfgang Richter: Aachener Brunnen und Denkmäler. Aachen (1980).

Werner Deetjen: Die Entstehung des Goethe-Schiller-Denkmals in Weimar, in: Mitteilungen des Deutschen Schillerbundes Weimar Nr. 70 (Februar 1935) S. 14–24.

Hubert Delvos: Geschichte der Düsseldorfer Denkmäler, Gedenktafeln und Brunnen. Düsseldorf 1938.

Ludwig Döry: Der lange Weg zum Goethedenkmal, in: Trophäe oder Leichenstein? Kulturgeschichtliche Aspekte des Geschichtsbewußtseins in Frankfurt im 19. Jahrhundert. Frankfurt 1978. (= Kleine Schriften des Historischen Museums 12). S. 289–302.

Karl Eggers: Briefwechsel zwischen Rauch und Rietschel. 2 Bände. Berlin 1890 und 1891.

Rudolf Eickemeyer: Ueber den Sittlichen – und Kunstwerth öffentlicher Denkmäler. Leipzig 1820.

Leopold Ettlinger: Denkmal und Romantik. Bemerkungen zu Leo von Klenzes Walhalla, in: Festschrift für Herbert von Einem. Berlin 1965. S. 60–70.

Eberhard Faden: Zur politischen Geschichte der Berliner Denkmäler, in: Zeitschrift des Vereins für die Geschichte Berlins 54 (1937) S. 91–94.

Jakob von Falke: Die Kunst auf Straßen und Plätzen, in: ders.: Aus alter und neuer Zeit. Neue Studien zu Kultur und Kunst. Berlin 1895. S. 192–240.

Festgabe zur Enthüllung des Wiener Goethe-Denkmales. Wien 1900.

Die Feyer der Errichtung des Denkmales für den Dichter Jakob Balde zu Neuburg an der Donau am 9. August 1828. Zum Besten der Balde'schen Stiftung. Neuburg an der Donau (1828).

Hermann Fidow: Berliner Denkmäler im Volkswitz. Berlin 1933.

Ernst Förster: Ueber die Errichtung neuer Denkmale in Deutschland, in: Kunst-Blatt Nr. 38. 20. Jg. (1839) S. 149–152.

Ludwig Friedrich Froriep: Ueber öffentliche Ehrendenkmäler. Weimar 1836.

Wolfgang Frühwald: Ästhetische Erziehung. Idee und Realisation der Kunstpolitik König Ludwigs I. von Bayern am Beispiel der »Walhalla«, in: Hölderlin-Jahrbuch 22 (1980/81) S. 295–310.

Jörg Gamer: Das Goethedenkmal der Bettine von Arnim, in: Kunstchronik 21 (1968) S. 401–403.

Ders.: Goethe-Denkmäler – Schiller-Denkmäler, in: *Mittig/Plagemann.*

Siegmar Gerndt: Der Durchgang zum Pardies. Zwei Skizzen von Johann Jakob Atzel in Schillers Wirtembergischen Repertorium, in: Vergleichen und verändern. Festschrift für Helmut Motekat. Hrsg. von Albrecht Goetze und Günther Pflaum. München 1970. S. 44–51.
Ders.: Idealisierte Natur. Die literarische Kontroverse um den Landschaftsgarten des 18. und frühen 19. Jahrhunderts in Deutschland. Stuttgart 1981.
Das Goethe-Denkmal in Frankfurt am Main. Mit drei artistischen Beilagen. Frankfurt 1844.
Paul Grabau: Bilder und Inbilder einer Stadt. Gedichte auf deutsche Denkmale. Magdeburg 1938.
Heinz A. Graefe: Denkmäler und Brunnen in Deutschland. München 1968.
Rolf Grimm: Werkverzeichnis des Bildhauers, Malers und Dichters Prof. Gustav H. Eberlein 1847–1926. Henningen [Selbstverlag] 1983.
Günther Grundmann: Stätten der Erinnerung. Denkmäler erzählen schlesische Geschichte. 2. vermehrte und verbesserte Aufl. München 1975.

Hans Wilhelm Hammerbacher: Deutsche Gedenkstätten und Ehrenmale. Heusenstamm 1976.
Helmut Häußler: Denkmale und Freiplastiken in Nürnberg. Eine Bestandsaufnahme. Nürnberg 1977.
Wilhelm Hansen: Nationaldenkmäler und Nationalfeste im 19. Jahrhundert. Lüneburg 1976. (= Niederdeutscher Verband für Volks- und Altertumskunde 1).
William S. Heckscher: Goethe im Banne der Sinnbilder. Ein Beitrag zur Emblematik, in: Jahrbuch der Hamburger Kunstsammlungen 7 (1962) S. 35–54.
Sylvia Heinje: Zur Geschichte des Stuttgarter Schiller-Denkmals von Bertel Thorvaldsen, in: Bertel Thorvaldsen. Untersuchungen zu seinem Werk und zur Kunst seiner Zeit. Köln 1977. S. 399–418.
Günter Hess: Allegorie und Historismus. Zum »Bildgedächtnis« des späten 19. Jahrhunderts, in: Verbum et signum. 1. Band. Beiträge zur mediävistischen Bedeutungsforschung. Hrsg. v. Hans Fromm, Wolfgang Harms, Uwe Ruberg. München 1975. S. 555–591.
Ders.: Panorama und Denkmal. Erinnerung als Denkform zwischen Vormärz und Gründerzeit, in: Literatur in der sozialen Bewegung. Aufsätze und Forschungsberichte zum 19. Jahrhundert. Hrsg. von Alberto Martino. Tübingen 1977. S. 130–206.
Ders.: Bildersaal des Mittelalters. Zur Typologie illustrierter Literaturgeschichte im 19. Jahrhundert, in: Deutsche Literatur im Mittelalter. Kontakte und Perspektiven. Hugo Kuhn zum Gedächtnis. Hrsg. von Christoph Cormeau. Stuttgart 1979. S. 500–546.

Ders.: Goethe in München. Literarische Aspekte der Geschichte und Wirkung von Stielers Dichter-Porträt, in: Karl Richter/Jörg Schönert (Hrsg.): Klassik und Moderne. Die Weimarer Klassik als historisches Ereignis und Herausforderung im kulturgeschichtlichen Prozeß. Walter Müller-Seidel zum 65. Geburtstag. Stuttgart 1983. S. 289–317.
Richard Hiepe: Die starke Linke. Das Engels-Denkmal von Alfred Hrdlicka, in: tendenzen Nr. 130. 21. Jg. (April–Juni 1980) S. 18–20.
Christian Cajus Lorenz Hirschfeld: Theorie der Gartenkunst. (5 Bände). Leipzig 1779–1785.
Ders.: Gartenkalender auf das Jahr 1782. Kiel 1782.
Ders.: Gartenkalender auf das Jahr 1783. Altona 1783.
Erich Hrdlicka: Kennst Du die Denkmäler Wiens? Ein Führer zu den Denkmälern Wiens. Wien/München/Zürich 1959. (= Pechan-Reihe 1001).

Erhard Ingwersen: Standbilder in Berlin. Berlin 1967. (= Berlinische Reminiszenzen 16).

Gerhardt Kapner: Ringstraßendenkmäler. Zur Geschichte der Ringstraßendenkmäler. Dokumentation. Wiesbaden 1973. (= Die Wiener Ringstraße. Bild einer Epoche. Band IX, 1. Teil).
Wolfgang Kehn: Die Gartenkunst der deutschen Spätaufklärung als Problem der Geistes- und Literaturgeschichte, in: Int. Archiv f. Sozialgeschichte d. dt. Literatur 10 (1985) S. 195–224.
Leopold von Klenze: Entwurf zu einem Denkmale für Dr. Martin Luther. Mit drei erläuternden Kupfertafeln. Zum Besten des Denkmals. Braunschweig 1805.
Ders.: Walhalla in artistischer und technischer Beziehung. München 1842.
Anneliese Klingenberg (Hrsg.): Wilhelm Raabe, Der Dräumling. Mit Dokumenten zur Schillerfeier 1859. Berlin und Weimar 1984.
Ferdinand Kürnberger: Literarische Herzenssachen. Reflexionen und Kritiken. Wien 1877.
Franz Kugler: Kleine Schriften und Studien zur Kunstgeschichte. 3. Teil. Stuttgart 1854.
Rolf Kultzen: Die Enthüllung des Karlsruher Scheffeldenkmals am 19. November 1892, in: Ruperto-Carola 13. Jg. Band 29 (1961) S. 150–156.

Eberhard Lämmert: Der Dichterfürst, in: Dichtung, Sprache, Gesellschaft. Akten d. IV. Int. Germanistenkongresses in Princeton. Hrsg. v. Victor Lange und Hanns-Gert Roloff. Frankfurt 1971. (= Beihefte z. Jb. f. Int. Germanistik 1). S. 439–455.

Klaus Lankheit: Friedrich Weinbrenner und der Denkmalskult um 1800. Basel/Stuttgart 1979. (= Schriftenreihe des Instituts f. Geschichte u. Theorie d. Architektur a. d. Eidgen. Techn. Hochschule Zürich 21).
Hans-Eberhard Lex: Zum Sterben schön. Pariser Friedhöfe. Hamburg/Zürich 1986.
Wilfried Lipp: Natur – Geschichte – Denkmal. Zur Entstehung des Denkmalbewußtseins der bürgerlichen Gesellschaft. Frankfurt/New York 1987.
Veit Loers: Walhalla und Salvatorkirche. Der Ehrentempel zwischen Bildungsgarten und ästhetischer Landschaft, in: Verhandlungen des Historischen Vereins für Oberpfalz und Regensburg 118 (1978) S. 137–171.
Ders.: Walhalla zwischen Historie und Historismus, in: ebd. 119 (1979) S. 345–371.
Meinhold Lurz: Kriegerdenkmäler in Deutschland. 6 Bände [3 Bände bisher erschienen]. Heidelberg 1985.

Hermann Maertens: Die deutschen Bildsäulen-Denkmale des XIX. Jahrhunderts nebst einer Abhandlung über die Größenverhältnisse, die Materialwahl, die Gruppierung, die Aufstellungsweise und die Kosten derartiger Monumente. Stuttgart 1893.
Hans Maes/Alfons Houben: Düsseldorf in Stein und Bronze. Düsseldorf 1976.
Ludwig Marcuse: Die Geschichte des Heine-Denkmals in Deutschland, in: Das goldene Tor. Monatsschrift für Literatur und Kunst. Hrsg. v. Alfred Döblin. 1 (1946) S. 129–135.
Horst Meixner: Denkstein und Bildersaal in Clemens Brentanos »Godwi«. Ein Beitrag zur romantischen Allegorie, in: Jb. d. dt. Schillergesellschaft 11 (1967) S. 435–468.
Friedrich Menzel: Schloß Tiefurt. Weimar 1966.
Paul Meßner: Bauten und Denkmale in Weimar. Weimar 1984. (= Tradition und Gegenwart. Weimarer Schriften 5).
Beate Mielsch: Denkmäler, Freiplastiken, Brunnen in Bremen 1800–1945. Bremen 1980. (= Bremer Bände zur Kulturpolitik 3).
Hans Ernst Mittig/Volker Plagemann (Hrsg.): Denkmäler im 19. Jahrhundert. Deutung und Kritik. München 1972. (= Studien zur Kunst des 19. Jahrhunderts 20).
Georg *Mühlberger*/Elda *Tapparelli:* Walther von der Vogelweide und Südtirol. Die Geschichte eines Denkmals. Bozen 1985.
Eugen Munz: Dem Dichter ein Denkmal. Schillerverehrung in Marbach 1812–1876. Marbach 1976. (= Schriften zur Marbacher Stadtgeschichte 1).
Robert Musil: Denkmale, in: ders.: Gesammelte Werke in 9 Bänden. Hrsg. v. Adolf Frisé. Band 7. Reinbek 1978. S. 506–509.

Richard Muther: Aufsätze über bildende Kunst. In drei Bänden hrsg. von Hans Rosenhagen. 2. Band: Betrachtungen und Eindrücke. Berlin 1914.

Elisabeth Nau: Hohenheim. Schloß und Gärten. Konstanz und Stuttgart 1967.
Winfried Nerdinger (Hrsg.): Romantik und Restauration. Architektur in Bayern zur Zeit Ludwigs I. 1825–1848. München 1987. (= Ausstellungskataloge der Architektursammlung d. Technischen Universität München u. d. Münchner Stadtmuseums 6).
Alfred Neumeyer: Monuments to »Genius« in German Classicism, in: Journal of the Warburg Institute. Vol. II (1938/39). (= Reprint Vaduz 1965), S. 159–163.
Thomas Nipperdey: Nationalidee und Nationaldenkmal im 19. Jahrhundert, in: Historische Zeitschrift 206 (1968) S. 529–585.
Walter Nissen: Göttinger Denkmäler, Gedenksteine und Brunnen. Göttingen 1978.
Rainer Noltenius: Dichterfeiern in Deutschland. Rezeptionsgeschichte als Sozialgeschichte am Beispiel der Schiller- und Freiligrath-Feiern. München 1984.

Hermann Obrist: Neue Möglichkeiten in der bildenden Kunst, in: ders.: Neue Möglichkeiten der bildenden Kunst. Essays. Leipzig 1903. S. 131–168.
Isolde Ohlbaum: Denn alle Lust will Ewigkeit. Nördlingen 1986.
Andreas Oppermann: Ernst Rietschel. Leipzig 1863.

Pantheon der Deutschen. Erster Theil Chemnitz 1794. Zweiter Theil ebd. 1795. Dritter Theil Leipzig 1800.
Uwe Puschner/Ina-Ulrike Paul: »Walhalla's Genossen«, in: »Vorwärts, vorwärts sollst du schauen ...« Geschichte, Politik und Kunst unter Ludwig I. Band 3: Aufsätze. Hrsg. von Johannes Erichsen und Uwe Puschner. München 1986. (= Veröffentlichungen zur Bayerischen Geschichte und Kultur 9/86). S. 469–495.

Paul Raabe: Lorbeerkranz und Denkmal. Wandlungen der Dichterhuldigung in Deutschland, in: Festschrift für Klaus Ziegler. Hrsg. v. Eckehard Catholy und Winfried Hellmann. Tübingen 1968. S. 411–426.
Ders.: Dichterverherrlichung im 19. Jahrhundert, in: Bildende Kunst und Literatur. Beiträge zum Problem ihrer Wechselbeziehungen im neunzehnten Jahrhundert. Hrsg. von Wolfdietrich Rasch. Frankfurt 1970. (= Studien zur Philosophie und Literatur des 19. Jh. 6). S. 79–101.
Wolfdietrich Rasch: Freundschaftskult und Freundschaftsdichtung im deutschen Schrifttum des 18. Jahrhunderts.

Vom Ausgang des Barock bis zu Klopstock. Halle 1936. (= DVjs Buchreihe 21).

D. Georg Rietschel: Das Goethe-Schiller-Denkmal in Weimar. Zur Geschichte seiner Entstehung, in: Westermanns Monatshefte 52 (1904) S. 98–107 und 435–448.

Hans Rosenhagen: Das Berliner Richard Wagner-Denkmal, in: Die Kunst 5. Band, 17. Jg. (1902) S. 136–138.

Helmut Scharf: Zum Stolze der Nation. Deutsche Denkmäler des 19. Jahrhunderts. Dortmund 1983. (= Die bibliophilen Taschenbücher 375).

Ders.: Kleine Kunstgeschichte des deutschen Denkmals. Darmstadt 1984.

Max Schasler: Ueber moderne Denkmalswuth. Berlin 1878. (= Deutsche Zeit- und Streit-Fragen 7).

Karl Scheffler: Das Denkmal, in: ders.: Moderne Baukunst. Berlin 1907. S. 128–146.

Wolfgang Schepers: Hirschfelds Theorie der Gartenkunst 1779–1785. Diss. Worms 1980.

[Thomas Scheuffelen/Eva Dambacher/Hildegard Dieke:] »… in Dichters Lande ….« Literarische Museen und Gedenkstätten in Baden-Württemberg. Marbach 1981.

Schiller-Denkmal. Hrsg. von Karl *Tropus.* Festausgabe. 2 Bände. Berlin 1860.

Hannelore Schlaffer: Klassik und Romantik 1770–1830. Stuttgart 1986. (= Epochen der deutschen Literatur in Bildern).

Brigitte Schmitz: Dichterdenkmäler in Berlin, in: Literarisches Leben in Berlin 1871–1933. Hrsg. von Peter Wruck. Berlin 1987. (= Studien I). S. 334–366.

Franz Schnabel: Die Denkmalskunst und der Geist des 19. Jahrhunderts, in: ders.: Abhandlungen und Vorträge 1914–1965. Hrsg. von Heinrich Lutz. Freiburg/Basel/Wien 1970. S. 134–150.

Mechthild Schneider: Denkmäler für Künstler in Frankreich. Ein Thema der Auftragsplastik im 19. Jahrhundert. Diss. Frankfurt 1975, gedruckt 1977.

Arthur Schopenhauer: An das Comité für ein Goethe-Denkmal in Frankfurt, in: Carl Gebhardt (Hrsg.): Der Briefwechsel Arthur Schopenhauers. 1. Band: 1799–1849. München 1929. (= Sämtliche Werke. Hrsg. von Paul Deussen. 14. Band). S. 489–495.

Hubert Schrade: Das Deutsche Nationaldenkmal. Idee, Geschichte, Aufgabe. München 1934.

Hermann Schröter: Das Denkmal Justus Mösers in Osnabrück, in: Osnabrücker Mitteilungen 66 (1954) S. 249–254.

Dietrich Schubert: »Paris – ein Pantheon der Lebenden!« Denkmal-Kritik bei Heinrich Heine, in: Heine-Jahrbuch 24 (1985) S. 80–102.

Jutta Schuchard/Horst Claussen: Vergänglichkeit und Denkmal. Beiträge zur Sepulkralkultur. Bonn 1985. (= Schriften des Arbeitskreises selbst. Kultur-Institute 4).

Rolf Selbmann: Dichterberuf im bürgerlichen Zeitalter. Joseph Viktor von Scheffel und seine Literatur. Heidelberg 1982. (= Beiträge zur neueren Literaturgeschichte. 3. Folge. Band 58).

Ders.: Friedrich Rückert und sein Denkmal. Eine Sozialgeschichte des Dichterkults im 19. Jahrhundert. Würzburg 1988.

Richard Sier: Deutschlands Geistes-Helden. Ehren-Denkmäler unserer hervorragenden Führer auf geistigem Gebiet in Wort und Bild. Berlin (1904).

Jutta von Simson: Das Berliner Denkmal für Friedrich den Großen. Die Entwürfe als Spiegelung des preußischen Selbstverständnisses. Mit einem Beitrag von Friedrich Mielke. Frankfurt/Berlin/Wien 1976.

Dies.: Fritz Schaper 1841–1919. München 1976. (= Materialien zur Kunst d. 19. Jh.s 19. »Berliner Bildhauer« 1).

Ruprecht Stolz: Die Walhalla. Ein Beitrag zum Denkmalsgedanken im 19. Jahrhundert. Diss. Köln 1977.

Johann Georg Sulzer: Allgemeine Theorie der Schönen Künste … Erster Theil. Neue vermehrte zweyte Aufl. Leipzig 1792 (= Reprint Hildesheim 1970). Stichwort »Denkmal« S. 596–600.

Erik Thomson: Das älteste Schillerdenkmal, in: Ostdeutsche Monatshefte 22 (1956) S. 606.

Jörg Traeger (Hrsg.): Die Walhalla. Idee, Architektur, Landschaft. Regensburg 1979.

Andreas Vogt-Leppla: Grabstätten der Dichter und Schriftsteller deutscher Zunge. 2 Bände. St. Michael 1981 und 1982.

Wallfahrtsstätten der Nation. Vom Völkerschlachtdenkmal zur Bavaria. Frankfurt 1971. (= Reihe Fischer 19).

Otto Weddigen: Die Ruhestätten und Denkmäler unserer deutschen Dichter. Halle 1904.

Ingrid Weibezahn: Das Leibnizdenkmal in Hannover. Geschichte, Herkunft und Wirkung, in: Niederdeutsche Beiträge zur Kunstgeschichte 11 (1972) S. 191–248.

Julius Ziehen: Die Standbilder Schillers, in: Berichte d. Freien Deutschen Hochstiftes 14 (1898) S. 20–43.

Maria Zimmermann. Denkmalstudien. Ein Beitrag zum Verständnis des Persönlichkeitsdenkmals in der Bundesrepublik Deutschland und West-Berlin seit dem Zweiten Weltkrieg. 2 Bände. Diss. Münster 1982.

Register

Standorte

Aalen: Schubart 111
Aarau: Zschokke 109
Altdorf: Tell 172
Ansbach: Kaspar Hauser 100f., 194f.
   Platen 100–102
   Uz 100f., 167
Augsburg: Celtis 10
Arezzo: Petrarca 3

Bamberg: E. T. A. Hoffmann 194f.
Barmen: Engels 198
Bayreuth: Jean Paul 75f.
Berlin: Arndt 163–165
   Befreiungskriege 104, 163
   Brecht 198f.
   Chamisso 109
   Fontane 169
   Friedrich der Große 30, 34, 60, 65, 87
   Gauß 116
   Goethe 113, 119–121
   Hauptmann 191
   Heine 196
   Helmholtz 116
   Humboldt (Alexander und Wilhelm) 109, 115
   Kleist, Heinrich von 163f., 172, 174
   Körner 104, 163, 165
   Lessing 121f., 151
   Leibniz 10
   Röntgen 116
   Rückert 163f.
   Schenkendorf 163f.
   Schiller 93, 113, 117–119, 130f.
   Senefelder 116
   Siemens 116
   Thaer 64
   Uhland 105, 107, 163–165
   Wagner 144–149
   Kaiser Wilhelm 148
   – *Wannsee:* Kleistgrab 171f.
Bern: Haller 118
Biberach: Wieland 99
Bonn: Beethoven 64
   Heine 196f.
   Simrock 113, 115
Bozen: Walther von der Vogelweide 109, 179–181, 184
Braunschweig: Lessing 86–88, 121f.
Bremen: Heine 176f.
   Körner 104f.

Brese b. Lüneburg: Lessing 26
Breslau: Eichendorff 170
   Holtei 109
   Körner 105
Brixlegg: Steub 159, 161

Chicago: Goethe 185
Chur: Salis-Seewis 100
Chemnitz: Körner 105
Csatád/Ungarn: Lenau 137

Darmstadt: Büchner 197f.
   Goethe 154f., 157
   Gottfried Schwab 155–157
Detmold: Hermann 50
Dinkelsbühl: Schmid 113, 115
Donaustauf: Walhalla 5, 30, 36, 39, 48–59, 86, 95, 170f.
Dreiherrenstein/Thüringen: Scheffel 159
Dresden: Gutzkow 109
   Körner 104f.
   Schiller 186f.
Düsseldorf: Heine 176f., 196f.
   Spee 191

Ermenonville b. Paris: Geßner 8
   Montaigne 8
   Rousseau 7–9
   Thomson 8
   Vergil 8
Eschershausen b. Holzminden: Raabe 188f.

Florenz: Dante 3
Frankfurt a. M.: Goethe 42f., 46, 65f., 71–84, 96f., 119f., 127, 140f., 199
   Heine 177
   Heinrich Hoffmann 113
   Schiller 93
   Stoltze 150
Frankfurt a. O.: Ewald von Kleist 17, 25f.
   Heinrich von Kleist 173
Franzensbad: Goethe 156f.
Friedrichshafen: Gustav Schwab 159

Gaibach: Luther (Entwurf) 39
Geilenkirchen: Becker 110
Glogau: Gryphius 99
Görlitz: Böhme 115, 150
   Goethe 156
Gössweinstein: Scheffel 189f.
Göttingen: Bürger 32–34
   Hainbund 159

Graz: Grün 109
   Morre 114f.

Hainichen: Gellert 111
Halle a.S.: Francke 60
   Heine 177
   Thomasius 10
   Volkmann (-Leander) 109, 116
Haarlem: Heerstad 3
Hamburg: Christian Ludwig Hagedorn 17
   Friedrich Hagedorn 159f.
   Heine 197
   Lessing 121–123
   Schiller 93
Hanau: Brüder Grimm 109, 115f.
Hannover: Leibniz 30–32, 46
   Schiller 93
Heidelberg: Goethe 166
   Scheffel 109, 111
Helgoland: Hoffmann von Fallersleben 109
Höxter: Hoffmann von Fallersleben 159
Hohenheim b. Stuttgart: Gellert 19
   Geßner 19
   Haller 19
   Klopstock 19
Holzminden: Münchhausen 194
Horn vor Hamburg: Friedrich von Hagedorn 16f.
Husum: Storm 110

Igel: Römisches Monument 47f.
Ilmenau: Hofmann 150
   Scheffel 159

Jena: Goethe 157f.

Karlsbad: Körner 105
Karlsruhe: Hebel 61f.
Kiel: Groth 150
Kirchheim a. Walde/NÖ: Hamerling 109
Kirchscheidungen a.d. Unstrut: Thiersch 159
Königsberg: Kant 65
Königswinter: Müller (von Königswinter) 109, 111
Koblenz: Kaiser Wilhelm 148
Korfu: Heine 174–176

Laubegast b. Dresden: Neuberin 12
Leipzig: Bach 64
   Gellert 22–25, 28, 111
   Gerhardt 167
   Goethe 151
   Leibniz 112f.

   Schiller 186–188
   Wagner 144
Liestal b. Basel: Herwegh (Grab) 159, 172
Lindau: Lingg 189
Linz: Stifter 169
London: Addison 10
   Chaucer 6
   Newton 10
   Shakespeare 6
   Steele 10
Loschwitz b. Dresden: Körner 105
Ludwigsburg: Schiller 93
Lübben: Gerhardt 167
Lübeck: Geibel 109, 116f., 149
Lugano: Pestalozzi 113

Magdeburg: Eike von Repgow 190
Mainz: Gutenberg: 41f., 61, 64, 69, 75, 79
   Schiller 93
Malcesine: Goethe 199
Mannheim: Dalberg 93
   Iffland 93
   Schiller 93
Mantua: Vergil 3
Marbach: Schiller 68, 93
Meiningen: Heinrich von Kleist 173f.
Meißenheim: Brion 100
Mohrungen: Herder 99
Montplaisir (Brandenburg): Gellert 19
   Friedrich von Hagedorn 19
   Haller 19
   Lessing 19
München: Brentano 195
   Gabelsberger 116
   Geßner 19
   Gluck 64
   Goethe 94, 97f., 193f.
   Heine 196
   Kobell 109
   Kutscher 192
   Liebig 116f.
   König Max II. 114
   Pettenkofer 117
   Platen 101
   Roider 192
   Sachs 55
   Schiller 94–97
   Schumacher 192
   Valentin 191
   Walther von der Vogelweide 182–184
   Wedekind 192f.

Weiß 192
— *Planegg:* Valentin 192
Münster: Droste-Hülshoff 109
Bad Münster a. Stein: Hutten/Sickingen 109
Mürzzuschlag/Steiermark: Scheffel 159f.

Neiße: Eichendorff
Neubrandenburg: Reuter 109, 116f.
Neuburg/Donau: Balde 167
Neuruppin: Fontane 168f.
Neuses b. Coburg: Rückert 124f.
New York: Heine 174f.
  Schiller 93
Nördlingen: Meyr 109f.
Nürnberg: Dürer 64
  Grübel 109, 111
  König Ludwig II. 166
  Minnesänger 158f.
  Pirckheimer 10
  Sachs 109, 115
  Schiller 165f.

Obernik: Holtei 159
Oberplan: Stifter 169f.
Oggersheim: Schiller 198
Olevano: Scheffel 159–161
Osnabrück: 62–64
Ottensen b. Hamburg: Klopstock (Grab) 36

Padua: Petrarca 3
Paris: Heine (Grab) 174
  Hugo 137
  Pantheon 48f.
  Voltaire 7
Porta Westfalica: Kaiser Wilhelm 148
Pucht/Estland: Schiller 39f.

Quedlinburg: Klopstock 36

Ratibor: Eichendorff 170f.
Rechtenfleth: Allmers 159
Renchen: Grimmelshausen 197
Riga: Herder 99
Rodach b. Coburg: Rückert 194
Rom: Goethe 140–143, 160, 199
Rotterdam: Erasmus 3
Rudolstadt: Lindner 159

Säckingen: Scheffel 113f.
Salzburg: Mozart 75
  Schiller 93

Schweinfurt: Rückert 124–129, 150
Seifersdorf: Herder 21f.
  Petrarca 21
  Wieland 21
  Young 21
Spitzingsee/Oberbayern: Perfall 159, 161f.
Sprottau: Laube 109, 115f.
Stendal: Winckelmann 167f.
Stowe/England: Fane of Pastoral Poetry 7
  Temple of British Worthies 7
Straßburg: Fischart 109, 150
  Goethe 151–154, 156
  Erwin von Steinbach 64
Stuttgart: Auerbach 191
  Fischer 162
  Freiligrath (Grab) 109
  Gerok 110
  Mörike 106, 109, 162f.
  Schiller 66–72, 75–77, 84, 86, 101, 112, 118
  Gustav Schwab 106, 162f.
  Uhland 106, 162
Syrakus: Platen (auch Grab) 100

Tegernsee: Stieler 109
Teplitz: Seume 109
Thorn: Kopernikus 64
Tiefurt b. Weimar: Herder 20
  Goethe 20
  Vergil 20
  Wieland 20
Tietlingen b. Fallingbostel: Löns (Grab) 189
Tilsit: Schenkendorf 109
Torbole: Goethe 199
Trient: Dante 180
Trier: Andres 194
Triest: Winckelmann (Grab) 167
Tübingen: Hölderlin 109, 171
  Uhland 106f., 109
Tuttlingen: Hebel 195
  Schneckenburger 109, 190f.

Unterpfaffenhofen b. München: Eichendorff 171

Wangen: Eichendorff 194
Weimar: Agathe Tyche 43–45
  Goethe (Bettina) 74
  Goethe-Schiller 83–92, 96f., 99
  Herder 64
  Karl August 89
  Wieland 89f., 99

Weinsberg: Kerner 198
   Steinernes Album 162
Weißenfels: Novalis 109
Wien: Anzengruber 135 f.
   Goethe 137–139
   Grillparzer 109, 129, 132–135
   Grün 109, 131 f.
   Hamerling 136
   Lenau 109, 131 f.
   Raimund 109, 135 f.
   Schiller 93, 129–132, 137 f.
Wiesbaden: Bodenstedt 109
   Goethe 185
   Schiller 112
Willstätt: Moscherosch 159 f.
Wittenberg: Luther 60 f.
   Melanchthon 10
Wöbbelin: Körner (Grab) 104
Wörlitz: Gellert 19
   Lavater 19
   Rousseau 8 f.
Wolfenbüttel: Lessing 27, 29
Wolframs-Eschenbach: Wolfram von Eschenbach 102 f., 150
Wolmerswende: Bürger 159
Würzburg: Frankoniabrunnen 150, 181 f.
   Schiller 159 f.
   Walther von der Vogelweide 181

Yverdon/Schweiz: Pestalozzi 109, 113 f.

Zürich: Geßner 28 f.
   Keller (Grab) 171 f.

Schriftsteller und ihre Denkmäler

Addison, Joseph: London Westminster 10
Allmers, Hermann: Rechtenfleth 159
Andres, Stefan: Trier 194
Anzengruber, Ludwig: Wien 135 f.
Arndt, Ernst Moritz: Berlin 163–165
Auerbach, Berthold: Stuttgart 191

Bacon, Francis: Stowe 6
Balde, Jakob: Neuburg/Donau 167
Becker, Nikolaus: Geilenkirchen 110
Birken, Sigismund von: (Titelkupfer) 9

Bodenstedt, Friedrich von: Wiesbaden 109
Böhme, Jakob: Görlitz 115, 150
Brentano, Clemens: München 195
Brecht, Bertolt: Berlin 198 f.
Büchner, Georg: Darmstadt 197 f.
Bürger, Gottfried August: 167
   Göttingen 32–34
   Walhalla 35
   Wolmerswende 159

Celtis, Konrad: 10
Chamisso, Adalbert von: Berlin 19
Chaucer, Geoffrey: London Westminster 6
Congreve, William: Stowe 7

Dante: Florenz 3
   Trient 180
Descartes, René: Ermenonville 8
Droste-Hülshoff, Annette von: Münster 109
Eichendorff, Joseph von: Breslau 170
   Neiße 170
   Ratibor 170 f.
   Unterpfaffenhofen-Germering 171
   Walhalla 171
   Wangen (Taugenichts) 194
Eike von Repgow: Magdeburg 190
Engels, Friedrich: Barmen 198
Erasmus von Rotterdam: Rotterdam 3

Fischart, Johann: Straßburg 109, 150
Fischer, Johann Georg: Stuttgart 162
Fontane, Theodor: Berlin 169
   Neuruppin 168 f.
Freiligrath, Ferdinand von: Stuttgart (Grab) 109

Geibel, Emanuel: Lübeck 109, 115 f., 149
Gellert, Christian Fürchtegott: (Titelkupfer) 24
   Hainichen 111
   Hohenheim 19
   Leipzig 22–25, 28, 111
   Montplaisir 19
   Wörlitz 19
Gerhardt, Paul: Lübben 167
Gerok, Karl: Stuttgart 110
Geßner, Salomon: (Kupferstich) 18 f.
   Ermenonville 8
   Hohenheim 19
   München 19
   Zürich 28 f.
Goethe, Johann Wolfgang von: Agathe Tyche 43–45
   Berlin 113, 119–121

Chicago 185
Darmstadt 154f., 157
Frankfurt 42, 46, 65, 71–84, 96f., 99, 119f., 127, 140f., 199
Franzensbad 156f.
Görlitz 156
Heidelberg (Bank) 166
Jena (geplant) 157f.
Leipzig 151
Malcesine 199
München 94, 97f., 193f.
Rom 140–143, 160, 199
Straßburg 151–154, 156
Tiefurt 20f.
Torbole 199
Walhalla 57f., 82
Weimar (Bettina) 74, 119
Weimar (Goethe-Schiller-Denkmal) 83–92, 96f., 108, 119
Wien 137–139, 185
Wiesbaden 185
(Modell) 143
Gottsched, Johann Christoph: Leipzig 168
Grillparzer, Franz: Wien 109, 129, 132–135
Brüder Grimm: Hanau 109, 115f.
Grimmelshausen, Johann Jakob Christoffel von: Renchen 197
Groth, Klaus: Kiel 130
Grübel, Konrad: Nürnberg 109, 111
Grün, Anastasius: Graz 109
  Wien 131f.
Gryphius, Andreas: Glogau 99
Gutenberg, Johannes: Mainz 41f., 61, 69, 75, 79
Gutzkow, Karl: Dresden 109

Hagedorn, Christian Ludwig: (Kupferstich) 17
Hagedorn, Friedrich von: (Kupferstich) 15–18, 30
  Hamburg 159f.
  Montplaisir 19
Hainbund: Göttingen 159
Haller, Albrecht von: (Kupferstich) 15
  Bern 112
  Hohenheim 19
  Montplaisir 19
  Walhalla 55
Hamerling, Robert: Kirchheim a. W./NÖ 109
  Wien 136
Hauff, Wilhelm: Stuttgart 109, 162
Hauptmann, Gerhart: Berlin 191
Hebbel, Friedrich: 167

Hebel, Johann Peter: Karlsruhe 61f., 64, 66
  Tuttlingen 195
Heerstal, Gerrit van: Haarlem 3
Heine, Heinrich: Bremen 176f.
  Berlin 196
  Bonn 196f.
  Düsseldorf 176f., 196f.
  Frankfurt 177
  Halle 177
  Hamburg 177, 197
  Korfu 174–176
  München 196
  New York 174f.
Heinse, Wilhelm: Walhalla 56
Herder, Johann Gottfried: Mohrungen 99
  Riga 99
  Seifersdorf 21f.
  Tiefurt 20
  Walhalla 56
Herwegh, Georg: Liestal b. Basel (Grab) 159, 172
Hölderlin, Friedrich: Tübingen 109, 171
Hölty, Ludwig Heinrich Christoph: 167
Hoffmann, Ernst Theodor Amadeus: Bamberg 194f.
Hoffmann, Heinrich: Frankfurt 113
Hoffmann von Fallersleben, Heinrich August: Helgoland 109
  Höxter 159
Hofmann, Friedrich: Ilmenau 150
Holtei, Karl von: Breslau 109
  Obernik 159
Hugo, Victor: Paris 137
Humboldt, Alexander und Wilhelm von: Berlin 109, 115
Hutten, Ulrich von: 10
  Bad Münster a. Stein 109

Iffland, August Wilhelm: Mannheim 93
Immermann, Karl: 167

Kant, Immanuel: Königsberg 65
Karlstadt, Liesl: München 192
Keller, Gottfried: Zürich (Grab) 171f.
Kerner, Justinus: Weinsberg 198,
  (Steinernes Album) 162
Kleist, Ewald Christian von: (Kupferstich) 17
  Frankfurt/Oder 25f., 33f.
Kleist, Heinrich von: Berlin 162, 169, 172, 174
  Berlin-Wannsee (Grab) 171f.
  Frankfurt/Oder 173
  Meiningen 173f.
Klopstock, Friedrich Gottlieb: (Entwürfe) 19f., 35f.
  Hohenheim 19

Ottensen (Grab) 36
Quedlinburg 36
Walhalla 36, 54f.
Kobell, Franz von: München 109
Körner, Theodor: 107
  Berlin 104, 163, 165
  Bremen 104
  Breslau 105
  Chemnitz 105
  Dresden 104
  Karlsbad 105
  Loschwitz 105
  Wöbbelin (Grab) 104

Laube, Heinrich: Sprottau 109, 116f.
Lavater, Johann Kaspar: Wörlitz 19
Leibniz, Gottfried Wilhelm: (Entwurf) 19
  Berlin 10
  Hannover 30–32, 46
  Leipzig 112f.
  Walhalla 55
Lenau, Nikolaus: Csatád/Ungarn 137
  Wien 109, 131f.
Lessing, Gotthold Ephraim: Berlin 121–123
  Braunschweig 86–88
  Hamburg 121f.
  Lüneburg 26, 87
  Montplaisir 19
  Walhalla 55
  Wolfenbüttel 27–29, 87, 121f.
Lindner, Albert: Rudolstadt 159
Lingg, Hermann von: Lindau 189
Locke, John: Stowe 6
Löns, Hermann: Tietlingen b. Fallingbostel 189
Ludwig I., König von Bayern: Walhalla 58f.
Luther, Martin: (Entwurf) 19
  Walhalla 53
  Wittenberg 60f., 64

Melanchthon, Philipp: (Entwurf) 10
  Nürnberg 61, 64
Meyer, Conrad Ferdinand: 167
Meyr, Melchior: Nördlingen 109f.
Milton, John: Stowe 6
Mörike, Eduard: Stuttgart 106, 109, 192f.
Möser, Justus: Osnabrück 62–64
  Walhalla 62
Montaigne, Michel de: Ermenonville 8
Montesquieu: Ermenonville 8
Morre, Karl: Graz 114f.
Moscherosch, Johann Karl: Willstädt 159

Müller (von Königswinter), Wolfgang: Königswinter 109, 111

Neuber(in), Friederike Karoline: Laubegast b. Dresden 12
Newton, Isaac: (Entwurf) 35, 44
  Ermenonville 8
  London Westminster 10
  Stowe 6
Novalis (Friedrich von Hardenberg): Weißenfels 109

Opitz, Martin: (Titelkupfer) 10

Paul, Jean (Friedrich Richter): Bayreuth 75f.
Perfall, Anton von: Spitzingsee 159, 161f.
Petrarca, Francesco: Arezzo 3
  Padua 3
  Seifersdorf 21
Pestalozzi, Heinrich: Lugano 113
  Yverdon 109, 113f.
Pirckheimer, Willibald: 10
Platen, August von: Ansbach 100–102
  Ruhmeshalle 101
  Syrakus (Denkmal und Grab) 100
Pope, Alexander: Stowe 6f.

Reuter, Fritz: 167
  Neubrandenburg 109, 116
Roider, Jakob: München 192
Rousseau, Jean-Jacques: Ermenonville 7–13
  Wörlitz 8f.
Rückert, Friedrich: Berlin 163f.
  Neuses b. Coburg 124f., 150
  Rodach 194
  Schweinfurt 124–129

Sachs, Hans: Nürnberg 109, 115
  Ruhmeshalle 55
Salis-Seewis, Johann Gaudenz von: Chur 100
Scheffel, Joseph Viktor von: 167
  Dreiherrenstein/Thüringen 159
  Gössweinstein 189f.
  Heidelberg 111
  Ilmenau 159
  Mürzzuschlag/Steiermark 159f.
  Olevano/Italien 159–161
  Säckingen 113f.
Schenkendorf, Max von: Berlin 163f.
  Tilsit 109
Schiller, Friedrich von: 5, 10, 107f.
  (Entwürfe) 36–39
  (Dannecker) 36–39, 45, 68, 71, 92, 130, 186

Register

Berlin 93, 113, 117–120, 130f.
Dresden 186f.
Frankfurt 93
Hamburg 93
Hannover 93
Leipzig 186–188
Ludwigsburg 93
Mainz 93
Mannheim 93
Marbach 68, 93
München 94–97
New York 93
Nürnberg 165f.
Oggersheim 198
Pucht/Estland 39
Salzburg 93
Stuttgart 66–72, 75, 77, 84, 86, 101, 112, 118
Walhalla 39, 56f.
Weimar (siehe Goethe-Schiller-Denkmal)
Wien 93, 129–132, 137
Wiesbaden 112
Würzburg 159f.

Schmid, Christoph von: 167
   Dinkelsbühl 113, 115

Schneckenburger, Max: Tuttlingen 109, 190f.

Schubart, Christian Friedrich: Aalen 111

Schumacher, Ida: München 192

Schwab, Gottfried: Darmstadt 155–157

Schwab, Gustav: Friedrichshafen 189
   Stuttgart 106, 162f.

Seume, Johann Gottfried: Teplitz 109

Shakespeare, William: London Westminster 6
   Stowe 6

Shenstone, William: Stowe 7

Simrock, Karl: Bonn 109, 115

Spee, Friedrich von: Düsseldorf 191

Steele, Richard: London Westminster 10

Steub, Ludwig: Brixlegg/Tirol 159, 161

Stieler, Karl: Tegernsee 109

Stifter, Adalbert: Linz 169
   Oberplan 169
   Walhalla 170
   Wien 170

Stolze, Friedrich, Frankfurt 150

Storm, Theodor: Husum 110

Sulzer, Johann Georg: (Kupferstich) 13f.

Thiersch, Bernhard: Kirchscheidungen a. a. Unstruth 159

Thomasius, Christian: 10
   (Entwurf) 19

Thomson, William: Ermenonville 8
   Stowe 7

Uhland, Ludwig: Berlin 105, 107, 163–165
   Stuttgart 106, 162
   Tübingen 106f., 109

Uz, Johann Peter: Ansbach 100, 167

Valentin, Karl: München 191f.

Vergil: (Titelkupfer) 9
   Ermenonville 7
   Mantua 3
   Tiefurt 20

Volkmann(-Leander), Richard von: Halle 109, 116

Voltaire: Ermenonville 8
   Paris 7

Wagner, Richard: (Entwurf) 143
   Berlin 144–149
   Leipzig 144

Walhalla, Donaustauf 5, 30, 48–59, 86, 95

Walther von der Vogelweide: Bozen 109, 179–181, 184
   München 182–184
   Würzburg 181f.

Wedekind, Frank: München 192f.

Weiß, Ferdl: München 192

Wieland, Christoph Martin: Biberach 99
   Seifersdorf 21
   Tiefurt 20
   Walhalla 57
   Weimar 89f, 99

Winckelmann, Johann Joachim: (Titelkupfer) 10
   Stendal 167f.
   (Grab) Triest 167

Wolfram von Eschenbach: Wolframs-Eschenbach 102f., 150

Young, Eward: Seifersdorf 21

Zschokke, Heinrich: Aarau 109